KB145808

의미관계 ── 와 ── 어휘사전

반의관계, 동의관계, 기타 계열들

Semantic Relations and the Lexicon

의미관계 와 어휘사전

반의관계, 동의관계, 기타 계열들

M. Lynne Murphy 지음

임지룡·윤희수 옮김

도서출판 박이정

의미관계와
어휘사전

초판 인쇄 2008년 6월 2일
초판 발행 2008년 6월 10일

지은이 M. Lynne Murphy
옮긴이 임지룡·윤희수
펴낸이 박찬익
편집책임 이영희
책임편집 김민영

펴낸곳 도서출판 **박이정**
주소 서울시 동대문구 용두동 129-162
전화 02)922-1192~3
전송 02)928-4683
홈페이지 www.pjbook.com
이메일 pijbook@naver.com
온라인 국민 729-21-0137-159
등록 1991년 3월 12일 제1-1182호

ISBN 978-89-7878-974-5 (93710)

* 책값은 뒤표지에 있습니다.

옮기는 말

*의미관계와 어휘사전*은 M. Lynne Murphy(2003)가 지은 *Semantic Relations and the Lexicon: Antonymy, Synonymy, and Other Paradigms* (Cambridge University Press)를 한국어판으로 옮긴 것이다. M. Lynne Murphy는 영국의 브라이턴(Brighton) 소재 서섹스 대학교(the University of Sussex)의 언어학 및 영어학과 부교수이다. 그녀는 1995년 미국의 일리노이 대학교(the University of Illinois)에서 언어학 박사학위를 받은 이래로 미국, 남아프리카 공화국, 그리고 영국에서 언어학을 가르쳐 왔다. 그녀의 주된 연구 관심사는 어휘사전과 어휘의미론이다. 특히, 그녀는 어휘습득, 머릿속 어휘사전, 담화기능, 그리고 문법구조를 포함하는 다양한 각도에서 어휘대조를 지속적으로 연구해 왔다.

이 책의 목적은 두 가지이다. 그 첫 번째 목적은 어휘의 머릿속 표시에서 의미관계들의 역할에 관한 특정한 견해를 제시하고 옹호하는 하는 것이다. 그 두 번째 목적은 독자들에게 계열적 관계들 특히, 동의관계, 반의관계, 대조, 그리고 하위관계 및 상위관계에 관한 접근방식들의 특성과 비교에 대해 안내를 제공하는 것이다. 문맥-민감성, 반(半)-의미성, 예측가능성, 그리고 보편성을 포함하는, 여기서 논의된 계열적 의미관계들의 특성들은 그런 관계들에 대한 화용적 접근방식을 옹호하는 주장의 근거가 된다. 제안된 화용적 원리인 대조에 의한 관계는 의미적, 문맥적, 그리고 '어휘(외)적' 정보로부터 의미관계들을 파생시키는 일반적 원리의 역할을 한다. 그 주장은

낱말들이 최대로 유사하고, 최소로 그러나 적절하게 다르면, 관련된다는 것
이다. 의미관계의 다른 유형들은 낱말 집합들 간의 유사성과 차이의 다른
관점들로부터 발생한다. 이 처리방식에서 중요한 것은 '어휘적' 낱말 지식
과 낱말들에 관한 '어휘외적' 지식의 구분이다. 어휘외적 처리방식은 낱말
들 사이의 관계들이 종종, 엄격하게 말하자면, 의미적이지 않은, 예컨대, 형
태적이거나, 음성적이거나 사회언어적인, 그들 간의 유사성에 근거한다는
관찰에 근거하고 있다.

   이 책은 두 가지 주요 부분으로 나누어진다. 제1부에서는 일반적인 의미
관계들이 논의된다. 제1장은 관련된 용어들과 이 책이 다루는 문제들을 정
의한다. 제2장은 그런 관계들의 일반적 속성들을 살펴보고, 이 책에 중심적
인 화용적 원리, 즉 대조에 의한 관계를 제안한다. 제3장은 인류학, 심리학,
언어학, 컴퓨터과학의 계열적 관계들에 대한 접근방식들을 개관하고, 그들
과 제안된 접근방식을 비교한다. 제2부에서는 주요 어휘관계들 즉, 제4장은
동의관계와 유사성, 제5장은 반의관계와 대조, 제6장은 하위관계 및 부분·
전체관계와 같은 '비-대칭적 관계들'을 차례대로 다룬다. 각 장들은 각 관계
유형의 대조에 의한 관계를 개괄적으로 설명하고, 이것을 그 관계에 대한 종
래의 접근방식들과 비교한다. 그리고 "동의관계는 대조에 의해 정의될 수
있는가? 반의관계는 다른 의미관계들보다 더 '어휘적' 관계인가? 그리고 하
위관계와 부분·전체관계는 '언어적' 관계로 간주되어야 하는가? 또는 그들
은 낱말들 사이의 관계들이라기보다 개념들 사이의 관계들인가?"와 같은 이
관계유형에 특정한 문제들을 제기한다. 제7장은 결론 장으로서 대조에 의한
관계 접근방식의 결과와 이 접근방식이 현대의 의미이론들과 적합한 정도를
논의한다.

   끝으로 의미관계와 어휘사전을 새로운 각도에서 깊이 있게 논의한 이 특
별한 책을 출판해 준 박이정, 그리고 한국어판의 출판을 허락해 준 케임브
리지대학교 출판부 및 한국어판 서문을 보내 준 Murphy 교수께 깊은 감사

를 드린다. 또한 이 책의 내용 검토와 찾아보기 작업 등을 도와 준 임태성 군과 김소희 양을 비롯한 경북대학교 인지언어학연구실의 연구원들에게 감사드린다. *의미관계와 어휘사전*을 통해 의미관계와 어휘사전 연구에 대한 우리나라 언어학계의 지평을 넓히는 계기가 되기를 기원한다.

2008년 2월 14일

임지룡·윤희수

Preface for the Korean Edition
of *Semantic Relations and the Lexicon*

The relations of meaning between words provide a rich area for investigation. In this book, I have offered a way of looking at these relations that emphasizes their changing, context-sensitive nature. While the intention here is to provide an approach to semantic relations that can be applied cross-linguistically, there remain many questions about semantic relations among words that can be studied from a universal or a language-particular standpoint.

I am extremely pleased that this book has been made available in Korean, and I hope that it will contribute to further work in and about Korean that can offer further insight into how such relations are represented in the mind, what factors influence which words are perceived as related to others, and how the relations between words are exploited in the vocabularies and discourses of different language. I hope that this translation will instigate a two-way communication about lexical relations, and that some of the ideas presented here will be tested and extended by its readers.

Since finishing this book in 2003, the work presented here has been developed in various directions, often in cooperation with the Complexica group of researchers, including Steven Jones, Victoria Muehleisen, Carita Paradis and Caroline Willners. The question of how to represent antonymy in the mental lexicon has, in particular, been addressed in M. Lynne Murphy (2006) "Is 'paradigmatic construction' an oxymoron? Antonym pairs as lexical constructions" in Constructions SV1. (http://www.constructions-online.de/). More information about the Complexica group can be found at: http://www.f.waseda.jp/vicky/complexica/index.html.

M. Lynne Murphy

University of Sussex, Brighton BN1 9QN, England

11 October 2007

한국어판 서문

낱말들 사이의 의미관계들은 많은 연구영역을 제공한다. 이 책에서 나는 그 관계들의 변화성과 문맥-민감성을 강조하는 연구방식을 제안했다. 여기서의 의도는 언어 상호간에 적용될 수 있는 의미관계들에 대한 접근방식을 제공하는 것이지만, 보편적 관점에서 또는 언어-특정적 관점에서 연구될 수 있는 낱말들 간의 의미관계들에 관한 많은 질문이 남아 있다.

나는 독자들이 이 책을 한국어로 읽을 수 있게 되어서 매우 기쁘다. 나는 이것이, 그런 관계들이 머릿속에 표시되는 방식들, 어떤 낱말들이 다른 낱말들과 관련된 것으로 지각되는 데 영향을 미치는 요인들, 그리고 낱말들의 관계들이 다른 언어의 어휘와 담화에서 이용되는 방식에 관한 더 깊은 통찰력을 제공할 수 있는, 한국어로의 그리고 한국어에 관한 한층 더 높은 연구에 기여하기를 바란다. 나는 이 번역서가 어휘관계들에 관한 두 방향의 의사소통을 활성화하고, 여기서 제시된 아이디어들 중 일부가 독자들에 의해 검증되고 확장되기를 바란다.

2003년에 이 책의 집필을 끝낸 이래로, 여기서 제시된 연구는 종종 Complexica 그룹의 연구자들(Steven Jones, Victoria Muehleisen, Carita Paradis and Caroline Willners를 포함하는)과 협력하여 다양한 방향으로 발전되었다. 머릿속 어휘사전에서 반의관계를 어떻게 표시하는가라는 질문은, 특별히, 구조 SV1에 있는 M. Lynne Murphy(2006)의 "'계열적 구조'는 모순어법인가? 어휘구조로서의 반의어 쌍"에서 다루어졌다

(http://www.constructions-online.de/). Complexica 그룹에 관한 더 많은 정보는 http://www.f.waseda.jp/vicky/complexica/index.html에서 찾아볼 수 있다.

M. Lynne Murphy

서섹스 대학

2007년 10월 11일

차례

제2부 구체적 계열관계

감사의 말씀

이 책에서 전개된 이론적 관점은 나의 박사 논문에서 제시된 아이디어들의 고손녀이며, 6촌의 종손녀이다. 따라서 먼저 나는 이 아이디어들을 계속 발전시키는 데 도움을 준 나의 박사 논문 심사위원들인 Georgia Green, Jerry Morgan, Greg 'No Relation' Murphy, 그리고 Ladislav Zgusta께 감사한다.

그 이래로 다양한 여러 부분들의 원고를 읽고 논평해 준 많은 사람들, 특히 Roger Chaffin, Richard Coates, Alan Cruse, Larry Horn, Steve Jones, Adrienne Lehrer, Wiltrud Mihatsch, Carita Paradis, Geoff Sampson 그리고 익명의 논평자들의 자상한 관심을 누리게 되었다. 그들의 조언에 대해 항상 감사했으며, 거의 항상 그 조언을 따랐다. Darren Pearce는 임시변통으로 만든 말뭉치 소프트웨어로 나를 크게 도왔다. 이 책에서 조언이 무시된 분들께 사과를 드리며, 내가 잘못 표시했을지도 모를 논평을 해 준 분들께 깊이 사과하는 바이다. 이 책의 어떤 잘못에 대한 책임도 나에게 있다.

Christine Bartels와 Andrew Winnard는 각각 이 프로젝트를 시작하고 종결할 때, 주의를 기울이고, 도움을 주고 은혜를 베푼 편집자이다. Baylor 대학교는 초기 단계에서 자금을 제공했고, 북아메리카 사전협회의 Urdang 상(賞)이 동의관계의 연구에 큰 도움이 되었다. 친구들과 가족들은 그들의 격려, 죄의식, 그리고 기분 전환으로 이 연구를 도왔다. 집필하는 동안 Allison Smith와 Stan Apps가 위의 일을 행한 주된 인물이었다. Phil Viner는 편집 단계에서 주된 역할을 했으며, 그것에 대해 항상 감사하게 생각할 것이다.

이 책을 Georgia Green에게 바친다. 그분은 나의 글 쓰는 틀을 잡아 주었고, 내 제자들을 지도하는 데 영감을 주었다. 이 책을 부모님인 Nancy and Paul Murphy께 바친다. 비록 아버지의 주택 개량 프로젝트들 중 하나만큼 오래 걸렸지만, 그들은 내가 시작한 것을 마무리하도록 가르쳤다. Georgia, 어머니, 그리고 아버지께 감사드린다.

상징과 인쇄 규약

볼드체	정의되는 새로운 용어를 나타낸다.
이탤릭체	언어학적 자료, 예컨대 어휘내항의 표제어를 나타낸다.
작은 대문자	개념을 나타낸다.
이탤릭체 작은 대문자	낱말의 (언어외적) 개념을 나타낸다.
'x'	언어적 표현의 의미나 의의를 표시한다.
x=y	x와 y는 동의어들이다.
x≈y	x와 y는 근사동의어들이다.
x/y	x와 y는 대조관계를 이룬다.
x-y	x와 y는 정의되지 않거나 비의미적 관계를 이룬다.
x<y	x는 하위관계나 부분·전체관계와 같은 비대칭적 관계에서 y의 하위에 있다.(예, "x는 y의 하위어이다.")
x>y	x는 하위관계나 부분·전체관계와 같은 비대칭적 관계에서 y의 상위에 있다.(예, "x는 y의 상위어이다.")

제 1 부

· · ·

일반적 계열관계

Paradigmatic relations, generally

1. 왜 어휘관계인가?

"어떻게 지내니?"라고 나는 묻곤 했다.
"내 기분이 어떤지 물어봐."라고 그는 나에게 대답했다.
"좋아, 기분이 어때?" [. . .]
"나는 매우 행복하고 매우 슬퍼."
"너는 어떻게 동시에 그럴 수가 있니?"라고 9내지 10세의 소녀처럼
아주 진지하게 물었다.
"왜냐하면 그 둘은 서로서로를 필요로 하기 때문이야. 그들이 같은 집
에 살고 있다는 것을 몰랐니?"

Terry Tempest Williams, "마을의 파수꾼"(1994)

이 세상의 어떤 다른 현상에 대해서도, 낱말들 사이의 계열적 의미관계의 존재는 어떤 또는 아마도 여러 종류의 설명을 필요로 한다. 이 관계들은 낱말들 사이에 또는 그 낱말들이 나타내는 사물들 사이에 존재하는가? 그 관계들은 자의적인가 규칙에 근거하고 있는가? 언어 특정적인가 보편적인가? 언어적 인지의 산물인가 일반적 인지의 산물인가? 이 질문들이 이 책의 초점이다. 그러나 먼저 우리는 이 질문들이 무엇을 의미하는지, 그리고 왜 우리가 그 질문들에 고민해야 하는지 물어야 할 것이다.

인간의 언어 능력을 모형화하는 데 있어서 언어이론들이 발전해옴에 따라서, 어휘사전은 그 이론들에 있어서 더 중심적인 것이 되었다. 머릿속 어휘사전에 대한 이 새로운 또는 회복된 관심을 가지면, 두 가지 문제가 분명해진다. 첫째, 어휘사전이 내부적으로 어떻게 구조화되어 있는지 그리고 어휘정보가 그 안에서 어떻게 표시되어 있는지에 관해 일반적으로 용인된 이론은 없다. 둘째, 어휘사전은 개념체계와 접촉해야 한다. 그러나 어휘-개념 경계선의 어느 쪽에 어떤 정보가 포함되어야 하는지, 개념정보가 어떻게 표시되어야 하는지, 그리고 심지어 어휘-개념 경계선이 존재하는지에 관해서 의견이 거의 일치되지 않는다.

줄잡아 말하더라도, 가장 관심이 있는 관계자들은 반의관계, 동의관계, 하위관계 등과 같은 낱말들 사이의 계열적 의미관계들이 어쨌든 어휘정보나 개념정보의 구조에 관련되어 있다는 것에 동의한다. 그러나 관련성("relevance")이라는 이 모호한 언급을 넘어서서, 의견, 가정, 그리고 모형들은 철저하게 다양해진다. 몇몇 연구자들(예, Katz 1972, Kempson 1977, Pustejovsky 1995)에게, 그런 관계들을 설명하는 것은, 함의와 모순과 같은 관계들을 설명하는 것이 문장의미론이나 명제의미론에서 하나의 근본적인 문제이듯이, 그런 관계들을 설명하는 것이 어휘의미론이 추구하는 목적들 중의 하나이다. 다른 연구자들(예, Deese 1965, Lehrer 1974, Mel'čuk 1996, Fellbaum 1998c)에게 낱말들 사이의 관계는 의미를 제약하거나 결정한다. 그 역은 성립하지 않는다. 이런 견해들은 마치 논쟁이 되지 않는 것처럼 종종 다른 논의의 배경으로 언급된다. 그러나 그들 사이의 차이는 화용적 관계들의 발생, 표시, 그리고 용법이 언어학 이론과 심리언어학 이론을 위해 아직까지 해결되지 않은 문제라는 정도만을 강조한다.

이후의 절들은 세 가지 목적을 가진다: (a) 계열적 의미관계들에 대한 다양한 이론적 견해들을 조명한다. (b) 일련의 학문들과 방법론들로부터 그들에 관한 연구를 요약하고 분석한다. (c) 이 관계들에 대해 새로운 화용적 접근방식을 제시한다. 이 장에서 나는 의미관계들에 관한 화용적 및 심리언어적 관점을 취하는 것의 의미를 조사하고, 여기서 사용되는 몇몇 어휘를 정의하며, 머릿속 어휘사전과 개념체계에 관한 몇몇 가정을 정당화할 것이다. 마지막 절은 이 책의 나머지 부분에 대한 개요를 제공한다.

1.1 의미관계에 접근하기

낱말들 사이의 의미관계는 다양한 명칭의 철학자들, 심리학자들, 언어학자들, 조기언어 및 제2언어 교육자들, 컴퓨터과학자들, 문학이론가들, 인지신경과학자들, 그리고 심리분석학자들 — 그 관심이 낱말들이나, 의미나 마음을 포함하는 거의 모든 분야의 연구자들 — 의 관심을 사로잡아 왔다. 그런데 좋은 소식은 우리가 다양한 방법론적 및 이론적 견해로부터 그 주제에 접근할 수 있는 방대하고 정밀한 문헌에 접근할 수 있다는 것이다. 나쁜 소식은 이들 각 견해가 왜 의미관계들은 흥미로운지, 어떻게 그들이 언어나 사고 구조와 관련이 있는지(없는지), 그리고 어떤 연구방법론들이 타당하거나 의미심장한지(그리고 그렇지 않은지)에 관한 그 자체의 함축적인 가정을 갖고 있다는 것이다. 그래서 이 분야들 중의 여러 분야에서 나온 연구결과를 내가 보고하겠지만, 문헌에 관해 논의하거나 새로운 가설들을 제시하기 전에 여기서 내가 취한 특정 견해를 정의하는 것도 중요하다. 그렇게 하는 것은 그 제시를 더 이해하기 쉽게 만들 뿐만 아니라, 다른 사람이 수행한 연구를 조사하는 것은 그것이 작성된 견해와는 다른 견해에서 그 연구를 읽는다는 것을 종종 함의한다는 점을 인정하는 역할을 한다. 이후의 장들에서 다양한 분야와 견해들에서 유래한 연구가 이 장에서 소개되는 가정들에 비추어 비판적으로 분석될 것이다.

여기서 전체적인 목표는 낱말들이 의미적으로 관련되어 있느냐 혹은 그렇지 않느냐를 개인들이 어떻게 아는가(혹은 결정하는가), 그리고 만약 낱말들이 관련되어 있다면, 어떤 유형의 관계를 수반하는지에 관한 설명을 제공하는 것이다. 바꿔 말하면, 의미적 관계성에 관한 판단은 어떤 근거에서 내려지는가? 여기서 취한 견해는 화용적이고 심리언어적이다.[1] 심리언어적(psycholinguistic)이라는 낱말로 내가 의미하는 바는 그 목적이 인간 언어 행위에 있어서 의미관계 현상에 관련된 지식과 과정의 심리적으로 그럴 듯한 모형을 제공하는 것이다. 따라서 구조주의적, 형식주의적, 그리고 컴퓨터에 의한 어휘사전 모형들이 여기서 고려되는 것들에 속하지만, 그 모형들이 인간의 마음과 같은 방식으로 인간 언어능력을 모형화하느냐에 근거하여 여기서 평가될 것이다. 화용적(pragmatic)이라는 말로 내가 의미하는 것은 여기서 기술되는 언어적 현상들이 한 인간 문화권 내에 있는 인간 머릿속에서 그것들의 사용과 지위와 관련하여 고려된다. 이것은 낱말들이 그들의 정의적 의미들과 그들 상호 간에 그 정의들의 관계들과 관련해서만 고려되는, 의미관계의 엄격한 형식적 또는 기술적 설명과 대조된다. 따라서 우리들의 낱말 특성 모형들은 반의어들에 대한 형식적 요건을 충족시키므로, *hot*이 *cold*의 반의어라고 말하는 것은 여기서 충분하지 못할 것이다. 2.1에서 논의되겠지만, 낱말들 간의 의미관계들은 한 낱말의 의미적 성질에만 의존하는 것이 아니고, 고도로 문맥의존적이다. 그러므로 우리는 (예컨대) 어떤 문맥에서 *hot*이 *cold*에 대한 반의어의 최적 후보자이지만, 다른 문맥에서는 *warm*이나 *cool*이나 다른 어떤 것이 *cold*에 대한 반의어의 더 좋은 후보자일 것이라는 것을 어떻게 결정하는지 구분해야 한다. 본질적으로, 이것이 의미하는 바는 내가 의미관계들을 분석적이거나 객관적인 진리의 문제로 간주하는 입장에서가 아니고, 언어사용자의 특유한 머릿속 표시들(과 그 표시들을 포함하는 과정들)의 문제로 간주하는 입장에서 출발하는데, 이것은 그들의 판단과 행위를 통해 연구될 수 있다. 계열적 의미관계는 논리적 용어들로

---

[1] 나는 화용론을 언어학의 한 하위분야라기보다는 언어학적 견해로 간주하는 데 있어서 Verschueren(1999)을 따른다. 화용론은 그 자체로 언어 현상들의 어떤 특정한 집합에 관한 연구가 아니고, 오히려 모든 언어 현상의 연구에 접근하는 한 방식이다. 이와 유사하게, 어떤 언어 현상도 그 현상이 어떻게 습득되는가 그리고 정신적으로 어떻게 표시되는가? 등의 질문을 함으로써 심리언어적 관점에서 접근이 가능할 수 있다는 점에서 심리언어학은 언어탐구에 관한 하나의 견해로 이해될 수 있다.

정의되겠지만(성공도가 다양함—제2부를 보라), 그런 정의들은 어휘 기억과 언어사용에 있어서 의미관계들의 역할에 관해서는 거의 설명해 주지 않는다.

 그러면 화용적 및 심리언어적 견해는 언어능력(competence)과 언어수행(performance)의 관계에 관심이 있다. 이 관계의 연구에는 (유의미적 발화를 하거나 해석하는 것과 같은) 어떤 것을 하는 방법을 알기 위하여 알아야만 하는 것과, 이것을 행한 결과로 우리가 아는 것을 결정해야 하는 일이 포함된다. 불행하게도 영어는 이런 (그리고 다른) 종류의 앎들 간의 차이를 분명히 하는 데 그다지 도움이 되지 않는다. 다음의 논의를 위하여, 적어도 네 종류의 지식이 관련된다. 장기기억 속의 고정된 머릿속 표시(**fixed mental representation**)가 몇몇 유형의 언어 지식을 위해 필요하다. 예컨대, 내가 능동적으로 사용할 수 있는 어휘 중 어떤 낱말에 대해서도, 나는 장기기억 속에 그 음운구조의 어떤 표시를 가져야 한다.[2] 예컨대, 나는 *night*이 기본적으로 [nait]으로 발음된다는 것을 알고 있다. 그 이유는 내가 영어의 이 사실에 관해 어떤 고정된 머릿속 표시를 가지고 있기 때문이다. 또한 언어지식은 절차적 지식(**procedural knowledge**)을 포함하는데, 이것은 언어학자들이 보통 규칙으로 나타낸다. 따라서 예를 들면, 나는 대부분의 영어 복수는 -*s*로 만들어진다는 것을 안다. 그리고 나는 형태적 문맥에 따라 복수표지의 발음을 변화시키는 것을 알고 있다. 이 두 유형의 지식은 제삼의 종류, 즉 **생성된 머릿속 표시**(**generated mental representations**)를 허용한다. 따라서 일단 내가 *night*을 복수로 만드는 능력을 사용하면, 나는 나의 단기기억(장기기억 속에 저장될 수도 있다) 속에 이 복수에 대한 머릿속 표시를 가진다. 앞에서 본 모든 유형의 지식이 제사의 유형, 즉 관련된 표시나 과정에 대한 의식(**consciousness or awareness**)을 반드시 포함하는 것은 아니다. 물론, 우리가

---

 2) 이 의미로 표시(*representation*)는 다양한 인지능력의 입력이 되는 정신적 자료 구조이다. 여기서 표시가 '상징적 표시'를 의미한다고 생각해서는 안 된다. 대신에 다른 유형들의 표시(예, 신경망)가 작용한다.

이 규칙들이나 표시들을 의식하고 있다면, 우리는 많은 언어학적 연구를 할 필요가 없을 것이다. 왜냐하면 우리의 연구 질문에 대한 답은 아주 명백하기 때문이다. 의식 속에서 마음의 어떤 "상층" 부분은 어떤 "하층"의 잠재의식 부분에 접근할 수 있다. 예를 들면, 한 권의 책이 내 앞에 있다는 의식은, 지각과정과 표시 그리고 그 책에 대한 나의 개념적 표시와 그것들의 공유를 포함하는, 내가 의식하지 못하고 있는 온갖 종류의 지식에 의존한다. 의식은 우리의 현재 목적을 위하여 가장 재미없는 유형의 지식이다. 그 이유는 그것이 우리가 알고 있는 것에 관한 것이라기보다는 우리가 알고 있다고 알고 있는 것에 관한 것이기 때문이다(그리고 앎에 관하여 아는 것은 언어학자의 문제가 아니고 인식론학자의 문제이다). 만약 우리가 *night*이 *day*의 반의어라는 것을 의식한다면, 그것은 의식적인 마음이 잠재의식적인 마음 속에서 진행되는 일에 어느 정도 접근할 수 있기 때문이다.

두 낱말이 반의어냐 동의어냐를 아는 것은 어떤 잠재의식적 유형들의 지식도 포함할 것이다. 만약 그런 관계들이 정신적으로 고정되면, 우리는 생득적으로 이 지식이 프로그램화되었기 때문에, 또는 그 두 낱말이 관련되어 있다는 것을 배워서 그 정보를 이 낱말들에 관한 우리의 머릿속 표시에 추가했기 때문에, 우리는 그 관계들을 알게 된다. 우리는 어휘관계의 생득적 표시를 배제할 수 있다. 왜냐하면 그 지식은 언어특정적이기 때문이다. *hot*과 *cold*는 반의어로서 생득적으로 프로그램화될 수 없다. 왜냐하면 이 사실은 영어화자들에게만 관련되기 때문이다. 무한수의 가능한 언어가 존재하므로, 모든 가능한 언어를 위하여 모든 관계의 생득적인 머릿속 표시를 갖는 것은 분명히 불가능하다. 비록 우리가 의미관계들에서 의미정보(그 자체로서 낱말들이 아니고)만이 대립된다고 가정하면, 그 지식은 여전히 너무나 특정적이다. 그 이유는 *hot*의 특정 의미는 불어 *chaud*(제5장과 Cruse 1986을 보라)의 또는 중국어 *rè*(Praor 1963)의 특정 의미와 아주 다르기 때문이다.3) (역주: *chaud*의 의미는 *hot*이고, *rè*는 열<熱>이다.)

이것은 두 낱말이 의미적으로 관련이 있다는 것을 우리가 아는 방식에 관하여 우리에게 두 가지 가능성을 남긴다. 우리는 그 관계를 알 수 있을 것이다. 왜냐하면 그 낱말들의 발음이나 품사와 같은 다른 사실들을 우리가 배우는 것 같이, 우리는 그것을 사실이라고 배웠기 때문이다. 이 경우, 관계가 있는 낱말들의 경험이 장기기억 속에 저장된다. 따라서 예컨대, 나는 *hot*과 *cold*가 반의어라는 것을 알 것이다. 그 이유는 내가 그 낱말들이 대조적으로 사용되는 것을 들어서, (잠재적으로) 이 정보를 이 낱말들에 대한 나의 머릿속 표시의 일부로 만들었기 때문이다. 다른 가능성은 낱말들 간의 의미 관계가 생성된다는 것이다. 그러면 두 낱말이 반의어라는 지식은 낱말들 사이에서 관계를 생성하기 위한 규칙들이나 원리들의 어떤 집합에 근거하여 생성된 하나의 머릿속 표시를 포함할 것이다. 이 경우 *hot*과 *cold*가 반의어라는 내 지식은 그 필요성이 발생할 때마다 내가 다시 생성하는 어떤 것이다. 제2장에서 논의했듯이, 이 두 가능성 중 어느 하나도 의미관계와 관련하여 언어수행을 설명하는 데 충분하지 못하다. 내가 의미관계의 보기들을 생성하는 원리를 옹호하는 주장을 하지만, 관계의 파생가능성이 몇몇 관계들에 관한 경험적 학습과 고정된 머릿속 표시도 배제하지 않는다. 따라서 낱말들 간의 모든 의미관계가 하나의 관계원리(제2장에서 소개됨)에 의해 생성될 수 있지만, 이것은 그 관계들이 필요할 때마다 생성되어야 한다는 것을 의미하지 않는다.

의미관계에 관한 화용적 및 심리언어적 견해는 학제간 접근방식을 함의한다. 왜냐하면 이 견해는 언어는 사회적, 의사소통적, 그리고 심리적 제약들과 관하여 고려되어야만 한다는 것을 인정하기 때문이다. 그러므로 의미관계들이 어떻게 머릿속에서 표시되고 언어적으로 표현되는가를 결정하기 위해 광범위한 유형의 증거를 이용할 수 있다.

---

3) 나는 의미와 관계의 비생득적 성격을 거의 자명한 것으로 간주하지만, 몇몇 전체적 (holistic) 의미론자들(Fodor and Lepore 1992)은 의미가 생득적이라고 생각한다. 3.4.1을 보라.

논의될 증거의 유형에 속하는 것은 다음과 같다:

- 의미관련성에 대한 화자들의 판단
- 의미적으로 관련된 낱말들에 관하여 말뭉치에 근거한 연구
- 동의어·반의어사전들 및 일반사전들에서의 의미관계들에 대한 설명
- 어휘지식에 대한 전산 모형 테스트
- 어휘조직(예, 낱말연상, 어휘점화)을 보여 주기 위해 의도된 심리언어학적 실험
- 언어습득에 관한 자연발생자료와 실험자료
- 건망성 실어증, 실어증, 어휘상실이나 보통의 비유창성에 의해 유발되는 발화오류에 관한 자연발생자료와 실험자료
- 의미관계들의 사용에 대한 담화분석

위의 각 정보원(source)에는 그 자체의 한계가 있다. 화자들의 직관과 판단은 실제 언어사용과 아주 서로 반목하고 있다(Labov 1975). 말뭉치 연구는 종종 문어체 자료에 지나치게 의존하여, 한 어휘항목의 형태는 음운적이라기보다는 그래프적이라고 가정하는 경향이 있다. 사전과 동의어·반의어사전은 언어에 관한 의식적 추론을 반영하며, 일반적으로 그 기술적 (descriptive) 유용성과 충돌하는 상업적 및 실용적 임무를 지니고 있다. 컴퓨터에 의한, 심리적, 그리고 신경적 연구들은 빈번하게 언어적 지식과 비언어적 지식을 구분하지 못한다. 왜냐하면 그 연구들은 종종 개념을 나타내는데 낱말들을 사용하기 때문이다. 여기서 한 가지 도전은 다른 견해들에서 유래한 어떤 연구가 화용적 견해의 논의에 통합될 수 있는가를 확인하는 것이다. 즉, 우리는 학문 내적 연구에 관해 그리고 심지어 학제적 연구에 관해서도 신중해야 한다. 그 이유는 한 견해를 옹호하거나 반대하는 몇몇 주장된 증거는 현재의 논의 틀에서 고려될 때, 해석이 불가능하거나 무관할 수도 있기 때문이다. 다른 도전은 신중하고 겸손하게 언어학 이외의 다른 분야의 정보를 이용하는 것이다. 이것은 Pederson and Nuyts가 다음과 같이

언급했다. "전통적 학문 경계선들 사이에 방법론적 기술의 공유가 증가되어 왔다 . . . 그러나 그런 기술들은 모두 그 장점, 약점, 그리고 기저의 이론적 가정들을 분명히 모르고서 너무 자주 차용된다"(1997: 6). 이후의 장들을 통하여 분명해지겠지만, 나의 지적인 방향은 언어학 쪽이다. 그리고 나의 최상의 목적은 그 연구 분야에 기여하는 것이다. 그럼에도 불구하고 나는 논의된 자료의 학제적 성격이 이 연구를 모든 인지과학 분야의 독자들에게 유용하도록 해 주기를 바란다.

1.2 관계들과 '어들('nyms): 몇몇 정의

지금까지 연구의 주제는 낱말들 사이의 *계열적 의미관계*(*paradigmatic semantic relation*)라고 불려왔다. 문헌에서 이 관계들은 보통 *어휘관계*(*lexical relation*)나 *의미관계*(*semantic relation*)라고 불린다. 그리고 두 용어는 대조적으로 사용된다. 두 용어의 공통요소인 **관계**(**relation**)는 상당히 모호하지만, 가장 기본적인 의미에 있어서 정의할 수 있는 한 집합 내의 공-원소성(co-membership)을 나타낸다. 따라서 예컨대, *sky*와 *high*는 *eye*와 운이 맞는 영어 낱말 집합의 원소들이라는 점에 있어서 연관성이 있다. 관계는 그런 집합을 정의하는 정의적 기준들의 유형들을 구분하는 데도 이용된다. 그래서 *sky, high, eye*의 관계는 운(rhyme) 관계이다(즉, 이 관계 집합에서 원소성의 기준은 어말음들의 유사성이다). 우리의 목적을 위하여, 관계는 **계열적 관계**를 나타낼 수 있다. 이 관계에서 낱말들의 집합은 어떤 종류의 계열을 형성하는데, 예를 들면, 공통적인 몇몇 의미 특성을 공유하지만 다른 특성들은 공유하지 않는, 동일한 문법 범주의 원소들을 포함하는 의미관계가 있다. 따라서 예컨대, 기본색채용어들의 집합은 그 원소들이 각각 색채 스펙트럼의 다른 부분을 가리키는 형용사(또는 명사)들인 계열을 형성한다. 물론 모든 계열이 다 의미적으로 정의되는 것은 아니다. 예컨대, 굴절계열은 수(number)와 같은 어떤 굴절 범주에 한 어휘항목의 가능한 변이형들을 포함한다. 그러므로 *child*와 *children* 사이에는 형태론적 계열관계가 존재한다. 계열적으로 관련된 낱말들은 어느 정도 서로에 대하여 문법적으로 대치될 수 있다. 예컨대, *blue*, *black*, 그리고 색채 계열의 어떤 다른 원소도 *a* ＿＿＿ *chair*라는 구에 문법적으로 합당하게 나타날 수 있다. 이런 식으로 계열관계는 **결합적 관계(syntagmatic relation)**와 대조를 이룬다. 이 관계는 한 통사 구조에서 병존하는 낱말들 사이의 관계이다. 예컨대, 우리는 *eat*와 *dinner* 사이의 결합적 관계에 관해 언급할 수 있다. 비록 이 두 유형의 관계를 구분하는 (논란의 여지가 있는) 주먹구구식의 규칙은 계열관계는 동일한 문법범주들의 원소들 사이에 적용되는 반면에, 결합적 관계는 다른 문법범주들을 포함한다는 것이지만, 그 두 유형의 관계를 구분하기가 항상 쉬운 것은 아니다(2.1.5를 보라).

현재의 목적을 위하여, 의미관계(**semantic relation**)를 의미계열에 의해 정의되는 관계를 가리키는 데 사용하는 것이 합당할 것이다. 그러나 몇몇 단서를 붙이기 전에는 사용하지 않을 것이다. *의미관계*는 때때로 풀어쓰기, 함의, 모순대당(contradiction)과 같은 구나 문장 관계를 나타내는 데 사용된다. 그러나 여기서는 '낱말들 사이의 계열적 의미관계'를 뜻하는 것으로 이해해야 한다. 여기서 채택된 화용적 관점이 주어지면, 그리고 비의미적 요인들이 이런 의미관계들에 영향을 미친다는 사실에 의하면(2.1.5를 보라), 그 의미관계들을 *화용적 관계(pragmatic relation)*로 간주해야 한다고 주장할 수 있을 것이다. 그러나 이 용어는 비록 음성형태나 언어사용역(register) 과 같은 비의미적 요인들이 반의관계나 동의관계에 작용할지라도, 가장 기본적인 요건은 의미관계성이라는 점을 간과하고 있다. 비의미적 요인들이 예컨대, 동의적 낱말들의 한 집합이 동의관계를 얼마나 잘 예시하느냐라는 판단에 영향을 미칠 수 있지만, 그 낱말들의 의미들은 그 관계를 만들거나 단절한다.

여기서 어휘관계(lexical relation)라는 용어는 단지 의미관계만 아니라, 낱말들 사이의 화용적 관계를 나타내는 데 사용된다. 그래서 어휘관계는 음성적 관계(각운이나 두운과 같은), 형태적 관계(굴절 변이와 같은), 그리고 형태-통사적 관계(한 문법 범주에서 공-원소성과 같은)를 포함한다. 한편, 한 단서가 준비되어 있다. 어휘관계는 낱말들(페이지 위에 있는, 또는 머릿속에 있는 또는 어디에 존재하든지 간에) 사이의 관계들 또는 머릿속 어휘사전 안의 관계들(어휘항목들 간의)을 가리킬 수도 있다는 점에서 중의적이다. 만약 낱말들이 관련되어 있으면 그 관계는 어휘사전에 표시된다(3.3을 보라)고 몇몇 학자들이 주장(또는 가정)하기 때문에, 그들에게 두 의미는 상호교환될 수 있다. 그러나 나는 낱말들 사이의 관계는 어휘사전에서 표시될 수 있는 낱말들에 관한 정보의 유형들 사이에 속하지 않는다는 견해를 취한다(제2장에서). 이 견해는 예컨대, Gross, Fischer, and Miller(1989)의 견해와 대조된다. 그들은 *big/little*과 같은 반의어 쌍과, *gigantic(거대한)/tiny(작은)*와 같은 의미적으로 대립되는 다른 쌍들을 구분하는데, 전자는 개념적 대립어들(의미적으로 관련된)일 뿐 아니라, 어휘적 반의어들(즉, 어휘내적으로 관련된)인 반면에, 후자는 개념적으로만 대립된다고 주장한다. 그들에게 이것이 의미하는 바는 *big/little*의 대조는 머릿속 어휘사전에 표시되어야 하지만, *gigantic*과 *tiny*의 관계는 어휘사전에 있는 그 낱말들 표시의 일부가 아니라는 것이다. 이 책의 *어휘관계*라는 용어의 문맥에서, *어휘적*(lexical)은 '머릿속 어휘사전에 포함된'이라기보다는 '낱말들을 포함하는'을 의미하는 것으로만 생각되어야 한다. 어휘내적(intralexical)이란 용어는 어휘정보의 한 구조 또는 한 조각이 어휘사전에 포함된다는 것을 나타낸다. 어휘외적(metalexical)이란 용어는, 비록 낱말들에 관한 정보이지만, 어휘사전에 포함되지 않은 정보를 가리킨다.

여기서 논의된 주요 관계들의 보기는 다음과 같다:

동의관계(synonymy): *sofa=couch=divan=davenport*
반의관계(antonymy): *good/bad, life/death, come/go*

대조(**contrast**): *sweet/sour/bitter/salty(단/신/쓴/짠), solid/liquid/gas(고체/액체/기체)*

하위관계(**hyponymy**) 또는 부류포섭(class inclusion): *cat<mammal(포유동물)<animal*

부분·전체관계(**meronymy**): *line(행)<stanza(연)<poem(시)*

기호 =는 동의관계를 나타낸다. 반의나 대조 집합들 사이의 기호 /는 대조 낱말들의 의미적 비양립성을 나타낸다. 반의관계는 이분적(**binary**) 계열 안에서 대조된다는 점에서 대조의 하위유형이다. 반의관계라는 용어가 때때로 더 특별한 관계를 위해 사용되지만, 여기서는 어휘항목들 사이의 어떤 이분적 의미대조(한편 *대립*은 언어표현들 사이의 대조에 한정되지 않고, 여기서 더 넓은 의미로 사용된다 — 2.2.2를 보라)에 대해서도 사용된다. 하위관계와 부분·전체관계의 보기에서 '보다 작다'는 기호(<)는 이 관계들이 위계적이고 비대칭적이라는 것을 보여 준다. 즉, *stanza*는 *poem*의 부분·전체어이지만, *poem*은 *stanza*의 부분·전체어가 아니다. 그 역관계인 상위관계와 전체·부분관계는 *poem>stanza*('*poem*은 *stanza*의 전체·부분어이다')처럼 '더 크다'는 기호(>)로 표시될 수 있다. 예컨대, *mammal*에 대한 *cat*의 관계(*cat<mammal*)는 *cat*에 대한 *mammal*의 관계(*mammal>cat*)와 동일하지 않다. 한 방향으로, 이것은 한 범주와 그 상위범주의 관계이고, 다른 한 방향으로는 한 범주와 그 하위범주의 관계이다. 한편, 동의관계, 반의관계, 그리고 대조는 비-위계적(**non-hierarchical**) 관계이며, 예컨대, *couch*와 *sofa*의 관계는 *sofa*와 *couch*의 관계와 구분될 수 없다는 점에서, 그 특징은 보통 대칭적(**symmetric**) 관계이다.4) 따라서 우리는 *couch*와 *sofa*는 서로서로의 동의어들이라고 말할 수 있지만, *cat*과 *mammal*이 서로서로의 하위어들이라고 말할 수 없다. *cat*은 *mammal*의 하위어(**hyponym**)이고 *mammal*은

---

4) 제2부에서 논의되었듯이, 동의관계와 반의관계가 반드시 대칭적이지는 않다. 따라서 나는 *위계적(hierarchical)*과 *비-위계적(non-hierarchical)*이란 용어를 선호한다.

*cat*의 상위어(**hyperonym**)이다. 마찬가지로 부분・전체어는 단일방향 용어
이므로 *stanza*는 *poem*의 부분・전체어(**meronym**)이지만, *poem*은 *stanza*의
전체・부분어(**holonym**)이다. Lyons(1997)와 일부 다른 학자들이 *공-하위*
관계(co-hyponymy)에 관해 논의하고 다른 일부 학자들은 공-부분・전체관
계(co-meronymy)에 관해 논문을 쓰지만, 이 두 관계 유형도 역시 대조집합으
로 간주될 수 있다. 그래서 *eyes/nose/mouth*는 *face*의 대조집합 또는 공-부
분・전체어들의 집합으로 간주될 수 있다. 마찬가지로, *sonnet(소네*
*트)/ballad(발라드)/ode(송시<頌詩>)*는 *poem*의 대조집합 또는 공-하위어들
이다. 어휘관계들의 하위유형은 제2장에서 정의되고 논의될 것이다.

  형태적이나, 음성적 관계들 그리고 정의되지 않은 관계들과 같은 다른
관계들은 대시(—)로 표시된다. 모든 의미관계가 이 책에서 논의되는 것은
아니다. 예컨대, *author(저자)*와 *book*의 관계와 같은 격관계(**case relation**)는,
비록 몇몇 어휘내적 조직 이론(예, 의미-텍스트 이론, 3.3.3을 보라)과 관련이
있지만, 무시된다. 몇몇 잡다한 계열관계는 제6장에서 간략하게 논의되지만,
여기서는 어휘의미론의 논의에서 중심적이었던 관계들에 집중할 것이다.

  관계들의 몇몇 보기들, 특히 반의관계의 보기들은, 그들의 관계가 그 문
화권에서 잘 알려져 있고 겉으로 보기에 안정적이라는 점에서, 특별한 지위
를 지닌 것 같다. 예컨대, *hot/cold*는 *steamy(고온다습의)/frigid(혹한의)*보다
반의관계의 더 좋은 보기인 것 같다(비록 두 쌍이 온도 척도 상에서 대립되
는 극단을 나타내지만). 전자의 쌍과 그것과 유사한 다른 쌍들(예, *big/little,*
good/bad, good/evil)은 규범적(**canonical**) 반의어 쌍들로 간주될 수 있다.
이들은 자유낱말연상과업에서 자동적으로 서로 뒤따르는, 또는 대립어를
수록한 아동도서에서 함께 모아진 종류의 반의어들이다. **비-규범적**
(**non-canonical**) 쌍들은 덜 흔하거나 더 문맥의존적이다. 규범적 유형과 비-
규범적 유형의 차이는 제2장과 제5장에서 논의될 것이다. 당분간, 의미관계
의 완전한 설명은 두 유형을 인정해야 한다는 것에 유의하라. 그 두 유형을

완전히 분리할 수는 없다. 즉, 그들의 경계는 모호하고, 한 쌍이 규범적인가 또는 비-규범적인가를 결정하는 것이 항상 가능한 것은 아니다. 확실히 *happy/sad*이 규범적인데, *happy/unhappy*는 규범적인가? 만약 그렇지 않다면(형태적으로 파생된 반의어들은 형태적으로 관련이 없는 반의어들과 다른 범주에 속한다는 근거로), *happy/unhappy*는 *green/non-green*이나 *straight/unstraight*보다 왜 "더 좋은" 반의어 쌍으로 보이는가? *wet/dry*가 규범적인데, *humid(습기 있는)/arid(건조한)*는 규범적인가? *wet/dry*는 확실히 더 일반적인 쌍이지만, 일반적이지 않은 쌍들은 규범적인 범주에 속할 수 없는가? 언어사용자들은 직관적으로 "좋은"(또는 원형적인) 반의어 쌍들, 그렇게 좋지 않은 쌍들, 그리고 아주 나쁜 쌍들을 구분할 수 있다. 의미관계들의 완벽한 이론은 이 관계들의 "더 좋은" 그리고 "더 나쁜" 보기들에 관한 언어사용자들의 판단에 의해 드러나는 관련성의 연속체를 설명할 수 있어야 한다 (2.1.4를 보라).

마지막으로, 이 관계들은 무엇을 관련시키는가? 지금까지 나는 그들을 낱말들 간의 관계라고 불렀지만, 그들이 실제로 낱말들의 외연적 지시대상물들 간의 관계가 아닌가라는 질문도 할 수 있을 것이다. 결국, heat와 cold는 양립할 수 없는 온도 상태이기 때문에, *hot*은 *cold*의 대립어가 아닌가? 지시 반의어들이 양립할 수 없는 지시대상물들을 기술하는 것이 사실이지만, 반의관계에는 이것보다 더 많은 것이 존재한다. 반의관계를 지시적 비양립성으로 정의하는 것은 *hot, boiling, steamy, warm, scorching(타는 듯이 뜨거운)*과 많은 다른 낱말들이 어떤 문맥에서도 *cold*의 반의어로 동등하게 적절할 것이라는 의미를 나타낸다. 그 이유는 이 모든 낱말들은 '추움'과 양립할 수 없는 상태를 기술하기 때문이다. 따라서 우리는 특히 낱말들 또는 낱말 의미들이 관련되는 방식을 살펴볼 필요가 있다 — 이 세상의 사물들이 관련되는 방식뿐만 아니라.

대부분의 어휘의미론 교재들에서 의미관계는 실제로 낱말들 간의 관계가

아니고 낱말 의의들 간의 관계라고 주장한다. 이 교재들 중 일부는 이 관계
들을 *어휘관계*(*lexical relation*)라기보다는 *의의관계*(*sense relation*)(Lyons
1977) 또는 *의미관계*(*meaning relation*)(Allan 1986)라고 부른다. 두 가지 이
유 때문에 나는 이 용어들을 선택하지 않았다. 첫째, 대조는 많은 낱말들의
의의들로 확장될 수 있기 때문에 대조되는 것이 다만 의의들일까(그리고
낱말 그 자체가 아니고)라고 궁금해 할 근거를 규범적 반의어들이 제공한다.
낱말 쌍 *hot/cold*는 '고온/저온', '술래 가까이에 있는/술래에서 멀리 떨어져
있는(숨바꼭질에서)', '방사능의/방사능이 없는' 등과 같은 많은 의의 대조
를 기술하는 데 사용될 수 있다. 쌍 *hot*과 *cold*는 그들의 온도 의의들의 관계
를 넘어서서 관련성을 맺고 있다. 그래서 우리는 그들을 어휘적으로 관련된
다고 간주한다. 둘째, 특히 2.1.3과 2.1.5의 논의에서 더 분명해지겠지만, 의
의들이 어휘 의미관계들의 유일한 결정요소가 아니다. 따라서 일부 의미관
계들은 의의관계들이지만, 의의관계들은 여기서 논의된 것보다 더 좁은 범
위의 관계들을 기술한다.

아직까지 답변되지 않은 기본적인 질문은 "의미관계들은 언어능력과 언
어사용 모형 안의 어디에 위치해야 하는가?"라는 것이다. 많은 머릿속 모형
제작자들은 낱말들 간의 의미관계들은 낱말들에 관한 다른 지식과 함께 어
휘사전에 표시되어야 한다고 제안(또는 가정)한다(제3장을 보라). 다른 선택
방안은 메타언어학(역주: 언어와 언어 이외의 문화 및 사회와의 관계를 연구
하는 언어학의 한 분야)적 지식의 한 형태로 낱말들 간의 의미관계들을 고려
하는 것이다. 이 두 가능성 중의 하나를 평가하기 위해, 먼저 우리는 어휘외
적 지식이 어떻게 모형화될 수 있는가뿐만 아니라, 어휘사전이 무엇인가,
그리고 어휘사전은 무엇을 담고 있는가를 분명히 알아야 한다. 다음 두 절은
이 주제들을 다룰 것이다.

1.3 머릿속 어휘사전은 무엇인가?

1.3.1 기본 가정들

만약 어휘사전이 낱말들에 관한 정보의 집합체라면, 머릿속 어휘사전이 낱말들에 관한 정보의 머릿속 표시라는 것은 당연하다. 그러나 그 정보가 무엇이며 그리고 그것이 어떻게 표시되느냐하는 것은 결코 단순한 문제가 아니다. 구조주의와 생성주의 이론에서 머릿속 어휘사전(이후로 어휘사전)에 관한 가장 중요한 가정들은 다음과 같다: (a) 어휘사전은 다른 정보에서 파생될 수 없는 정보의 집합체이다. (b) 이 정보는 필요한 것이 모두 갖추어져 있고, 특별히 언어적이다. 그래서 어휘정보는 자의적이거나 "특이하다"(Chomsky and Halle 1968: 12) — 문법이 설명할 수 없는 "기본적으로 불규칙적인 것들의 목록"(Bloomfield 1933: 274)이다. 더욱이, 어휘사전은 낱말들이 나타내는 사물들이나 아이디어들에 관한 정보라기보다는 낱말들에 관한 정보를 담고 있다. 이 가정들은 어휘사전에 어떤 정보들이 있는가를 결정하기 위한 기본적인 두 가지 문제를 유발한다. 첫째, 불규칙적인 것들과 특이한 것들의 확인은 관련된 문법이론과 인지이론에 의존한다. 예컨대, 만약 우리가 한 낱말의 어휘표시의 일부분이 의미적 본원어들(예, Katz and Fodor 1963)에 근거한 의미자질들의 한 집합이라고 가정하면, 그리고 낱말 의미를 배우는 것은 이용할 수 있는 지시정보로부터 자질명세(Clark 1973)를 작성하는 일을 수반한다고 가정하면, 우리는 의미관계가 낱말의 자질구조와 몇몇 기본적인 관계규칙들(Katz 1972)로부터 파생될 수 있다는 결론을 내릴 것이다. 그래서 예를 들면, 반의관계는 한 자질을 제외한 모든 자질들의 유사성을 요구하고 *girl*과 *woman*은 이 기준을 충족시키므로, *girl*은 *woman*의 반의어이다:

girl: [+human, -adult, +female]
woman: [+human, +adult, +female]

한편, 낱말들 간의 관계는 일차적이고 의미는 어휘사전 안에 있는 관계망으로부터 발생한다는 이론을 제시할 수 있을 것이다(Deese 1964, 1965; Quillian 1968; G. Miller 1998a). 이 견해에 의하면, *girl*과 *woman*은 대립되고, 그들과 다른 낱말들(*boy, man, child* 등)의 관계는 자의적 사실들로 표시된다. 그러면 각 낱말은 관계망에서 독특한 위치를 가지며, 어떤 특정 낱말의 의미도 이 망 안의 그 위치로부터 파생될 수 있다. 그래서 만약 관계가 자의적인 것으로 간주되면, 의미는 완전히 자의적인 것으로는 간주되지 않는다. 그러나 만약 의미가 자의적인 것으로 간주되면, 관계는 완전히 자의적인 것으로는 간주되지 않는다. 따라서 무엇이 자의적인 것인가라는 질문에 대해 이론-중립적인 방식으로는 답할 수 없을 것이다. 우리는 (a) 이론-내적인 일관성과 (b) 가장 방대한 범위의 자료와 행위를 설명할 수 있는 능력에 근거하여 어느 이론이 더 좋은가를 판단만 할 수 있을 뿐이다.

낱말들에 관한 지식과 그 낱말들이 나타내는 사물들에 관한 지식을 구분하는 것이 매우 어려울 수 있으므로(비록 불가능하지는 않지만), 어휘사전이 구성단위적(modular) 언어기능의 일부라는 가정은 다른 문제들을 전면으로 나타나게 한다. 구성단위성은 언어의 문법적 양상들에 대해 더 쉽게 가정될 수 있다. 결국, 주어와 동사를 일치하게 만드는 능력의 소유는 비-언어적 인지에 대해서 명백히 필요하지 않고, 또 다른 인지 능력들과 분명히 유사하지도 않다. 따라서 문법적 지식과 과정들이 다른 머릿속 기능들과 분리되어 있다고 가정하는 것은 많은 언어 연구 분파에서 전혀 논쟁의 여지가 없다. 따라서 어휘정보와 개념정보의 경계선은 파악하기 어려우므로, 의미내용을 가진 어휘사전이 다른 인지기능들과 분리된다고 가정하는 것은 더 많은 정당화를 필요로 한다. 이제 이런 질문들이 남게 된다: 어휘사전은 낱말들의 의미에 관한 정보를 어느 정도 포함하는가? 낱말 의미들은 개념들과 구분될 수 있는가?

어휘의미론과 개념의미론의 문제를 1.3.3으로 미루고, 나는 의미관계에 대한 접근방식들을 평가할 때 구성단위적 어휘사전을 출발점으로 간주한다. 여기서 논증의 목적은 잘 정의된 어휘사전이 의미관계 정보의 장소가 될 수 없다는 것을 밝히는 것이다. 따라서 엄격한 구성단위적 정의를 고수하면, **어휘사전(lexicon)**은 모든 (a) 자의적(즉, 다른 정보에서 파생될 수 없는)이고 (b) 언어능력에 필요한 정보만을 포함한다. 여기서 이해되는 **언어능력 (linguistic competence)**은 문법적이고 해석할 수 있는 문장들을 만들 수 있는 능력이다. 비-언어적 기능에 있어서의 능력도 언어수행과 관계가 있으므로, 언어수행(linguistic performance)은 정의에서 언급되지 않는다.

구성단위적 어휘사전 가정에는 여러 이점이 있다. 첫째, 어휘정보가 무엇인가(그리고 무엇이 아닌가)에 관한 엄격한 정의를 적용함으로써, 어휘사전의 내용이 제한된다. 이것은 각각의 잠재적 어휘정보들이 어휘사전에 포함되어서는 안 된다는 것을 체계적으로 밝힘으로써 우리에게 구성단위적 어휘사전의 존재를 반증할 기회를 제공한다. 왜냐하면 잠재적 어휘정보는 자의적이지 않거나, 언어능력에 기여하지 않기 때문이다. 머릿속 구성단위적 모형에서 개념정보의 정의는 어휘정보의 정의보다 덜 제약받기 때문에 *어휘정보가* *개념정보와* 분리될 수 없다는 가정은 시험할 수 없을 것이다.

논증의 용이함(과 신뢰성)이 어휘정보가 개념정보와 분리될 수 있다고 가정하는 유일한 이유는 아니다. 한 대안은 어휘정보를 개념정보의 한 하위유형으로 간주하는 것이다. 그래서 '이 사물은 가구이다; 이 사물에는 평평한 표면이 있다; 나는 그 위에 물건들을 놓을 수 있다'와 같은 개념 TABLE에 관한 사실들에 덧붙여, 개념 TABLE의 일부는 다음과 같을 것이다. '이 개념을 나타내는 낱말은 *table*이다; 그것은 [tebl]로 발음된다; 그것은 명사이다.' 그러나 어휘형태들이 (비-어휘적) 개념들의 부분들로 표시되지 않는 믿을 이유들이 존재한다(Clark and Clark 1977도 보라). 한 예로, 어휘정보는 개념정보와 다른 유형들의 머릿속 과정들에 접근할 수 있어야 한다. 어휘재료는 모두 통사적 및 음운적 규칙들에 접근할 수 있어야 하지만, 비-어휘재료는 그럴 필요가 없으므로, 어휘재료를 다른 개념정보와 다르게 처리하는 것이 합리적이고 합당하다. 우리가 인식하는 사물들과 그 사물들에 대하여 우리가 알고 있는 낱말들을 결합하는 데 있어서 실패할 수 있다는 사실도 한 사물의 이름을 저장하고(거나) 그 이름에 접근하는 우리의 수단이 그 사물에 관한 우리의 지식을 저장하고(거나) 그 지식에 접근하는 우리의 수단과 동일하지 않다는 것을 보여 준다. 이것의 현저한 보기는 실어증이나 후천적 건망성 실어증에서 찾아볼 수 있지만, 우리 모두는 이 문제를 때때로 "혀끝에서 뱅뱅 도는" 증후군에서 경험한다. 이 경우, 우리는 그 개념에 완전히 접근할 수 있다. 왜냐하면 우리는 그것을 머릿속에 그릴 수 있고, 그것에 관해 추리할 수 있고, 그것을 기술할("너도 알다시피, 그것은 꼭두각시와 비슷하지만, 줄에 연결되어 있다") 수 있기 때문이다. 그러나 우리는 그 이름에 접근할 수 없다. 어휘정보와 개념정보의 분리를 옹호하는 다른 증거는 낱말과 개념 간의 일대일 관계의 결여와 관계가 있다. 만약 사물을 나타내는 이름이 그 사물에 대한 우리의 개념적 표시의 일부라면, 이름과 사물 간에는 중의적이지 않은 사상(mapping)이 존재해야 할 것이다. 그러나 낱말들은 하나 이상의 개념을 가리키는 데 사용될 수 있고, 우리가 어떤 사물에 대해 붙이는 이름은 문맥에 따라 다를 수 있을 것이다. 첫 번째 경우에, 낱말 *knife*는 scalpel(외과용 메스), dagger(단도), butter knife(버터 나이프), letter-opener(편지 개봉용 칼)와 같은 사물을 가리킬 수 있다(Cruse 2000a); 두 번째 경우에, 단일 종류의 가구는 *table, bedstand(*침대협탁*), chest of drawers(*서랍장*)*와 같은 다양한 용어로 불릴 수 있다. 우리는 정적인 개념-낱말 연상이라기보다 이름과 개념을 혼합하고 대응시키는 방법을 필요로 한다.

따라서 낱말 지식은 사물 지식과는 다른 유형의 지식이다. (그러나 낱말들도 사물일 수 있다. 1.4를 보라). 이 두 유형의 지식은 언어 생성과 이해의 과정에 상호작용한다. 어휘사전의 내용과 구조는 1.3.2에서 논의된다.

1.3.2 어휘항목과 어휘내항

낱말은 어휘항목들을 가리키기 위해 지금까지 사용되어온 낱말이지만, 그것은 확실히 정확한 것은 아니다. 어휘사전은 낱말들보다 더 큰 언어적 표현들일뿐만 아니라, 낱말들보다 더 작은 언어적 표현들도 포함해야 한다. 왜냐하면 그들도 형태에서 의미로 사상될 때 예측이 불가능하기 때문이다. *throw up*(토하다)이나 *paint the town red*(<바 등을 돌며> 술을 진탕 마시며 법석을 떨다)와 같은 비-합성적 구 표현들과 아마 틀림없이 *-ness*나 *pre-*와 같은 형태소들도 역시 **어휘항목(lexical item)**이나 **어휘소(lexeme)**의 정의에 포함될 수 있을 것이다.

일부 언어학자들은 낱말들이 어휘사전에 독립적인 단위들로 표시될 수 있는가에 관해 논쟁을 한다. Sinclair(1998)와 Weigand(1998a)는 특이한 형태-의미 연합은 낱말들보다 더 큰 표현들을 포함하고, 따라서 어휘사전은 생산적인 문법적 과정들에 들어갈 수 있는 낱말들(과 다른 비-합성표현들)의 단순한 목록이 아니라고 주장한다. 예를 들면, Weigand(1998a)는 다른 형용사들이 다른 명사들과 연어를 이룰 때, 그들은 동일한 특성을 나타낼 수 있고, 어떤 명사들이 어떤 형용사들과 동행하는지는 특별히 예측할 수 없다고 말한다. 그래서 예를 들면, 그녀가 SHAPE/DENSE로 표현하는 의미는 *heavy traffic*(혼잡한 교통)의 *heavy*에 의해, 그리고 *thick forest*(울창한 숲)의 *thick*에 의해 의사소통된다. 그녀는 어휘사전이 이 연어들의 자의적 성격과 그 연어들이 관련시키는 특정한 의미들을 허용하는 복잡한 어휘항목들을 포함해야 한다는 결론을 내린다. 이것은 형용사와 명사 간의 결합적 의미관계를 설명하는 데 관련된 점이지만, 이 다중-낱말 구조들이 낱말-길이 항목들의 관계를 판에 박힌 듯이 포함하는 계열적 어휘관계의 연구와 관련이 있는지는 결코 분명하지 않다. 우리가 이 구들의 반의어들을 찾을 때, 낱말들이 그 자체로 그리고 저절로 흥미로운 것이 분명해진다. *heavy traffic*(혼잡한 교통)의 반의어는 *light traffic*(한산한 교통)이다. *heavy*와 *light*이 밀도(*heavy/light rain*), 무게(*heavy/light luggage*), 풍성함(*heavy/light meal*), 억압(*a heavy/light mood*) 등을 가리키는 데 사용되든지 간에, 이 구들의 대립은, *heavy*와 *light*의 다양한 용법에서 알 수 있듯이, 그 구들 안에 있는 형용사들의 규범적 대립에 의존한다. 여기서 주된 관심은 계열적 관계들이므로, *어휘항목*(*lexical item*)의 개념에 대해 낱말들은 계속 중요하게 된다. 그래서 다중-낱말 어휘항목들의 존재를 배제하지 않으면서, 낱말들은 몇몇 계열적 관계들을 위하여 그 구들에서 독립적인 단위들로 간주되어야 한다(형태적 과정들은 말할 것도 없고).

어휘사전 속의 어휘항목은 언어 사용에서 특정한 형태와 의의를 가진 **어휘단위(lexical unit)**로 구체화되는 추상적 표시이다(Cruse, 1986). 그래서 예컨대, *the highest note in the song*(그 노래에서 가장 높은 음)이라는 구에서 *highest*와 *I threw the ball high*(나는 그 공을 높이 던졌다)에서 *high*는 둘 다 어휘항목 *high*를 구체화하는 어휘단위이다.

굴절변이형(예, *high* → *highest*)과는 다르게, 특정한 형태의 선호가 자의적이기(예, *typer*보다 *typist*의 선호) 때문에, 또는 그 의미가 합성적이 아니기(예, 왕족의 사람을 지칭하는 *highness*) 때문에, 형태파생형(예, *high* → *highness*)은 종종 어휘항목으로 표시되어야 한다. 합성적이 아닌 표현들이 어휘사전에 포함되는가하는 것은 어느 정도 논쟁거리이다. Bybee(1985, 1998)는 형태적으로 파생될 수 있는 일부 낱말들은 어휘사전에 기록된다고 주장한다. 의미적으로 합성적인 낱말은, 그 빈도로 인해 그 낱말이 되풀이해 새롭게 파생되는 것보다 더 편리하게 어휘사전에 저장될 수 있기 때문에, 어휘사전에 포함될 수 있을 것이다. 또는 우리가 이 형태를 통하여 그 낱말의 어간형태를 배우기 때문에, 그 낱말은 어휘사전에 포함될 수 있을 것이다. 유사한 맥락에서, Jackendoff(1997)는 인습적이지만, 의미적으로 합성적인 일련의 낱말들(전승동요, 자장가, 유행가 가사, 그리고 상투적 표현과 같은)은 어휘항목들로 간주될 수 있다고 주장했다. 게다가, 이것은 이치에 맞다. 그 이유는 분명히 그런 일련의 낱말들은 발화될 때마다 새롭게 합성되는 것이 아니기 때문이다. 그런 주장들은 어휘사전이 비-자의적인 일련의 낱말들을 포함한다는 것을 나타내겠지만, 사실 그들은 한 특정한 형태로 인습화되었다는 점에서 자의적이다.

어휘내항(lexical entry)은 어휘사전에 포함된 어휘소에 관해 축적된 정보를 기술한다. 어쨌든 어휘내항은 그 항목에 관한 음운정보와 그 음운형태를 의미로 사상하는 방법들을 포함하고 있어야 한다. 어휘내항은 문법범주와 예측할 수 없는 다른 정보도 포함할 것이다.5) 어휘사전에 관한 몇몇 연구(특히, 처리-지향 모형들; 예, Levelt 1989)는 한 낱말형태(즉, 음운정보)의 표시들과 그것의 문법(통사)·의미적 내용을 구분한다. 후자는 레머(lemma)라고 한다.

용어들(word, lexeme, lexical item, lexical unit, lemma)이 많기 때문에 우리는 "의미관계들은 무엇을 관련시키는가?"라는 질문을 다시 생각하게 된다. 내가 그들을 "낱말들 간의 관계들"로 불러오고 있지만, 더 정확하게 그들은 레머들 간의 관계들로 또는 어휘항목들이나 단위들 간의 관계들로 기술될 수 있을까? 낱말은 관련될 수 있는 항목들에 관한 불충분한 기술이다. 낱말들처럼, 의존형태소들과 몇몇 구들은 때때로 반의어나 동의어를 가진다. 예를 들어, 우리는 in-과 un-은 inedible=unedible과 같은 문맥에서 동의적이라고, 그리고 구 black and white는 사진이나 영화에 관해 논의할 때 낱말 color의 반의어라고 말할 수 있을 것이다. 그래서 의미관계들은 낱말들 이외의 어휘적으로 표시된 표현들을 관련시킬 것이다. 한편, 어휘항목, 레머, 그리

---

5) 논의된 것처럼, 무엇이 자의적이냐(따라서 어휘적으로 표시되느냐)라는 문제는 이론의존적이고 종종 논쟁의 여지가 있다. 그러나 문법범주의 자의성은 논쟁의 여지가 있지만(Hopper and Thompson 1985), 보기를 위하여 논쟁의 여지를 무시하는 것은 그 주장에 영향을 미치지 않는다.

고 어휘단위도 제2장에서 논의된 이유들 때문에 불충분하다. 그러므로 나는 낱말들에 관해 여기서 이루어진 주장들이 비-낱말 어휘항목들로까지 확장될 수 있을 것이라는 조건으로 의미관계에 있는 항목들을 낱말이라고 계속 부를 것이다.

1.3.3 사전 은유와 의미의 본질

머릿속 어휘사전이란 용어는 어휘의 머릿속 표시에 대해 널리 퍼져 있는 은유의 인위적 산물이다. 물론, 머릿속 어휘사전과 인쇄된 사전은 낱말들에 관해 일부 다른 유형의 정보를 표시하기 때문에, 사전으로서의 어휘사전 은유는 많은 점에서 실패한다. 머릿속 어휘사전은 음운 구조를 포함하지만, 인쇄된 사전은 유사 음성 형태를 기록한다. 내 머릿속 어휘사전은 *glad*가 명사 앞에 사용될 수 없다(**the glad person/occasion*은 비문법적이므로)고 기록해야 하지만, 내 옆에 있는 특정한 사전(*American Heritage* 사전, 제4판) 은 그렇지 않다. 그 대신에, 그 사전은 머릿속 어휘사전과 무관한 그 낱말의 어원을 제공한다. 사전들은 낱말들의 의미를 기재하지만, 그들은 우리가 사용하는 낱말들의 모든 의미를 기재할 수 없다. 왜냐하면 한 낱말의 잠재적인 의미적 용법은 제한이 없기 때문이다(Nunberg 1978). 사전들과는 다르게, 머릿속 어휘사전은 정의적 의미와 "백과사전적" 의미의 자의적 분리를 제공할 수 없고, 그 의의 구분이 사전의 의의 구분과 동일하지도 않다. 이 마지막 두 문제는 아래에서 차례대로 논의될 것이다.

'사전으로서의-어휘사전' 은유와 잘 어울리는 것이 '백과사전으로서의-개념적-지식' 은유이다. 이 견해에 의하면, 어휘사전은 정의적(핵심의미적) 정보만 포함하고, 사물들을 나타내는 낱말들에 관해 우리가 알고 있는 것이라기보다 사물들에 관해 우리가 알고 있는 것의 영역에 백과사전적(개념적) 정보를 남겨 두어야 한다. 그래서 예컨대, 개들이 썰매를 끄는 데 이용된다는 것은 내가 개들에 관해 알고 있는 것이겠지만, *dog*의 의미 일부는 아니다.

정의적 의미와 백과사전적 의미를 구분하는 한 방법은 낱말의미들이 필요충분조건들에 근거하여 정의될 수 있다고 가정하는 것이겠지만(Katz and Fodor 1963), 우리가 일상적으로 사용하는 대부분의 내용어들은 Wittgenstein(1958)이 *game*에 대해 보여 주었듯이, 필요충분조건들에 의해 정의될 수 없다. 한층 더 높은 실험 연구(예, Labov 1973; Rosch 1973, 1975, 1978)에 의하면, 낱말의미는 개념적 원형들을 중심으로 구조화되는 것 같다. 의미에 대한 원형적 접근방식은 정의적 의미와 백과사전적 의미의 경계선을 희미하게 하고(또는 지우고), 언어적 지식과 개념적 의미지식의 분리에 대해 의문을 제기한다(Taylor 1995를 보라). 만약 우리가 의미에 대한 원형적 접근방식을 용인하면, 어휘사전과 백과사전 간의 경계가 희미하게 되는 것이 '사전으로서의-어휘사전' 은유에 대한 첫 번째 문제이다.

정의적 의미와 백과사전적 의미를 구분하는 또 다른 방법은 언어적 정보와 비-언어적 정보의 분리를 시도하는 것이다. 그런 접근방식에서, 문법에 반영되고 따라서 언어특정적인(일반적으로 개념적이라기보다) 의미 양상들은 어떤 언어적(어휘적) 의미 층위에 표시되어야 한다(Gruber 1983; Pinker 1989). 의미의 이 양상들을 표시하는 것은 완전한 의의들을 포함하지 않을 것이다. 그래서 개념적 의미는 발화를 이해하는 데 여전히 결정적일 것이다. 이 어휘적으로 표시된 의미정보 중 일부는 잠재적으로 의미관계들과 관련이 있다. 예를 들면, *buy*의 주어 위치에 할당된 역할이 *sell*의 목적어 위치에도 할당되고 그 역도 마찬가지라는 점에서, *buy*와 *sell*의 주제격 관계들은 대립을 이룬다. 주제 구조의 이 관계대립성은 관계대립 반의어로서 *buy/sell*의 지위와 관련된다고 생각할 수 있을 것이다. 그러나 만약 어휘사전의 의미정보가 문법과 상호작용하는 것뿐이라면, 어휘사전은 모든 의미관계를 설명할 수 있을 정도로 충분한 의미정보를 부호화하지 않을 것이다. 예를 들면, *give*와 *sell*은 동일한 주제격 구조를 가질 것이지만, 그것이 그들을 동의어로 만드는 것은 아니다. 마찬가지로, 문법정보만이 우리에게 *give*와 *buy*의 잠재적 반의어로서 *sell*을 구분하는 방법을 제공하지 않을 것이다. 그래서 어휘내항들에서 문법적으로 관련이 있는 정보는 의미관계들을 결정하는 데 충분하지 못하다. 의미정보도 역시 필요하지만, 아래에서 언급되듯이, 의의들이 어휘내항들에 포함된다는 것은 결코 분명하지 않다.

　'사전으로서의-어휘사전' 은유의 두 번째 문제는 어휘항목들이 많은 다른 개념들로 사상되고, 그래서 다의적**(polysemous)**일 수 있다는 사실이지만, 한 낱말의 다의관계에 대한 원칙적인 제한은 없다. 사전은 어떤 낱말이든지 그 낱말에 대한 소수의 의의를 어휘내항에 기재함으로써 다의관계를 처리하며, 몇몇 어휘의미 이론가들은 다의적 낱말들이 어휘내항들 안에 다의 의의들을 가진 것으로 취급한다(예, Ullmann 1957; Katz and Fodor 1963). 그래서 사전처럼 *horseradish*(양고추냉이)의 어휘내항은 다음의 가능한 세 의미를 기재할 것이다: 식물의 한 유형, 그 식물의 뿌리로 구성된 채소, 그리고 그 채소로부터 만들어진 양념. 그러나 어휘사전에 의미를 기재하는 것은 실패하기 마련이다. 왜냐하면 Nunberg(1978)가 주장했듯이 어떤 어휘항목에 대해서도 이용할 수 있는 의의들의 수는 무한하기 때문이다. Nunberg의 주장은·지시를 확립하는 것에 대한 다른 기준들을 고안하여 한 문맥의 상세한 내용 안에서 이용할 수 있다는 관찰에 근거하고 있다. 그래서 임시로 만든 의미가 가능하며 흔하지 않은 것이 아니다. Nunberg는 *jazz*를 보기로 이용하지만, *tea*도 그 점을 보여 준다. *tea*는 약초를 우려낸 마실 수 있는 음료이거나 그런 음료를 만들기 위해 준비된 약초를 가리킬 수 있다. *tea*는 *I'd like a tea, please(*차 한 잔 주세요*)*에서처럼 컵이나 유리잔 분량의 그 음료도 가리킬 수 있고, 특별히 그 음료를 뜨겁게 한 것(*iced tea*와 대조적으로)도 가리킬 수 있지만, 미국의 남부에서는 그 음료를 차게 한 것(*hot tea*와 대조적으로)을 가리킬 수도 있다. *tea*는 때때로 어떤 유형의 차(특히, 카페인이 함유된)를 가리키는 데도 사용될 수 있다. 그래서 *I can't drink tea after supper ― just herbal tea(*나는 저녁식사 뒤에 차를 마실 수 없고, *허브 차만 마실 수 있다*)에서처럼, 우리는 그 차를 다른 차들과 대조시킬 수 있다. 그런 인습적 용법은 아마 그 수에 있어서 헤아릴 수 있겠지만, 몇몇 용법은 특정한 영어 화자가 사용하는 방언의 일부가 아니기 때문에 그 화자의 어휘사전에서 배제될 것이다. 그러나 심지어 단일 언어 사용자에서도 한 어휘항목이 가리키는 개념들의 범위가 항상 제한적이거나 정적인 것은 아니다. 예를 들면, 나는 남아프리카 공화국에서 루이보스(rooibos) 차를 좋아하게 되었는데, 뉴욕의 낸시를 방문했을 때 나에게 *Would you like some tea?(차 드실래요?)*라고 물었다고 가정해 보자. 지금 나는 낸시가 아마도 루이보스 차에 관해 들어본 적이 없다는 것을 알기 때문에 그녀가 *tea*를 말할 때 루이보스 차는 그녀가 지칭하려고 의도한 것들의 집합에 속하는 원소가 아니라고 생각하고, *No, I don't care for tea(차를 좋아하지 않아요)*라고 대답할 것이다. 이 대화를 위하여 *tea*에 대하여 내가 사용한 의의는 루이보스를 포함하지 않지만, 다른 문맥에서 나는 루이보스를 *tea*로 지칭할 것이다(*The only tea I like is rooibos*<*내가 좋아하는 유일한 차는 루이보스 차입니다*>에서처럼). 카밀레를 제외한 모든 차들이나 또는 페퍼민트 차만을 지시하는 *tea*의 한 의의를 어떤 화자가 사용할 다른 문맥들을 상상하는 일은 독자에게 맡긴다. 요점은 그 화자가 낱말 *tea*로 가리키려고 의도하는 (그리고 그 화자가 *tea*를 사용할 때 청중들이 확인할) 범주는 그 문맥에 대한 그 화자의 지식과 기대에 따라 변한다는 것이다. 따라서 합리적으로 의도되고 이해될 *tea*의 가능한 의의들의 수는 화자와 청자가 이 세계에 관해 가진 신념들, 그리고 그 발화가 일어나는 상황의 가능한 조합의 수에 의해서만 제한된다. 따라서 우리는 한 낱말이 가진 의의들의 목록을 만들 수 없을 것이다. 그 대신에, 어떤 특정 문맥에서도 한 낱말의 의의들은 그 낱말이 인습적으로 사용되는 방식에 관한 신념들과 함께 대화 구성원들 사이의 어떤 묵시적 협상의 결과이다.

낱말들은 고정된 수의 의의들을 소유하지 않으므로, 어휘내항들이 한 낱말의 모든 의의들을 명시적으로 표시한다는 주장을 옹호할 수 없다. 한 해결책은 어떤 특정한 낱말에도 있다고 생각되는 다양한 의미들이 어떤 층위에서 환상적이라고 가정하는 것이다. 예를 들어, Weinreich(1963)의 주장에 의하면, 동사 *take*의 많은 용법은 그 낱말이 많은 의미를 소유한다는 것이 아니라, 의미적으로 거의 비어있다는 것을 나타낸다. Weinreich는 그런 경우들과 진정한 다의관계의 다른 경우들을 대조하는 반면에, Ruhl(1989)은 일반적으로 과소명세(underspecification)를 적용하여, 모든 낱말은 단의적 (monosemous)이라고 주장한다. 또 다른 가능한 접근방식은 다의어들이 어휘 내항의 일부인 단일 의의를 가지고, 다른 의의들은 어휘규칙들에 의해 파생된 다고 가정하는 것이다(예, Jackendoff 1976; Pustejovsky 1995; Copestake and Briscoe 1995).6) 이 경우 어휘적으로 표시된 의의 정보는 다른 가능한 의의들 보다 구조적으로 더 단순할 수도 있고 그렇지 않을 수도 있지만, 그것은 새로운 의의들을 만들기 위하여 의미 정보가 추가되거나 삭제될 출발점이다. Nunberg는 낱말 의미 지식은 "언어공동체의 축적된 믿음"(1978: iii)의 한 유형의 지식이라고 주장한다. 이런 식으로, 낱말 의미 지식은 단순히 언어적 지식이 아니다. 낱말 의미 지식은 언어공동체의 구성원들이 의사소통하는 방식에 관한 지식과 그들이 지시하는 낱말, 대상물, 그리고 상황에 관한 그들의 믿음과 상호작용하고, 후자의 지식과 믿음에 의해 제약을 받는다. 한 낱말에 대해 한 특정한 의의를 인지하거나 의도하는 것은 가능하다. 왜냐하 면 우리는 그 낱말의 용법에 관한 규약을 알고 있고, 한 낱말에 대해 인지할 수 있는 새로운 의의들을 만드는 화용적 방법을 갖고 있기 때문이다.7) 그래서

---

6) 몇몇 저자들과는 반대로, 나는 한 낱말은 다른 문맥들에서 다른 의의들을 가진다는 것을 나타내기 위하여 *다의적(polysemous)*이란 용어를 사용한다. 예컨대, Jackendoff (1997)는 한 어휘소가 어휘사전에 둘 이상의 의의들을 가진 것으로 표시되는 상황을 나타내기 위하여 *다의관계(polysemy)*를 사용한다. Nunberg, Cruse(1992-93), Green (1996) 등을 따라서 내가 다의관계를 사용하는 것은 한 낱말의 지시에 대한 내포적 기준들이 (문맥들에 걸쳐서) 다양하다는 것을 나타내기 위해서이다.

7) Wierzbicka가 "어휘항목들과 문법범주들 둘 다 어떤 의미도 가지지 않는다. 발화만

우리에게는 세 가지 가능성이 있다: (a) 다중 의의들은 잘못된 것이다(각 낱말은 단 하나의 의의만 가진다). (b) 추가 의의들은 하나의 기본적 의의 표시에서 파생된다. 또는 (c) 어떤 의의들도 기본적이지 않고, 의미들은 화용적 지식을 통해 생성된다.

만약 의미관계들이 낱말들의 의의들을 관련시키고 의의를 지시에 관한 Nunberg의 문맥의존적 조건들로 이해한다는 Lyons(1977)의 주장을 따르면, 어휘사전에 의미관계들을 표시하는 것은 불가능하다. 어휘사전에 의의관계들을 표시하기 위해, 모든 의의들은 어휘사전에 표시되어야 한다. 단의관계 접근방식에서 모든 낱말은 단 하나의 의의를 가지므로 모든 의의들은 어휘사전에 기재된다. 그러나 낱말들은 하나 이상의 상위어(또는 반의어나 동의어)를 가질 수 있고, 다중 상위어들은 서로 동의적일 필요가 없다. 예컨대, *measurement(측정)*와 *spoon*은 둘 다 *teaspoon*의 상위어일 수 있다. 양립할 수 없는 의미관계들에 동일한 낱말이 관련된다는 사실을 설명하기 위해, 단의관계적 접근방식은 (a) 모든 그런 보기를 **동음이의관계(homonymy**: 각 의미는 다른 어휘내항과 관련되는데, 이것은 *bat* '나는 포유동물(박쥐)'과 *bat* '경기에 사용되는 나무 방망이'와 같은 무관한 낱말들의 경우에 적용될 것이다)의 경우로 선언하거나, (b) 의미관계는 의의관계가 아니고 한 낱말이 이용되는 조건들을 통해 발생하는 관계라고 주장해야 한다. 화용적 접근방식(Nunberg)은 의미관계가 (a) 공동체의 언어적 인습의 일부(즉, 의의에 의해 관련되지 않지만, 언어에 관한 자의적 사실)이거나, (b) 한 낱말에 대한 용법의 문맥적 조건들로부터 파생될 것으로 기대할 것이다. 새로운 의의들이 생성되는 어휘적-규칙 접근방식은 일부 의미관계들이 어휘사전에 표시되는 것을 허용할 것이다(그러나 의의표시들의 성격이 그런 정보를 잉여적인 것으로 만들 것이다, 3.2를 보라). 다른 의의들이 파생되므로, 의의들 사

이 사고를 표현하므로, 발화만이 의미를 가진다."(1977: 164)라고 주장할 때, 그녀도 유사한 주장을 한다.

이의 관계들도 파생되어야 할 것이다.

내가 이후의 장들에서 낱말의미의 성격에 관한 가정을 할 필요가 있을 경우, 다음이 가정된다. 첫째, 낱말들은 다의적이다. 낱말들은 하나 이상의 의의와 관련될 수 있다(즉, 나는 단의관계 해결책을 거부한다). 둘째, 한 의의는 한 낱말의 외연에 관한 조건들의 집합이다. 내포는 별개의 문제이다. 그래서 예컨대, 만약 내가 the green grapefruit(덜 익은 자몽)이나 the green army fatigues(녹색의 군인 작업복)에서 green을 사용하면, 그 두 용법은 (a) 첫 번째 경우(두 번째는 아니고)에 green이 덜 익음을 나타내고(따라서 시큼함을 내포하고), (b) 지시대상물(즉, 녹색의 색조)이 두 경우에서 다르지만, 다른 의의들을 가지지 않는다. 두 경우에, 그 항목의 색채가 색조들의 어떤 범위에 적합한가와 같은 동일한 지시조건들이 적용되었다. 셋째, 얼마의 의미정보가 어휘사전에 표시되겠지만, 의의들은 어휘내적으로 표시되지 않는다. 전체로서 한 의의는 한 어휘항목에 명시된 의미정보, 개념영역에서 그 낱말이 사상하는 정보(그 낱말의 외연에 관한), 그리고 문맥정보로 구성된다. 그러면 보기 green을 계속 살펴볼 때, 그 어휘내항은 등급매길 수 있는 특성을 기술하는(그래서 비교급에도 사용될 수 있는)것처럼, 어떤 의미정보를 표시할 필요가 있을 것이다.8) 문맥을 통하여 우리는 예를 들면, 한 색채의 개념(the green grass에서처럼), 그 색채를 가진 한 사물의 개념(I've run out of paint, give me some more green<페인트가 떨어졌어요, 녹색 페인트를 조금 더 주세요>에서처럼), 또는 그 색채와 관련된 어떤 특별한 성질의 개념 (the green intern<미숙한 인턴사원>, green politics<환경보호주의 정치>)과 같은, 한 개념이나 개념들의 집합에 그 낱말을 사상하는 방법을 이해한다. 또한 문맥을 통하여 우리는 예컨대, 우리의 목적상, green이 OLIVE GREEN(올

---

8) 아마 어떤 의미정보도 어휘사전 안에 없을 것이다. 그 이유는 의미정보가 의미의 개념적 및 문맥적인 면에서 파생될 것이기 때문이다. 그러나 나는 여기서 그 논쟁에 들어가는 것이 아니다. 따라서 내가 "어떤 의미정보도 어휘사전 안에 있다."라고 언급할 때, 나는 영집합(null set)에 관해 말하고 있는 것이다.

리브 녹색)을 제외하는지 또는 FOCAL GREEN(초점 녹색)만 가리키는지와 같이 외연의 경계선을 결정할 수 있게 된다. 그래서 본질적으로 나는 의의들이 동적이라고 가정하며, 그리고 의미정보(어휘적이거나 개념적인)에 관한 고정된 머릿속 표시가 한 특정한 문맥의 요구에 대한 적응을 허용한다고 가정한다. 낱말들에 기본적으로 보이는 의의들은 일반적으로 최소의 문맥적 신호나 어휘적/개념적 과정들을 요구하며, 그리고/또는 관련된 개념들의 더 원형적 보기들을 가리키는 것들이다. 그래서 'green-colored'는 'green paint' 보다 green의 더 기본적인 의의이다. 왜냐하면 후자는 전자의 의미를 포함하고, 아마 색채 낱말들이 그 낱말이 기술하는 색채의 사물들을 상징하는 것을 허용하고 특정한 문맥(특별히 'thing that is green'이라기보다 'green paint'를 의미하는)에 적용되는 과정을 통해 파생되었기 때문일 것이다. FOCAL GREEN 이 정의적 특성인 green의 한 의의는 여러 가지 색조의 연두색만 가리키는 의의보다 더 기본적이다.

1.3.4 동의어 · 반의어사전(thesaurus) 은유

사전 은유 외에, 어휘사전의 일부 모형들은(또는 일부 모형들도) 내가 동의어 · 반의어사전 은유라고 부를 것을 이용한다. 어휘사전의 그런 관계적 모형들에서 어휘내항들(또는 그들 안에 있는 의의들)은 다른 어휘내항들(또는 그들 안에 있는 의의들)과 상호-참조되거나 연결된다. 따라서 high가 low의 반의어라는 정보는 어휘사전에서 그런 모형들에 표시되고, 낱말들에 관한 자의적이고 안정적인 유형의 기본적인 의미정보를 그들이 표시하는 수단의 역할을 할 것이다. 그런 모형들에서 high와 low는 반의적 관계를 이루므로, 그들은 그들이 기술하는 척도의 대립하는 양 끝점을 항상 나타내도록 제약받는다. 그런 모형들의 세부사항들과 그들의 이해득실은 제3장에서 논의된다. 당분간 사전 모형과 동의어 · 반의어사전모형이 한 연속체 상에 존재하고, 그 연속체의 양 끝은 성분분석론(componentialism)과 전체론(holism)이라고 말할 만한 가치가 있다. 그 연속체 상의 한 끝인 성분분석론에는 전혀 관계가 없는 사전모형들이 있는데, 거기에서는 어휘내항들이 서로에 대하여 무질서하다. 무질서한 어휘사전의 가정은 종종 생성언어학에서 발견된다(예, Chomsky 1965; di Sciullo and Williams 1987). 다른 한 끝인 전체론에는 어떤 정의적 정보도 어휘내항들 안에 포함하지 않고, 의미는 언어의 어휘망 속에서 낱말들의 관계를 통하여 발생할 것이라고 기대하는 동의어·반의어 사전모형들이 존재한다. 이 견해는 몇몇 전산모형들(예, Quillian 1968; WordNet의 초기 버전들; 각각 3.1.5와 3.4.2를 보라)에서 가장 잘 나타나지만, 몇몇 유럽의 구조주의 언어 이론들(3.1.2를 보라)과 의미에 대한 철학적 접근방식(3.1.1과 3.4.1을 보라)에서도 찾아볼 수 있다. 여러 구조주의 의미모형들을 포함하여 많은 어휘사전모형들은 이 극단들 사이의 어느 곳에 위치하는데, 의미정보를 표시하는 기본적인 방법으로 정의나 관계를 어느 정도 선호함을 보여 준다. 그러나 다른 방법들을 배제하는 것은 아니다(3.3을 보라). 나는 동의어·반의어사전모형들을 포용하고 의미관계들을 고정된 머릿속 표시로 간주하는 모든 접근방식을 지칭하기 위해 **연상론 (associationism)**이라는 용어를 사용한다.

1.4 낱말, 개념, 그리고 낱말의 개념

언어적 기능은 두 유형의 지식(어휘적 지식과 문법적 지식)을 포함한다. 각각의 이 지식 유형은 우리의 낱말 사용(과 우리의 일반적인 언어능력)과 관련이 있지만, 다른 방식들로 관련이 있다. 어휘사전은, [najt]로 발음되는 낱말 *night*이 있는데 그 낱말은 명사라는 사실과 같은, 특정한 언어표현들(즉, 어휘항목들)에 관한 사실들을 표시한다(주5를 보라).

언어적 지식처럼, 개념적 지식은 그 개념들을 사용하기 위한 자의적 개념들과 규칙들의 표시를 포함하고 새로운 개념들의 생성을 허용한다. 자의적 사실들은 사람이 배우기 위하여 경험해야 하는 일들이다. 그래서 예컨대, 나는 익은 키위 과일에는 약간의 털이 나 있다는 것을 안다. 왜냐하면 어느 시점에 나는 이 사실을 소개받아서 그것을 나의 KIWI 개념의 일부로 만들었기 때문이다. 털이 없는 키위 종류가 있거나, 키위 껍질에 털이 있는 것에 관한 설명이 있겠지만, 나는 그것에 관해 모른다. 키위에 털이 있다는 정보는 나에게 키위에 관한 자의적 정보이다.

개념체계는 그 자의적 사실들에 관해 추론하고, 새로운 개념들을 구성하기 위한 원칙 있는 과정들에 접근할 수 있다(특별 범주에 대해서는 Barsalou 1983을 보라). 예컨대, 나의 장기기억 속에는 내가 지금 소유하고 있는 모든 옷에 관한 개념이 들어있다. A GOOD OUTFIT TO WEAR TOMORROW(내일 입을 좋은 옷 한 벌)을 상상할 때, 나는 OUTFIT(색채와 스타일의 조화, 최소한 가슴에서 허벅지까지 몸을 덮음), 내일의 기상예보, 그리고 내일에 대한 내 계획(그리고 그 계획에 무슨 옷이 적절할 것인가)에 관한 나의 개념적 표시들 등과 함께, 내 옷에 관한 개념적 표시들을 이용한다. 따라서 나는 기존의 개념들에 근거하여 새로운 개념들을 개발하기 위하여 현존하는 개념들과 원리들을 이용하여 한 새로운 범주(A GOOD OUTFIT FOR TOMORROW)에 관한 개념을 만든다.

어휘표시에서처럼, 개념적 표시의 작용방식은 잠재의식적이다. 키위를 생각할 때, 나는 나에게 KIWI의 개념적 표시가 있다는 것을 알지만, KIWI의 개념적 표시를 보지 못한다. 내가 상상하는 키위는 몇몇 과정들(회상, 머릿속 이미지화, 그리고 그들이 관련시키는 모든 하위과정들)을 그 특정한 개념에 적용한 결과이다. 아마도 KIWI에 대한 나의 개념이 도식화되어 범주화, 인지, 회상, 그리고 어휘항목으로의 사상과 같은 많은 다른 인지과정에 관계할 수 있을 것이다.

만약 개념체계가 이 세계에 관한 지식을 나타낸다면, 언어는 우리가 알고 있는 세계의 부분이므로 개념체계가 언어의 표시들을 포함한다는 것은 당연하다. 그래서 우리는 개념체계에 표시된 메타언어학적 지식과 언어학적 지식(문법과 어휘사전)을 구분할 필요가 있다. 우리는 어휘사전에 있는 구조들에 대하여 직접적이고 의식적인 접근을 하지 않으므로, 낱말들에 관해 생각하는 것은 메타언어학적 노력이다. 따라서 사전을 읽거나 언어학 서적을 저술할 때 우리가 깊게 생각하는 대상물들은 낱말들에 대한 우리의 지각이고, 우리가 이 깊은 생각을 하는 도구로서의 대상물은 낱말들에 관해 우리가 소유하고 있는 개념들이다. 그래서 우리가 어휘사전 안에 있는 낱말들에 관해 생각할 때, 우리는 항상 우리의 연구 대상물로부터 한 걸음 떨어져 있다. 우리는 어휘내항들에 관한 관찰이라기보다 낱말들에 관한 추론을 한다.

다른 개념적 지식처럼, 낱말들에 관한 우리의 지식은 파생되거나 기억될 것이다. 그래서 예컨대, 나는 경험을 통해 어떤 낱말들은 내 어머니를 불쾌하게 만들고, 다른 어떤 낱말들은 내 아버지를 불쾌하게 만든다는 것, *anil(낭아초속의 식물: 쪽빛)*은 미국의 크로스워드 퍼즐(십자말풀이)에서 흔한 낱말이라는 것, 그리고 내 동생은 *spaghetti*의 첫 두 음을 서로 바꿔 사용한다는 것을 수집해왔다(그리고 지금 기억한다). 이 사실들 중 어떤 것도 내가 이 낱말들을 문법에 맞게 그리고 의미에 맞게 사용하는 것과 무관하다(비록 내가 그 낱말들을 사용하려고 결정할 경우에 그 사실들이 영향을 미치겠지만). 그래서 그것이 그 낱말들에 대한 내 어휘적 표시의 일부분이라고 믿을 만한 근거는 없다.

낱말들에 관한 다른 개념적 지식은 즉흥적으로 파생될 수 있을 것이다. 음운에 관련된 예를 들면, 낱말 *boot(목이 긴 구두)*에 관해 생각할 때, 나는 그 낱말이 세 개의 음으로 구성되어 있다는 것을 알지만, 이 사실이 어휘내적으로 또는 개념적으로 표시된다는 것을 믿을 만한 근거는 없다. 어휘사전에 표시될 가능성이 더 높은 것은 그 낱말이 세 개의 음([b], [u], [t])을 현재의 순서대로 가지고 있다는 사실이다. 그 낱말을 관찰하면서, 나는 그 낱말의 음의 수가 세 개라는 추론을 했다. 이 사실은 내가 *boot*를 언어의 한 조각으로 실제로 사용하는 것과 아무 관련이 없다 — 세 개의 음소를 가진 낱말에만 적용되는 음운규칙은 없다. 따라서 낱말 *boot*에 관해 곰곰이 생각하면서, 나는 그 낱말을 인식하고 개념화한다(또는 그것에 대한 나의 개념화를 이용한다).

일부 낱말-개념들은 완전히 특별할 것이다(Barsalou 1983을 보라). 만약 내가 수년 동안 어떤 낱말에 관해 생각하지도 않고, 또 그 낱말을 나에게 현저하게 만들 어떤 사건도 없이 그 낱말을 사용해왔다면, 그 낱말은 내 머릿속에서 개념으로가 아니고 어휘내항으로 존재할 것이다. 만약 어떤 사람이 나에게 "*only(단지, 다만)*에 관해 알고 있는 것이 무엇인가?"라는 질문을 하면, 나는 그것에 관해 곰곰이 생각해 보고 — 그래서 개념화하고 — *only*에 관한 몇몇 사실들을 통합할 수 있을 것이다. 그 낱말은 *lonely(외로운)*와 운이 맞고, 네 개의 글자를 가지고, 형용사(*an only child<단 하나의 어린 애*>에서처럼)나 부사일 수 있고, 때때로 *just*와 상호 교환될 수 있고, 거꾸로 말하기가 쉽지 않다. 기타 등등. 나는 이런 결론들에 도달하고, 따라서 머릿속으로 그 용법을 연습하고, 그것의 발음, 철자, 의미, 그리고 문법적 특성들에 관한 사실들을 알게 됨으로써 *ONLY*에 대한 나의 개념을 만든다.

낱말들의 어휘적 표시와 개념적 표시의 구분은 아마 논쟁의 여지가 없겠지만, 그 두 유형의 낱말-지식의 구분을 용인하는 것은 어휘적-개념적 구분을 혼란하게 하는 일부 현상을 설명하는 데 필요하다. 메타언어학적 믿음과 언어사용에 관한 사실 간의 갈등은 우리의 메타언어학적 낱말 지식이 항상 완벽하지는 않지만 방대하다는 것을 나타낸다. 예컨대, 종종 말뭉치 연구는 우리가 낱말들을 사용하는 방식들은 낱말들이 사용되는 방식에 관한 우리의 믿음과 아주 다르다는 것을 보여 준다. 예를 들어, 만약 우리가 어떤 사람(아마 말뭉치 언어학자가 아닌)에게 *run*의 가장 일반적인 의미가 무엇인지 물으면, 그는 그것이 발로 빠르게 움직이는 것과 관계가 있다고 말할 것이다. 그러나 어떤 말뭉치에서 *run*의 용법을 조사해 보면, 개개의 사례들 중 이동의 의미를 가진 것은 극소수이다 — 대부분은 *run a business(기업을 경영하다)*에서처럼 '경영(관리)하다'의 의미에 더 가깝다(Michael Barlow, 1999 미국언어학회 특강). 사실과 믿음의 불일치는 우리가 *run*의 어떤 개념적 표시를 소유하는데(또는 그 질문에 대답하기 위해, 창조하는데), 그 개념의 원형은 동물(아마도 인간) 이동의 어떤 형태를 나타내는 버전의 *run*이라는 것을 보여 준다.

제2장의 주장은 낱말의 어휘적 지식과 개념적 지식을 이용하여, 이 구분은 낱말들 사이의 의미관계들을 설명하는 데 필요하다는 것을 보여 준다.

1.5 요약과 다음 단계들

본 장에서 나는 낱말들 사이의 계열적 의미관계들을 연구주제로 한정했다. 이 주제에 접근하는 목적은 그런 의미관계들이 어떻게 습득되고 사용되는가에 관해 심리적으로 실행할 수 있는 모형을 만드는 것이다. 따라서 전체적인 질문은 "의미관계들이 머릿속에서 어떻게 표시되는가?"이다. 우리는 낱말들이 머릿속에서 어떻게 표시되는지 이해하기 위하여 문맥 안에서 낱말들의 사용을 조사해야 한다고 가정된다는 점에서, 여기서 취한 견해는 화용적이다.

의미관계들이 머릿속에서 표시되는 방식의 질문에 대한 기본적인 두 유형의 답이 존재한다. 낱말들 사이의 관계들이 우리가 알고 있는 사실들로 직접(동의어 · 반의어사전 스타일로) 표시되거나, 우리가 알고 있는 다른 사실들(낱말의 의미와 같은)을 고려하는 어떤 종류의 관계규칙들에 의해 파생된다. 의미관계들이 어휘사전에 직접 표시될 것이라는 아이디어를 테스트하기 위하여, 나는 이 아이디어가 의미하는 바를 분명히 할 수 있을 정도로 정밀하게 어휘사전을 정의했다. 따라서 어휘사전은 언어에 관한 자의적 사실들, 즉, 다른 지식에서 파생될 수 없는 언어적 정보의 저장소로 정의된다.

다의관계의 문제들과 어휘적-백과사전적 분할을 구분하는 문제들은 어휘 사전이 의미적으로 빈약하다는 것을 필연적으로 수반한다. 마지막으로, 낱말에 대한 두 유형의 머릿속 표시가 언급되었다. (언어적) 어휘내항(이탤릭체로 표시됨: *lexical item*)과 (어휘외적) 낱말의 개념적 표시(이탤릭체 작은 대문자로 표시됨: *LEXICAL CONCEPT*).

　제1부의 나머지 부분은 일반적인 의미관계들에 관한 것이다. 제2장은 의미관계 이론이 설명해야 할 의미관계들의 특성들을 소개한 뒤, 본 장에서 개략적으로 설명된 가정들에 근거하여 계열적 의미관계들에 대한 화용적인 **어휘외적(metalexical)** 설명을 소개한다. 제3장은 의미관계들에 대한 다른 접근방식들에 관한 그리고 그 접근방식들이 어떻게 어휘외적 접근방식과 비교되는지에 관한 다(多)-학문적 조사결과를 제공한다. 제2부(4장-6장)는 특정관계들을 상세하게 다루는데, 동의관계, 반의관계 및 대조, 하위관계, 부분·전체관계, 그리고 다른 관계들을 다룬다. 마지막 장에서 나는 앞의 내용을 요약하고, 어휘외적 설명을 위해 몇몇 문제들을 재고하고, 양립가능한 어휘사전 모형들을 재검토한 뒤, 연구조사를 위하여 한층 더 높은 문제들을 제시할 것이다.

2. 의미관계들에 대한 계열적 접근방식

그것은 모두 너무나 거의 닮아서 다름에 틀림없다.

Gertrude Stein, *설명으로서의 작문*(1926)

    제1장의 가정들을 따라서, 자의적이고 언어능력에 관련된 정보만이 어휘내항에 포함된다. 만약 낱말들 사이의 관계들이 자의적이지 않거나 그 낱말들의 언어적 특성들에 전적으로 의존하지 않는다면, 이 관계들은 어휘사전에 표시되지 않는다. 이 장은 낱말들 사이의 의미관계들이 실제로는 세 가지 이유로 어휘사전에 표시되지 않는다는(그리고 표시될 수 없다는) 것을 보여준다: (a) 의미관계들은 언어능력과 관련이 없다. (b) 의미관계들은 그들이 존재해 있는 문맥들에 의존한다. (c) 의미관계들은 단일의 관계원리에 의해 예측할 수 있다. 따라서 낱말들 사이의 의미관계들은 어휘적 낱말지식이라기보다는 낱말들에 관한(*about*) 개념적 지식으로 이루어진다(Murphy 2000). 본질적으로 이 장은 의미관계들에 대한 **어휘외적** 처리방식이 관계적 현상들에 관한 사실들에 의해서뿐만 아니라, 어휘사전, 문법 및 개념지식의 분업에 의해 강요된다.

    이 어휘외적 처리 방식은 모든 어휘관계를 설명할 수단을 제공한다―의미관계들뿐만 아니고, 또한 '*nym*('어) 명칭과 함께 인정되어온 관계들만도 아니다. 그래서 Cruse(1986)는 얼마의 수고를 무릅쓰고 "interesting"과

"uninteresting"의 의미관계를 구분하려고 한 반면에, 그 계열의 기초가 무엇이든지 간에, 이 처리에 따르면 계열에 근거한 어떤 관계라도 재미있고 설명가능하다. 따라서 많은 이론가들이 'nym 중의 한 보기로 포함시키지 않을, cat과 dog의 이분적 관계는 cat<animal 또는 black/white 간의 익숙한 보기들만큼 설명을 필요로 한다. 그럼에도 불구하고, 전통적인 'nym 관계들은 그들에 관한 풍부한 문헌 때문에 여기서 가장 많은 관심을 받는다. 따라서 많은 다른 관점에서 의미관계들에 관한 견해에 대해 현재의 처리방식을 테스트하려는 기회가 증가한다. 반의관계는 2장과 3장의 논의에서 지나칠 정도로 많이 나타나 있다. 왜냐하면 반의관계는 낱말들 사이의 자의적 관계인지 또는 낱말의 의미들이나 개념들 사이의 예측가능한 관계이냐에 의해 가장 많은 논의의 여지가 있는 의미관계이기 때문이다.

또 하나의 흥미로운 점은 언어외적 처리방식이, 어휘사전의 의미내용에 대하여 불가지론적(不可知論的) 입장을 취한다는 점에서, 어휘의미론에 대한 많은 접근방식과 양립할 수 있다는 것이다. 어휘내항의 의미명세 층위가 어떠하든지 간에, 한 낱말의 동의어들이나 반의어들에 관한 정보는 어휘적 지식이 아닌, 개념적이거나 백과사전적 지식이다.

본 장의 구조는 다음과 같다. 첫째, 생산성, 가변성, 그리고 보편성을 포함하는 의미관계들의 아홉 가지 특성이 2.1에서 설명될 것이다. 이 특성들은 이론적 도전을 제공한다. 왜냐하면 몇몇 특성(예, 가변성, 규범성)은 양립할 수 없는 것 같다. 이 특성들에 비추어 볼 때, 어휘관계 이론에 관한 요건들은 어휘적 구성단위성의 가설에 의해 부과된 제약에 관하여 정의된다. 이 요건들을 충족시키는 관계원리(대조에 의한 관계: Relation by Contrast)는 2.2에서 소개된다. 이 원리가 주장하는 바는 만약 항목들이 문맥적으로 적절한 방식에서 최소로 다르면, 그들은 관계가 있다는 것이다. 2.3에서는 이 원리의 관점에서 여러 관계 현상들이 논의될 것이다. 여기에는 반의어들의 특정한 규범성, 의미적으로 관련된 낱말들의 은유적 사용, 낱말-연상 행위와 "계열적 전이", 발화오류, 그리고 문체적 목적을 위한 관련된 낱말들의 사용을 포함한다. 마지막으로 2.4는 제2장을 요약한다.

2.1 의미관계들의 특성

다양한 의미관계 유형들에 대한 통일된 접근방식은 포착하기 어려울 것 같다. 왜냐하면 그 유형들은 — 그리고 심지어 한 유형 안의 한 관계의 보기들도 — 본질적으로 다른, 그리고 종종 모순적인 특성들을 지니고 있기 때문이다. 이후의 하위절들은 아래의 의미관계 특성들에 관한 것이다.

1. **생산성(productivity)**: 낱말들 사이에 새로운 관계 고리가 생성될 수 있다.
2. **이분성(binarity)**: 몇몇 관계는, 비록 낱말들의 더 큰 집합들이 그 관계를 위하여 의미적으로 이용될 수 있지만, 낱말 쌍들만 관련시킨다(예, *black/gray/white*라기보다는 *black/white*).
3. **가변성(variability)**: 한 특정한 낱말이 어떤 낱말과 관련되는가는 그 낱말의 어떤 의의가 사용되는가와 그 낱말이 어떤 문맥에서 사용되는가에 따라 변한다.
4. **원형성과 규범성(prototypicality and canonicity)**: 일부 낱말 집합들은 다른 낱말 집합들보다 어떤 관계의 더 좋은 보기를 제공하고, 일부 낱말 집합들(특히, 일부 반의어 쌍들)은 어떤 관계의 규범적 보기로 특별한 지위를 가진 것 같다.
5. **반(半)-의미성(semi-semanticity)**: 낱말들의 의미 특성은 낱말들을 관련시키고, 의미관계를 판단하는 데 작용하는 유일한 요인이 아니다.
6. **불가산성(uncountability)**: 의미관계 유형의 수는 객관적으로 결정될 수 없다.

7. **예측가능성(predictability)**: 낱말들 사이의 관계는 일반적 패턴을 고수하는데, 이것이 나타내는 것은 의미관계가 규칙의 지배를 받는다는 것이다.

8. **보편성(universality)**: 동일한 의미관계들이 어떤 언어의 어휘사전을 기술하는 데도 관련된다.

지금 당장의 도전은 그 특성들이 모순적일 수 있다는 사실에도 불구하고 이 모든 특성들에 적합한 접근방식을 고안하는 것이다. 예컨대, 반의관계는 가변적(즉, 문맥의존적)이지만, 특정한 반의어 쌍은 문맥에 관계없이 알 수 있으므로 종종 규범적이다. 이 관계적 특성군(群)은 2.2에서 제안된 접근방식에 이르게 된다.

2.1.1 생산성

만약 의미관계들이 규칙에 의해 생성되면, 두 낱말이 관련되어 있다는 정보가 어휘사전에 자의적 정보로 포함되어서는 안 된다. 관계들이 규칙에 의해 생성된다는 하나의 표시는 관계들의 새 보기들이 언제라도 쉽게 만들어질 수 있다는 것이다. 즉, 관계들은 **생산적(productive)**이다. 만약 우리가 동의관계나 반의관계의 새 보기들을 만들 수 있으면, 어떤 낱말들은 관련 낱말들의 단지 고정된 정신적 기록이라기보다는 관련될 수 있다는 것을 예측하는 메커니즘임에 틀림없다.

동의관계의 생산성은 분명히 관찰할 수 있다. 만약 우리가 한 언어에 있는 기존의 한 낱말이 나타내는 것과 (어느 정도) 동일한 것을 나타내는 새로운 낱말을 만들면, 그 새로운 낱말은 자동적으로 더 오래된 낱말의 동의어가 된다. 예를 들면, 'automobile(자동차)'을 의미하는 새로운 속어가 만들어질 때마다, 그 새로운 속어(예, *ride*)와 기존의 표준어 및 속어들(*car, auto, wheels* 등)에 대한 동의관계가 예측된다. *ride*는 그 동의어 집합의 한 원소가

될 필요가 없다. 동의관계가 이해될 수 있도록 하기 위하여, 아무도 *"ride*가 *car*와 동일한 것을 의미한다"라고 말할 필요가 없다. 일어나야 할 일은, *My new ride is a Honda(나의 새 운송수단은 혼다이다)*에서처럼, *ride*는 *car*와 동일한 것을 의미하도록 사용되고 이해되어야 한다는 것이다.

반의관계를 살펴볼 때, 대립 형태론은 기존의 낱말들에 대해 새로운 반의어들을 만드는 하나의 수단이다(Horn 1989를 보라). 그래서 예컨대, (1)에서처럼 동사적 접두사 *dis-*와 *de-*는 새 역동적 반의어(reversive antonym)를 만드는 데 사용될 수 있다. 마찬가지로 (2)에서처럼 많은 형용사들에 대해 *un-*은 반의어를 만드는 데 다소의 생산성을 허용한다.

(1) a. Increased sophistication in analyzing biochemicals and manipulating genetic stocks also allowed bioscientists to **"disendanger"** species.(생화학 물질을 분석하는 데 그리고 저장된 유전 목록을 조작하는 데 있어서 증가된 정교성 때문에 생물과학자들은 종들의 "위험을 제거할" 수 있게 된다.) ("'섬기는 자'를 '공복'으로 되돌리기", *마노아의 튀긴 생각과 반쯤 튀긴 생각 저널 4*, 1994)

b. To determine exactly how much feed to use we need to **defuzzify** the rules.(어느 정도로, 입력해야 할지를 결정하기 위해 우리는 그 규칙들에서 퍼지성을 제거할 필요가 있다.) (퍼지 전문가 시스템 지침서, http://ag.arizona.edu/AREC/)

(2) *Spawn* is the work of an **unheavenly** creator.(알은 거룩하지 않은 창조주의 작품이다.)(J. Seavor, *섭리 저널*, 1997년 8월 1일)

위의 부정된 형태들은 내 컴퓨터의 철자검색장치가 거부할 정도로 독창적이지만, 이 접두사들의 생산성이 제한되지 않는 것은 아니다. 예를 들어, 형용사적 접두사 *un-*은 의미적으로 제약을 받는다(예, **unlow*). 한편, *non-*은 완전히 생산적이어서 어떤 형용사나 명사에게도 반의어를 허용한다. 그러나 *non-*을 통하여 만들어진 반의관계는 특정한 두 특성이나 사물을 대조시키는 것이 아니라 한 특성이나 사물, 그리고 그것의 부재를 대조시킨다는 점에서 어휘대립의 다른 경우들보다 구 부정에 더 가깝다. 예를 들어, 만약 우리가 The winners are happy and the losers are unhappy(승자들은 행복하고 패자들은 불행하다)를 들으면, 우리는 그 승자들과 패자들이 가진 특성들이 무엇인지 어느 정도 알게 된다. 패자들은 중립적이거나 행복한 것보다 더 슬프거나 혼란스럽다. 그러나 만약 우리가 The losers are non-happy(패자들은 행복하지 않다)라고 말하면, 우리는 패자들이 속해 있지 않은 상태만 알 뿐이다(Horn 1989를 보라). 그래서 형태론이 기존의 낱말들에 대해 새로운 반의어들을 만드는 어떤 수단을 제공하지만, 형태소들과 형태론적 과정들은 완전히 생산적이지는 않거나, 또는 반의관계란 용어가 기술하는 모든 종류의 의미대립을 다 나타내지는 못한다(5.3을 보라). 그래서 우리는 비-형태론적 반의관계에서도 생산성을 조사할 필요가 있다.

　반의관계의 이분적 성격(2.1.2와 5.2.1을 보라)이 반의관계를 동의관계보다 덜 생산적인 것으로 보이게 만든다. 만약 한 낱말에 대해 한 반의어가 존재한다면, 제2의 반의어가 들어갈 여지가 없을 것이다. 가끔 한 낱말 의의는 happy/sad, happy/unhappy와 같은 두 개의 쉽게 인지되는 (규범적) 반의어를 가진다. 그러나 우리는 규범적 반의어를 가지지 않는 낱말들에서 반의어의 생산성을 더 분명하게 볼 수 있다. 비록 red가 규범적 반의어를 가지지 않지만, 특정문맥에서는 대립어를 가진다. 색채이론에 의하면, red는 두 대립어를 가진다. 즉, 색소에 있어서 그 대립어는 green(녹색)이고, 빛에 있어서 그 대립어는 cyan(청록색)이다. 포도주에 관해 이야기할 때, red의 대립어는 white이다. 기호언어학적 교통신호 시스템에서, 빨간색(따라서 낱말 red)의 대립어는 녹색(그리고 green)이다. 심지어 그런 특정한 은어들과 기호언어학적 시스템 밖에서도, 영어화자들은 red에 대해 생명력 있는 대립어들을 생각해내고 그 방식을 설명할 수 있다. 그것은 blue(붉은색과 푸른색은 깃발과 의류에 관해 대조되기 때문에)이거나 black(붉은색과 검은색은 체커

판에서 서로 대립하기 때문에)이거나 어떤 다른 색일 것이다. 블론디 (Blondie) 연재만화에서 인용한 (3)의 대화는 규범적 반의어들을 소유하지 않은 항목들의 대립어를 사람들이 만들고 평가한다는 것을 보여 준다.

(3) Mr. Dithers: *왜 항상 너는 내가 하는 말의 대립어를 말하니? 내가 오른 편이라 하면, 너는 왼편을 말하는구나! 내가 나쁘다고 하 면, 너는 좋다고 말하는구나! 내가 붉은색이라고 말하면, 너는 갈색이라고 하는구나!*

Dagwood: *갈색은 붉은색의 대립어가 아니다. . . 내 생각으로는 푸른 색이다.*

그러면 의미관계 이론은 비록 관계를 이루고 있는 낱말들을 우리가 경험 하지 않았을지라도 그 낱말들이 의미적으로 관련되어 있다는 것을 우리가 인정하고 제안할 수 있다는 사실을 설명해야 한다.[1]

2.1.2 이분성

의미관계 이론은 반의관계가 **이분적(binary)**이지만 동의관계나 대조(예, 공-하위관계)와 같은 다른 관계들은 관련될 수 있는 항목들의 수를 제한하 지 않는다는 사실도 설명해야 한다. 반의관계는 부정과 상당히 유사하므로 (위에서 논의된 형태적 대립에서처럼), 그것의 이분적 성격은 놀랄 만한 것 이 아니다. 결국, (4a)의 모순대당(contradiction)인 (4b)에서처럼 부정된 문장 은 그것에 상응하는 긍정문과 이분적 관계를 이룬다. 그러나 (4c)에서처럼 반의적 술어를 사용하는 것은 (4b)에서처럼 그 술어를 부정하는 것과 진리- 조건적으로 다르다. (4b)에서 지시대상물은 양성(hermaphroditic)이거나 무

---

1) 부분·전체관계와 하위관계의 새로운 보기들은 범주적 부류 포섭이나 부분-전체관 계들의 새로운 보기들과 보통 구분이 되지 않는다. 그래서 여기서는 그들에 대해 주의를 기울이지 않는다. 제6장을 보라.

성(sexless)일 것이다(아마 벌레나 박테리아일 것이다). 그러나 (4c)에서 그런 해석은 가능하지 않다(Horn 1989를 보라).

(4) a. It is male.(그것은 남성이다.)
    b. It is not male.(그것은 남성이 아니다.)
    c. It is female.(그것은 여성이다.)

그래서 문장 단위의 모순대당처럼 반의어들은 양립할 수 없는 상태를 나타내지만, 일반적으로 반의어들은 단순한 부정보다 그 양립할 수 없는 상태에 관해 더 많은 정보를 이용할 수 있게 한다. 추가 정보가 제공되므로, 단순한 모순대당 이외의 추가적 선택(예, {*male, female*}뿐만 아니라 {*male, female, hermaphroditic, sexless*})을 할 수 있다. 그러나 이 선택들을 이용할 수 있다는 것은 그들이 현저하다는 것을 의미하지는 않는다. 따라서 *male/female*을 반의어로 간주함으로써, 우리는 다른 유성의 그리고 무성의 상태 가능성을 무관하다고 생각한다.

반의관계에서 이분성에 대한 한 접근방식의 주장에 의하면, 반의관계는 낱말들이 반드시 이분적인 상보반의적, 반대적, 또는 관계대립적 관계를 이룰 경우에만 발생한다. *dead/alive*는 둘 중 하나가 되지 않는 것이 다른 하나가 되는 것을 함의한다는 점에서 상보반의적이다. *hot/cold*는 한 척도의 끝점들을 지칭한다는 점에서 반대적이다. *buy/sell*은 만약 X가 Y로부터 구입하면 Y는 X에게 판매한다는 점에서 관계대립적이다(한층 더 높은 정의에 대해서는 5.3을 보라). 그러나 반대어 집합들이 반드시 이분적이지는 않다. 왜냐하면 일부 의미장들은 감정대조 집합{*happy, sad, angry . . .*}이나 미각 집합{*sweet, sour, bitter, salty*}처럼 둘 이상의 끝점들을 포함하기 때문이다. *happy/angry*라기보다 *happy/sad*, 그리고 *sour/bitter*라기보다 *sour/sweet*처럼, 특정한 규범적인 이분적 반의어 쌍들은 이 더 큰 집합들 속에 존재한다(2.1.4와 5.2.1을 보라). 따라서 논리적으로 필요하지 않을 경우 이분성이 발생한다.

그러나 대조집합들이 항상 그런 특별한 쌍들을 포함하지는 않는다. 특정한 문맥(색채이론이나 교통신호 시스템과 같은) 밖에서, 어떤 기본적인 색채용어들(*red, blue, orange* 등)도 단일의 반의어를 가지고 있다고 주장하기 어렵다. 그래서 의미관계 이론은 일부 대조 문맥에서 이분적 쌍들의 특별한 지위에 관해 무엇인가를 말할 필요가 있다.

2.1.3 가변성

반의관계의 규범적 보기들이 여기서 언급되었지만, 어떤 낱말의 반의어(또는 동의어 등)도 문맥에 따라 **변할** 수 있다. 낱말들은 다의적이고 한 단일 낱말의 다른 의의들이 다른 동의어들이나 반의어들을 요구한다는 사실이 그 한 이유이다. 예컨대, *luggage*와 *baggage*는 의미적으로 동등하지 않다. 그들은 의미적으로 동등한 의의들이나 용법들을 소유하고 있는 그 정도로만 동의어이다. *luggage*는 (5a)에서처럼 교통수단에 의해 운송되는 (보통) 개인 용품으로 채워진 휴대용 용기를 지시하는 데 사용될 경우 *baggage*의 동의어이다. 그들은 (5b)에서처럼 *luggage*가 빈 용기를 지시하는 데 사용될 경우에, 그리고 (5c)에서처럼 *baggage*가 복잡한 감정적 이력을 나타내기 위해 비유적으로 사용될 경우에도 동의적이지 않다.

(5) a. Check your baggage/luggage with the gate agent.
   (게이트 직원에게 가서 짐을 부쳐라.)
 b. I bought a new set of luggage/*baggage for my trip.
   (나는 여행용 가방 한 세트를 구입했다.)
 c. I won't date guys with baggage/*luggage from their divorces.
   (나는 이혼의 앙금이 남아 있는 사람들과 데이트하고 싶지 않다.)

마찬가지로 반의관계는 의의에 따라 변한다. 예를 들면, *dry*의 반의어는 전형적으로 *wet*이지만, *dry wine*(쓴 포도주)의 대립어는 *wet wine*이 아니고

*sweet wine*이다. 이것은 다의관계라기보다 동음이의관계의 한 보기라고 말할 수도 있을 것이다. 그 경우, 두 의의가 단일의 어휘항목 *dry*와 관련되기보다 두 어휘항목 *dry₁* 과 *dry₂* 가 관련된다. 그러나 만약 우리가 동음이의관계의 한 테스트로 반의관계나 동의관계를 이용한다면, 어휘사전은 무한히 클 필요가 있을 것이다. *a dry towel*의 *dry₁* 과 *dry wine*의 *dry₂* 에 추가하여, *a dry cake*의 문맥에서 *moist(wet*이 아니고)와의 반의적 관계를 설명하기 위해 *dry₃*이 필요하고, *dry problem skin(건성 피부)*에서 *oily(지성의)*와의 반의적 관계를 설명하기 위해 *dry₄*가 필요하고, *a dry cough(마른 기침)*에서 *productive(콜록콜록하는)*와의 반의적 관계를 설명하기 위해 *dry₅*가 필요할 것이다. 마찬가지로, Murphy and Andrew(1993)는 사람들은 형용사가 수식하는 명사에 따라 그 형용사의 반의어를 다르게 인식한다는 실험적 증거를 제시한다. 예를 들어, *fresh fish*에서 *fresh*에 대한 의의의 반의어는 *fresh bread*이나 *fresh shirt*에서의 그것과 다르다. 내가 제1장에서 주장했듯이, 낱말들의 다의관계는 무한하다. 그래서 낱말 의의들의 완전한 배열은 어휘내적으로 표시될 수 없을 것이다. 따라서 한 낱말에 대해 가능한 반의어, 동의어, 그리고 상위어 등의 수도 잠재적으로 무한하다. 그래서 관계들이 어휘사전에 표시될 수 없을 것이다.

비록 우리가 한 낱말의 단일 의의를 보지만, 그것의 반의어들이나 대조집합들은 문맥에 따라 변할 수 있다. 색상으로 되돌아가서, *blue*의 의의는 그것이 단순한 색상 기술자(記述者)의 역할을 할 때마다 동일하다. 그러나 문맥에 따라 다른 색상들은 그것과 적절하게 대조를 이룰 수 있다. 그래서 만약 우리가 사진의 양화와 음화에 관한 이야기를 하고 있으면, *blue*의 대립어는 *orange*이다. 그러나 만약 그 문맥이 날씨라면, *blue*는 *gray*의 대립어일 수 있다(하늘에 관하여).

따라서 의미관계 이론은 어떤 낱말의 다른 낱말들에 대한 관계의 가변성에 민감해야 한다. 의미관계는 낱말 의의에 따라 변할 뿐 아니라(그 문헌의

도처에서 언급되었듯이), 의의 변이에 관계없이 문맥에 따라서도 변한다. 제1장에서 개략적으로 설명한 다의관계에 관한 견해(의의 그 자체가 문맥에 의존하는)를 고려해 볼 때, 의미관계가 의의에 민감할 뿐 아니라 문맥에도 민감하다는 것은 놀랄 만한 일이 아니다.

2.1.4 원형성과 규범성

의미관계가 가변적이라는 사실에도 불구하고, 낱말들 간의 일부 연상은 다른 일부 연상들보다 어떤 관계의 "더 좋은" 보기들이다. 이것은 의미관련성의 **원형성(prototypicality)** 효과를 가리킨다(Cruse 1994). (6)및 (7)과 같은 보기들(강조가 추가된)은 사람들이 자연적으로 의미관계에 대해 언어외적 판단을 내린다는 것을 보여 준다.

(6) You could become *landed gentry which* I think would be the **best synonym** for *proprietor*.(당신은 내 생각으로 지주의 가장 좋은 동의어일 지주계급이 될 것이다.)(*New Jersey* 지주들에 관한 글 모음, Edward Ball Group, 1995-1997)

(7) The phrase tossed around . . . was "Pain is temporary, pride is forever." . . . I had heard it before as "Pain is temporary, pride is permanent," which I liked better . . . because "permanent" is a **better antonym** for "temporary."(흔들린 표현은 . . . "고통은 일시적이고 자긍심은 영원하다(forever)."였다. . . 나는 전에 "고통은 일시적이고, 자긍심은 영원하다(permanent)."라고 들은 적이 있었다. 그런데 나는 이것을 더 좋아한다. . . . 왜냐하면 "영원한(permanent)"이 "일시적인"의 더 좋은 반의어이기 때문이다.)(http://is.dal.ca/~susanhal/results/97/imc97.html)

원형성 판단은 어느 낱말이 다른 낱말의 가장 가까운 친척인가를 판단하는 데만 한정되지 않는다. 원형성은 낱말들의 집합들을 서로에 대해 문제의

관계 보기들로 판단하는 데도 현저하다. 그래서 *hot*은 *cold*의 "가장 좋은" 반의어일 뿐 아니라, 반의어 쌍 *hot/cold*도 *cruel/kind*와 같은 다른 쌍보다 더 좋은 반의어 쌍으로 지각된다. 이 원형성 효과는 사람들에게 반의관계의 보기들을 말하라고 요청할 때 알 수 있다. 그들은 **규범적(canonical)** 관계를 맺고 있는 흔한 어휘인 *black/white, good/bad*, 그리고 *big/little*과 같은 쌍을 가장 자주 내놓는다. 그러나 심지어 규범적 반의어들이나 비-규범적 반의어들 사이에서도, 일부는 다른 것들보다 더 원형적인 것으로 지각된다. 이것을 증명하면서, Herrmann 외(1986)는 1에서 5까지의 척도 상에 낱말 쌍들의 반의관계를 평가하도록 실험대상자들에게 요청했다. 표 2.1에 있는 쌍들의 평균 점수는 모두 4.60 이상이다. 이것은 이들이 매우 반의적 쌍들이라는 것에 대해 그 실험대상자들이 동의했다는 것을 나타낸다. 그러나 평균 점수는 변한다. 그래서 몇몇 규범적 보기들은 다른 것들보다 더 반의적이라고 평가되었으며, 몇몇 비-규범적 반의어들도 다른 것들보다 더 반의적이라고 평가되었다. 그래서 비록 그들 둘 다 규범적 쌍들이지만, *love/hate*는 *big/little*보다 반의관계의 더 좋은 보기로 판단되었다. 그러나 고도의 반의관계를 나타내는 것은 규범적 반의어가 되는 것과 동등하지 않다. *maximize(최대화하다)/minimize(최소화하다)*는 최고 점수를 나타내지만, 대부분의 사람들은 반의관계의 한 예를 들라는 요청을 받을 때 그것에 관해 생각하지 않았다. 그래서 그것의 반의관계가 *big/little, cruel(잔인한)/kind*와 같은 쌍들과 동일하게 경험적으로 강화된 유형인지는 분명하지 않다(2.1.5를 보라).

표 2.1 지각된 반의관계의 정도(*Herrmann* 외 1986)

≥4.90	4.75−4.89	4.60−4.74
maximize/minimize(5.0)	good/bad(4.86)	cruel/kind(4.71)
love/hate(4.95)	huge/tiny(4.81)	emaciated(여윈)/obese(살찐)(4.67)
night/day(4.90)	big/little(4.76)	immaculate(순결한)/filthy(불결한)(4.62)

한 사회의 참여자로서 우리가 알아야 하는 문화규범(에티켓과 민간지식을 포함하는)의 다른 면들과 다소 유사한 반의어 규범이 존재하는 것 같다. 계통이 선 가르침이 우리가 그 규범을 배우는 방식의 일부이다. 예컨대, 많은 서구 문화에서 반의어들은 조기교육에서 주의를 끈다. 예를 들어, 미국의 TV 프로그램인 *Sesame Street*는 유치원생들에게 "Up and Down" 노래를 가르치고 *abierto*('열린')와 *cerrado*('닫힌')에 초점을 맞추어 스페인어 수업을 한다. 그러나 규범적 쌍들에 관한 정보의 더 일반적인 원천은 *being cruel to be kind*(마음을 모질게 먹다) 또는 *different as night and day*(아주 다른)와 같은 고정된 구에서의 그들의 공기(共起)이다. 그런 구들은 다른 가능성들(예, *unkind/kind, evening/day*)보다 특정한 두 낱말의 관계를 촉진시킨다. 규범성은 자연언어에서 한 쌍의 공기에 의해 측정될 수 있다. 이 경우 의미적으로 관련된 용어들의 병치가 고정된 구들과 독창적 언어 사용에서 발생하는데, 이것은 말뭉치 연구에서 확증되었다. 예를 들면, Justeson and Katz(1991, 1992)는 (8)에 있는 Brown Corpus(말뭉치)의 보기들에서처럼 *long/short, pleasure/pain*, 그리고 *hot/cold*와 같은 쌍들이 예상보다 더 높은 비율로 문장 속에 공기한다는 것을 보여 주었다.

(8) a. [H]e must work long hours in the **hot sun** or **cold rain.**
   (그는 뜨거운 태양과 차가운 빗속에서 오랜 시간 동안 일해야 한다.)
   b. The **pain** seems **short** and the **pleasure** seems **long.**
   (고통은 짧고 즐거움은 오래 가는 것 같다.)

규범적 반의어들은 예상보다 더 높은 비율로 공기할 뿐만 아니라, 유사하고 비-규범적인 쌍들보다 훨씬 더 자주 공기한다. 그래서 예컨대, Charles and Miller(1989)는 *big/little*과 *large/small*은 *large/little*이나 *big/small*보다 세 배 이상만큼 더 자주 공기한다는 것을 보여 준다.

낱말연상과업은 낱말들 간의 일부 관계는 화자들 사이에 자동적이고 안정적이라는 것을 보여 주지만, 다른 일부 관계는 그렇지 않다. 그런 실험들에서 실험대상자들은 단일 낱말 자극을 듣거나 읽고, 자동적인 단일어 반응을 한다. 학령에 달한 어린이들과 어른들에 있어서, 반응은 매우 자주 자극어와 계열적으로(대체로 반의관계, 동의관계, 또는 하위관계) 관련이 있다. 예를 들면, 1952년의 미네소타 낱말연상 기준에 의하면(Jenkins 1970), 반응 학생들의 거의 75%는 *black*에 반응하여 *white*로 대답했다. *black*을 포함하는 관용어 및 복합어의 수와 이 세상에 존재하는 검은 사물들의 수를 고려할 때, 더 많은 실험대상자들이 결합적으로 관련된 반응(예, *black — widow, bird, board, sheep, jack, flag, Monday*) (역주: *black widow*<흑거미>, *black bird*<찌르레기>, *black board*<칠판>, *black sheep*<말썽꾸러기>, *black jack*<가죽곤봉, 해적기>, *black flag*<해적기>, *black Monday*<주식이 폭락한 월요일>)을, 또는 다른 문법적 또는 의미적 범주들(예, *funeral*(장례식), *night*)로부터 다른 개념적으로 관련된 반응을 하지 않은 것은 주목할 만하다. 미네소타 낱말연상 기준에서 100개의 자극어 중 25개가 1,000명 이상 실험 대상자들의 50% 이상을 동일한 반응으로 이끌었다. 이들에 관하여, 그 반응 중 22개가 그 자극과 계열적으로 관련된 것이다. 이 집합에 나타난 계열적 관계들은 15개의 대조 보기(*king/queen*과 같은 5개의 성 대조 보기와 이분적 집합들인 *bread/butter*와 *butter/bread*를 포함하여), 더 큰 대조집합에서 5개의 공-원소성의 보기(즉, 공-하위관계: 예, *bitter-sweet, sour-sweet*), 그리고 각각이 상위관계(예, *eagle*<*bird*)와 동의관계-상위관계(*blossom* ≤ *flower*)인 경우를 포함한다(4.5를 보라).

모든 자극이 다 그런 일관된 반응을 불러일으키는 것은 아니다. 예컨대, *trouble*(*bad*)에 대한 가장 높은 반응은 단지 응답자들의 8.83%에 의해 제공되었다. 그리고 심지어 단일의 문법범주나 의미장에서도, 모든 자극이 다 계열적으로 관련된 반응을 불러일으키지는 않는다. 예를 들면, 집합-대조적 관계인 *table-chair*는 미네소타 기준에 있는 항목들 중 그 연상율

이 가장 높지만(83.25%), 다른 가구 항목인 *bed(침대)*에 대해 가장 높은 반응은 가구 범주의 다른 원소라기보다는 *sleep(*잠자다*,* 57.93%)이었다. 따라서 설명되어야 할 내용의 일부는 "왜 어떤 낱말들은 다른 낱말들보다 더 일관적인 반응을 가지는가?" 그리고 "왜 한 통사범주나 의미범주 안에 있는 모든 낱말들이 다 동일한 유형의 반응을 불러일으키지는 않는가?"라는 것이다.

관계들의 몇몇 구체화된 보기들이 규범적이라는 증거는 덜 일반적인 낱말들이 더 일반적인 낱말들보다 더 결합적 반응을 유발한다는 사실이다 (Meara 1978). 만약 규범적 관계들을 학습하는 것이 공기하는 낱말들에 대한 반복적 노출을 수반한다면, 일반적인 반의적 낱말들이 덜 일반적인 낱말들보다 '규범화될' 가능성이 더 높다는 것이 당연할 것이다. 공기하는 낱말들에 대한 반복적 노출은 대립되는 낱말들(단지 대립되는 개념들이라기보다)로서의 그들의 지위를 강화할 것이다.

또한 일부 반의어 쌍들은 낱말 의의들 간에 안정적이고 다른 일부는 그렇지 않다는 사실에서 우리는 규범성의 증거를 보게 된다. 앞의 반의어 가변성에 관한 논의가 우리로 하여금 반의관계는 낱말들 그 자체를 관련시키기보다 의의들이나 낱말의 용법들을 관련시킨다는 결론을 내리도록 했을지도 모른다. 그러나 만약 우리가 한 낱말이 가진 의의들 각각이 동의어들 및 반의어들과 그 자체의 관계를 맺고 있다고 가정하면, 우리는 많은 의의들에 대해 동일한 동의어들이나 반의어들을 가진 일부 낱말들에 대한 중요한 일반화를 놓치게 된다. 예컨대, *black*과 *white*의 색채 의의들은 대립되고, 그들의 인종적 의의들과 *white magic(*치료*,* 구제 *등을 목적으로 하는 선의의 마술*)과 *black magic(*나쁜 목적으로 하는 주술*)에서처럼 '선'/'악' 의의들도 그렇다. 반의관계의 규범성도 문맥-특정적인 반의관계에 어떤 역할을 한다. Lehrer(2002)가 언급하듯이, 만약 한 낱말의 어떤 빈번하거나 기본적인 의의가 다른 낱말과 의미관계를 이루면, 그 관계는 그 낱말의 다른 의의들로 확장될 수 있다.

예를 들면, *hot*의 기본적인 온도 의의는 *cold*와 대조를 이룬다. *cold*는 보통 '합법적으로 취득한'을 의미하지 않지만, (9)에서처럼 *hot*의 '훔친'이라는 의의에서 *hot*과 대조될 때(충분한 문맥을 가질 경우), 그 의미를 가질 수 있다.

> (9) He traded in his hot car for a cold one.
>   (그는 도난 차량에 웃돈을 덧붙여서 합법적인 차로 샀다.)(Lehrer 2002)

(9)에서 *cold*의 의도된 의의를 독자들이 이해하기 위해, *cold*가 *hot*의 통상적 반의어라는 것을 알아야 한다. 다음에 그들은 만약 *cold*가 *hot*의 반의어이면 *hot*이 이 문맥에서 무엇을 의미하든지 간에 *cold*는 반대의 어떤 것을 의미한다고 추론해야 한다. 의의들과 문맥들 간에 존재하는 일부 그런 쌍들의 안정성은 그 반의어 쌍들이 규범적이라는 증거이다.

규범성이 반의관계와 관련성이 가장 크므로, 규범성에 관한 다른 논의는 제5장에서 다룬다. 지금까지의 논의는 의미관계 이론들이 원형성 효과를, 그리고 규범적 및 비-규범적 반의어 쌍들의 존재를 허용해야 한다는 것을 보여 주었다.

2.1.5 반(半)-의미성

비록 여기서 논의의 주제가 의미관계들이지만, 낱말들의 의미특성은 이 관계들에 대해 관련된 유일한 특성은 아니다(그들이 확실히 가장 중요하지만). 어떤 낱말의 "가장 가까운" 친척들("더 좋은" 또는 "가장 좋은" 반의어들, 동의어들, 그리고 하위어들)을 찾을 때, 우리는 종종 그 낱말들의 비-의미적 특성을 고려한다. 계열적 관계들에 대한 하나의 비-의미적(또는 엄격하게 의미적이 아닌) 요인은 문법범주, 즉 품사이다. 예를 들어, 비록 *happy*와 *joy*가 거의 동일한 감정 상태를 나타내지만, 하나는 형용사이고 다른 하나는 명사이므로 그들은 좋은 동의어가 아니다. 이것 때문에 우리는 의미관계들이 낱말의 의의나 그것의 완전한 어휘내항(즉, 낱말형태에 관한 정보를 포함하는)이라기보다 레머들(즉, 어휘내항의 통사적 및 의미적 부분)을 관련시킨다는 가정을 하게 된다. 그러나 Fellbaum(1995)의 말뭉치 연구는 문법범주의 유사성이 반의어 쌍들의 공기에 존재하는 의미적 대립만큼 중요하지 않다는 것을 보여 준다. Justeson and Katz(1991, 1992)가 규범적 반의어들이 예상보다 더 높은 비율로 공기한다는 것을 발견한 것처럼, Fellbaum은 이 형태들의 형태적으로 관련된 변이형들도 예상보다 더 높은 비율로 공기한다는 것을 발견했다. 그것은 계열적 관계의 정의를 확장하여 명사 *dead*(the dead< 죽은 자들>에서처럼)와 동사 *live*[liv]를 "반의어들"로 부르게 만든다. 그럼에도 불구하고, Fellbaum의 데이터는 이 낱말들이 동사 쌍 *live/die*와 흡사하게 대조적으로 사용된다는 것을 보여 준다. (사실, 명사/동사 쌍은 *live/die*보다 훨씬 더 높은 비율로 공기한다.) 따라서 의미 관련성이 의미관계들에 대한 핵심 요건이고, 문법범주의 유사성은 이 관계들에 대해 덜 중심적이다.

형태의 문제가 종종 의미 관련성의 판단에 중요하므로, 의미관계를 레머적 관계로 정의해도 문제가 있다. 사회적 언어사용역(register)이 한 요인이다. 그래서 *liquor*(독한 증류주)와 *spirits*(독한 술)는 *liquor*와 *hooch*(밀주, 독한 술)보다 더 좋은 동의어이다. 일부 반의어들에게는 동일 어근을 가지는 것이 중요하다. 그래서 *edible*(식용의)/*inedible*(식용에 적합하지 않음)이 *edible/uneatable* 보다 더 좋다. 다른 일부 반의어들에게는 형태론적 복잡성의 유사성과 형태의 유사성이 관계된다. 그래서 *awake*(깨어 있는)/*asleep*(잠자는)는 *awake/sleeping* 또는 *up/asleep*보다 더 좋은 반의어이다. 형태론적 형태와 어원이 음성형태에 영향을 미친다. 그래서 많은 "좋은" 반의어 쌍은 두운이 맞거나(*awake/asleep*) 각운이 맞다(*ascend/descend*).

만약 우리가 이 보기들에서 관련된 낱말들의 의미를 아주 자세히 살펴보면, 우리는 의미특성들이 한 반의어나 동의어가 다른 반의어나 동의어보다 선호되는 몇몇 요인을 설명하기에 충분하다는 것을 발견할 것이다. 그러나 비-의미적 요인들도 그 낱말들을 의미적으로 더 유사하게 보이도록 하는 데 여전히 어떤 역할을 할 것이다. *maximize/minimize*가 Herrmann 외(1986)의 연구(앞의 표 2.1을 보라)에서 반의관계의 정도에서 완벽한 점수인 5점을 받은 유일한 반의어 쌍이라는 것은 우연의 일치가 아니다. *maximize/minimize* 가 *hot/cold*나 *huge/tiny*보다 더 좋은 반의어라고 순전히 의미적 근거에서 주장하기는 어려울 것이다. 그러나 만약 우리가 의미대립을 넘어서 살펴보면, *maximize/minimize*는 두운과 각운이 맞고, 운율 구조에 있어서 평행하다(사실, 그들은 첫 음절의 운만 다를 뿐이다). 이 비-의미적 사실들은 그 쌍이 얼마나 반의적인가를 지각하는 데 영향을 미친다.

앞의 규범성에 관한 논의도 비-의미적 요인들이 반의어나 동의어의 선택에 작용한다는 것을 드러낸다. 예컨대, 보기 (9)(앞의 2.1.4에 있는)에서 *hot*이 '훔친'을 의미하는 경우, *purchased*(*구입한*)나 *non-stolen*(훔치지 않은)이 *cold*의 의미적으로 더 적절한 반의어일 것이다. 다른 문맥들에서는 낱말형태 *hot*과 *cold*의 연상 때문에 그들은 문맥에 관계없이 반의관계의 좋은 보기로 뽑히게 되었다. 즉, 그 형태들은 대립되는 것으로 이해되고, 의미적으로 상세한 내용은 문맥에서의 그들의 용법에 관한 추론에서 나온다(2.1.4를 보라).

마지막으로 때때로 "의미적" 관계는 항목들의 성질에 관계없이 항목들에 적용된다. 사실, 대립 범주는 너무나 넓어서 심지어 고유명사에도 적용될 수 있다. (10)의 대화(Georgia Green이 보고한, 교신)에서 이름 *Tom Jones*(톰 존스)는 *Engelbert Humperdinck*(잉글버트 험퍼딩크)의 대립어이다. 왜냐하면 그들은 이름에 대한 공통성과 복잡성의 척도 상에서 대립적인 끝점을 반영하기 때문이다.

(10) *부모가 딸에게 팝가수 잉글버트 험퍼딩크가 자기의 이름을 19세기*
    작곡가의 이름을 따서 지은 이유를 설명한다.
    엄마: 너도 알다시피, 자기에게 주의를 끌기 위해, 그리고 경쟁자들로
        부터 자기를 차별화하기 위해서이다.
    아빠: 동일한 종류의 노래를 부른 다른 가수는 톰 존스란 이름으로
        알려졌다. 이름으로 잉글버트 험퍼딩크는 톰 존스의 대립어이다.

따라서 의미관계 이론은 비-의미적 요인들이 때때로 의미관계로 주장되는 관계에서 어떤 역할을 하는 이유를 설명해야 한다. 원리에 근거한 설명에 의하면, 이것은 낱말관계 규칙들이 낱말들의 형태와 문법적 특성들뿐만 아니라 그들의 의미 특성들에도 접근할 필요가 있다는 것을 의미한다. 또 다시 이것은 낱말들이라기보다, 의미관계는 의미들을 관련시킨다는 개념과 대조를 이룬다.

2.1.6 불가산성

의미관계들에 대한 많은 접근방식은 이 관계들의 분류관계를 고안하는 것을 포함했다. 한 예로, Lyons(1977)와 Cruse(1986)는 반의적 쌍들의 동등한 집합들을 다른 많은 유형과 하위유형으로 구분하는, 대립의 분류관계를 제공한다. Lyons에는 네 기본유형(상보, 반대, 방향, 관계대립)이 있는데, 그는 방향유형을 직교(直交)와 대척(對蹠)의 하위유형으로 세분한다. 한편, Cruse는 동일한 종류의 관계들을 세 기본유형(반대, 상보, 방향)으로 구분하고, 이들을 다중적 하위유형들로 구분한다. 즉 반대어들은 세 하위유형과 한 하위-하위유형을 가지며, 상보반의어들은 세 하위유형을 포함하며, 방향반의어들은 네 하위유형을 가지는데 그들 중 둘은 하위유형들로 세분된다 (제5장을 보라).

그런 접근방식들의 한 문제는 그 유형들이 언제 하나의 완벽한 분류관계로 단순화되었는지 결정하는 방법이 없다는 것이다. 반의관계의 기본유형을 세가지로 정의하는 것이 더 좋은가 또는 네가지로 정의하는 것이 더 좋은가?
네 유형의 부분-전체관계(Iris 외 1988) 또는 부분·전체관계를 포섭하는
여덟 유형의 포섭관계(Chaffin and Herrmann 1984)를 정의하는 것이 더 좋은
가? 더 많은 유형을 정의하는 것은 이 각각의 관계유형들이 습득되고 사용되는
방식에 대한 다른 설명을 필요로 한다는 것을 의미한다. Chaffin and
Herrmann(1984)은 옹호할 수 없는 어휘관계 확산은 우리가 낱말 쌍들과 같은
수의 다른 관계들만 가질 수 있다는 사실에 의해 방지된다고 주장한다. 그러나
두 낱말은 서로 한 유형 이상의 관계를 맺을 수 있으므로 이것은 틀린 것이다.
예를 들면, *hot*과 *cool*은 온도를 가리킬 때 대립되지만, 패션(*hot*<멋진>/*cool*
<근사한> *new swimsuits*<새 수영복>)을 가리킬 때는 유사하다. 물론, *hot*과
*cool*의 다른 의의들은 이 두 관계에서 작용한다. 더 나아가서, 이것은 Chaffin
and Herrmann이 가능한 수의 관계들에 관한 제한에 대해 틀린 이유를 드러낸
다. 한 낱말이 가질 수 있는 의의들의 수는 제한이 없으므로(제1장), 어떤
두 낱말에 대한 의의들 간의 가능한 관계들의 수도 그렇다.

그런 분류관계들은 이 유형들 중 어떤 것에서도 다양성을 이해하는 데
도움이 되지만, 그들은 반의관계, 하위관계, 또는 부분·전체관계에 관해서
보다 그 관계들 안에 있는 개별 낱말들에 관해 더 많은 것을 나타낼 것이다.
그래서 예를 들면, 방향반의관계와 관계대립반의관계를 다른 유형의 관계
로 간주하면, 그들 둘 다 단순한 대립이라는 일반화를 간과하게 된다. 이
관계들에서 다른 것은 그들이 대립하는 낱말 유형들이다. *north/south*가 방
향대립의 한 보기라는 사실은 방향들이 다른 방향들과 대립해야 한다는 사
실로부터 예측할 수 있다. 마찬가지로, *give/receive*가 관계대립의 좋은 보기
라는 사실은 일차원의 이동을 포함하는 행동은 근원과 목표의 두 관점에서
볼 수 있다는 사실로부터 예측할 수 있다. 우리는 "어떤 반의관계 유형들이
존재하는가?"라는 질문을 하기보다, "낱말의미들은 어떤 특성들을 가지고,
그들 모두가 대립할 수 있는가?" 또는 "낱말들의 어떤 의미특성들이 반의관

계와 관련이 있고 어떤 것이 그렇지 않고, 그 둘 사이의 차이는 무엇인가?" 라고 질문하는 것이 더 좋을 것이다.

　다른 한 문제는 둘 이상의 낱말이 의미적으로 관련될 수 있는 방식의 수는 우리가 지금까지 명명한 네 개(반의관계, 동의관계, 하위관계, 부분·전체관계) 이상이라는 것이다. 예를 들면, *scotch*(스카치 위스키)와 *soda*(소다수)는 어떤 관계를 이루는가? 그들은 대조집합에 속한다고 말할 수 있을 것이다. 그러나 이분적 대조집합은 보통 '반의어들'을 의미하고, 많은 사람들은 서로를 동반하는 것들을 나타내는 낱말들을 연루시키는 관계들에 대해 반의관계란 명칭을 사용하는 것을 망설일 것이다. *happy*와 *smile*은 어떤 관계인가? 또는 *cat*과 *dog*은?

　얼마나 많은 의미관계 유형과 하위유형이 존재하는가를 결정하는 것은 불가능하지는 않지만, 어려울 뿐 아니라, 문맥의존적 방식으로 어떤 두 낱말들 간의 의미관계를 결정하는 것도 불가능하지는 않지만 어렵다. 동일한 낱말들이 항상 동일한 관계를 이루는 것은 아니다. 예컨대, 일부 낱말들은 *flower(*꽃*)*≥*blossom(*꽃*)*에서처럼 서로 부분·전체관계와 동의관계를 이룬다. Jones(2002)는 일반적으로 또는 거의 동의어들인 쌍들은 어떤 문맥에서 반의어로 사용될 수 있다고 언급한다. 예를 들어, Jones(2002: 51)에서 인용한 (11)에서 이탤릭체로 표시된 쌍들은 다른 대립어들(짙은체로 표시된)과 그들의 연상에 의해 대립어로 해석된다.

　(11) a. a rather clinical building that is **easy** to *respect* and **difficult** to love
　　　　 (존경하기 쉽고 *사랑하기* 어려운 다소 임상용의 빌딩)
　　　b. crème de cassis had too **low** an alcohol content to be classed as a
　　　　 liqueur but too **high** an alcohol content to be classed as wine
　　　　 (검은 구즈베리의 리큐어 술은 알코올 함유량이 너무 적어서 *리큐어*로 분류되지 않았지만, 알코올 함유량이 너무 많아서 포도주로도 분류되지 않았다)

그런 보기들은 관계유형들의 상호관계성을 강조하는데, 분류적 노력이 단지 반(反)생산적인지를 의심하게 만든다.

제2부는 관계(하위)유형들의 문제를 다시 다룰 것이다. 그 동안 우리는 어떤 사람이 일부러 이름을 붙인 관계들만이 아니고 모든 관계를 설명하는 일반화된 의미관계 이론을 개발하고자 하는 마음이 생길 것이다.

2.1.7 예측가능성

의미관계들은 생산적이다(2.1.1을 보라). 즉, 우리는 동의어들, 반의어들, 하위어들 등의 새로운 쌍(또는 삼중쌍 등)을 만들 수 있다. 이것은 언어사용자들이 낱말들 간의 관계들을 인식하고 고안하는 방식에 관한 얼마의 지식을 소유하고 있다는 것을 나타낸다. 2.1.1에서 언급했다시피, 생산성을 나타내는 것은 의미관계들이 자의적이 아니라는(예측할 수 있고, 따라서 규칙에 근거한) 것을 보여 주는 방향으로 한 걸음을 내딛는 것이다. 그러나 의미적으로 이용할 수 있는 반의어 쌍들이 다른 쌍들보다 "더 좋다"는 사실 때문에 몇몇 학자들은 반의어 관계들은 예측할 수 없다는 것을 제안했다(예, Gross 외 1989). 그 대신에 그들은 hate(미워하다)가 abhor(혐오하다)보다 love의 더 좋은 반의어라는 것이 hate의 특이성이라고 주장한다. 만약 그렇다면, 이 정보는 낱말들의 어휘내항에(또는 모든 어휘내항에) 표시되어야 한다. 그러나 만약 "좋은" 반의어 쌍과 "그렇게 좋지 않은" 반의어 쌍의 차이를 예측할 수 있다는 것을 밝힐 수 있다면, 관계적 정보는 어휘내적으로 명시될 필요가 없다. 오히려 그 관계들은 의미관계들의 "문법"에 의해 파생될 수 있을 것이다.

여러 연구의 주장에 의하면, 크기 형용사들은 반의어 관계들은 예측할 수 없다는 것을 증명한다(Cross 외 1989; Charles and Miller 1989; Justeson and Katz 1992; K. Miller 1998). 크기 형용사들은 중대한 보기이므로, 나도 여기서 크기 형용사에 초점을 맞추지만, 결론은 다르다. 이전의 연구들이 언급했다시피, *big/little*과 *large/small*은 흔한 반의어 쌍이지만, *large/little*은 그렇지 않다. 사실, *large/little*은 완전히·나쁜 쌍인 것처럼 생각된다. *big=large* 와 *small=little*은 동의적이므로, *big*이 *little*의 좋은 반의어이지만 *large*가 그렇지 않다는 것은 특이하다고 주장된다. 그러나 만약 우리가 그 자료를 깊게 그리고 넓게 조사해 보면, 이 형용사 쌍들에 대한 우리의 선호와 불호는 예측할 수 있다는 것을 알게 된다. 깊게 조사하는 것은 *large=big*과 *small=little* 에 대해 추정되는 동의관계를 재조사하는 것을 포함한다. 넓게 조사하는 것은 비-의미적 정보를 고려하는 것을 포함한다(2.1.5를 보라).[2]

반의관계는 최소차이(**minimal difference**)(2.2에서 정교하게 가다듬어지고 한층 더 깊게 논의될)에 의해 기본적으로 정의될 수 있다고 언급되었다(그 중에서도 특히, Clark 1970; Hale 1971). 최소로 다르기 위하여, 두 낱말은 그들의 한 특성을 제외한 모든 중대한 의미특성을 공유해야 한다. 만약 *big/little*과 *large/small*이 이 정의를 따르지만 *large/little*은 그렇지 않다면, 이 낱말들이 현재와 같이 반의적 쌍을 이루는 것은 자의적이지 않다.

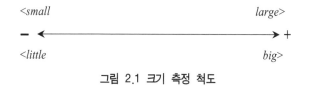

그림 2.1 크기 측정 척도

*big, large*는 *little, small*과 분명히 매우 유사하다. 왜냐하면 그들 모두 크기 측정에서 극단을 기술하기 때문이다. Bierwisch(1989)의 의미 분석에서, 크기 척도 상에서 *small*과 *little*은 왼편 방향을 가리키고 *large*와 *big*은 오른편 방향을 가리키는 그림 2.1에서처럼, 등급매길 수 있는 형용사들은

---

2) 훨씬 더 많은 자료를 가진 이 주장의 더 긴 버전이 Murphy(1995)에 나타난다. Tobin(1999)은 독립적으로 이 주장들 중 몇 가지를 했다. 마찬가지로, Muehleisen (1997)은 *big/little*과 *large/small*은 그들이 수식하는 명사들의 범위에 있어서 다르다는 것을 밝혔다.

측정 척도 상의 방향을 가리킨다.

그래서 이 모든 낱말들은 그 척도 상의 방향을 표시한다는 점에서 유사하지만, 큰 크기를 나타내는 낱말들은 동일한 척도 상의 대립방향을 표시한다는 점에서 더 작은 크기를 나타내는 낱말들과 다르다. 이 시점에서, 그림 2.1의 오른편에 있는 두 낱말 중 하나는 왼편에 있는 둘 중 하나의 반의어가 될 수 있는 것 같다.

그러나 더 자세히 보면, 우리는 *large*와 *little*은 그들 간에 하나 이상의 차이가 존재하고 따라서 최소로 다르지 않다는 것을 발견한다. 그들은 크기 척도 상에서 다른 방향을 나타낼 뿐만 아니라, 그들이 측정하는 대상물에 있어서 다르다. (12)의 보기들에서 알 수 있듯이, 크기 형용사들은 그들이 표현하는 의의들의 수와 유형에 있어서 다르다. *large*(*small*처럼)는 (a) 양, (b) 게슈탈트(형태) 크기를 측정한다. *little*(*big*처럼)은 (b) 게슈탈트(형태) 크기, (c) 공감각 효과, (d) 은유적 크기(예, 중요성이나 복잡성), 그리고 (e) 감정적 내용을 표현하는 데 사용될 수 있다.

(12) a. 양: I'd like a {large/#big/small/#little} amount of cash.(나는…현금을 원한다.)

　 b. 게슈탈트(형태): Here comes a {large/big/small/little} dog.(이리로 …개 한 마리가 온다.)

　 c. 공감각(共感覺: synaesthesia): The dog let out a {#large/big/?small /little} yelp.(그 개는 …짖는 소리를 내었다.)

　 d. 은유: They made a {?large/big/small/little} mistake.(그들은…실수를 저질렀다.)

　 e. 감정: What a cute {#large/big/#small/little} doggie!(얼마나 귀여운…강아지인가!)

　 f. 1차원 크기: The twins are {#large/big/small/?little} for their age. (그 쌍둥이들은 그들의 나이에 비해…하다.)

이에 덧붙여, *big*과 *small*은 둘 다 (d) 은유, (f) 1차원 크기(이 경우, 높이)
에 대해 사용된다는 점에서 공통적인. 의의-유형을 가진다. 비록 *big/small*
이 많은 문맥에서 *big/little*만큼 "좋은" 쌍이 될 수 없겠지만, 그들이 적절하
게(그리고 관용적으로) 대조를 이루는 문맥이 존재한다(예, *big/small*
business, big/small problem). 그리고 일부 학자들(Deese 1965; Lehrer and
Lehrer 1982)은 *small*에는 *large*와 *big*의 두 반의어가 존재한다고 생각한다.
이것은 규범적 쌍이 한 단일의 낱말에 대한 다중 반의어들의 가능성을 배
제하지 않는다는 것을 나타낸다. 그래서 *large/little*의 이상함은 각각의 크
기 형용사가 유일한 반의어를 소유하기 때문이 아니다.

　그보다도, *large/little*이 이상하게 보이는 이유는 그들이 너무 달라서 반의
어들은 하나를 제외한 모든 의미적 특성을 공유한다는 조건에 적합하지 않
기 때문이다. *large*와 *little*이 공통으로 소유한 유일한 의의-유형은 게슈탈트
의의-유형이다. 그것이 네 개의 기본 크기 형용사들에 대한 가장 원형적인
의의-유형이므로, 사람들은 *large-big*과 *little-small*을 동의적이라고 생각한
다. 그러나 더 자세히 조사해 보면, 이들의 동의관계는 한 의의에 한정되고,
그 한 의의를 다른 의의들과 정말로 분리할 수 있는가는 다른 문제임을
알 수 있다. 언어 사용에서, 한 단일의 의의로 사용된 한 낱말은 그것의
다른 인습적 의의들에 의존하는 내포의미들을 가질 수 있거나, 그 의의들은
별개의 실재물로서보다 한 연속체 상에서 더 많이 존재할 수 있을 것이다
(Cruse 1986; Taylor 1995). 그래서 심지어 *big*과 *large*가 3차원 대상물들의
크기를 기술하는 데 사용될 때에도, *big*은 *large*가 할 수 없는 방식으로 '중
요성'(어떤 종류의)을 전달할 수 있을 것이다. 우리는 별명에서 크기 형용사
가 사용될 때 이것을 알 수 있다. *big*은 별명(예, *Big John*<*경찰관*>, *the*
Big Apple<*뉴욕시의 애칭*>)에서 선호되는데, 크기가 큰 것을 나타낼 뿐만
아니라, 얼마의 감정적 기여를 한다. 그래서 우리는 어떤 그룹에 있는 두
명의 John 중에서 더 큰 사람을 *Big John*이라고 부를 수 있겠지만, 그를

*Large John*이라고 부르는 것과 동일하지는 않을 것이다. 우리가 중요성이나 애정의 내포의미를 가진 낱말을 사용할 경우에만, 별명에서 어떤 사람의 크기를 지칭하는 것이 사회적으로 용인될 수 있을 것이다. 또 다시 여기서 *big*이 *little*의 유일하게 적절한 반의어이다. 왜냐하면 그들은 유사하게 별명 (예, *Little John, Little Italy*)에 존재할 수 있기 때문이다.

*big*과 *large*는 거의 동등하지 않으므로(그리고 *little*과 *small*도 그렇지 않으므로), 두 동의어가 다른 반의어들을 취하는 경우는 없다. 따라서 반의적 쌍들이 특이하다는 것이 반드시 맞는 말은 아니다.

반의어 선택에 있어서 폭넓은 견해를 취하고 비-의미적 요인들을 고려하여, Murphy and Andrew(1993)와 Cruse(1994)는 기본적인 크기 형용사는 의의에 있어서 유사하지만, 언어사용역에 있어서는 다를 수 있다는 것을 지적한다. 예를 들어, 초등 3학년 읽기 교재에서 *big*과 *little*은 *large*와 *small* 보다 약 세 배 정도 더 흔한 반면에(Carroll 외 1971), *Wall Street Journal*(경제 전문 일간지)의 산문체에서는 *large*와 *small*이 우세하다.[3] *big/little*과 *large/small*을 관련시키는 다른 한 요인은 그 쌍들 안에서 음의 유사성일 것이다.

의미적 및 비-의미적 요인들을 고려할 때, *large/little*보다 *large/small*을 선호하는 것은 거의 특이하거나 자의적이지 않다. 만약 우리가 반의관계에 대해 반의어들은 최소차이를 가져야 한다는 기본적 정의를 가정하면, 우리는 *large/little*이 대부분의 문맥에서 용인될 수 있는 반의어들이라는 가능성을 배제할 수 있을 것이다. 그들은 너무나 차이가 난다. 한편, *big/little*, *large/small*, 그리고 *big/small*은 반의어가 될 수 있을 정도로 충분한 차이가

---

3) *small*은 *Wall Street Journal*에서 약 7배 정도 더 자주 나타난다. *big*과 *large*는 대략 같은 비율로 나타나지만, *big*은 대부분 이름(*The Big Board*<뉴욕 증권 거래소>, *Big Blue*<IBM사의 애칭>), 관용어(*big business*<재벌, 대기업>, *big-ticket items*<비싼 물건>, *big league*<메이저 리그>, *the big time*<일류의, 최고의>)에서 나타난다(Murphy 1995: 77).

존재한다.

다른 규범적 반의어 쌍들도 유사하게 예측할 수 있다. 예를 들면, *dead*와 *(a)live*는 *deceased*(죽은)/*alive*(살아 있는)보다 더 많은 공통점(의의들, 언어사용역, 공통성)을 소유하고 있다. 온도 척도 상에서 *cold*만이 *hot*의 특성들을 정확하게 반영하기 때문에, *hot*은 *cool*보다 *cold*와 대조를 더 잘 이룬다. 규범적 반의어 쌍들에 관한 예측가능성이 주어지면, 규범성이 정말로 의미관계들의 한 특성인가라는 의문이 다시 생길 것이다. 규범적 쌍들이 단순히 예측가능성이 가장 높은가? 두 특성이 상호작용하지만, 규범성은 예측가능성과 아주 다른, 그 쌍들에 대한 문화적 경험을 통해 학습되는 특성을 기술한다. 예를 들면, *bandicoot*(쥐처럼 생긴 유대류<*有袋類*>: 주머니 쥐)은 *bilby*(토끼처럼 생긴 유대류)의 반의어이지만(그들은 *peramelidae*(유대류 과)의 유일한 직접 하위어들이므로), 그 쌍이 대조적으로 빈번하게 사용되지 않으므로(그래서 그들의 관계는 경험적으로 강화되지 않는다), 그 대립이 대부분의 영어 화자들에게 규범적일 것 같지 않다는 점은 완벽하게 예측할 수 있을 것이다 (최소차이에 의해).

2.1.8 보편성

의미관계는 일반 및 특정 층위에서 보편적(universal)이다. 일반 층위에서 동일한 유형의 관계들을 어떤 언어의 화자들도 이용할 수 있다. 특정 층위에서, 동일한 개념들은 다른 언어들에서 동일한 의미관계를 이룬다.

먼저 일반 층위를 살펴보면, 많은 유형의 증거는 다른 언어들의 화자들이 동일한 관계들을 인지하고 사용한다는 것을 보여 준다. 예컨대, 다른 언어를 사용하는 화자들이 자유 낱말연상과업에서 계열적으로 반응한다 (Postman and Keppel 1970과 아래를 보라). 많은 문화에서 메타언어학적 논평이나 언어유희가 사람들이 이 관계들을 알고 있다는 것을 보여 준다. 예컨대, Australia에서 Walbiri족의 남자들은 낱말들을 반의어로 대치하는 것을 포함하는 의례적 언어를 사용한다(Hale 1971; 5.4.5를 보라). 많은 문화권에서는 금기어를 피하기 위해 동의어를 만든다. 그 보기는 화장실에 대한 미국영어의 많은 동의어(*bathroom, restroom, powder room* 등)에서 찾아볼수 있다.

언어 간의 실험은 관계의 유사한 범주들이 문화권들 간에 인식된다는 것을 확립했다. Raybeck and Herrmann(1990)은 미국영어, 영국영어, 광동어, 크로아티아어, 그리스어, 이탈리아어, 우르두어, 그리고 베트남어 화자들의 관계 인식을 조사했다. 실험대상자들은 관련된 낱말들을 동일한 방식으로 관련된 그룹들로 분류하라는 요청을 받았다. 그래서 예컨대, 그들은 *remember(기억하다)/forget(잊다)*이 있는 그룹에 *male(남성)/female(여성)*을 배치하지만, *car/tire*는 다른 그룹에 배치할 것이라고 기대되었다. Raybeck and Herrmann의 결론은 관계들에 대한 그들의 특정한 분류관계에 의해 영향을 받았다. 그들은 다음과 같은 5개의 관계유형을 찾았다: 대립, 유사, 부분-전체, 표상(예, *map/city*), 그리고 범주(예, 원인-결과 관계: *joke<농담>/laughter<웃음>*). 이들은 이 책에서 부각된 관계들과 정확하게 상관관계가 없지만, 대립어에 대한 그들의 용법은 일반적으로 이 책의 반의어와 동등하다. 그 관계에 대해, 모든 문화권 출신의 실험대상자들은 세 하위유형(모순대당, 방향대립, 역동대립)이 한 관계로서 함께 속한다는 것에 대해 동의했다. 또한 실험대상자들은 대상물-고유한 부분(*car/tire*)과 대상물-재료(*table/wood*)도 유사한 관계들인데, 부분·전체관계에 관한 우리의 정의와 일치한다는 것에 대해서 동의했다. Raybeck and Herrmann의 분류관계에서 덜 전통적인 관계들에 대한 결과들은 더 다양했다. 예를 들면, 다른 문화권 출신의 화자들은 다른 관계들이 어떤 것과 원인-결과 관계 그룹을 형성하는지에 관해 달랐다.

다른 언어들의 화자들도 어떤 의미가 어떤 관계를 이루는가에 관해 동일한 견해를 가지고 있는 것 같다.[4] 낱말연상 테스트는 다양한 언어의 화자들이 행하는 연상의 유형들에 있어서 현저한 유사성을 보여 주었다. 번역 상 동등한 자극들을 비교하면서, Rosenzweig(1961)는 불어와 독어에서 가장 흔한 반응들은 영어에서 그 시간의 48% 동안 가장 흔한 반응들과 번역 상 동등하다는 것을 발견했다. 이탈리아어에 대한 Rosenzweig의 데이터는 부분적으로만 보고되었는데, 35%가 번역 상 영어와 동등하며, 이 경우 반응을 구할 수 있었다. 그래서 예컨대, 'table'을 의미하는 낱말에 대한 일차적 반응은 영어, 불어, 독어, 이탈리아어에서 'chair'를 의미하는 낱말이었다. 'dark'에 대한 반응은 'light'이었고 'soft'에 대한 반응은 'hard'이었다. Szaley and Windle(1968)은 한국인의 낱말연상 반응들 중 38%와 콜롬비아인의 낱말연상 반응들 중 42%가 영어화자들의 반응들과 번역 상 동등하다는 것을 발견했다. 그들은 연상이 문화 간에 다를 경우 그 차이는 종종 언어들의 의미구조 차이라기보다 특정한 어휘적 또는 문화적 차이에 기인할 수 있다고 언급했다. 예를 들면, 'hungry'에 해당하는 낱말에 대한 한국인의 가장 흔한 반응은 'cooked rice(쌀밥)'인 반면에, *hungry*에 대한 가장 흔한 영국인의 반응은 *food(*음식*)*이다. 이 차이는 낱말연상 반응의 본질에 관해서보다 한국에서 쌀밥의 문화적 지위에 관해 더 많은 것을 보여 준다. 대부분의 전형적인 반의어 쌍들은 문화상호 간에 존재한다. 그래서 'hot'에 해당하는 낱말의 대립어는 *cold*로 번역될 수 있을 것이다. 이것은 관계들을 결정하는 데 있어서 의미가(낱말 형태라기보다) 일차적이라는 것을 가리킨다. 따라서 관계들은 자의적이 아니다.

물론, 모든 언어는 다른 어휘를 가지고 있고, 그래서 한 언어에서 관계들의 지도는 다른 언어의 그것과 동일하지 않다. 관계유형들은 보편적이지만, 모든 언어가 동일한 토큰(한 유형에 대한 개개의 사례)을 가지고 있다고

---

4) 어떤 두 언어도 동일한 의미와 연합된 동일한 낱말 형태를 소유하고 있을 것 같지 않으므로, 언어 간의 연구는 낱말들 사이라기보다 의미들 사이의 관계들을 비교해야 한다. 그러나 대부분의 번역 등가물들은 실제로는 등가물이 아니기 때문에, 동일한 *의미*는 '외연에 있어서 중대한 중첩을 가진'으로 해석되어야 한다.

말할 수 없을 것이다. 그래서 예컨대, 영어는 이탈리아어 낱말 *pasta(파스타)*
를 차용했지만, 전형적으로 영어 화자들은 *pasta*에 대해 이탈리아어 화자들
이 가진 동일한 범위의 하위어들을 가지지 않을 것이다. 언어들이 다른 어휘
-의미 목록을 소유한다는 사실은 동일한 관계들이 모든 언어에서 다 이용될
수는 없다는 증거로, 또는 낱말들 간의 관계들이 자의적이라는 증거로 간주
될 수 없을 것이다.

언어 간의 연구들이 (겉으로 보기에 자의적인) 차이들을 발견한 경우에,
그들은 관계적 하위유형들에 속한다. 예를 들면, Cruse(1986)는 언어 간의
반의관계들을 비교하면서, 다른 언어들에서 'hot'/'cold'와 같은 반의어 쌍의
원소들은 유표성 관계(예, 측정 의문문과 비교문)를 드러내는 구성유형들에
서 다른 분포를 가질 수 있을 것이라고 언급한다. 이 때문에 Cruse는, 예컨대,
'good'과 'bad'에 해당하는 낱말들은 영어에서 중첩반의어들이고, 독어에서
양극반의어이고, 이집트에서 사용되는 아랍어에서는 결성반의어라는 결론
을 내린다. 관계유형들의 목록을 결정하는 데 관련된 문제들이 주어지면
(2.1.6), 우리는 반의관계가 모든 언어에서 이 의미들 간의 불변의 관계라는
것과, 그리고 만약 우리가 'good'과 'bad'에 해당하는 낱말들 사이에서 볼
수 있는 다른 반의적 하위유형들은 자의적일지도 모른다는 것을 언급해야
한다(만약 우리가 관련된 낱말들이 번역 상의 정확한 등가물이 아니라는
것을 밝힐 수 있다면). 이 과업은 제5장에서 다룰 것이다. 그 동안 우리는
더 일반적인 관계유형들이 보편적이라고, 그리고 의미장에서 찾아볼 수 있
는 관계하위유형들의 언어특정적 차이는 다른 언어들이 다른 관계들을 소
유한다는 것을 함의하지 않는다고 언급할 수 있을 것이다.

2.2 메타언어학적 지식으로서 의미관계성

앞의 의미관계 특성들은 의미관계 이론에 얼마의 제약을 가한다. 첫째,

의미관계들은 생산적이고, 가변적이고, 예측할 수 있고, 보편적이므로, 그들은 어휘사전에 속하는 종류의 자의적 정보를 구성하지 않는다. 만약 그들이 어휘사전에 표시되지 않고 문법능력과 관련이 없다면(그리고 우리는 그들이 그렇다고 믿을 만한 근거도 없다), 그들은 비-언어적 지식의 일부로 표시되어야 한다. 둘째, 그들은 단지 낱말들을 관련시키기보다 의미들을 관련시킬 수 있으므로, 그들은 단순히 낱말들이 표시하는 개념들 간의 관계가 아니다. 그래서 의미관계들은 비-언어적 지식의 영역에 표시되어야 하지만, 그들은 여전히 언어에 관한 지식을 구성한다. 따라서 의미관계들에 관한 지식은 우리의 언어 속에 존재하는 낱말들에 관한 우리의 언어외적 지식의 일부이다. 셋째, 낱말들 간의 의미관계는 생산적이고, 예측할 수 있고(그러나 문맥의존적이고), 보편적이므로, 우리의 머릿속에는 의미관계들을 파생시키기 위한 몇몇 수단이 있어야 한다. 바꿔 말하면, 의미관계들은 우리의 머릿속에 반드시 고정되는 것이 아니고, 필요할 경우에 생성될 수 있다. 이 관계들의 메타언어학적이고 개념적인 성격이 주어지면, 우리는 의미관계들을 파생시키는 원리들이 특별하게 언어적인 원리들이라기보다 일반적인 인지원리들일 것이라고 기대할 것이다. 넷째, 일부 관계 쌍들은 규범적이므로, 우리에게는 낱말들 간의 일부 관계를 저장하는 수단도 있어야 한다. 그러나 그런 고정된 표시들은 동일한 낱말들을 포함하는 새로운 관계들의 생성에 간섭하지 않아야 한다. 그래서 비록 *wet*과 *dry*가 규범적으로 대립되지만, 우리는, 기침을 기술할 때 *dry(마른)*/*productive cough(콜록콜록하는 젖은 기침)*와 같은, 또는 어떤 분야에서 초보자와 전문가를 비교할 때 *wet(초보의)*과 *seasoned(노련한)*와 같은, 이 낱말들의 다른 문맥특정적인 반의적 쌍들을 허용해야 한다. 마지막으로, 의미관계 유형들의 수는 확정할 수 없으므로, 의미관련성을 예측하는 데 관련된 원리들은 일반적이고 융통성이 있어야 한다. WHOLE(전체) > FUNCTIONAL PART(기능적 부분) 관계들(*hammer*< 망치> > *handle*< 손

잡이>)을 예측하는 한 원리를, 그리고 OBJECT(대상물) > MATERIAL(재료) 관계들(*knife*<칼> >*metal*<금속>)을 예측하는 다른 한 원리를, 그리고 COLLECTION(집합) > INDIVIDUAL(개체) 관계들(*forest*<숲> >*tree*<나무>)을 예측하는 또 다른 한 원리를 가지기보다, 전체·부분관계와 부분·전체관계의 단일 원리와, 다른 결과들을 얻기 위해 그것을 적용하는 다른 방식들을 가지는 것이 더 좋을 것이다. 그러나 모든 의미관계를 예측하는 단일 원리를 가지는 것이 더 좋을 것이다.

이 절에서 나는 낱말들 간의 관계들이 어휘사전에 표시되지 않는, 의미관계의 소위 "어휘외적" 처리를 옹호하는 주장을 할 것이다.[5] 이것은 제3장에서 논의될 의미관계에 관한 여러 "어휘내적" 처리와 대조를 이룬다. 아래에 제안된 관계원리는 지금까지 논의된 모든 의미관계, 그리고 다른 어휘적 및 개념적 관계를 설명해 준다.

2.2.1 대조에 의한 관계

한 그룹으로서 의미관계들은 많은 공통점을 가진다. 각각의 그 관계들에서 관련된 항목들은 매우 유사하도록 요구받는다. 동의관계의 경우, 낱말들은 의미에 있어서 유사할 것이라고 기대된다. 반의관계도 의미의 유사성을 요구한다. 예컨대, 반의어들인 *up*과 *down*은 동일한 차원 안에 있는 방향들을 기술한다. 하위어들과 부분·전체어들은, 그들 각각이 더 큰 사물의 한 부분을 가리킨다는 점에서(예컨대, *dog*이 *animal*의 외연의 일부를 나타내고, *handle*이 *hammer*의 외연의 일부를 나타내듯이), 그들 각각의 상위어들 및 전체·부분어들과 의미적으로 유사하다. 그래서 우리가 두 사물이 관련되어 있다고 말할 경우, 우리는 그들이 유사하다고 말하는 것이다. 따라서 유사성 요건들은 어떤 의미관련성 원리에도 기본적임에 틀림없다.

---

5) Murphy(2000)에서 이것은 *어휘외적(extralexical)* 접근방식이라고 일컬어졌다.

어떤 관계원리도 관련된 항목들이 다른 방식에 관해 무언가를 말해야한다. 의미관계의 유형들과 하위유형들은 관계집합들에 대한 원소들 간의차이에 근거하여 기술될 수 있을 것이다. 그래서 예를 들면, 한 반의어 집합의 원소들은 그들이 양립할 수 없는 사물들을 가리킨다는 점에서(그러나다른 모든 점에서는 동일하다) 다르다. 완벽한 동의어들은 그들이 다른 어휘항목들이라는 그 정도로만 다르다 — 의미적으로 그들은 동일하다. 하위어는 범주화의 층위에서 그 상위어와 다르고, 부분 · 전체어는 완전함에 있어서 그 전체 · 부분어와 다르다. 의미관계 유형들은 관계집합 원소들 간의다양한 유형들의 차이를 포함하지만, 한 그룹으로서의 관계들은 관계집합들 안에서 요구되는 차이의 양에 있어서 동일하다. 이 각각의 경우에, 관계집합 원소들은 최소로 다르다(minimally different)고 말할 수 있을 것이다.즉, 의미관계를 위하여, 관련된 낱말들은 관련된 한 기준에 대해서만 달라야 한다. 동의관계에 대하여 관련된 차이는 형태인 반면, 하위관계에 대하여 관련된 차이는 범주화의 층위이다. 만약 두 낱말이 이 층위들 중 하나이상에 대하여 다르면, 그들은 여기서 기술되는 유형들 중 어떤 것의 관계집합도 아니다. 예컨대, *cat*은 *dalmatian*(흰 바탕에 검은 반점이 있는 개)과정상적으로는 대조관계를 이루지 않는다. 비록 이 두 항목이 지시적으로양립할 수 없으므로 대조적이라고 불릴 수 있지만, 범주화 층위에서 그들의차이 때문에 중립적 문맥에서 그들은 "좋은" 대조집합이 될 수 없다. 그러면 최소 차이는 의미관계의 기저원리가 된다.[6]

대조에 의한 관계(Relation by Contrast: RC) 원리는 최소차이에 근거하여 관계들을 정의한다.

---

6) 최소차이는 반의관계의 논의에서 종종 언급되었다(예, Clark 1970; Hale 1971; Gundel 외 1989; Grandy 1992). 나는 반의관계 이외의 관계도 포함시키기 위하여, 이 용어를 더 일반적으로 사용한다.

(13) 대조에 의한 관계

한 집합의 원소들 모두가 하나를 제외하고 문맥적으로 관련된 동일한 특성들을 가지면 그리고 반드시 그래야만, 그 원소들 사이에 대조관계가 적용된다.

그러면 대조는 동의관계, 반의관계, 공–하위관계적 대조, 하위관계 등 모든 관계를 포함하는 의미관계들을 위한 일반 범주이다.

2.2.2 관련성 및 다른 관계적 기준들

대조에 의한 관계(RC)는 "관련된" 기준들이 적용된다고 말하는 것 외에, 유사성이나 차이를 판단하는 기준들을 언급하지 않는다. 이 때문에 RC는 지금까지 언급된 어휘관계들 중 어떤 것도 설명할 수 있을 정도로 일반적이다. 그래서 모든 관계는 최소차이의 경우들이지만, 그들은 그들이 어떤 대상물들을 관련시키는가에 있어서, 그리고 그들이 그 대상물들을 어떤 기준들에 근거하여 대조시키는가에 관해 변한다. 의미관계들은 최소차이와 관련된 정보가 그 본질에 있어서 의미적인 것들이다. 동의관계, 반의관계, 그리고 다른 의미관계들은 RC를 의미적으로 적용한 것이다. 문법계열은 한 다른 유형의 어휘관계를 나타낸다. 각각의 이 관계들은 RC를 구체화한 것이고, 최소차이에 대한 그들의 특별한 요건들은 표 2.2에 요약되어 있다. 이 모든 관계들은 개념들 간의 관계들이다. 그래서 어떤 관계들은 낱말들을 관련시킨다는 것을 이 표가 나타낼 경우 그들은 어휘내항들을 관련시키지 않고, 오히려 낱말들의 개념적 표시들을 관련시킨다. 즉, 그들은 우리가 그 낱말들에 *관해 알고 있는 것*의 일부로 표시된다.

표 2.2 대조에 의한 관계의 구체적 예시

관계	관련시키다	유사성	비양립성	보기
동의관계	낱말들	의미, 통사범주, 언어사용역 등	낱말형태	COUCH=SOFA =DIVAN=SETTEE =DAVENPORT . . .
반의관계	낱말들	의미범주, 범주화 층위, 언어사용역, 형태론 등	의의	RISE/FALL HAPPY/SAD LIFE/DEATH
범주대립	범주들	의미장, 범주화 층위	범주화 기준	RISE/GO DOWN HAPPY/SAD HAPPY/ANGRY
하위관계	범주들이나 범주들의 명칭	의미범주	범주화 층위	BIRD>{ROBIN/ SWIFT/SWAN . . .}
부분·전체관계	범주들이나 범주들의 명칭	동일 대상물	완전함의 층위	HOUSE>{WALL/ ROOF/FLOOR/ DOORS . . .}
문법계열	낱말들	어휘소, 굴절범주 유형	굴절	DRINK - DRANK-DRUNK

표 2.2에서 유사성의 종렬(column)은 불완전하고, 모든 관련된 집합이 열거된 모든 기준에 대하여 다 유사하지는 않을 것이다. 왜냐하면 RC는 문맥적으로 관련된 특성들에서 유사성만을 요구하기 때문이다. 예컨대, 일부 문맥에서 언어사용역은 동의관계와 무관하다. "중립적" 문맥에서 가능한 한 많은 점에서 유사한 동의어들은 "더 좋은"으로 인정된다.

RC의 구체적인 이분적 보기들은 두-원소 집합들을 포함하고 **대립적 관계(oppositional relation)**라고 일컬어질 수 있다. 그래서 *brother/sister*는 *sibling*(형제자매)의 유일한 두 개의 공-하위어들이므로 대립어들이다. (이분성의 주제는 제5장에서 더 상세하게 논의될 것이다.) 관계집합에서 둘 이상의 항목이 그 원소성의 후보자일 경우, 그 항목들의 더 많은 특성들이 더 큰 집합 안의 대조관계와 관련되기보다 대립관계와 관련된다. 그 관계에 대한 기본적 기준이 최소차이이므로, 두 항목이 더 유사하면 할수록, 그들은 대립관계에 그만큼 더 적합하다. 그래서 예를 들어, 두 색채가 대립어이면, 그것은 그들 중 하나가 다른 어떤 색채와 공통으로 가진 것보다 그들이 서로 더 많은 공통점을 가지고 있기 때문이다. 그러면 문맥 속에서 *red*가 어떤 다른 색채용어보다 *green*과 더 유사한 경우에만, *red*는 *green*의 대립어이다. 이것은 교통신호 문맥에 적용된다. 이 문맥에 존재하는 세 색상 중에서, *red*는 *yellow*(또는 일부 방언에서는 *amber*< 황색>)보다 *green*과 더 유사하다. 왜냐하면 *red*와 *green*(*yellow*와는 다르게)은 교통신호의 양극에 위치해 있고, 경고라기보다 지시('멈추시오'와 '가시오')를 표시하기 때문이다. 교통신호에 관한 이 정보는 다른 문맥들에서 *red*의 반의어를 결정하는 데는 무관하다.

  어휘관계를 낱말-개념들 간의 관계로 처리함으로써, 언어형태와 의미특성들은 "더 좋은" 반의어들을 선택하기 위한 재료로 이용할 수 있다. 따라서 비록 반의관계와 범주대조가 표 2.2에서 별개의 관계유형들로 기재되지만, 그들은 아주 유사하다. 그들의 유일한 차이는 다른 잠재적 반의어들을 배제하기 위하여 낱말의 형태가 반의관계에 대해 관련된다는 것이다. *대립어와 반의어*의 대화체 용법에서, 대조되는 항목들이 낱말들인지, 그 낱말들이 나타내는 사물들인지 종종 분명하지 않다. 그러나 여기서 반의어는 특별히 낱말들의 대립을 가리키고, 대립어는 어떤 이분적 관계에도 적용된다. 따라서 *gin(진: 증류주의 일종)*과 *tonic(강장제)*은 반의어로 간주될 수 있을 것이다. 왜냐하면 그들은 고정된 구인 *gin and tonic(진에 토닉워터를 타고 fp 몬 조각을 곁들인 음료)*의 두 명사 원소이거나, 또는 그들은 동일한 술 안에 있는 액체임에 의해 유사하고, 술 안에 있는 다른 성분들임에 의해 최소로 다른 사물들을 가리키므로 대립 개념들을 나타내는 것으로 간주될 수 있을 것이기 때문이다.

  비록 한 낱말이 많은 하위어와 부분·전체어를 소유할 수 있겠지만, 그 관계는 두 층위 사이에 적용되고 한 낱말로 이루어진 한 집합이 많은 낱말로 구성된 한 집합과 대립하기 때문에, 하위관계와 적절한 부분·전체관계는 표 2.2에 포함된다. 만약 하위관계와 부분·전체관계를 두 층위 이상으로 확장하면, 우리도 그 관계들을 비-이분적 관계로 간주할 수 있을 것이다. 그 경우 *animal>bird>eagle>bald eagle(흰머리 독수리)*은 하위관계를 이루는 낱말들의 한 집합이 될 것이다. RC는 관계를 이루는 항목들이 가능한 한 유사하기를 요구하므로(문맥이 주어지면), 가장 좋은 하위어들은 그들의 상위어들로부터 떨어진 범주화의 한 층위일 뿐이고, 부분들은 하위부분들보다 더 좋은 부분·전체어들이다. 그래서 *bird>eagle*은 *animal>bald eagle*보다 하위관계의 더 좋은 보기이고, *foot>toe(발가락)*는 *foot>cuticle(표피)*보다 부분·전체관계의 더 좋은 보기이다.

표 2.2의 부분·전체관계의 기술은 한 부분이 그 자체로 완전할 수 있으므로 "완전함"이 전체와 부분의 차이에 관한 매우 좋은 기술이 아니라는 점에서 그 그룹에서 가장 덜 만족스러운 것이다. (*forest>tree*의 관계에서 *tree*에 관해 생각해 보라.) 이 기술을 공식화할 때 발생하는 문제의 일부는 그 관계의 비대칭성이다. 망치의 한 부분은 손잡이이지만, 손잡이가 반드시 망치의 한 부분은 아니다(삽의 일부분이 될 수도 있을 것이다). 그래서 손잡이는 개념 HAMMER의 일부이지만, 망치가 반드시 개념 HANDLE의 일부는 아니다. 제6장에서는 부분·전체관계가 어휘관계라는 증거의 결핍에 관해 논의할 것이다.

표 2.2는 매우 일반적인 관계유형들을 제시하지만, 반의관계와 하위관계 등의 다양한 하위유형들을 기술하기 위해 그들은 확장될 수 있을 것이다. 현재의 처리방식에서 관계의 하위유형들은 아래 두 요인들 중 하나 때문에 발생한다: (a) 관계를 맺고 있는 항목들의 특성들, 또는 (b) 유사성과 차이를 결정하는 데 있어서 관련성에 대한 문맥적 요건들. 예를 들면, 상보반의어들(*dead/alive*)과 반대어들(*big/little*)의 차이는 전자의 유형은 등급매길 수 없는 상태를 나타내는 낱말들 간의 관계이고 후자의 유형은 등급매길 수 있는

상태를 나타내는 낱말들 간의 관계이다. 등가반의어(*hot/cold*)와 양극반의어 (*long/short*)의 차이는 양극반의어들이 측정되는 척도에는 본래부터 기점(起點: 예, 0인치)이 있지만, 등가반의어 척도는 두 방향 중 어느 방향으로도 무한히 확장된다(Bierwisch 1989; Murphy 1995). 따라서 반의관계의 이 유형들은 다른 종류의 형용사들이 각 유형에서 대립된다는 점에서 다르다. 예컨대, OBJECT(대상물)>FUNCTIONAL PART(기능적 부분), GROUP(그룹)>MEMBER(원소), ARTIFACT(인공물)>INGREDIENT(성분)(Chaffin 외 1988)와 같은 부분·전체관계의 다른 유형들은 부분들의 다른 유형들이 다른 상황들 및 다른 종류의 사물들과 관련이 되므로 발생한다. 그래서 예를 들면, 한 문맥에서 *finger*는 *hand*의 적절한 부분·전체어이고, 다른 경우들에서는 *flesh*가 *hand*의 적절한 부분·전체어이다. 그러나 *finger*와 *flesh*는 *hand*의 공-부분·전체어가 아니다. 왜냐하면 다른 관계 기준들(기능적 부분 대 재료)이 각 경우에 적용되기 때문이다. RC를 관계적 하위유형들에 적용하는 것은 제2부에서 더 상세하게 논의될 것이다.

결론을 맺으면, 어휘관계 유형들은 우리가 원하는 만큼의 많은 범주들로 나누어질 수 있을 것이지만, 이들 모두는 RC의 보기들이다.

2.3 어휘외적 처리의 결과

어휘관계들을 어휘내항들 간의 또는 의미들 간의 관계들이라기보다 낱말들의 개념들 사이의 관계들로 처리하는 것은 어휘관계 현상들에 관한 사실들과 일치한다. 그런 현상들은 우리의 일상 언어 사용에서 계열적 관계들의 중요성을 보여 준다. 첫째, 낱말들은 규범적 및 비-규범적 관계들에서 사용될 수 있는데, 이것은 규범적 관계들이 새로운 관계들의 파생을 막지 않는다는 것을 나타낸다. 그럼에도 불구하고 (그리고 둘째로), 규범적 관계들이 낱말들의 은유적 사용에서 중요한 역할을 하는 것 같다. 셋째, 어린이들은

'계열적 전이'를 겪는다. 약 7세 이전에 어린이들은 낱말들을 결합적으로 짝짓기하기를 좋아하지만, 나중에 그들은 메타언어학적 과업에서 계열적 방향으로 전이된다. 넷째, 발화오류는 종종 목표어와 계열적으로 다른 낱말들을 관련시킨다. 전통적으로, 이것은 어휘사전이 의미적으로 조직되어 있다는 표시로 간주되어 왔지만, 그 가정은 여기서 소개된 언어외적 방식과 갈등을 일으키므로, 한층 더 깊은 조사를 요구한다. 다섯째, 의미관계들은 종종 문법범주를 무시하는 것 같지만(2.1.5에서 논의되었듯이), 그럼에도 불구하고 낱말형태에 대해서 민감하다. 이것은 그들이 관련된 낱말들의 족들을 관련시킬 것이라는 점을 나타낸다. 그리고 마지막으로, 의미관계들의 지식은 일부 수사적 문체들에 대한 우리의 언어 능력에 중요하다. 의미관계들에 관한 이 사실들 각각은 이후의 절들에서 차례대로 다루어지는데, 그런 사실들이 메타언어학적 접근방식을 어떻게 뒷받침하는지(또는 그 접근방식에 어떻게 도전하는지)를 보여 준다.

2.3.1 규범적/비규범적 관계

만약 우리는 이 관계가 낱말들에 관한 지식을 구성한다고 가정하면, 규범적 관계와 비-규범적 관계의 대조는 쉽게 설명된다. 이 세계에 관한 우리의 개념적 표시(그래서 이 세계의 일부로서 우리의 낱말개념들)는 동적이고, 기억된 사실들과 파생된 추론들로 구성된다(1.1을 보라). 규범적 반의어들(*up, down*과 같은)과 유사한 관계적 집합들(*gin, tonic*과 같은)은 개념 저장소에 표시된 유형의 기억된 사실을 예시할 것이다. 그럼에도 불구하고, 이 관계들은 여전히 RC와 일치한다. 그래서 나는 *up*은 *down*의 반의어라는 사실을 알 수 있다. 그 까닭은 내가 과거에 이 사실을 배웠고 지금 그것을 기억하기 때문에 또는 그 두 낱말이 최소로 다른 것들을 상징한다는 것을 인식함으로써, 내 자신이 처음에 그들 간의 반의적 관계를 파생시켰기 때문이다. 그리고 그때에 그 낱말들에 관한 이 지식을 저장했을지도 모르기 때문이다. *up/down* 관계는, 유치원에서의 반의어 수업과 발화(나 자신의 발화를 포함한)에서 그 낱말들의 공기(共起)에 대한 노출을 포함한, *up/down* 반의 관계의 한층 더 높은 경험에 의해 그 반의관계에 대한 내 첫 경험들이 강화 되었을 때, 나의 반의어 규범의 일부가 되었다.

이 설명은 Charles and Miller(1989)와 반의적 연상의 일차적 근원이 발화 안에 공기하는 반의어들에 대한 경험이라고 주장하는 다른 학자들에 의해 설명된 것보다 반의어 습득에 관해 더 많은 것을 설명해 준다. 공기가 반의 관계의 근원이라는 주장은 그 쌍들이 최초로 공기하기 시작한 이유를 설명 해 주지 못한다. 현재의 처리방식은 관련된 최소차이에 근거하여 특정한 쌍들에 대한 선호를 설명하기 위해 관계원리 RC를 이용하지만, 반의어 쌍들 을 더 기억에 남도록 하게 만드는 데 있어서 공기의 역할과, 따라서 한 개인 이 알고 있는 반의적 규범의 일부를 인정한다.

2.3.2 은유적 확장

2.1.4에서 언급했듯이, 낱말들은 종종 그들이 가진 다른 의의들보다 더 적은 수의 다른 반의어들을 가진다. 예컨대, *up*은 수직 방향 및 기분과 관련된 의의들을 소유하지만, 이 두 의의에 대하여 단 하나의 반의어, 즉 *down*을 가진다. 마찬가지로, 다른 대립관계들도 낱말 의의들 간에 적용된다. 예를 들어, *mother(어머니)/daughter(딸)*의 관계대립 관계는 가족과 통사적 수형도 의 교점에도 적용된다. 은유는 개념들의 한 집합을 다른 개념적 도식 안에서 이용하는 것을 포함하기 때문에, 그런 관계적 일관성은 놀랄 만한 것이 아니 다. 그래서 기분은 방향적인 것으로 간주되고, 따라서 만약 어떤 기분이 UPWARD(위쪽으로)로 개념화되면, 대립되는 기분은 반대 방향인 DOWNWARD (아래쪽으로)에 속해야 하기 때문에, *up*은 *down*의 반의어이다(그들의 기분 의의들에서). 이 경우, 한 전체 도식(수직방향)이 기분의 개념화에 적용되므 로, 대립되는 기분은 대립되는 방향이 된다(Lakoff and Johnson 1980을 보라).

이 방향들에는 명칭이 붙어 있으므로, 그 명칭들은 방향반의어뿐만 아니라 기분반의어(mood antonym)의 역할을 한다.

그러나 2.1.4에서 언급했듯이, 때때로 반의어들이 은유를 이끄는 것 같이 보인다(그 반대라기보다). *a cold car*가 '합법적으로 취득한 자동차'를 의미하는 데 사용된 Lehrer(2002)의 보기가 이 점을 증명한다. 이 경우, 전체 온도 도식이 합법적/불법적 취득의 영역에 적용되지 않았다. 예를 들면, 만약 어떤 자동차가 *a lukewarm car(미적지근한 자동차)*로 기술되면, 그 자동차는 실제로 도난당한 것은 아니지만(예, 물어보지 않고 배우자로부터 빌린) 어느 정도 도난당한 것으로 청중들이 이해하는 데는 아마 얼마의 설명이 필요할 것이다. Lehrer의 *cold car*의 보기(위의 [9]를 보라)에서, *hot*(문맥적 단서와 함께)에 대한 *cold*의 규범적 관계가 청중들로 하여금 *cold*의 적절한 의의를 확인하도록 해 준다. Lehrer는 낱말들의 의미뿐만 아니라 낱말들 그 자체도 반의관계에 의해 관련된다는 주장을 하는 데 이 보기를 이용했다. 여기서 가정된 어휘내적 지식과 개념적 낱말-지식의 구분이 주어지면, 대립은 대립 낱말들에 대한 우리의 어휘내적 표시의 일부라고 주장하지 않고 대립 낱말들의 용법을 확장할 가능성이 존재한다. 이 경우, 화자들은 *hot*의 이 의의(도난당하지 않은)에 대하여 의미적으로 적절한 대립어를 선택하지 않기로 작정하고, 그 대신에 낱말 *hot*에 관하여 화자들과 청자들이 알고 있는 것, 즉 *cold*의 규범적 반의어라는 것을 이용한다. 그러면 화자들은 새로운 방식으로 *cold*를 사용할 수 있다. 그래서 그들은 *hot*이 '도난당한'을 의미하고, *hot/cold*는 반의어이며(그리고 이 문맥에서 의미적으로 대립을 이루고 있다), 그 반의관계는 의미의 최소차이(따라서 *cold*의 가장 그럴 듯한 관련 의미는 '도난당하지 않은'이다)를 포함한다는 상식에 근거하여 함축(implicature)을 만든다. 따라서 반의관계의 어휘외적 설명은 의미들뿐만 아니라 낱말들도 확립된 대조관계들을 이룰 수 있다는 사실과 이 확립된 관계들은 은유적으로 확장될 수 있을 것이라는 사실과 일치한다.

2.3.3 계열적 전이

어른들처럼, 의무교육 연령에 달하지 않은 어린이들은 발화에서 반의어들을 대조적으로 사용한다(Murphy 1998a, 5.4.4도 보라). 그러나 자유 낱말연상 테스트(WAT: Word-Association Test)에서, 어린이들과 어른들은 계열적 관계에 대하여 다르게 행동한다. 어린이들은 결합적으로 반응하는 경향이 있어서 (Brown and Berko 1960), 한 구에서 자극을 뒤따를 반응을 한다. 예컨대, *black*에 반응할 때, 어린이들은 검은 사물들(예, *crayon, cat, bird*)에 대해 명사를 말하는 경향이 있다(Entwisle 1966). 어린이들은 입학한 뒤, 점차적으로 어른들처럼 대답하는 데, 반의어, 동의어, 하위어와 같은 것들을 선호한다 (Brown and Berko 1960; Ervin 1961). McNeill(1966)은 이를 "계열적 전이"라고 부른다. 또한 계열적으로 관련된 반응에 대한 선호는 더 많은 정규 교육을 받은 어른들에게 더 강하다. 예를 들면, Rosenzweig(1970)는 프랑스 노동자들은 프랑스 대학생들보다 훨씬 더 적은 계열적 반응을 한다는 것과, 그리고 그 프랑스 대학생들의 반응은 그들에 비해 교육을 덜 받은 프랑스의 동년배들 (이들의 반응은 어린이들의 반응에 더 가깝다)보다 미국과 독일 학생들의 반응에 더 가깝다는 것을 발견했다.

WAT 결과를 해석할 때, 무엇이 정확하게 결합되는지(즉, 그 낱말들에 의해 환기되는 낱말들인지 개념들인지)를 말하기는 어렵다. 현재의 처리방식에서, 개념들은 다음의 둘 중 어느 경우에도 결합된다: 낱말들에 의해 상징되는 비-언어적 개념들 또는 낱말 그 자체의 개념들. 때때로 운이 맞는 반응(*high-try*)을 할 때처럼, 관련되는 것은 분명히 낱말 형태들이다. 낱말들이 규범적 반의어들을 가진 경우에, 의미적으로 그럴 듯한 비-규범적 반응 (예, *black/gray, black/Caucasian<*백인의*>*)을 할 때보다 규범적 반응(예, *black/white*)을 할 때 실험대상자들의 일관성 때문에 낱말들이(그들의 외연뿐만 아니라) 대조되는 것 같다. *black-crayon*과 같은 결합적 반응에서, 낱말-개념들(그리고 낱말들에 의해 표시되는 개념들이 아니고)이 결합되고 있을 확률은 더 낮다. 그 대신에, 첫 번째 낱말로 시작되는 구는 두 번째 낱말로 완료되는 것 같다. 글을 쓰고 읽을 수 있게 되는(그리고 글을 쓰고 읽을 수 있는) 과정이 사람들로 하여금 낱말에 관한 이론을 만들도록 유발하기 때문에 학교의 경험과 글을 쓰고 읽을 수 있는 것이 계열적 반응을 장려한다. 언어화자로서, 우리는 낱말의 질에 관해 깊게 생각하지도 않고 잘 살아갈 수 있을 것이다, 우리는 낱말들이 표시하는 사물들을 지칭하기 위해 낱말을 이용한다. 그러나 읽기를 배울 때, 우리는 낱말들과 그들의 글말 형태에 관한 실체를, 즉 우리로 하여금 낱말들을 철자하는 방식을 기억하도록 허용하는 그들의 공통성과, 우리가 어려운 낱말들의 의미를 기억하는 데 도움을 줄 형태의 유사성 등을 알아차리기 시작한다. 그리고 우리가 글을 쓰고 읽는 기술을 더 많이 습득함에 따라, 우리는 수사학적 의사소통의 유형들이나, 또는 낱말들의 유사성과 차이를 이용하는 언어유희에 노출될 것이다. 이 과정은 규범적 관계를 강화하고, 학생들이 낱말들의 관계에 관해 생각하도록 장려하는 학교활동과 재료에 의해 가속화될 것이다. 예를 들면, Ervin(1961)은 이전의 연구와는 대조적으로 학교의 경험에 반의어 및 동의어 대치 연습이 들어있는 어린이들이 낱말연상 자극에 대해 계열적 반응을 한다는 것을 발견했다. 이전의 연구는 그런 연습이 인기 있기 전에 행해졌는데, 9-12세의 어린이들은 유치원생들이 이용한 것과 같은 수의 결합적 반응을 이용했다.

글을 쓰고 읽을 수 있는 것에서 발생한 메타언어학적 인식이 계열적 전이의 가장 그럴 듯한 근거(WAT에서 예상되는 것에 관한 더 큰 이해와 함께)일 것 같다. 학식 있는 사람들은 낱말 연상과업에서 낱말들의 의미에만 반응하기보다 자극으로서의 낱말들에 대해 더 반응하기 쉽다. 그들은 어휘관계 지식을 포함하고 있을 낱말들에 관한 그들의 개념화를 이용함으로써 낱말들에 반응한다.

2.3.4 언어처리 오류

의미적으로 관련된 낱말들은 생성오류에서 종종 서로를 대치한다. 많은 이론가들은 이것을, 공유된 의미공간이나 원소들에 의해서 또는 두 낱말 간의 망으로 이루어진 연결고리에 의해서, 낱말들이 어휘사전 안에서 연결되어 있다는 증거로 인정해왔다. 이 절은 발화오류와 거기에 관련된 현상들을 다루는데, 그 증거는 어휘내적 의미조직을 필요로 하지 않는다는 결론이 도출된다.

발화오류는 많은 형태로 나타나지만, 물론 우리는 낱말들의 음성학적 형태나 형태론적 형태에 대해서라기보다 낱말들과 그들의 의미를 관련시키는 것들에 대해 가장 큰 관심이 있다. 의미오류는 낱말대치와 혼성의 두 형태가 있다. 대치오류에서 어떤 낱말을 의도할 때에 다른 낱말이 발화된다. Hotopf(1980: 98)는 많은 입말 말뭉치를 세밀히 조사하면서 전체 낱말오류의 최소 13.1%와 최대 34.6%가 "오류어와 목표어 사이의 밀접한 의미유사성"을 포함한다는 것을 발견했다. 224개의 발화오류를 분석한 뒤에 그가 내린 평가에 의하면, 대치의 31.25%는 목표어의 반의어(*wife*에 대해 *husband*, *late*에 대해 *early*)이고, 44.6%는 공-하위어(*black*에 대해서 *red*, *lunch*에 대해서 *breakfast*)이고, 24.2%는 "대략적으로 하위적"(*Britain*<영국>에 대해서 *Europe*<유럽>, *bacon*<베이컨>에 대해서 *chicken*<치킨>, *husband*<남편>에 대해서 *uncle*<아저씨>)이다. 이것에 의해 그가 의미하는 바는 오류어와 목표어는 "더 멀고 일반적인 상위어의 지배를 받고, 그래서 오류어와 목표어는 말하자면 형제자매라기보다 의미적 사촌이라는 것이다"(1980: 98-9). Garrett(1992)은 명사 대치오류에 대해 다음과 같이 다섯 가지로 분류한다. 181개의 명사대치 말뭉치에서 75.7%는 보통범주로(공-하위관계; *spoon*에 대하여 *fork*), 14.4%는 대립어로(*tomorrow*<내일>에 대하여 *today*<오늘>), 5%는 유추와 대략적인 하위어로(*wheel*<바퀴>에 대하여 *foot, alleys*<골목>에 대하여 *aisles*<통로>), 3.3%는 느슨한 연상어로

(*orchestra*에 대하여 *audience*<청중>, *tricks*에 대하여 *cards*), 그리고 1.6%는 "기타"로(*telephone*에 대하여 *fingernail*<손톱>). 형용사에 대하여 그는 세 유형의 반의적 대치(기본적, 형태적, 기능적)에 덧붙여 유추 및 "기타" 대치로 구분하는 반면에, 동사의 더 작은 집합들과 다른 대치들은 세 유형의 대립이나 대조 중 하나로 또는 "기타"로 분류된다. Hotopf와 Garett의 분류는 대략적이고, 인상적이다. 예컨대, Hotopf가 왜 *hour-week*을 의미적 형제자매어(공-하위어)로, 그 반면에 *Saturday-January*는 의미적 사촌으로 분류하는지 당혹스럽다(둘 다 부분·전체적 관계로 분류될 수 있다(즉, 시(hour)는 주(week)의 일부이다)는 것을 고려할 때). 그래서 (다시) 우리는 의미관계들에 대한 분류관계는 주관적이라는 문제에 봉착하게 되었다. 따라서 우리는 의미관계에 따른 의미대치의 분류가 특별한 관계들이 어휘사전에 표시된다는 증거가 아니라는 것을 인정해야 한다. 만약 우리가 의미 대치오류를 나누기보다 하나로 합치기로 작정하면, 분명한 것은 기록된 거의 모든 대치들이 반의관계나 대조(공-하위관계를 포함하여)를 수반한다는 것이다. 바꿔 말하면, 그들은 모두 RC를 이용하여 정의될 수 있는 관계들이다.

몇몇 유형의 관계는 데이터 수집의 성격으로 인해 과잉 표시된다는 점에서, 어휘사전의 의미조직을 옹호하는 증거로 대치오류를 이용하면 문제가 발생한다. 상위관계나 동의관계를 수반하는 오류는 다른 사람들의 말이나 글에서 찾기가 매우 어렵다. 어떤 사람이 *That dog is rabid*(저 개는 광견병에 걸려 있다)라는 의미로 *That animal is rabid*(저 동물은 광견병에 걸려 있다)라고 말하면, 누가 약간이라도 그만큼 더 현명해질까? 우리가 광견병에 걸린 개를 기술하는 한, 두 표현은 발화해도 틀린 것이 아니므로 발화오류 탐지 레이다에 걸리지 않고 지나갈 것이다. 만약 우리가 의미관계의 어휘표시에 관한 가설의 영감으로 의미 대치오류를 이용하면, 우리는 대조관계를 과잉 강조하는 위험을 무릅쓰게 된다.

대치오류에 덧붙여, 의미관계들은 새로운 형태가 둘 이상의 낱말들의 부분들을 결합시키는 혼성에서도 찾아볼 수 있다. 동의관계와 대조(대립과 공-하위관계를 포함하여) 둘 다가 이 경우들에서 분명하지만, 동의관계와 근사-동의관계가 더 일반적이다. 예컨대, Fromkin(1973)의 말뭉치에서는 대조의 그럴 듯한 경우의 네 배나 많은 혼성어들이 (근사-)동의어들에서 형성된 것 같다.7) 동의적 혼성어는 *tummach(tummy*<배: 아동용어> + *stomach* <위>), *sleast(slightes*<가장 작은> + *least*<가장 작은>), *frowl(frown*<찡그리다> + *scowl*<찌푸리다>)을 포함하는 반면에, 대조적 혼성어는 *Noshville (Nashville + Knoxville), taquua(tequila*<멕시코산 증류주> + *kahlua*<커피로 맛을 들인 멕시코산 리큐어주(酒)>)와 같은 것이 있다(Aitchison 1994: 198-9). 동의적 혼성어의 경우, 두 낱말 중 어느 것도 문맥에 적절했을 것이다(예, *I haven't the slightest/least idea*<나는 전혀 모른다>). 그래서 그런 오류에 대한 한 설명은 화자가 발화를 위해 (의미적으로 동등한) 두 계획을 품고 있다가 한 계획으로 좁히는 중에 어떤 결함이 발생했다는 것이다 (Garrett 1980). 대조적인 경우도 대치오류와 동일한 작용방식을 수반할 수 있을 것이다. 그러나 이 경우에 완전한 대치는 일어나지 않는다 — 두 낱말은 어휘적으로 접근되고 (부분적으로) 발화된다.

발화오류는 낱말 연상과업과 동일한 유형의 계열적 관계를 보여 주는데, 두 행위에 이분적 대립이 강하게 표시된다. 그리고 낱말연상에서 동사가 계열적 반응을 유발하지 않는 경향이 있듯이, 동사는 계열적 친척들에 의한 대치를 거의 겪지 않는다. Hotopf의 영어자료에서 대치오류의 3%만이 동사

---

7) 대부분의 Fromkin의 보기들은 문장 문맥을 포함하지 않는다. 그래서 혼성된 항목들이 동의적인지 대조를 이루는지 판단하기 어렵다. 대치가 한 진술의 의미적 적절성을 변화시키지 않을 경우에(예, *draft*<통풍, 외풍> + *breeze*<미풍> → *dreeze*), 나는 항목들을 근사-동의어로 간주했다. 그리고 그들이 양립할 수 없는 상태를 나타낼 경우에(예, *clarinet*<클라리넷> + *viola*<비올라> → *clarinola*), 대조적인 것으로 간주했다. 이 기준에 의하면, 40개가 근사-동의적이었고, 10개가 대조적이었다. 다른 12개는 의미적으로 관련이 있었는데, 정의를 내릴 수 있는 방식에 있어서 부족했다. 5개에는 어떤 분명한 의미적 연관도 없었다.

를 포함했다 — 80.2%의 명사와 16.8%의 형용사 및 부사와 비교할 때. 한편, 대조라기보다 동의어를 포함하는 경향이 있는 혼성어는 종종 동사를 포함한다. Hotopf의 영어 자료 표본에 있는 의미적 혼성어 중 거의 30%는 동사를 포함한다. 따라서 발화오류와 WAT결과는 동사가 아니고 명사와 형용사에 대한 의미대조에 의한 어휘조직을 시사한다.

머리를 다치거나 질병을 통해 야기되는 언어장애도 의미적 연관성을 보여 준다. 의미 대치오류는 눌변(訥辯) 실어증(Broca의 실어증을 포함하는)의 몇몇 형태에 있어서, 그리고 쓰인 낱말들의 형태는 인지하지 못하지만, 그들의 일부 의미정보에 머릿속으로 접근할 수 있는 심한 독서장애증에 있어서 병리적이다. Garrett(1991)은 두 명의 실어증 환자와 한 명의 심한 독서장애증 환자에 관해 출판된 사례연구에 나타난 의미대치를 비교한다. 그들의 대치는 목표어에 대하여 상해를 입지 않은 화자들의 발화오류에서 찾을 수 있는 것과 동일한 유형의 의미관계를 나타내는데, *dominoes(도미노 게임)*에 대하여 *checkers(서양장기)* (실어증 환자에 의한)와 *nephew(조카)*에 대하여 *uncle(아저씨)* (심한 독서장애증 환자가 읽는)과 같은 대조대치의 많은 보기들을 포함한다.

실어증의 다른 경우들에서, 한 특정한 의미장의 어휘에 대해서는 접근할 수 없을 것이다. 일반적으로, 명사는 동사보다 더 빈번하게 영향을 받으므로, 일부 학자들은 명사와 동사는 별개의 머릿속 어휘사전에 조직된다고 주장한다(Caramazza and Hillis 1991). 구상명사는 빈번하게 추상명사보다 더 많이 영향을 받지만, 그 반대 현상도 찾을 수 있다(Warrington and Shallice 1984). 유생물체에 대한 이름은 무생물체에 대한 이름보다 더 많이 손상될 것이며, 그 역(逆)도 또한 같다(Tranel 외 1997) - 기타 등등. 이 모든 경우에서, 이름붙이는 과정은 영향을 받지만, 이름붙일 수 없는 사물에 관한 의미지식은 손상되지 않는다. 예를 들면, (14)의 대화에서 알 수 있듯이, 건망성 실어증 환자는 그 이름을 회상할 수 없는 사물을 기술할 수 있을 것이

다(Goodglass and Wingfield 1997: 8에서):

> (14) 조사관: 그리고 [환자의 뇌졸중은] 수술 뒤에 발생했습니까?
> 　　환자: 맞습니다, 약 하루 뒤에 내가 그 무어라 하는 것을 받는 동안.
> 　　조사관: 마쳐였습니까?
> 　　환자: 아닙니다. 두세 사람만 넣고 이틀 동안 머무는 곳에서입니다.
> 　　조사관: 중환자실이었습니까?
> 　　환자: 맞습니다. 그때 뇌졸중이 일어났습니다.

　이 사람은 의미적 결손을 겪고 있지 않다. 그는 그가 필요로 하는 용어의 의미를 알고 있다. 그의 유일한 어려움은 그 의미를 소통하기 위한 낱말 형태를 찾는 데 있다. 마찬가지로, 비-실어증 화자의 의미오류에서 그리고 익숙한 "혀끝에 뱅뱅 도는" 경험에서, 의도된 발화에 대한 화자의 의미표시는 양호한 것 같다. 이 모든 경우는 의도된 의미와 그 의미를 나타내는 낱말의 분리를 수반한다. 이 어휘적 실패는 의미장 안에서 발생하므로(장들의 상실로 또는 장들 안에서의 대치로), 여러 이론가들은 어휘내항이 의미관계에 근거하여 조직된다고 주장해왔다(3.3.을 보라).

　언어오류와 장애에서 유래한 증거는 의미관계의 어휘내적 표시를 찬성하는 주장을 할 수 있게 하고, 따라서 어휘외적 견해를 반대하는 증거가 되는가? 반드시 그렇지는 않다. 언어적 처리에 관한 다른 가정들은 우리가 이 증거를 해석하는 방식에 영향을 미친다.

　의미오류가 어휘내적 의미조직을 나타내는가 또는 그렇지 않은가하는 것은 언어처리모형의 제약에 달려있다. 발화생성의 연속모형과 구성단위모형은 언어처리가 독립된 머릿속 작용이라고 주장한다. 그래서 전달될 아이디어와 언어적 구성단위 안에 있는 어떤 형태의 어휘정보 간의 초기 사상(mapping)을 제외하고, 연속모형과 구성단위모형은 언어구조와 개념구조 간의 온라인 상호작용을 허용하지 않는다. 처리의 첫 번째 층위인 의미층위

는 의미적 어휘사전(예, Butterworth 1982, 1989)이나, 그 어휘사전에 안의
의미정보를 수반하는 과정(Fromkin 1971; Fay and Cutler 1977)을 포함할
것이다. 이 견해에 의하면, 우리가 표현하기를 원하는 아이디어와 어휘사전
안의 틀린 의미표시를 대응시킨 뒤에 의미대치와 혼성이 일어난다(왜냐하
면 그것은 우리가 접근하려고 의도했던 의미표시에 가깝거나 연결되어 있
기 때문이다). 그러면 잘못 선택된 의미형태에 대해 올바르지만, 우리가 표
현하기를 원했던 아이디어에 대해서는 틀린, 음운형태에 사상된다. 그러나
이 모형들에서 어휘내적 의미정보는 불필요한 매개자가 될 것이다. 제1장에
서 논의했듯이, 어휘사전에 의미정보를 표시하는 것은 최선의 상태에서도
불필요하고(그것은 개념영역 안에 있는 의미정보를 모방해야 할 것이므로),
최악의 경우에는 불가능하다(필요한 정보는 문맥적으로 결정되므로). 그러
면 소위 "의미적 어휘사전"은 구성단위적 언어정보의 적절한 하위집합이
아니겠지만, 개념정보의 비-언어적 표시일 가능성이 더 높을 것이다. 만약
우리가 그런 모형들의 의미성분이 어휘적이라기보다 개념적이라고 생각
하면, 앞에서 논의된 오류들은 "의미오류"이다. 왜냐하면 틀린 의미표시는
그 과정의 어느 곳에서도 선택되지 않기 때문이다(Bierwisch 1982). 그 대신
에 그들은 개념적 과정과 언어적 과정 간의 사상(mapping) 오류이다. 그래
서 만약 우리가 'left'를 의도하면서 *right*을 말하면, 우리는 실수로 *right*의
의미에 접근하지 못한 것이다.

　의미관계에 대한 어휘외적 접근방식은 의미대치와 혼성이 유발될 다른
층위, 즉 낱말-개념 층위를 제공한다. 이 경우, 우리가 표현하고 싶은 개념
(LEFT)은 낱말 *left*의 개념(즉, *LEFT*)과, 그리고 개념영역 안에 있는 개념 RIGHT
과 연결된다. 게다가, 개념 LEFT와 *LEFT*는 *left*의 어휘내항에 사상되어야 한
다. 개념 RIGHT도 낱말-개념 *RIGHT*과 연결되고, 두 낱말-개념 *LEFT*와 *RIGHT*는
규범적 반의어로서 서로 연결된다. 그러나 비-언어외적 대화중에 연속적이
고 구성단위적인 한 언어모형이 이 언어외적 층위에 접근하는 특별한 이유

는 없다. 바꿔 말하면, 내가 너에게 지시를 하고 있는데, 낱말 *left*를 사용할 필요가 있을 경우, 단지 내가 낱말 *left*에 관해 생각해왔기 때문에, 내가 지금 낱말 *left*에 관해 생각하고 있다고 믿을 만한 이유는 존재하지 않는다.

따라서 언어처리에 대한 연속적이고 구성단위적인 접근방식은 의미혼성과 의미대치를 설명하기 위해 의미적으로 조직된 어휘사전을 필요로 한다. 그러나 우리는 어휘내적 의미조직이 모든 의미관계 현상을 다 설명할 수 없다는 것을 알아냈다(특히, 문맥적으로 변하기 쉬운 관계에 대하여). 그래서 연속적 처리모형이 요구하는 의미적으로 조직된 어휘사전은 낱말들의 개념적 표시, 그들의 관계, 그리고 새로운 관계를 파생시키는 작용방식에 의해 보충되어야 한다. 어휘사전으로 간주하면 의미적으로 빈약하게 되어야 하므로(제1장을 보라), 의미어휘사전에 유일한 의미정보는 대치와 혼성을 허용하는 관계망일 것이다. 이것은 "이 의미어휘사전이 어떻게 조직되는가?"라는 질문과 "그것은 오류가 일어나도록 허용하는 것 이외의 다른 목적에 들어맞는가?"라는 질문을 일으킨다. 첫 번째 질문에 대해서는 분명한 답이 없다. 왜냐하면 만약 어휘사전에 의미정보가 거의 없다면, 관계들은 의미유사성(RC를 통한)에 의해 파생될 수 없을 것이고, 그래서 자의적으로 또는 몇몇 비-의미적 기준들(아마 발화에 나타난 공기의 빈도)을 통해 연결되어야 할 것이다. 두 번째 질문의 대답은 언어이해와 관계가 있을 것이다. 그래서 예컨대, 낱말 *left*를 들은 뒤 [r]로 시작되는 낱말을 들으면, *right*과 *left*의 의미적 연결이 [r]-낱말을 *right*으로 확인하는 것을 용이하게 할 것이다. 그러나 *left*를 듣자마자 개념 LEFT에도 접근했을 것이고, LEFT는 RIGHT (*right*의 어휘내항에 연결되는)에 연결되므로, 이해에 대한 문맥적 점화효과도 항목들 간의 어휘내적 연결고리라기보다 개념적 연결고리에 의해 설명될 수 있을 것이다.

연속모형과는 대조적으로, 상호작용모형은 언어정보와 개념정보 간의 상호작용의 다양한 층위를 허용한다. 상호작용모형은 의미관계가 어휘내적으

로 표시된다고 제안하지 않으면서도 의미대치와 혼성이 설명되도록 허용한
다. 상호작용은 대치어나 혼성어가 빈번하게 의미적으로뿐만 아니라 음운
적으로도 유사하다(예, *colon*에 대하여 *comma* 또는 *semantic*에 대하여
syntactic: Dell and Reich 1981; Harley 1984)는 사실에 의해 뒷받침된다. 활
성화확산모형들(예, Collins and Loftus 1975; Dell 1986)은 의미관계의 어휘
외적 모형에 도움이 되는 방식으로 그런 오류들을 허용한다.

　　활성화확산(**Spreading activation**) 모형들(3.1.5도 보라)은 활성화될 수
있는 교점들 사이의 관계망을 포함한다. 만약 한 교점이 활성화되면(예컨대,
만약 그것이 접근 대상인 낱말의 표시에 관련된 교점들 중의 하나라면),
그것의 활성화가 그것이 연결된 다른 교점들로 확산된다. 관련된 교점들의
활성화 강도는 그들이 최초 교점에 연결된 강도에 의존한다. 한 특정 모형에
서 교점들은 개념항목이나 어휘항목의 확인할 수 있는 원소들(예, 자질들이
나 음성 성분들)을 표시하거나, 또는 전혀 어떤 것도 표시하지 않을 것이다.
후자의 경우, 망 속에서의 어떤 상징적 의미도 특정 교점과 연합되기보다는
활성화의 패턴을 통하여 분배될 것이다. 쉽게 설명하기 위해 나는 교점들이
상징적 의미를 가지는 전자의 시나리오를 가정하고, 더 나아가서 교점들이
전체의 개념들이나 낱말들을 상징한다고 가정함으로써 설명을 단순화했다.
그런 전체적 단순성이 머릿속 과정들의 정확한 모형에 불가능한 것같이 보
이지만, 우리는 상징적 교점들이 개념이나 어휘내항을 모형화하는 데 필요
로 할 더 복잡한 망들을 상징한다고 가정할 수 있다(이 설명을 위해). 그러면
그들 사이의 연결고리는 그들 각각의 하위부분들 사이의 많은 연결고리를
대리한다. 그림 2.2는 RIGHT과 LEFT를 관련시키는 낱말들과 개념들 사이의
한 가능한 망을 나타내는데, 더 짙은 선은 더 강한 연결을 가리킨다. 여기서
설명되지 않은 연결고리들은 약한 연결고리들이라고 생각할 수 있다.

　　이 망과 어휘망이나 개념망의 흔한 실례들(예, Collins and Loftus 1975;
Dell 1986) 간의 한 차이는 개념들과 어휘내항들뿐만 아니라 낱말-개념들도

나타나서 이 장에서 논의된 어휘외적 관계들이 활성화확산모형에 어떻게 적합하게 될지를 보여 준다는 것이다.

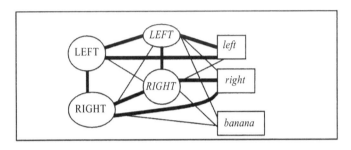

그림 2.2 *left/right*의 활성화확산모형

그런 망이 주어질 때, 만약 LEFT라는 개념이 활성화되면, 그 활성화는 그것이 연결된 다른 교점들로 그 강도가 약해진 상태로 확산되는데, 더 강하게 연결된 교점들은 LEFT와 약하게 연결된 교점들보다 LEFT의 활성화로부터 더 많은 부산물을 받는다. 일단 LEFT의 활성화가 RIGHT 및 *LEFT*와 같은 교점들에 영향을 미치면, 차례대로 그 교점들은 그들이 연결된 교점들을 활성화한다. 그러면 틀린 어휘교점이 맞는 교점보다 더 강하게 활성화될 때나 또는 어떤 이유에서 그 시스템이 맞는 교점을 알아차리기 전에 덜 강하게 활성화된 교점을 알아차릴 때 발화오류가 발생할 수 있다. 그림 2.2가 보여 주듯이, 시스템이 혼동하는 그럴듯한 이유는 대조되는 개념들(RIGHT/LEFT)이 서로 그리고 그들 각각의 낱말-개념들(*RIGHT/LEFT*)이 강하게 연결되고[8] 또 순서대로 서로서로 강하게 연결되기 때문이다. LEFT의 활성화는 RIGHT, *LEFT*, 그리고 *RIGHT*이라는 개념들의 활성화를 수반하므로, 어휘항목 *left*와 *right*는,

---

8) 활성화확산모형의 더 상세한 실례에서, 대조되는 개념들은 많은 교점들로 구성될 것인데, 두 개의 대조되는 개념은 많은 동일한 교점들과 연결부를 공유한다. 이 층위에서 대조에 의한 관계는 개념들이 다만 최소로 다를 정도로 유사하다고 결정할 것이다.

그 개념들이 서로를 더 낮은 정도로 활성화하는, *left*와 *banana*보다 발화오류에서 틀리게 접근할 가능성이 더 높다.

따라서 활성화확산모형은 두 개념이나 두 낱말들 간의 관계가 강하면 강할수록 발화오류에서 서로를 혼성하거나 대치하는 가능성이 그만큼 더 높다고 예측한다. 이것은 가장 유사한 의미를 나타내는 낱말(즉, 동의어)들과 규범적으로 관련된 낱말(대개 반의어)들은 발화오류 자료에 과잉 표시될 것이라는 점을 함의한다. 왜냐하면 그 낱말들은 의미적으로(그들 각각의 개념의 관계들에 의해서) 그리고 메타언어학적으로(그들의 낱말-개념 관계들을 통해) 관련될 것이기 때문이다. 실제로 이것이 발화오류에서 발견되어진 것이므로, 계열적 관계들에 대한 어휘외적 접근방식을 나타내는 활성화확산모형은 성공할 것이다. 낱말-개념들의 관계가 더 약할 때보다 그들이 더 강하게 연결될 때 오류가 유발될 가능성이 더 높으므로, 두 낱말-개념들 간의 관계가 강화되면 될수록, 그 두 낱말이 서로를 유발하고 발화오류를 일으키는 가능성은 그만큼 더 높을 것이다. 따라서 반의어 규범의 가장 확고한 원소들이 서로서로 더 빈번하게 유발할 것이다. 예컨대, *horse*를 *cow*라고 빈번하게 말하는 사람의 오류를 범하는 개별적 패턴은 그 사람의 환경이 그 쌍 사이의 관계에 추가적인 강화를 제공했을 때 나타날 수 있다. 마지막이 두 주장은 반의어 규범성을 측정하는 도구와 사람들의 낱말에 대한 경력을 결정하기 위한 수단을 고안하는 것을 수반할 것이기 때문에 테스트하기가 더 어렵다. 그러나 이 두 주장은 활성화확산모형에서 어휘관계들의 어휘외적 처리를 위한 한층 더 높은 테스트를 제안한다. 제7장에서 이 주제들을 간략하게 다시 다룰 것이다.

2.3.5 범주화와 낱말족

만약 어휘내항들이라기보다 낱말-개념들이 어휘관계들에서 대조되거나 대립되면, 우리는 다른 개념들과 동일한 종류의 특성들을 낱말-개념들이 나타낼 것이라고 기대할 것이다. 낱말-개념들이 대상물-개념들(낱말들은 대상물이므로)의 한 하위유형이라면, 우리는 그들이 원형들에 관하여 조직화될 것으로, 그리고 다중 층위의 범주화를 포함할 것으로 기대할 것이다. 낱말들이 다른 대상물 범주들처럼 개념화된다는 증거는 우리가 언어적으로 필요하지 않은 방식으로 낱말들을 범주화한다는 증거에서 유래한다. 비록 비-합성적인 표현들이 유사하게 보이거나 들리고, 파생적으로 또는 다르게 역사적으로 관련이 있다 할지라도, 어휘사전은 비-합성적인 표현들에 대해 별도의 어휘내항을 가져야 한다. 그래서 *death*(죽음), *dead*(죽은), *die*(죽다)와 같은 낱말들은, 이 파생적 변이형에 대해 역사적으로 볼 때 원인이 되었던 형태적 과정들이 더 이상 생산적이지 않기 때문에, 세 개의 무관한 어휘내항으로 표시된다. 그럼에도 불구하고 우리는 그 낱말들이 관련되어 있다고 여기며, 이 유형의 정보는 메타언어학적 개념들에 표시될 수 있다. 그래서 내 어휘사전은 *death, dead, die* 간의 형태적 관계를 표시할 수 없을 것이지만, 그 낱말들에 대한 내 개념들은 관련되어서 DEATH와 관계가 있는 짧고 파생이 불가능한 *d*-낱말들의 더 큰 범주를 형성할 것이다. 이와 마찬가지로 *life*(삶), *to live*(살다), *(a)live*(살아있는)는 머릿속 어휘사전에서는 관련이 없지만, 우리가 그들 사이의 음성적 및 의미적 유사성을 인식할 수 있으므로 우리의 개념적 도구 속에서는 연관될 수 있을 것이다. Honvault(1993)와 Gruaz(1998, 그리고 다른 곳에서)는 그런 그룹들을 "공시적 낱말족들"이라고 부른다. 이 낱말들은 개념적으로 족들로 뭉뚱그려지지만, 머릿속 어휘사전에서는 아무 관계가 없다.[9]

그런 개념적인 낱말 뭉뚱그림은 의미관계들에서 분명하다. 만약

---

9) 이 낱말족들은 특이한 머릿속 범주들이다. 따라서 그들은 역사적 사실이라기보다 개인들의 언어외적 믿음에 의존한다. *religion*(종교)과 *sacrilege*(신성모독)는 역사적으로 공통적인 뿌리가 없지만, Sam이 그 낱말들이 어원적으로 유관하다고 믿는다고 가정해 보자. 이 잘못된 믿음은 이 낱말들을 포함하는 의미관계들에 관한 Sam의 믿음에 영향을 미칠 것이다.

*dead/alive, die/live, death/life*가 규범적 반의어라는 것을 안다면, 나는 상위
범주들(즉, 낱말족)인 DEAD-DIE-DEATH와 ALIVE-LIVE-LIFE가 대조를 이룬
다는 것을 알 것이다. 따라서 그 상위범주들의 어떤 원소들도, 문법범주들이
대립에 대해 무관한 데도, 대립할 것이다(*die/life, death/alive* 등). 자연언어
에서 사용될 때(동의어·반의어사전, 낱말 연상과업 그리고 다른 인위적
문맥들과는 다르게), 의미관계들에 대한 문법범주의 관련성은 발화의 구조
적 요건들에 의해 무시될 것이다. 그래서 (15)에서처럼 문법적으로 유사한
항목들이 원형적으로 대조를 이루는 반면에, 문법적으로 비대칭적인 대조
는 (16)에서처럼 흔치 않은 것이 아니다.

(15) a matter of life and death; life after death [명사] (생사의 문제; 죽음
    뒤의 삶)
    live and die by the sword [동사] (칼에 의해 살고 죽다)
    Wanted: Dead or Alive [형용사] (현상수배: 죽거나 살거나 관계없음)

(16) *Night of the Living Dead* [형용사, 명사] (*살아있는 죽은 자들의 밤*)
    What man is he that liveth, and shall not see death?(시편 89:48)
    [동사, 명사] (누가 살아서 죽음을 보지 아니 하겠는가?)
    Life's a bitch, and then you die. [명사, 동사] (인생은 개와 같고, 사람은
    죽는다.)

Fellbaum(1995)의 말뭉치 연구는 문법범주가 의미관계들과 반드시 유관
하지는 않다는 직관을 확인해 준다. 2.1.5에서 논의했듯이, 규범적 반의어들
은 예상 비율보다 훨씬 더 높게 담화 속에서 공기한다. Fellbaum의 연구는
규범적 반의어들의 역사적으로 또는 형태적으로 관련된 변이형들도 예상
비율보다 훨씬 더 높게 공기한다는 것을 보여 준다. 그래서 동사 *begin*과
end, 그리고 명사 *beginning*과 *end*뿐만 아니라, *begin*(명사)과 *endless*(형용
사), 그리고 *beginning*(명사)과 *end*(동사)도 더 높은 확률로 공기한다.
Fellbaum은 "의미적으로 대립되는 개념들을 나타내는 낱말들은 그들의 통

사범주에 관계없이 동일 문장에서 함께 사용되는 경향이 있다"(1995: 289)
라는 결론을 내린다. 만약 의미대조만 관련되면, 우리가 *end*(동사)를 *start*(명
사)보다 *beginning*(명사)과 짝짓는 이유는 거의 존재하지 않을 것이다. 그러
나 우리의 낱말족 범주들은 낱말 형태에 대한 우리의 지각에 근거하고, 따라
서 그 족의 다른 원소들에 대한 의미관계들의 확장은 그 범주 안의 형태적
유사성에 근거하기 때문에, 이 관계들은 낱말들의 의미적 성질 그 이상에
관련되어 있다. 따라서 *end*(동사)는 *begin*(동사)과 규범적으로 대립되고,
beginning(명사)과 *begin*(동사) 둘 다 낱말-개념 *BEGIN*과 관련되어 있으므로,
beginning(명사)은 *end*(동사)와 관계가 있다. 그 자체의 낱말-개념과 관련되
어 있고 *finish*와 규범적으로 대립하는 *start*에 대해서는 동일하게 말할 수
없을 것이다.

요약하면, 만약 어휘관계들이 어휘내항들이라기보다 낱말-개념들을 관
련시킨다면, 그 관계들은 낱말들 사이의 어휘 경계를 초월하는 낱말들에
관한 정보를 이용할 수 있을 것이다. 위의 보기들이 그 낱말들이 가리키는
비-언어적 개념들의 의미 대립을 포함하는 반면에, 그 낱말들의 의미의 질
은 유일한 문제가 아니다. 어떤 반의어 쌍들의 규범적 지위가 그 반의적
낱말들의 언어외적 족들의 다른 원소들로 전달될 수 있기 때문에, 우리는
한 낱말의 형태와 그 지각된 형태족이 다른 낱말들과의 그 의미관계들에
관련이 있다는 것을 인정해야 한다. 어휘외적 견해에서는 낱말들이나 의미
들이라기보다 낱말-개념들 사이에 어휘관계들이 적용된다고 생각하므로,
의미 기준들과 형태-관련 기준들 모두 이 관계들과 연관될 수 있다.

2.3.6 문체능력

의미관계들이 개념적 관계라고 주장하는 것은 이 관계들이 언어능력에
관련이 없다고 말하는 것과 같다(적어도 구성단위적 언어이론에서). 그럼에
도 불구하고 한 언어의 능숙한 사용자는 관련 항목들을 화용적이고 수사적

인 큰 목적을 달성하기 위해 사용한다. Halliday and Hasan(1976)은 특별히 동의관계, 하위관계, 상위관계를 어휘적 긴밀성의 구성성분들로 관련시키고, Jones(2002)는 담화에서 반의관계의 기능을 입증한다. 담화에서 의미관계들이 (17)에서 반복을 피하면서 긴밀성을 유발하기 위해, (18)에서 비교하기 위해, (19)에서는 대조를 강조하기 위해, 그리고 기타 목적을 위해 이용된다.

(17) Furman University's new alumni **house** made its way across a construction site. . . before coming to rest on its new site here on campus . . . [T]he 150-year-old **structure** has been located four miles from campus . . . Onlookers lined Poinsett highway to watch as the two-story **building** slowly made its way along . . . [T]he 11-room **mansion** . . . arrived on the campus intact. [synonymy, hyponymy]("Old mansion makes a big move to Furman University campus," Chronicle of Higher Education, 2 April 1999)

<Furman 대학교의 새로운 동창회관은 건설현장을 가로질러 길을 내었다 . . . 캠퍼스의 이곳 새 부지에 터를 잡기 전에 . . . 150년 된 구조물은 캠퍼스에서 4마일 떨어진 곳에 위치해 있었다. 2층 건물이 서서히 모습을 드러낼 때 구경꾼들이 Poinsett 고속도로에 줄을 서서 지켜보았다. 룸이 11개인 맨션은 . . . 캠퍼스에 원래의 모습으로 나타났다. [동의관계, 하위관계]("오래된 맨션이 Furman 대학교 캠퍼스로 옮겨졌다," 고등교육 연대기, 1999년 4월 2일)>

(18) after he put down his **horn** and retreated to his dressing room or hotel . . . Louis Armstrong often grouped his guests around his other favorite **instrument**: his **tape recorder**. [hyponymy, co-hyponymy] ("Satchmo again, on his own tapes," by Ralph Blumenthal, *New York Times*, 3 August 1999)

<Louis Armstrong은 그의 호른(관악기의 일종)을 내려놓고 드레싱 룸이나 호텔로 들어간 뒤에 . . . 그는 종종 손님들을 그가 아끼는 다른 도구, 즉 테이프 리코더의 주변에 모이게 했다. [하위관계, 공-

하위관계](1999년 8월 3일 *New York Times*에 게재된 Ralph
Blumenthal의 글, "그 자신의 테이프로, Satchmo여 다시 한번")>

(19) But "cyberspace" can also evoke a tohu-bohu of databases, catalogs,
newsgroups, and net services extending indefinitely in all directions,
a fortuitous concourse of the **scholarly** and the **popular**, the **public**
and the **private**, the **perduring** and the **ephemeral**, which presents
a different aspect to every observer. [antonymy](Nunberg 1993: 31)
<그러나 "사이버공간"은 데이터베이스, 카탈로그들, 뉴스 그룹(인터
넷 가입자 사이에서 관심이 있는 특정 주제에 관해 서로 정보를 교환할
수 있는 집단)들, 그리고 사방팔방으로 무한히 확장될 수 있는 통신망
서비스의 혼돈하고 공허한 상태도 유발할 수 있다, 그리고 학문적인
것과 통속적인 것의, 공과 사의, 영속적인 것과 일시적인 것의 우연한
합류를 일으킬 수 있는데, 이것은 모든 관찰자들에게 한 다른 면을
제공한다. [반의관계] (Nunberg 1993: 31)>

의미적으로 관련된 낱말들의 그런 사용이 작가의 언어 재능을 보여 주는
반면에, 그 사용은 어떤 수사학적 문체들에 대한 작가의 능력도 보여 준다.
Zwicky(1999)의 주장에 의하면, 문체에 대한 능력은 메타언어학적 지식에
기인할 수 있다. 내가 여기서 그 주장의 전부를 되풀이하지 않겠지만, 이
견해는 언어체계가 언어의 정신적 구조, 즉 한 특정 언어의 문법과 어휘사전
에 적절한 구조들의 생성에만 관계가 있다고 주장한다. 문체능력은 한 언어
에 관한 메타언어학적 지식(한 언어의 어휘-문법적 지식과는 대조적으로)을
포함하므로, 의미관계들의 언어외적 지식이 흥미롭고 감정들을 불러일으키
는 언어를 만드는 일에 사용되는 것은 놀랄 만한 일이 아니다. 따라서 의미
관계들을 어휘외적으로 처리하는 것은 문체를 포함하는 언어사용의 다른
영역들에 대한 메타언어학적 접근방식을 보충한다(그리고 아마 그 접근 방
식에 기여도 한다).

2.4 요약

본 장은 낱말들 사이의 계열적 관계에 대한 어휘외적 접근방식을 소개했다. 이 접근방식은 어휘사전에 표시되는 것과는 대조적으로, 낱말들에 관한 우리의 언어외적 지식의 일부로 계열적 관계가 표시된다는 가정에 근거하고 있다. 어휘관계를 개념적으로 다루면 왜 그런 관계들이 언어적 관계들(언어표현들을 형성할 때 언어능력에 기여하는)처럼 행동하기보다는 개념들(원형효과를 나타내는, 학습되었거나 파생된, 고정되었거나 문맥 의존적인)처럼 행동하는지를 설명할 수 있다. 그러면 RC는 낱말들을 관련시키지 않고, 개념들을 관련시킨다. 이것은 해당 낱말이 존재하지 않는 사물들의 개념들과 낱말들의 개념들이, 예컨대 유사성과 동의관계, 대조와 반의관계, 포섭과 하위관계와 같은, 매우 유사한 관계 유형들에 관련되어 있다는 것을 올바르게 예측한다.

본 장에서 보았듯이, 낱말에 관한 메타언어학적 지식은 수사학적 효과를 성취하고, 은유를 개발하고, 그리고 낱말연상 자극에 반응하는 것과 같은 언어(외적) 활동에 이용된다. 언어외적 낱말 지식이 우리의 낱말 이용과 낱말들과의 상호작용에서 어떤 다른 역할을 하는가라는 매우 흥미로운 문제는 이 책의 범위를 벗어나 있다.

이 어휘외적 접근방식은 언어적 지식과 비언어적 지식 간의 상호작용을 기술하므로, 그리고 의미관계를 결정하는 데 있어서의 문맥의존성 때문에, *화용적 접근방식*이라고도 불릴 수 있다. 이 문제들은 제2부에서 다루어질 것이다. 그러나 먼저 제3장은 의미관계들에 대한 다른 접근방식들을 상세히 다루고 본 장의 전반부에서 소개된 의미관계들의 특성과 관련하여 그 접근방식들을 평가할 것이다.

3. 기타 접근방식들

나는 사물들을 믿지 않는다. 나는 단지 그들의 관계만 믿는다.

George Braque(Jakobson 1962: 632에서 인용)

앞 장에서 나는 낱말들 간의 계열적 관계가 구성단위적 어휘사전 속의 언어적 표시들이라기보다 낱말들의 개념적 표시들을 관련시킨다고 제안했다. 그 접근방식은 아래의 가정에 근거하고 있다. (a) 낱말들 사이의 관계들은 인지적 현상으로 연구될 수 있다. (b) 관계들은 그들의 언어적 사용에 관하여 해석되어야 한다. (c) 비-언어적 문맥은 이 관계들과 관련이 있다. (d) 의미의 정의적 및 백과사전적 양상들은 산뜻하게 분리될 수 없다. 이 장은 계열적 의미관계들에 대한 다른 접근방식들을 조사하는데, 다섯 분야의 학문(철학, 인류학, 언어학, 심리학, 컴퓨터과학)에서 이 관계들의 역할을 역사적으로 조명하는 것으로 시작할 것이다(3.1에서). 이 학문 분야에서 의미관계들에 대한 접근방식은 빈번히 중첩된다. 그래서 이후의 절들에서 세 범주의 (학제간) 접근방식이 정밀하게 논의될 것이다. 3.2에서는 어휘의미가 자질들이나 본원소(primitive)들로 구성된 것으로 취급하는 접근방식들을 다룰 것이다. 이 이론들에서 의미관계들은 낱말들의 내적 의미구조들 간의 유사성과 차이로부터 발생한다. 3.4에서 우리는 낱말들이 정의되지 않는 접근방식을 살펴볼 것이다. 이 경우들에서 의미관계들은 어휘사전이나 의미기억 속에 명시적으로 진술되어야 한다. 이 두 극단 사이에서 3.3의 접근방식들은 두 방식, 즉 어휘사전 안의 낱말들을 정의하는 것과 낱말들 사이의 의미관계들을 명시적으로 표시하는 것을 다 가진다. 3.2에서 3.4까지에서 논의된 이론들은 어휘사전이나 의미기억들을 모형으로 한다. 그 결과로 그 이론들은 의미관계들과 서로 싸워야 한다. 3.5에서는 의미관계들 그 자체의 개념적 지위에 대한 접근방식을 다룰 것이다.

본 장에서, 특별히 3.1 이후에서 이론적 견해들이 제2장의 "어휘외적" 입장의 이론적 견해들과 비교될 것이다. 가능한 대조들은 다음과 같은 것들을 포함한다: 심리적 현상이라기보다 문화적 현상으로서 언어에 접근하기; 낱말들 간의 의미관계들에 근거하여 머릿속 어휘사전이 구조화된다고 가정하기; 또는 어휘-의미적 관계망들의 한 출현하는 속성으로 낱말 의미를 다루기. 의미정보와 개념정보는 아주 동일하다고 가정함으로써(그러므로 그들은 구성단위적 머릿속 어휘사전에서 어떤 의미관계도 제안하지 않는다), 또는 대조에 의한 관계와 같은 낱말관계나 의의관계의 일반원리들을 제안함으로써, 그들은 어휘외적 접근방식과 중첩될지도 모른다.

그런 관계들을 설명하는 것이 전통적인 의미탐구의 중심 목표들 중의 하나이기 때문에, 대부분의 의미이론들은 그 관계들에 관해 할 말이 있다; 따라서 이 조사는 필연적으로 선택적이다. 여기서 우리의 주의는 현대의 연구에 한정된다. 그러므로 의미관계들은 학문이 존재해온 것만큼 오랜 기간 동안, 학문적 관심의 한 분야였다는 사실을 무시한다. 어휘관계들에 대한 소수의 접근방식들은 본 장에서 의도적으로 제외된다. 왜냐하면 그들의 문헌은 일반적인 관계들이라기보다 한 특정 유형의 관계들에 관해서만 논의하기 때문이다. 그런 연구는 제2부의 구체적 관계들의 장들에서 논의될 것이다.

계열적 관계들의 접근방식들에 관한 연대순의 논의에 대한 어떤 시도도, 흥미 있는 아이디어가 되풀이하여 나타나는 경향에 의해서, 그리고 여러 다른 시기에 여러 다른 분야에서 우연히 발생하는 유사성에 의해 훼손된다. 그래서 나는 엄격하게 연대순으로 논의하기보다 주제들을 특정 학문들 내에서 그리고 특정 학문들 사이에서 아이디어들의 발전을 어느 정도 설명하면서 잉여성을 최소화하는 순서로 배열하려고 노력했다.

3.1 어휘관계에 대한 학문적 관심

어휘관계가 여러 학문이 기울이는 관심의 상단부에 있으므로, 아이디어들은 보통 차용되거나 새로 고안된 것이다. 그래서 예컨대, 심리학자, 기술언어학자, 자연언어처리(NLP) 연구자가 만든 모형들에는 외면적 차이만 존재할 뿐이다. 학문들 사이의 협력도 흔하다. 따라서 본 장에서 논의되는 방식들은 예컨대, "언어학적"으로 또는 "컴퓨터과학적"으로라기보다 "심리학적"으로의 범주화를 종종 무시한다. 그러나 철학, 언어학, 인류학, 심리학, 그리고 컴퓨터과학에는 모두 그 나름대로 계열적 관계에 대한 관심의 동기가 존재한다. 그래서 이 절은 본 장의 나머지 부분에서 특정 어휘모형들을 논의하기 전에 각 학문에서 의미관계의 전통적인 역할에 관한 역사를 살펴볼 것이다. 어휘관계의 유사한 학문적 역사(철학을 제외한)에 대해서는 Evens 외(1980)를 권하는데, 1950년대에서 1970년대까지 행해진 연구에 관해서 훨씬 더 상세하다.

3.1.1 철학

Marconi(1997: 1)가 말하듯이, "철학적 의미론의 전통에 있어서 어휘의미에 관해서는 많은 것이 존재하지 않는다." 그 대신에 언어철학에 있어서 대부분의 연구는 의미 그 자체의 본질 또는 의미나 명제의 구성에 관심이 있었는데, 많은 관심이 논리 연산자와 양화사(자연언어의 기능어들)의 역할에 주의가 기울어졌다. 언어에 대한 형식적 접근방식에서 의미는 전형적으로 진리-조건(낱말이 아니고 명제만이 가질 수 있는)에 의해 논의된다. 그리고 의미전체론이 언어철학의 주요 주제인(Fodor and Lepore 1992를 보라) 반면에, 그것에 관한 논의는 거의 항상 어휘의미라기보다는 문장의미에 관심이 있다.[1] 언어에 관한 철학적 분석과 형식적 분석은 어휘항목들과 그들의 외연(따라서 그들이 기여하는 명제들의 진리값) 간의 관계에 초점을 맞추는 경향이 있고, 다른 어휘항목들이나 어떤 하위-어휘적 의미구조에 대한 그들의 관계에는 거의 또는 전혀 관심이 없다. 일반적으로 철학자들은 한 낱말의 외연이 그 의미(따라서 Frege[1985(1982)]의 의의(*sense*)와 지시(*reference*)의 구분)와 동일하지 않다는 개념을 받아들였다. 그러나 명제의 진리값을 결정하는 것에 대한 관심 때문에 모형-이론적 형식의미론(그 언어학적 피난처보다 그 철학적 가정에 더 지적으로 연결된)은 낱말 의의들의 내적 구성(예, 그들이 자질들로 해체될 수 있는가?)을 거의 고려하지 않는다.

낱말들의 계열적 의미관계들은 그들이 문장들의 논리적 의미관계들에서 하는 역할만큼 철학적 관심사가 되었다. 함의는 하위관계를 수반하고, 모순대당은 반의어를 포함하고, 바꿔쓰기(paraphrase)는 동의어[2]에 의해서만 다를 수 있다. 어휘함의(*kill → die*), 어휘전제(*manage to do X ← attempt X*)와 같은 다른 어휘관계도 문장관계에 영향을 미친다.

문장함의에 대한 낱말 의미의 관계는 분석성(**analyticity**)이란 개념을 발생시킨다. 분석적 명제는 외적 증명을 요구하지 않는 명제이다. 그래서 그 명제의 참이나 거짓은 그것이 기술하는 언어외적 사실의 경험적 증명에 호소하기보다는 그 언어 재료만 검사함으로써 확립될 수 있다. 문장 (1)은 반

---

1) 예컨대, Block(1998: 488)은 *의미전체론(semantic holism)*을 "한 문장의 의미는 한 전체 이론을 구성하는 문장들의 망 속에 있는 그 위치에 의해 결정된다는 견해"로 정의한다.

2) 사실, 몇몇 학자들(예, Kempson 1977; Larson and Segal 1995)은 어휘적 동의관계와 바꿔쓰기를 구분하지 않고 동의관계라고 부른다.

의관계, 하위관계, 그리고 (근사-)동의관계를 포함하는 걸으로 보기에 분석적인 참을 보여 준다.3)

    (1) a. No unmarried man is married.(결혼하지 않은 어떤 남자도 결혼하지 않은 것이다.)
       b. If this is a rose, then this is a flower.(만약 이것이 장미라면, 그러면 이것은 꽃이다.)
       c. A circular shape is round.(원형의 모양은 둥글다.)

(1)의 문장들이 분석적 진술문이라고 주장하는 것은 낱말의 정의(낱말이 나타내는 사물에 대한 어떤 세상 지식에 의지하지 않는)만이 이 문장들이 참이냐 거짓이냐를 결정하기에 충분하다고 말하는 것이다.

이 의미들 간의 관계를 표시하기 위해, 몇몇 철학자들(예, Carnap 1947; Montague 19734))은 의미공준(meaning postulate)을 사용한다. 이것은 특정 모형 내의 외연적 집합 원소성에 관한 제약 역할을 하는 논리적 진술문이다. 동의관계, 반의관계, 그리고 하위관계와 다른 관계들(반의관계의 하위유형들을 포함한)은 (2)에서 (4)까지 예시된 그런 진술문들로 기술될 수 있을 것이다.

    (2) *phone*과 *telephone*은 동의어들이다.
      $\forall x[PHONE \ (x) \ \equiv \ TELEPHONE \ (x)]$

바꿔 말하면, 어떤 사물이 *telephone*이고 또 반드시 그래야만 그 사물은 *phone*이다. 따라서 동의관계는 상호함의로 제시된다.

---

3) 분석적 진술문이 의미적으로 관련된 낱말들을 반드시 포함하지는 않지만, 여기서 다른 유형들은 우리의 관심사가 아니다.

4) Montague 그 자신은 의미공준(*meaning postulate*)이란 용어를 사용하지 않은 반면에, 그 용어는 그의 이론에 있는 그런 제약들을 지칭하는 데 사용된다(예, Dowty 1979; Bach 1989).

(3) *hot*과 *cold*는 반의어들이다.

$\forall x[HOT\ (x) \rightarrow \neg\ COLD\ (x)]$

즉, 어떤 사물이 뜨거우면, 그것은 차지 않다.

(4) *apple*은 *fruit*의 하위어이다.

$\forall x[APPLE\ (x) \rightarrow FRUIT\ (x)]$

즉, 어떤 사물이 사과이면, 그것은 과일이다.

의미공준은 보통 모형-이론 의미론에서 사용되는 반면에, 의미공준이 의미들 간의 관계에 대해서는 아무 것도 설명하지 못한다고 반복적으로 지적되었다(예, Katz 1972; Lakoff 1972). 관련된 유일한 "의미"는 외연 집합이므로, 의미공준은 필연적으로 낱말들이나 낱말 의의들 사이라기보다는 사물들(즉, 낱말들의 외연들로 표시된 사물들) 사이의 관계를 표현한다. 더욱이, 의미공준은 그 관계들을 단언한다 — 의미공준은 어떤 관계들(다른 관계들이 아니고)이 어떤 표현들 사이에 적용되는 이유를 설명하지 못한다. 일부 학자들은 그런 관계들보다 의미에 대해 더 이상의 것이 없다고, 즉 낱말 의미는 부분들로 분해될 수 없는 전체라고 주장한다. 그런 경우, 의미공준은 분석적 참이 발생하는 방식을 설명하는 데 필요하다. 의미공준은 3.4.1에서 이런 성격으로 더 심도 깊게 논의될 것이다.

의미공준에 대한 Carnap(1947)의 접근방식에 반응하여, Quine(1961)은 분석성이 만족스럽게 설명될 수 없다고 주장했다. 그의 주장은 분석성은 결국 계열적 의미관계에 의해 정의되어야 하고, 계열적 의미관계는 결국 분석성에 의해 정의되어야 한다는 견해에 부분적으로 의존한다. 이 주장은 분석적 참과 종합적 참을 구분하려는 더 이상의 시도에 찬물을 끼얹은 반면에, 분석적 진술문을 설명(또는 적어도 기술)하는 것은 형식 이론들에서 하나의 주제로 남아 있다.

대체로, 의미에 대한 이 철학적 접근방식들은 제1장에서 제시된 화용론적 그리고 심리언어학적 가정들과 정반대된다. 언어철학은 일반적으로 이 세계(또는 가능세계)와 관련하여 언어에 관심이 있으므로, 낱말들의 지위와 머릿속에서의 그들의 관계들에 그다지 많은 관심이 없다. 따라서 어휘외적 접근방식과 계열적 관계에 대한 전통적인 철학적 관심 사이에는 거의 비교가 될 수 없다. 의미에 대한 모형-이론적 접근방식은 추론을 표현들 간의 형식적 관계로 다루지만, 현재의 접근방식은 추론하는 것을 심리적 과정으로 본다. 그럼에도 불구하고, 우리는 3.4에서 의미관계에 대한 여러 유심론적(mentalistic) 접근방식에서 의미공준의 등가물을 보게 될 것이다.

어휘사전에 대한 더 새로운 철학적 접근방식(Marconi 1997)은 철학적 관심을 의미에 관한 추상적이고 이상화된 이론들로부터 의미적으로 적절한 방식으로 낱말들을 사용하는 방법을 사람들이 어떻게 알고 있느냐는 문제로 옮기려고 시도한다. Marconi는 한 낱말을 사용하기 위해, 사람은 낱말과 세상의 사물들을 관련시키는 방식과 낱말들이 서로 관련되는 방식을 알아야 한다는 전통적 가정을 한다. 전자는 지시능력이고 후자는 추론능력이다. 그리고 그는 실인증(인지불능증: agnosia)과 실어증(aphasia)에 걸린 어떤 환자들이 그 두 능력은 심리적으로 실재적이고 별개라는 것을, 즉 사람은 사물을 기술하는 능력을 잃지 않으면서 사물에 이름을 붙이는 능력을 잃을 수 있다는 것5)과 그 반대로도 발생할 수 있다는 것6)을 증명한다고 주장한다. 이 증거를 주시하면서 그는 다음과 같이 주장한다.

추론능력은 더 이상 기술될 수 없다 . . . 낱말들 사이의 관계들의 망을 관리하는 능력으로서 낱말 형태들(출력 어휘사전들)과 의미사전의 구분 때문에 우리는 추론능력이 의미사전을 통해 낱말-낱말 경로를 따르는 것

---

5) Marconi는 Warrington 1985, Riddoch and Humphreys 1987, Shallice 1988, 그리고 McCarthy and Warrington 1988의 환자들을 가리킨다.
6) Marconi는 Brennen 외(1996)가 기술한 알츠하이머 환자 Mme D. T.를 가리킨다.

으로서 전형적으로 발휘되는 그런 종류의 수행(예컨대, 바꿔쓰기, 의미에 근거한 추론 등)을 다시 기술해야만 한다(Marconi 1997: 71).

그런 낱말-낱말 경로들은 다음과 같은 추론을 허용하는 어휘관계들(결합적일뿐만 아니라 계열적인)의 경로들이다. 즉 만약 어떤 것이 *cat*이라면, 그러면 그것은 *feline(고양잇과<科>의)*이고 그것은 *dog*이 아니고, 그것은 아마도 *meow(야옹)*할 것이다. 낱말 형태들은 의미사전에 저장되지 않고, 음운사전에 저장된다. 그래서 어휘관계들은 낱말들 간의 관계들이 아니고 낱말의미들 간의 관계들이다. Marconi는 그 낱말-낱말 경로들이 발생하는 방식에 관해서는 논의하고 있지 않는 반면에, 의미사전 안에 있는 정보의 유형들은 다양화되어 특수화된 하위체계들로 조직될 것이라고 가정한다. Marconi가 구상한 어휘사전의 모습은 Jackendoff(특히, 1992)의 그것과 흡사하다. 이것은 제7장에서 논의되는 어휘외적 견해와 아주 잘 조화를 이룰 수 있다(그러나 Jackendoff의 모형과의 대조에 대해서는 Marconi 1997: 79-82를 보라). 그래서 Marconi는 철학에서 더 인지적 전환을 나타내는 반면에, 그것은 의미관계들이 어떻게 되어야 하는가에 대한 세부 내용은 거의 제공하지 않는다.

3.1.2 언어학

언어학에서 구조주의 의미론의 여러 전통이 계열적 관계를 깊게 다루었고, 생성언어학의 의미탐구도 계열적 관계를 설명하려고 추구했다. 이 절은 계열적 관계와 어휘의미에 대한 태도들의 20세기 연대기와 발생장소를 제공한다.

계열적 관계에 대한 대부분의 이론적 접근방식은 다양한 구조주의 언어학 전통에서 유래했다. 구조주의 전통의 다양성과 *구조적(structural)*이란 낱말의 모호성이 **구조의미론(structural semantics)**이란 용어에 대한 많은 다의관계를 초래했다. Coseriu and Geckeler(1981)는 구조의미론의 세 가지 일반적인 의미를 확인했다. 첫째는 유사성 또는 인접성의 연상에 근거한 어휘사전의 구조에 대한 관심이다. 이것은 의미론, 통사론, 또는 형태론에 근거하든지 간에, 낱말들과, 그리고 그들과 "동행하는" 다른 낱말들(또는 사물들)의 연합이다. 우리는 이것을 연상의미론(associative semantics)이라고 부를 수 있고, 이것은 Saussure와 그의 제자들의 연구에 기인한다고 말할 수 있다. 구조의미론의 두 번째 의미는 단일 낱말의 의미들 간의 관계에 관한 것인데, 다의관계와 동음이의관계에 특별한 관심이 있다(따라서 여기서는 직접적인 관심이 없다). 세 번째 유형은 Coseriu and Geckeler가 "그 분석적 면에 있어서 구조적인"(1981: 18)이라고 부른 것이다. 이것은 대조관계에 근거한 어휘조직에 관한 것이다. 그것은 낱말의미의 성분분석으로 유도하기 때문에, 그들은 이런 형태의 구조의미론을 분석적 (analytical)이라고 부른다; "계열적 의미론의 단단한 기초에 근거해서만 . . . 근거가 충분한 결합의미론이 만들어질 수 있다."(1981: 19). 비록 우리는 그 뿌리가 Saussure의 연상적 접근방식에 있다고 언급해야 하겠지만, 여기서 가장 관심이 큰 것은 이런 분석적 유형의 구조의미론이다.

　"기호는 그 자체로 어떤 의미도 가지지 않을 것"(Saussure 1959[1915]: 130)이므로, Saussure에게 관계의 연구는 언어 연구에 중심적인 것이다. 바꿔 말하면, Saussure는 의미적 전체론을 주창하고, 의미의 어떤 명확한 표시도 존재하지 않는다고 주장했다. 유의미적이기 위해, "낱말이 무한한 수의 등위화된 항목들의 수렴점"(1959[1915]: 126)이 될 수 있도록, 낱말들은 다른 낱말들과 관련되어야 한다. Saussure의 연상관계들은 어떤 고정된 수의 관계유형에 의해 제한되지 않았고, 또한 의미의 의미유형들과 의미의 다른 유형들을 구분하지도 않았다. 그의 제자 Bally(1940)는 연상장(associative field)들의 형태로 낱말들 간의 의미적 연상에 그의 관심을 한정했다. 그는 한 낱말의 연상장을 그 낱말에서 나와 퍼지는 "후광"으로 기술한다. 그의 보기를 번역하면, 낱말 *ox(소)*는 *cow(암소)*, *bull(황소)*, *calf(송아지)* 등과, *plow(쟁기)* 등으로 갈다), *tilling(경작)*, *yoke(멍에)* 등과 같은, 다른 범주들의 관련된 낱말들을 상기하게 한다. 덧붙여서, 그 낱말은 인내 및 힘과 같은 성질을 연상하게 한다. 연상장에 대한 언어학적 관심은 불어를 사용하는 언어학자들에게 상당히 한정되었다. 그러나 그것의 반향은 나중에 논의될 많은 접근방식에 존재한다. 분석지향적인(더 광범위한) 구조의미론과는 대조적으로, 연상장들은 그들이 통합할 관계유형들에 있어서 완전히 제약을 받지 않는다. 그래서 계열적 관계들은 어떤 연상장의 한 부분일 수 있지만, 결합적이고 더 특이한 연상들(예, *apron*< 앞치마>-*Grandma*< 할머니>)도 그렇다.

연상적 접근방식으로부터의 더 분석적인 이탈은 Basilius(1952)가 *신-훔볼트 민족언어학(Neo-Humboldtian Ethnolinguistics)*으로 명명한 유럽의 운동에서 진행되었다. 이 접근방식은 사고(思考)와 실체의 중간점에 관심이 있고, 3.1.3에서 논의될 인류학의 많은 연구를 유발했다는 점에서 인지-인류학적이다. 각 문화의 특정한 어휘구조들에 근거하여 이 세계의 문화특징적인 개념화를 가설로 세우기 위해, 이 전통에 속한 연구자들은 언어들 간의 어휘화 패턴을 비교했다. 신-훔볼트 전통에서 의미장이나 어휘장의 개념이 특히 Trier(1931, 1934)[7]에 의해 가장 크게 발전되었고, 장이론은 수십 년 동안 계속해서 발전되었다. Weisgerber(예, 1963)는 Trier 이후에 장이론을 발전시키는 데 가장 많은 관심을 기울였지만, Trier와는 다르게 그는 훔볼트의 언어상대성(언어가 사고에 영향을 미치는) 개념을 강조했다. Coseriu(예, 1977)를 포함한 후기의 이론가들은 이 관점을 대체적으로 무시했다.

장이론은 영어권 언어학계에 늦게 도입되었다. Lehrer and Lehrer(1995)는 Lyons가 그것을 도입했다고 생각했고, Lyons and A. Lehrer(1974와 다른 곳에서)가 가장 큰 영어권 기여자였다. 어휘의미론은 영국에서 발전하고

---

7) 장이론의 19세기 역사에 대해서는 Coseriu and Geckeler(1981)를 보라.

번성했는데, 거기에서는 사전편집의 한 강한 전통과 런던 언어학파(Firth의 연구에 근거하고 특히 Sinclair에 의해 지속된)의 영향 때문에 낱말에 대한 관심이 커지게 되었다. 영국에서 구조의미론 전통을 따른 가장 모범적인 학자는 Lyons(1977)와 Cruse(1986)인데, 그들은 의미관계들의 정의를 가장 철저하게 내렸고, 또 의미관계들을 가장 철저하게 기술했다.[8] Cruse와 Lyons에게, 계열적 관계들은 의미연구의 중심이다. Lyons(1968: 443)에 의하면, "언어 구조에 대한 경험적 조사에 관한 한, 한 어휘항목의 의의는, 문제의 항목 및 동일한 어휘 시스템 안에 있는 다른 항목들 사이에 적용되는 관계들의 집합에 의존할뿐 아니라 그 집합과 동일하다고 정의될 수 있을 것이다." Cruse(1986: 16)에게 "한 낱말의 의미는 그 문맥적[의미적 — MLM을 포함하는] 관계들에 완전히 반영된다, 사실 우리는 한 걸음 더 나아가서, 현재의 목적을 위하여 한 낱말의 의미는 그 문맥적 관계들에 의해 구성된다고 말할 수 있을 것이다." Cruse(1986)는 그의 접근방식을 문맥주의적(contextualist)이라고 부른다. 확실히 이것은 한 낱말의 의미는 "그것이 사귀는 친구에 의해 판단될" 수 있다는 Firth의 의미 개념과 관련된다(Cruse 1986: 21, Firth 1957; 194-6에서 수정한 것임). 따라서 Cruse(1986: 1)는 "한 어휘항목의 의미 특성들은 그것이 실제적이고 잠재적인 문맥들과 맺는 관계들의 적절한 면들에 완전히 반영된다."라고 언급한다. 이 견해는 3.3.2에서 더 상세하게 논의된다. Firth의 전통은 오늘날 보통 결합적 관계들(말뭉치 연구에서 더 분명한)에 집중하는 반면에, Cruse는 계열적 관계들에 초점을 맞추었고, 다른 학자들은 계열적 관계들의 말뭉치 연구도 추구했다(Lyons(1963)가 플라톤의 저서들을 취급한 것에서 Mettinger(1994)와 Jones(2002)까지). 나중의 연구에서 Cruse(1994, 1995; Cruse and Togia 1995)는 인지언어학의 접근방식들을 어휘 관계들과 관련시키는 데 관심이 있었다. 이 연구의 일부는 3.5.2에서 논의된

---

8) Lyons와 Cruse도 엄격한 Firth파에 속한다고 말할 수 없지만, Firth의 영향은 의미에 대한 그들의 접근방식에서 분명하다.

다. 인지언어학은 3.1.3에서 더 일반적으로 논의된다.

유럽의 다른 곳에서 프라그 학파는 먼저 음운론에, 그리고 그 다음에 의미론에 유표성(markedness) 개념을 제공했다(최초로 Jakobson 1984[1932]에서). 의미 유표성의 주제는 특히 반의관계에 중요하므로 제5장에서 더 깊게 연구된다. 그러나 현재로 의미들 간의 유표성 관계들을 기술하는 어휘는 음소들 간의 대립을 기술하는 Trubetzkoy(1939)의 어휘에서 차용되었다는 것은 언급할 만한 가치가 있다. 따라서 Coseriu(1964)는 의미들 간의 결성적(privative), 단계적(gradual), 그리고 등가적(equipollent) 대립을 기술한다. 프라그 학파의, 특히 Jakobson(1936)의 영향과 덴마크의 기능주의자 Hjelmslev(1961[1943])의 영향도 낱말 의미들의 성분분석을 위한 의미자질들의 발전에서 찾아볼 수 있을 것이다(3.2.1을 보라).

미국의 언어학 전통에서, 어휘관계들(과 일반 어휘의미론)의 연구는 최근까지 무시되었다. Bloomfield에 이어서, 미국의 구조주의는 의미 연구를 방해했다. 왜냐하면 "언어학자는 의미를 정의할 수 없지만, 다른 과학 연구자들에게 이것을 호소해야 하기" 때문이다(Bloomfield 1933: 145-6). 그 당시의 행동주의 심리학과 보조를 맞출 때, 어휘적 의미관계들이 그 본질에 있어서 언어적인가 또는 개념적인가라는 문제는 자동적으로 결정된다. 왜냐하면 개념들은 "단순히 [발화 형태]에 관해 말하는 전통적이지만 쓸모없고 혼란스러운 방식"(Bloomfield 1985[1936]: 24)으로 간주되었기 때문이다. 미국의 구조주의라는 이 특정한 브랜드는 행동주의의 몰락에서 살아남을 수 없었지만, 미국 언어학의 심리적이고 다소 반(反)-의미적 성격은 유지되었다. 생성주의 전통에서 어휘사전에 대한 관심은 찼다 이울었다 했지만, 어휘의미론에 대한 가장 강력한 접근방식은, 결합되어 어휘적 의미를 형성하는 하위-어휘적 의미성분들을 확인하는, 어휘해체였다. 해체의 주된 목적들 중의 하나는 계열적 관계들을 설명하는 것이다. 그래서 관계들을 일차적인 것으로 간주하는 연상적-구조주의적 견해와는 다르게, 어휘의미론에 대한 성분접근 방식은 계열적 관계들이 어휘의미적 구조들에 의해 수반된다고 본다. 성분의미론은 가장 근대적인 구조의미론 접근방식들에 통합된다(그들이 기술하는 구조들의 머릿속 표시를 옹호하는 주장을 하든지 또는 그렇지 않든지 간에). 3.2를 보라.

생성문법은 언어적 현상으로서의 언어에서 머릿속 현상으로서의 언어로 관심의 전환을 표시했다. 구조주의와 생성주의 기간에 걸쳐 있었던 장이론은 종종 문화적 진영 및 머릿속 진영에 양다리를 걸치고 있다. 틀의미론(Fillmore 1976, 1985)은 인공지능과 그리고 유사하게 발생한 인지심리학으로부터 틀 개념을 채택하면서 의미장 이론을 그대로 본받았다. 틀의미론은 어휘사전에 대한 필연적인 인지주의 접근방식인데, 언어적 현상에 대한 비-언어적인 인지적 설명을 추구한다. 이것은 3.3.1의 끝 부분에서 더 상세하게 논의된다.

의미텍스트 이론(Meaning Text Theory: MTT)도 유사하게 학제간 연구이다. 이것은 러시아어의 사전편집과 기계번역 연구에 근거를 둔 어휘사전에 대한 접근방식이다(따라서 컴퓨터과학 분야에 속하는 것이 더 나을 것이지만, 학제적 관심에 대한 학문적 평가의 어려움도 그렇다). MTT는 어휘내항에 있는 한 낱말의 계열적 및 결합적 관계사들을 명시한 어휘기능들을 이용하고, 아마도 그 이론에 대해 어휘사전에 표시된 가장 많은 수의 명칭 붙은 관계들을 가진 세계기록을 보유하고 있다(Mel'čuk 1996의 64개). 이것은 3.3.3에서 상세하게 논의된다.

이 절에서 소개된 대부분의 견해는 나중에 이 장에서 한층 더 깊게 논의될 것이다. 이 절은 어휘관계들에 대한 언어적 접근방식들만 다루었는데, 그들은 (a) 성격에 있어서 이론적이고, (b) 단 한 유형의 관계라기보다 일반적인 관계들과 관련이 있고, (c) 언어학에 특유하다. 인류학에 관한 다음 절은 생성언어학 프로그램보다 민족언어학적 인류학과 때때로 공통점이 더 많은 인지언어학 동향을 포함하여 언어학을 다룬 이 절에 포함되었을 수도 있는

많은 것들에 관심이 있다. 사전편집도 앞에 상술한 것에 눈에 띄게 **빠져**
있다. 사전편집자들은 의미관계들을 범주화하는(예, Egan[1968]의 반의어들
의 분류관계) 방식에 있어서 많은 기여를 했고, 그들 연구의 결과물은 앞의
많은 관점(따라서 제1장에서 소개된 사전과 동의어·반의어사전 은유)에
영감을 제공했다. 또한 그들의 논문들은 3.1.5에서 논의되는 컴퓨터 접근방식
의 중심이 된다.

3.1.3 인류학

내가 여기서 해왔듯이, 언어학과 인류학에서 의미관계의 역사를 구분하
는 것은 상당히 자의적이다. 왜냐하면 의미관계에 대한 인류학적 연구는
인류학 관련 출판물에서보다 언어학 관련 정기간행물에서 더 자주 찾아볼
수 있기 때문이다. 그러나 인류학은 의미관계의 연구에 대한 그 특정한 동기
와 방법론적 접근방식 때문에 여기서는 분리되어 다루어진다. 많은 언어학
적 접근방식이 내성(內省)이나 텍스트 말뭉치를 통하여 의미를 조사하는
반면에, 인류학적 연구는 언어적-의미적 정보를 얻기 위하여 주로 인터뷰에
의존한다. 발견된 의미관계의 유형들은 아래에서 논의되겠지만 그런 인터
뷰에서 사용된 방법들에 부분적으로 의존한다.

의미관계에 대한 인류학적 관심은 종종 민속 분류위계관계(folk taxonomy)[9]
의 연구에 집중되었다. 민속 분류위계관계에 대한 연구는 특히 친족용어(많은
보기에 대해서는 Tyler 1969를 보라)에 관한 연구에 의해 활성화되었는데,
Kroeber(1909)가 친족의미론에 관한 한층 더 높은 성분 처리에 대한 기초를
닦았다. 20세기 중반에는 분류위계관계에 대한 관심이 폭발적이어서, 분류위

---

9) 민속 분류위계관계는 식물과 동물에 대한 린네(Linnaeus)의 분류체계와 같은 과학
   적 분류위계관계와 대조된다. '민속'과 '과학적'의 경계는 퍼지적이지만, 인류학자
   들은 (전문적으로 사용되는 분류체계에 대해서라기보다는) 일반적으로 사용되는
   분류체계에 대해 관심이 있다.

계관계는 자연세계의 일부에 대해서(예, Chao 1953), 병에 대해서(예, Frake 1961), 그리고 색채에 대해서(Berlin and Kay 1969를 보라) 연구되었다. 초기의 연구는 글을 깨우치고 발전된 문화권만이 자연세계를 분류위계관계적으로 조직화할 수 있을 것이라고 가정하는 것 같았다. 이 가정은 *parrot*(앵무새)에 해당하는 낱말(앵무새의 종류들에 관한 이름)이 없는 브라질의 한 부족에 관한 Jespersen(1934)의 언급과 같은 일화와 에스키모인들에게는 'snow'를 나타내는 일반적 용어가 없다는 종종 되풀이되는 주장(Martin 1986을 보라)에 근거했다. Kay(1971: 867)가 다음과 같이 언급했듯이, 그런 어휘적 공백은 한 문화권의 원시성에 대한 증거로 간주되었다. "폭넓고 정확한 분류위계관계들이 문맹의 원시부족들 사이에 존재하는데, 일부 지역에서는 처음에 유발된 놀람이 불신에 가깝다." 이 정확한 분류위계관계를 증명하는 민족언어학적 연구의 태동으로 인해 사람들은 분류조직이 모든 언어의 어휘사전에 본유적이라는 것을 의심하게 되었고, 또 이 분류위계관계들에 나타난 관계들이 보편적일까라는 의문을 가지게 되었다. 기저의 임무는 어떤 개념들이 보편적인가(따라서 모든 언어에 이용가능한가), 그리고 어떤 개념들이 문화-특정적인가(그리고 문화-특정적 믿음과 행위에 대한 문화-특정적 개념들의 관계)를 결정하는 것이다. 이것은 (잠재적으로 보편적인) 하위-어휘적 의미자질들에 대한 관심을 수반할 것이다(예, Goodenough 1956, 1965: Lounsbury 1964). 의미보편소를 발견할 수 없는 경우, 분류위계관계 연구로 인해 언어의 의미유형론이 발생할 수 있다(Greenberg 1957). 분류위계관계에 대한 민족언어학적 접근방식에는 이전에 기록되지 않은 언어들을 위한 사전 편집이라는 실용적인 면도 있다. 분류위계관계와 사전의 관계는 상호적이다. 대부분의 분류위계관계 학자들은, 그런 목적을 위하여 가장 좋은 "사전들"은 알파벳 순서의 용어풀이가 아니고 의미적으로 조직된 망이라는 것을 인정하면서, "더 좋은 '사전들'이 더 좋은 민족지학(民族誌學)을 만들 것이다"라는 Conklin(1962)의 신념을 공유하고 있다(Werner 외 1874: 1477-8).

분류위계관계적 연구는 의미장 접근방식의 이용에 도움이 되었다. 분류
위계관계의 가장 큰 관심사는 범주들이 하위범주들로 나누어지는 방식들에
있기 때문에, 하위관계/상위관계와 대조관계는 분류위계관계적 연구에서
주된 의미관계들이다. 이 관계들에 대한 관심으로 인해 3.3.1에 사용된 것과
같은 의미관계의 이차원적 표시, 즉 네모형 도표를 사용하게 되었다. 그러나
의미관계와 분류위계관계법에 대한 관심이 증가함에 따라, 표시된 관계들
의 수도 증가했고, 의미관계의 망표시가 시작되었다. 이 절의 나머지 부분에
서는 3.3.1에서 논의된 분석에서 전형적으로 찾아볼 수 있는 것 이외의 다른
방법들과 관계들을 포함하는 인류학적 접근방식을 조명한다.

Frake(1964)는 인류학적 면담을 통해 발견한 관계들에 근거하여 의미망을
기술했다. 그의 방법에서 만약 한 낱말을 포함하는 여섯 질문들 중 하나가
다른 한 낱말에 의해 대답되면, 낱말들은 관련된다. 관계유형은 그 질문을
요약하는 명칭에 의해 표시된다. 명칭과 질문의 보기는 괄호 안에 있는 더
전통적인 명칭과 함께 아래에 제시되어 있다:

?u	What is X used for?	(도구)
?k	What kind of X is it?	(상위관계)
?w	What is X a kind of?	(하위관계)
?i	What is an ingredient of X?	(부분·전체관계)
?p	What (separable) part of X is it?	(부분·전체관계)
?s	What does this come from?	(근원)

Frake는 한 망 안에 있는 두 개념 사이의 상호관계들인 **상호연결관계들
(interlinkages)**도 언급한다. Frake의 관계들은 의미관계들의 전통적인 목록
을 따르지 않는다. 대조유형관계들이 현저하게 결여되어 있을 뿐 아니라,
그 상호연결관계들도 하위관계와 상위관계의 관련성, 그리고 부분·전체관
계와 전체·부분관계의 관련성도 반영하지 않는다. 오히려 근원(?s)과 도

구(?u) 관계들이 간섭하여, 이들은 낱말의미들 간의 관계들이 아니고 그 낱말들이 기술하는 대상물들 간에 문화적으로 결정되는 관계들이라는 것을 분명히 해 준다. 예를 들면, 수바눈(오스트레일리아의 한 언어)에서 인용한 Frake의 데이터는 ?k와 ?w 관계들을 포함하는, '나무'를 나타내는 낱말과 '야자수'를 나타내는 낱말 간의 상호연결관계를 보여 주는데, 이것은 전통적인 하위어<상위어 관계를 반영하고 있다. 그러나 'areca nut(야자과에 속하는 빈랑<檳榔>나무 열매)'을 나타내는 낱말과 'betel quid part(재미로 씹는 areca nut을 포함하는 조제품)'을 나타내는 낱말 사이에는 상호적 ?k(하위어)관계와 ?u(도구)관계가 존재한다.(즉, 'areca nut'은 'quid part<한 번 씹을 분량>'에 대해 사용되고, 'quid part'는 'areca nut'의 한 종류라고들 했다.) 이것이 의미망을 드러낼지 또는 Frake의 자료 제공자들이 일관성이 없는 관계유형들의 한 집합을 가지고 단지 최선을 다하고 있는지는 분명하지 않다. Frake의 접근방식은 한 언어에 존재하는 완전한 범위의 의미관계들을 보여 주지 않는다. 그 이유는 모든 문제들이 대상물의 이름들과 관련되기 때문이다. 더욱이, 심지어 명사들 사이에서도 질문하기 방식만이 관계들의 한 작은 집합 중 어느 것이 두 낱말 간에 적용되는지 확인할 수 있을 것이다. 따라서 모든 잠재적인 관계를 묻는 것을 포함하지 않기 때문에 낱말관계들의 완전한 범위를 결정하는 것은 불가능하다.

　이 문제들을 피하기 위해, Casagrande and Hale(1967)은 한 언어와 문화에서 어떤 의미관계들이 중요한가를 찾아내는 방법을 소개했다. Casagrande and Hale은 한 대상물의 부분들, 용도, 또는 하위유형들에 관해 질문하기보다 그들의 파파고어(Tohono O'odham) 자료 제공자들에게 연구 중인 각 낱말의 정의를 요청했다. 다음으로, 그들은 그 정의들을 단순 서술문들로 분석했는데, 각 서술문은 정의된 낱말/대상물에 관해 서술된 사실을 나타낸다. 그러면 그들은 이 각각의 진술문에서 어떤 관계들이 의사소통되는지 결정했다. 그 결과는 13 관계의 목록이다. 일부는 계열적이고, 다른 일부는 결합적이다.

이들은 그 정의에 있어서 빈도순으로 아래에 열거되어 있다(Casagrande and Hale 1967: 168쪽부터). 나는 관련된 정의적 진술의 유형을 예시하기보다, 보기들에서 낱말들 간의 관계들을 부각시켰다. 그러나 설명이 도움이 될 경우에 정의들의 보기들이 제공된다. 여기서 공식 X→Y가 사용되는데 그 의미는 'X는 Y에 의해 정의된다'이다.

1. 속 성 적   X는 특징적인 Y에 대하여 정의된다(Y는 변별적 표지, 서식지, 행위 또는 다른 속성일 수 있다): horned toad(도마뱀의 일종)→small

2. 부 수 적   X는 보통 또는 항상 Y를 따른다; Y는 X를 수반한다: lightning(번개)→rain; laugh→funny

3. 기   능   X(명사)는 Y를 유발하는 수단이다: ear→hearing(듣기)

4. 공 간 적   X는 Y에 대하여 공간적 위치에 의해 기술된다: tongue→mouth

5. 작 용 적   X는 어떤 행동의 한 부분인 것이 그 특징이다: shirt→wear

6. 비   교   X는 Y와 비교되거나 대조된다: wolf(늑대)→coyote(즉, "늑대는 코요테와 비슷하지만, 크다")

7. 예   시   Y는 X와 적절하게 공기할 수 있다: stand→fence; circular(원형의)→wheel; horn(뿔)→cow

8. 부류포섭   X는 위계적 부류의 한 원소이다: bee(벌)→insect(곤충)

9. 동의관계   X는 Y와 등치이다: thousand→ten hundreds

10. 반의관계   X는 Y의 부정이다: low→high

11. 기   원   Y는 X의 근원으로 확인된다: milk→cow

12. 등   급   X는 Y에 대하여 한 척도 상에 배열된다: Monday→Sunday; yellow→white

13. 순 환 성   X는 X로 정의된다(예, "어떤 사람이 우리에게 어떤 것을 줄 때, 우리는 그것을 give라고 부른다")

현재의 주제는 계열적 관계들이므로, 우리는 13개를 기껏해야 8개로 줄일 수 있을 것이다: 공간적, 비교, 부류포섭, 동의관계, 반의관계, 기원, 등급,

그리고 (만약 우리가 포함시키기를 원한다면) 순환성. 이들을 앞의 장들에서 정의된 관계유형들과 비교해볼 때, Casagrande and Hale의 분석(그들 방법의 도움을 받은)은 대조유형들(공간적, 비교, 반의관계, 등급)을 합치기보다 나누는 경향이 있었는데, 이것은 아마도 대조가 (민속) 정의에 중심적 역할을 한다는 점을 가리킨다는 것이 분명하다. Casagrande and Hale은 민속-정의들의 어떤 것도 성분들을 포함하는 것으로 분류하지 않음에도 불구하고 그들의 목록에 성분관계(즉, 부분·전체관계)를 추가했다. PART>WHOLE 관계들이 최초의 13개에 포함되지 않았던 것이 놀랄 만하지만, 일부는 합쳐져서 예시에 속하는 것 같다. 각각의 주요 문법범주는 그 자체 예시 유형을 가진다. 동사와 형용사에 대해, 그 관계들은 범주 간에 적용되므로 결합적 관계들이다. (동사들은 전형적인 주어들이나 목적어들에 의해 예시되고, 형용사들은 그들이 전형적으로 적용되는 명사들에 의해 예시된다.) 명사들에 대해, 예시는 다음의 형태를 취한다: "Y는 X의 특징적 소유자이다." 그런데 이것은 종종 "X는 Y의 한 부분이다"를 의미한다. 그래서 예컨대, *wing*은 "어떤 종류의 새도 날개를 지니고 있다"에 의해 (부분적으로) 정의된다(Casagrande and Hale 1967: 181). 역으로, 그 부분(Y, 예: *scorpion*<전갈> > *stinger*<독침>)을 언급함에 의해서 X를 정의하는 것은 속성에 포함된다. 따라서 Casagrande and Hale의 관계목록과 −어(-*nym*)관계들의 전통적인 목록의 차이는 대개 그 관계들 사이에 존재하는 경계선의 차이이다. 여기서 언급된 유일하게 새로운 계열적 관계는 기원(Frake의 연구에서 ?s, 즉 근원에 해당하는)이다. 그들의 방법은 의미관계들이 단순히 언어학자들이 어휘를 조직화하기 위해 사용하는 추상개념들이 아니라는 것을 확인해 준다. 의미관계들은 민속-정의와 같은 자연언어 텍스트에서 증거를 찾을 수 있는 실제적인 개념적/언어적 현상이다.

인류학에서 의미망들에 대한 더 정교한 접근방식은 기억에 있어서 문화적 지식의 조직화를 위해 컴퓨터 시뮬레이션을 개발한 Werner(1974, 1978;

Werner and Topper 1976)의 접근방식이다. 인류학 연구에서 흔히 있는 일이지만, 한 언어의 어휘에 대한 의미적 연구가 "인간지식의 명백한 표시"로 이용된다(Werner 1978: 48). 따라서 어휘사전의 분석은 개념적 지식의 분석과 대충 동등한 것으로 간주된다. Quillian(1968)의 모형(3.1.5를 보라)처럼, 낱말 의미는 낱말 유형들과 낱말 징표들, 즉 어휘내항들을 위한 표제어들을 나타내는 유형들과, 다른 낱말들의 의미 원소들로 사용되는 징표들의 망들로 구성된다. 바꿔 말하면, 의미들은 망 속에 있는 낱말들의 상호관계를 통해 만들어진다.

Werner(1978)는 보편적인 본원적 관계들을 설정했다: T—분류위계관계(즉, 하위관계), M—속성(예, 특성 *yellow*는 *canary*의 속성이다), 그리고 Q—열짓기(예, *Tuesday*는 *Monday* 뒤에 온다). 관계들은 (5)에서처럼 공식으로 표현된다. 이 관계들에 덧붙여, Werner는 제1순 논리의 명제관계들(연접, 이접, 부정, 함의, 양방향 함의)을 사용한다.

(5) robin T bird('울새는 조류의 한 원소이다')
    canary M yellow('카나리아 새는 노란색 특성을 가진다')
    Sunday Q Monday('월요일은 일요일 뒤에 온다')

여기서 어휘관계들이 그 낱말들에 대한 전치사들을 나타낸다고 간주될 수 있다([5]의 괄호 안의 기술처럼). (5)에 열거된 것들 이외의 관계들은 다른 관계들에서 파생될 수 있다고 생각된다. 동의관계는 (6)에서처럼 양방향적인 T 관계이다(Evens 외 1980). 다른 관계들은 더 어휘적인 문제를 포함한다. 부분·전체관계는 (7)에서처럼 'part'인 구성성분뿐만 아니라 T와 M의 관계도 포함하는데, 이것은 'a thumb is a type of hand-part(엄지손가락은 손-부분의 한 유형이다)'로 해석될 수 있다. 꺾쇠괄호는 유형이나 교점이라기보다 징표를 나타낸다.

(6) 동의관계: (*sofa* T *couch*) & (*couch* T *sofa*)

(7) 부분·전체관계: (*thumb*) T (*part* M [*hand*])

Werner(1978: 76)는 장기기억이 "암묵적 문화지식을 표시하는 어휘/의미 관계들의 연상망"으로 구성된다고 주장했다. 그 공식들이 명제로 해석될 수 있으므로, Werner는 자기의 모형은 낱말-관계들의 표시에 한정된 것이 아니고, 술어들과 지시표현들 간에 일련의 M, T, Q 관계들로 분해되는 사건들의 기억을 포함하는, 다른 유형들의 지식을 나타내는 수단도 된다고 제안한다. 그는 기억에서 낱말 유형과 징표를 구분하는 반면에, 대부분의 어휘관계는 유형-유형관계로, 즉 구성성분 부분들로 분석될 수 없는 낱말들 간의 관계들로 나타난다. 따라서 장기기억 속의 정보가 "반드시 논리적으로 긴밀한 것은 아니다"(1978: 76). 왜냐하면 어떤 두 유형도 그들의 관계 구조들이 양립할 수 있느냐 없느냐에 관계없이 망 속에서 연상될 수 있기 때문이다.

1980년대에 민족의미론과 분류관계에 수반하는 관심은 탐구의 장소로서 담화가 어휘사전을 대치하고 사회언어학적 방법들이 의미론적 방법들을 대치한 "발화의 민족지학(民族誌學: ethnography)" 접근방식에 의해 크게 대치되었다(Palmer 1996). 특정한 의미 분야들, 특히 색채에 관한 연구는 이 기간 동안 계속되었지만, 어휘관계들의 본질과 수에 관한 관심은 학문적 조명에서 벗어났다. 예컨대, Frake(1981)와 같은 일부 민족의미론 학자들은 의미장을 넘어서기 위해 필요한 이론적 단계로 틀과 스크립트를 주창하기 시작했지만, 인류학에서 이 연구는 일반적으로 그렇게 수행되지 않았다. 더 최근에, 어휘의미에 있어서 일부 언어학적 및 인류학적 연구는 인지언어학 (Cognitive Linguistics: Langacker 1987와 Lakoff 1987를 따르는; 이후로 CL로 표시)의 이론적 프로그램 안에서 수행되어 왔다. 다른 한편, 이 연구들은 어휘장 분석에서 벗어나서 어휘형태가 이 세계에 대한 우리의 신체적 경험에 의해, 그리고 더 추상적인 경험을 개념화하기 위한 은유에 의해 영향을

받는 방식에 초점을 맞춘다. 비록 몇몇 어의(語義)학자들이 CL을 연구해왔
지만(3.1.2와 3.5.2의 Cruse의 연구에 관한 논의를 보라), 계열적 관계가 CL
연구계의 상상력을 특별히 사로잡지 못했다. 이것의 부분적 이유는 CL이
인류언어학과 어휘장 연구의 오랜 도구인 자연범주와 인공물에 대해 낱말
보다 관계적 개념과 의미에 더 많이 치중하는 경향이 있었기 때문이다. CL
이 현재 다루는 인기 주제들은 전치사 의미와 같은 것들(예, Brugman 1989;
Dirven 1995)이므로, 분류관계와 하위관계의 주제는 그렇게 절실하게 관심
을 불러일으킬 것 같지 않다. 그러나 적어도 반의관계라는 주제는 등급매
길 수 있는 형용사의 의미 연구(Taylor 1992a가 수행함: Dirven and Taylor
1988)와 Lakoff and Johnson(1980)의 UP/DOWN 은유와 같은, 은유에 있어서
극성 상태들과 관련이 있다. UP과 DOWN 은유에서 많은 다른 개념적 대립
어들(HAPPY/SAD, MORE/LESS, GOOD/BAD)은 이 은유적인 *Ur(원형적)*-대립에 사
상된다. 그럼에도 불구하고, 그 자체로서 반의관계의 본질과 역할은 이
연구들에서 탐구되지 않는다. 한편으로 일부 CL의 관심은 동의관계 문제
들에 기울어져 왔다(Taylor 1992b). 이 연구에 관한 논의는 제4장으로 미루
어진다.

3.1.4 심리학

인지심리학은 많은 이유에서 의미관계들에 관심이 있었고 연구할 많은
문헌을 제공한다. 심리학에서 많은 관련 연구는 직접적으로 낱말들에 관한
것은 아니고, 낱말 의미와 동등할 수도 있고 그렇지 않을 수도 있는 개념들
의 머릿속 표시와 관련이 있다(Murphy 1991을 보라). 장기기억을 모형화하
는 것에 대한 관심 때문에, 일부 연구는 인공지능 접근방식과 중첩되었다(예,
Collins and Quillian 1972; 3.1.5를 보라). 다른 일부 연구는 낱말 의미들의
습득과 관계들 그 자체의 습득에 있어서 관계들의 역할에 관심이 있다. 심리
학의 또 다른 일부 연구는 제2장에서 논의된 관계들의 기초요소들(관련성,

유사성, 차이의 개념)에 관심이 있기 때문에 여기서 관련이 있다. 본 절은 인지심리학에서 의미관계들에 관해 경쟁하는 다음의 두 주장에 집중한다: (a) 의미기억은 의미관계들에 의해 조직된 낱말-개념들로 구성된다는 주장 (내가 **연상론**<associationism>이라고 부를 견해), (b) 의미관계들은 의미지식에서 파생된다는, 즉 낱말-지식의 부분으로 직접 저장되지 않는다는 주장. 그러나 먼저 의미기억의 개념은 논의를 필요로 한다.

　의미기억(semantic memory)은 일반세계에 관한 지식의 머릿속 창고이고, 그 자체로 삽화기억, 즉 우리의 경험에 관한 우리의 기억과 구분된다. 심리학자들은 의미기억과 삽화기억이 실제로 두 개의 분리된 기억 창고인가에 관해 논쟁을 하지만, 우리는 의미기억과 삽화기억은 다른 종류의 내용을 기술한다는 것을 적어도 인정할 수는 있을 것이다. 여기서 우리의 관심을 끄는 것은 낱말들에 의해 표시되는 개념들을 관련시키는 의미내용뿐이다. 의미/삽화 구분을 설명한 Tulving은 의미기억을 다음과 같이 정의했다:

> 언어사용을 위해 필요한 기억이다. 그것은 머릿속 동의어·반의어사전이고, 이 상징들과 개념들과 관계들의 조작을 위하여, 낱말들과 말로 표현된 상징들과 그들의 의미와 지시대상물들에 관해, 그리고 규칙들과 고정된 표현들과 연산방식들에 관해 어떤 사람이 소유하고 있는 조직된 지식이다.(Tulving 1972: 386)

　의미기억이 실제로 "머릿속 동의어·반의어사전"인지는 논의해 볼 문제이다(물론 머릿속 동의어·반의어사전을 어떻게 생각하는가에 의존한다). Tulving은 의미기억을 낱말들에 관한 지식으로 정의했다. 그러나 의미기억의 기본 단위로 낱갈의미라기보다 개념에 관해 언급하는 것이 지난 수십 년 간 더 일반적인 것이 되었다. 그럼에도 불구하고, 낱말의미와 개념은 대부분의 이론적 논의에서 완전히 뒤얽힌다. 예컨대, Jackendoff(1989: 73)는 개념의 조작적 정의를 "한 언어 표현의 의미 역할을 할 수 있는 머릿속 표시"로 규정하고, *어휘개념(lexical concept)*과 *문장개념(sentential concept)*
을 구분한다. 전자는 저장된 표시이고(따라서 그 수에 있어서 유한하다),
후자는 어휘개념들로 형성된다(따라서 잠재적 개념의 수는 무한하다). 심리
학자들은 덜 언어학적 용어로 단순개념과 복합개념을 구분하는데, 우리는
GREEN DOG과 같은 복합개념이라기보다 DOG이나 GREEN과 같은 단순개념에
관심이 있다. 단순개념들의 조직화는 개념들이 여기서 우리의 관심을 끄는
계열적 관계 유형들에 의해 관련되는 망들을 포함하는 반면에, 복합개념의
조직화는 의미 틀이나 스크립트를 포함할 것 같다(3.3.1을 보라).

심리학 문헌에서 낱말과 개념에 관해 논의할 때 지속적으로 제기되는
문제는 그 둘을 별개로 조사하기가 지극히 어렵다는 것이다. 개념화를 조
사할 때, 실험심리학자들은 자극이나 출력으로 낱말들에 의존하는 경향이
있다. 그리고 의미기억 모형들에 관해 논의할 때, 이론가들은 대상물의 이
름이 관련되는 개념을 나타내기 위해 대상물의 이름을 사용하는 경향이 있
다. 그래서 낱말들 간의 관계들을 증명하는 실험이 정말로 그 낱말들이 나
타내는 것들 간의 관계들을 증명하는지 종종 분명하지 않다. 따라서 어휘
사전과 의미기억이 구분되는지 또는 구분될 수 있는지는 반드시 분명한 것
은 아니다.

기억이론들은 종종 그 본질에 있어서 **연상적(associative)**이며, 한 항목이
다른 항목의 기억을 자극(또는 강화)할 수 있다는 사실을 설명한다(Estes
1987을 보라). 기억에 관한 초기의 연상이론들은 항목들(예, CAT과 TAIL 개념
들은 연결된다) 간의 연상들을 기록했을 뿐이다. 그러나 1960년대의 컴퓨터
혁명 이래로, 많은 의미기억 모형들은 항목들 간의 연상이라고 명명했다.
이 경우, CAT과 TAIL의 관계는 CAT과 ANIMAL의 관계(예, IS-A 관계)와 다른
관계(예, HAS-A 관계)로 취급된다. 그런 모형들에서 표시되는 관계유형들은
종종 여기서 우리에게 관심이 있는 기본적인 계열적 어휘관계들을 반영한
다(비록 관계유형들이 결코 기본적인 계열적 어휘관계들로 제한된 것은 아

니지만).(3.1.5를 보라)

Deese(1962, 1964, 1965)가 연상(특히, 자유낱말연상 테스트를 통해 발견된)에 의한 의미기억의 초기 주창자이었고, 그는 의미가 이 연상들을 통해 발생한다는 관점(따라서 **연상의미(associative meaning)**[10]라는 용어가 붙여졌다)과 관련되어 있다. 특히, Deese는 자유연상에서 서로를 유도한(즉, 연상은 대칭적이다) 낱말들에 관심이 있었다. 그래서 반의어들과 동의어들은 그가 1965년에 발행한 저서에 포함된 연상사전에서 특별히 분명하다. 공-하위관계와 상위관계와 같은 다른 계열적 관계들도 역시 일반적이다(비록 Deese가 이 모든 관계들에 대해 특이한 용어를 사용하지만), 그러나 연상사전도 결합적 연상어들(예, *concord*<*화합*>-*grape, glass*<*유리잔*>-*drink*<*술*>)과, Deese가 정의하지 않은 관계들(예, *climb*<*오르다, 등반하다*>-*walk, confetti*<*색종이 조각*>-*party*)도 포함하고 있다. 문맥(실험에서 다른 낱말들, 실험대상자의 마음 상태)이 낱말-연상 반응에 영향을 미칠 수 있으므로, 그 반응들에서 구분되는 패턴들을 결정하기 위해 그런 실험들은 매우 많은 실험대상자들을 포함해야 한다. 따라서 이 과정에서 파생시킬 수 있는 의미들은 언어사용자 개인의 마음에 대한 것이라기보다 언어사용자 집단에 대한 것이다. Deese의 주장에 의하면, 이 때문에 우리는 개인의 마음에 관한 어떤 것을 결정할 수 있게 된다(한 무리의 화자들의 결합된 반응들이 모든 화자들에게 공통적인 것을 보여 준다는 점에서). 그래서 이 연상의미들은 화자의 마음속에 표시된 의미의 골격적 부분들로 간주될 수 있을 뿐이다.

Deese는 이 세계에 대한 우리의 개념에 고정된 연상의 비-언어적 근원을 결정하기를 원했다. 그는 두 개의 연상법칙, 즉 대조와 그룹화를 제안했다. 대조에서, "원소들은 어떤 유일하고 중의성이 없는 방식으로 대조될 때 연상에 의해 관련되며," 그리고 그룹화에서, "원소들은 둘 이상의 공통적 특성

---

10) 연상의미는 한 낱말과 그 낱말의 외연에 대한 연상을 가리키는 데도 사용된다(연상학습<*associative learning*>을 통해). 여기서 사용된 의의는 특히 낱말들(낱말들과 사물들이 아니고) 사이의 연상을 가리킨다.

을 가지므로, 그들은 그룹화될 때 연상에 의해 관련된다."(Deese 1965: 165).

요컨대, 이 작용들 중 어느 것이 연상관계에 있는지는 문맥에 의존한다. 따라서 예컨대, 일부 상황에서 또는 일부 개인들에게, *pink*와 *rose(-colored)*는 그 목적에 충분할 정도로 유사하기 때문에 그룹화되는 반면에, 장식 설계도의 부분들을 조정할 때와 같은 다른 상황에서 그들은 대조될 것이다. 따라서 의미들은 연상에 의존하므로, 특정한 문맥에서 경험의 축적을 통해 새로운 관계들이 확립됨에 따라 의미들은 변한다. 연상론 견해의 영향들 중 하나는 의미관계가 연역에 의해서라기보다 경험을 통해 학습되어야 한다는 것이다. 이 가정을 따라, 반의어 학습 연구(예, Ervin 1963; Charles and Miller 1989; Justeson and Katz 1991)는 사람들은 말이나 글에서 낱말들의 연상(공기(共起)로서)을 경험함으로써 그 낱말들이 반의어라는 것을 알게 된다고 종종 가정한다. 더 깊은 논의는 5.4.4에서 다루어진다.

Deese의 모형은 그 당시에 큰 주의를 끌지 못했고, 행동주의의 가설에 깊이 빠진 이래로 원숙하지 못했다. 그럼에도 불구하고 그 모형은 1980년대 WordNet 모형(특히, WordNet의 형용사 어휘사전의 처리방식; Gross and Miller 1990; K. Miller 1998)에 대한 영감의 근원이었다. 이것은 3.4.2에서 다루게 된다.

연상론 견해와 대조되는 것으로 범주화의 "고전"이론들이 있다. 이들은 개념들의 머릿속 표시는 그 개념범주의 원소성에 대한 필요충분조건의 어떤 표시를 포함한다고 가정한다. 그래서 예를 들면, 낱말 *girl*의 의미는 [+HUMAN, −ADULT, +FEMALE]과 같은 의미자질들(1.3.1에서 소개된)로 구성될 것이다. 의미의 그런 성분표시를 포함하는 대부분의 이론들은 철학과 언어학에서 유래했지만, 심리학자들(예, Brunner 외 1956; Armstrong 외 1983)에 의해 테스트되었다. 고전적 접근방식은 3.2.1에서 한층 더 깊게 논의된다.

의미에 대한 고전적 성분이론들은 개념구조에 관한 Rosch의 선구자적 연구(1973, 1975, 1978; Rosch and Mervis 1975)에 의해 도전을 받았다.

Rosch에 의하면, 다양한 확인 및 범주화 과업에서 실험대상자들은 범주들이 불명확한(fuzzy) 가장자리를 가진 것으로 취급했고, 범주 원소성은 그 범주의 원형 보기(또는 이상적 원소의 추상화)에 대한 원소들의 유사성에 의존하는 것 같다. "필요충분조건"과는 다르게, 원형 접근방식은 한 범주 원소가 이상적인 것에 대한 몇몇 불명확한 기준들을 충족시킬 것만을 요구한다. 그래서 어떤 두 원소가 공통적으로 소유해야 하는 특성들의 어떤 특정 집합이 존재하지 않는다.

Rosch(1978)는 원형들이 개념들에게 수평적 조직을 제공한다고 그 특징을 설명했다. 즉, 원형들은 분류위계조직의 어떤 단일의 층위에서 다른 것들을 표시함으로써 서로 대조를 이룬다. 수직적(즉, 분류위계적)조직은 범주화의 다른 층위들, 특히, 기본층위(지각적으로, 언어적으로, 그리고 개념적으로 가장 현저한 층위)와 그것의 하위층위와 상위층위의 형태를 취한다. 따라서 그 모형은 부류포섭과 대조관계를 인정한다. 그러나 범주들은 불명확한 가장자리를 가지므로(즉, 경계역(境界域)의 경우는 문맥에 따라 범주의 부분이 될 수도 있고 그렇지 않을 수도 있다), 범주들이 중첩될 수 있다는 점에서 범주들의 관계도 불명확하다. 따라서 LIQUID는 SOLID와 대조를 이루지만, 또한 중첩도 이룬다. 그래서 그 두 범주는 원소들(SLUDGE<슬러지, 침전물>와 같은)을 공유한다.

Rosch의 연구는 낱말 의미가 아니고 개념적 범주화에 관련이 있다. 그래서 그녀가 어휘대조와 하위관계를 기술했다고 말할 수 없을 것이다. 그러나 단순 개념들에 관한 어떤 이론도 낱말 의미에 관한 이론으로 처리될 것 같고, 일부 언어학자와 심리학자들은 원형이론을 언어적 의미이론으로 채택했다(예, Hampton 1991; Taylor 1995). 또한 원형이론은 품사범주(Hopper and Thompson 1985), 문법관계(Givón 1984), 그리고 의미관계(Cruse 1994)와 같은 언어범주로 확장되었다. 의미관계에 대한 원형 접근방식은 관계유형이 관계성분들로 구성된다고 주장하는 관계원소이론(Relation Element

Theory: Chaffin and Herrmann 1984)과 대조를 이룬다. 이 제안들은 3.5에서 논의될 것이다.

일반적 범주화로 되돌아가서, 고전적 접근방식과 원형 간의 타협은 개념적 자질이 두 유형인 자질-비교 접근방식(예, Rips 외 1973; Smith 외 1974; McClosky and Glucksberg 1979)에서 제안된다. 어떤 개념도 범주원소들의 필요한(반드시 충분하지는 않지만) 특성들인 정의적 자질들 중 한 핵심을 가지는 반면에, 원형적 또는 특성적 자질들은 범주원소들이 일반적으로 또는 특성적으로 가지는 자질들이다. 대부분의 원형적 자질들을 가진 잠재적 범주 원소는 핵심자질들만 가진 것보다 그 범주의 더 좋은 보기이다. 따라서 울새(robin)는 날개(물갈퀴가 아니고)를 가지고, 날고(헤엄치지 않고), 나무에(얼음 위가 아니고) 둥지를 가지기 때문에, 펭귄보다 새의 더 좋은 보기이다. 그럼에도 불구하고 둘은 새이고, 핵심적인 정의적 자질들(예, 알에서 부화되고, 모피보다 깃털을 소유함)을 공유하고 공통적인 다른 자질들(예, 부리를 소유함)을 가진다. 자질-비교 모형들의 *비교*는 개체들이 범주원소인지를 결정하는 과정을 가리키는데, 이것은 개체의 특성들을 그 개념의 핵심자질 및 원형자질들과 비교함으로써 행해진다. 자질-비교 모형들에 있어서, 의미관계들은 연산되고, 개념창고에 직접 표시되지 않는다(Glucksberg 1987). Smith and Medin(1981)이 주장하듯이, 자질비교 과정 그 자체는 그런 관계들을 결정하는 데 이용될 수 있다. 이 경우, 핵심자질들은 개념들 간의 관계를 예측하고, 확인 절차는 범주화 과정에서 원형효과를 허용한다. 그래서 예컨대, 핵심자질들이 PENGUIN이 BIRD 범주에 속한다는 것을 결정한다(그리고 어휘적으로 말하자면, *penguin*은 *bird*의 하위어로 인식될 것이다). 그러나 확인 절차가 이 범주 부여를 방해할 것이다. Smith and Medin은 한 범주의 덜 전형적인 원소들이 전형적인 원소들보다 더 많은 자질을 가지므로 자질-비교 과정이 더 오래 걸린다고 제안한다. ROBIN, PENGUIN, 그리고 BIRD의 관계들은 저장되기보다 연산되므로, *robin*이나 *penguin*이 *bird*의 하위어라는 것은 다소간 사실이 아니지만, 그럼에도 불구하고 한 관계가 다른 한 관계보다 더 빨리 인식된다는 것은 놀랄 만한 일이 아닐 것이다. 자질-비교 모형들은 3.2에서 설명된 성분분석이론들과 잘 들어맞는다.

연상적 기억 안에 있는 계열적 관계들을 포함하는 다른 많은 연구는 의미기억을 전산망으로 표시하려는 시도들을 포함했다(Collins and Quillian 1969, 1970, 1972). 3.4에서 이들을 다시 다루겠다.

이들은 지난 수십 년 동안 제안되어온 범주화에 대한 많은 접근방식들 중 극소수에 불과하지만, 그들은 성분분석론(3.2) 대(對) 연상론(3.3, 3.4)과 전체론(3.4)의 문제에 초점을 맞추기 위하여 여기서 부각되어졌다. Deese의 연구(와 3.4.2에서 논의될 WordNet 그룹의 연구)를 제외하고, 여기서 논의된 범주화에 관한 심리학적 접근방식들은 상위의>하위의 (SUPERORDINATE>SUBORDINATE) 관계들에 가장 관심이 있다는 점에서 인류학적 관심을 모방한 것이다. 이것은 범주화가 그들의 초점이라는 사실과, 그리고 위계적으로 조직된 개념들이 범주화에 대한 심리학적(그리고 인류학적) 접근방식들에서 선호된다는 사실에서 자연스럽게 나온다. 그러나 이 위계적 관계들에 대해 초점을 맞추는 것이 의미하는 바는 이 접근방식들이 낱말들 간의 관계를 연구하는 데 제한적으로 흥미롭다는 것이다. 제6장에서 더 깊게 논의되겠지만, 하위관계는 머릿속에서 낱말들 간의 관계로(어휘내적으로 또는 어휘외적으로) 저장되지 않을 것 같다. 그래서 ROBIN과 BIRD의 관계는 개념 영역에 명시적으로 표시될(또는 표시되지 않을) 수 있겠지만, 어휘관계인 robin<bird가, 또는 어휘외적 지식인 ROBIN<BIRD가 거기에 표시된다는 증거는 거의 없다. 하위관계의 어휘적 관계는 하위화의 개념적 관계를 직접 반영한 것이므로, 범주화 이론들은 하위관계가 연산되는 방식을 설명해 준다. 그러나 그것은 하위관계(즉, 낱말들 간의)로 간주되지 않고, 사물들 간의 관계로 간주되고, 그런 뒤에 낱말들 간의 관계로 표시된다. 따라서 본 장의 뒷부분에서는 범주적 위계들을 설명하는

데 주로 열중한 접근방식들에 대해서라기보다, 완전한 범위의 의미관계들에 더 관심이 있는 접근방식들에 대해 더 많은 관심이 기울어질 것이다.

이 절은 단지 의미관계들의 연구에 대한 심리학적 기여의 겉만 다루었을 뿐이다(핵심을 다루지 않고). 물론, 이 책의 곳곳에서 알 수 있듯이 심리학은 우리의 논의에 특별히 실험적 연구를 기여했다. 최근에 심리학에서 화용적 관계들에 관한 가장 활발한 논의는 프린스턴 WordNet 그룹(the Princeton WordNet group)이 선도해 왔고, 1980년대에는 Chaffin과 Herrmann 그리고 그들의 동료들이 이끌었다. 그들의 기여는 이 책의 곳곳에서 그리고 본 장에서 언급되고, 3.4.2와 3.5.2는 각각 그들의 기여에 관한 것이다.

3.1.5 컴퓨터과학

어휘관계들에 대한 관심은 컴퓨터과학에서 많은 형태를 띠는데, 어휘사전이 "자연언어 처리에 중심적인 성분"(Handke 1995: v)이므로, 이것은 그렇게 놀랄 만한 일이 아니다. 앞의 절들에서 언급했듯이, 문화적 지식(인류학에서)과 의미기억(심리학에서)의 가장 정교한 모형들 중 일부는 컴퓨터 모형 기술을 이용한다. 따라서 인공지능은 심리학, 인지인류학, 그리고 언어학의 결합된 지적 산물을 응용한 것이지만, 동시에 인공지능은 그들에게 머릿속 표시와 과정의 모형들을 만드는 데 기반이 되는 컴퓨터 은유를 제공함으로써 더 전통적인 분야들을 조장한다. 컴퓨터 의미망들은 많은 실용적 NLP(자연언어처리) 과업들을 위해 귀중하다. 이들은 낱말-의의의 명료화(한 문맥에서 한 낱말의 다른 낱말들과의 관계를 표시함으로써 그 낱말의 적절한 의의를 찾는), 검색 엔진(조회에 적절한 개념장을 인식하기 위해 관계들을 이용하는), 그리고 어휘적 데이터베이스 형성(사전편집 도구의 자동화된 이용을 통해 한 의미망 안에서 한 낱말의 위치를 결정하는)을 포함한다.

어휘-의미적 관계들이 인공적인 어휘적 및 개념적 구조들(즉, 지식표시:

knowledge representation)을 만드는 문제에 중심적인 것이다. 전형적으로 그런 구조들은 분류관계로 또는 더 다양하게 구조화된 의미망으로 모형화되는데, 동의어·반의어사전 은유를 이용한다(제1장을 보라). 그런 모형들을 자세히 조사할 때 즉각 발생하는 한 문제는 그들이 어느 정도로 인간의 머릿속 어휘사전 모형의 역할을 할 수 있는가라는 것이다. Collins and Quillian(1972: 311)은 다음과 같이 언급한다: "컴퓨터에 대하여, 한 이론이 올바른가라는 질문에는 심리학자들에 대해서보다 완전히 다른 방식으로 응답된다." 당장 떠오르는 컴퓨터와 인간 시스템의 몇몇 차이는 NLP시스템이 일반적으로 지시능력이 아니고 추론능력을 위해 만들어진다는 사실과 관련이 있다. 그래서 예컨대, 우리는 고양이는 동물이고 동물은 구상적 대상물이라는(따라서 *The cat has no dimensions*<고양이에게는 버스트·웨이스트·히프의 사이즈가 없다>와 같은 진술문은 의미적으로 변칙적이라는) 것을 컴퓨터가 알도록 만드는 데 관심이 있고, 실제의 개를 인식하고 명칭을 붙이는 데 요구되는 컴퓨터 시스템을 만들 것 같지 않다. 컴퓨터는 전형적으로 어떤 종류의 언어 입력을 통해(직접 경험을 통해서라기보다) 이 세계와 상호작용하므로, 인간 인지모형에 요구되어질 언어적/개념적 구분을 유지하려고 노력하기보다 의미지식을 어휘지식으로 표시하는 것이 더 경제적일 것이다. 전산 언어학자들이 언어해석에서 세상지식을 통합할 필요를 점점 더 많이 알게 된 반면에, 전산 어휘사전은 이론언어학의 머릿속 어휘사전보다 의미내용에 있어서 더 가득 차게 되는 경향이 있다. 후자는 점차적으로 의미적으로 빈 것(개념지식 안에 있는 비-언어적 의미정보에 대한 지침만을 포함하는)으로 간주되어 왔다. (예컨대, 어휘사전은 의미적으로 비어 있어야 한다는 언어학자 Nunberg(1978)의 주장과 어휘사전은 풍부하게 구조화된 정보로 가득 차야 한다는 전산 언어학자들의 접근방식을 비교해 보라: 예, Copestake 1992; Pustejovsky 1995.) 한편, 컴퓨터 프로그램은 (인간의 머리와 다르게) 특정한 과업을 위해 만들어지고 보통 지시적 능력을 요구하지 않으므로, 전산 어휘사전에 대해 요구되는 정보의 양은 머릿속 어휘사전에 대해 요구되는 정보의 양보다 상당히 더 적거나, 상당히 다를 것이다. Wilks, Slator, and Guthrie (1996: 71)는 다음과 같은 결론을 내린다. "머릿속 어휘사전이 어떤 것으로 판명이 날지라도, 우리에게는 그것과 동일한 구조의 전산 실재물이 NLP에 대해 요구된다는, 육감과 분리된, 증거가 없다.

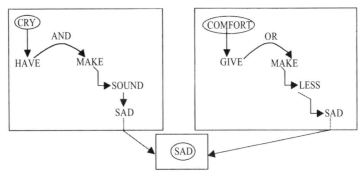

그림 3.1 Quillian(1968)의 의미망

우리는 낱말들 간의 관계에(문장 분석이나 다른 NLP 프로젝트라기보다) 관심이 있으므로, 여기에서 가장 관심을 끄는 것은 의미망 모형이다. 의미망의 역사는 보통 Quillian의 연구(1962, 1966, 1967, 1968), 특히 그의 1966년의 논문에서 시작된다. (더 상세한 역사에 대해서는 Sowa 1991을 보라.) 비록 망이 이미 기계번역에서 연구되고 있었지만, Quillian의 연구는 활성화 확산(2.3.4를 보라)과 평행처리를 혁신적으로 이용했다. 의미망은 단일 방향의 **연상고리(associative link)**들로 연결된 **평면(plane**: 각 평면은 한 낱말-개념을 나타낸다) 상의 교점들로 구성된다. 두 종류의 교점이 관련된다: 유형 **교점(type node)**은 한 낱말의 단일 의의를 나타낸다. 이것은 유형교점의 의의를 구성하는 요소가 되는 **징표교점(token node)**에서 되풀이하여 나타날 수 있다. 평면 안에서 교점들 간의 관계는 유형에서 징표로의 하위부류 관계와 징표에서 징표로의 관계들을 포함한다: 수식, 이접과 연접, 주어와 목적어. 평면들 사이에서 징표교점들은 동일한 낱말-의의를 나타내는 유형교점과 다시 연결된다. 그림 3.1은 COMFORT(위로, 편함)와 CRY(울다)에 대한 평면들과, 그리고 SAD(슬픈)에 대한 유형교점과 그들의 관계를 설명해 준다 (Quillian 1968: 250에서 가져와 약간 수정한 것임). 유형교점은 원으로 표시되어 있다.

그림 3.1은 징표교점으로서 낱말-의의들이 징표교점들의 연상 유형교점들에 대한 징표교점들의 관계를 통해 다른 의미들과 연결되면서 다른 낱말-의의들의 원소 역할을 하는 방식을 예시하고 있다. 활성화 확산은 유형과 징표의 상호관계를 추적할 수 있으므로, 추론을 가능하게 하고 의미 점화효과를 허용할 것이다.

유형들은 결코 이 의미기억 모형과 직접 관련되지 않는다. 유형들은 일련의 유형-징표 및 징표-유형 관계들을 통해 서로 간접적으로만 관련된다. 그래서 그런 망에서 DOG과 ANIMAL의 관계는 그 자체로서의 개념들이나 낱말들의 관계가 아니고, DOG 유형교점의 평면에서 [ANIMAL]의 징표 보기의 포섭이다. 그래서 ANIMAL은 DOG의 의미표시에 참여하지만, 하위관계가 여기에 표시된다고 말할 수 없을 것이다. 그 대신에 하위관계는 그 두 유형의 상호관계에 근거하여 연산될 수 있을 것이다.

그런 망은 의미에 대한 연상론 접근방식을 구체화한다. 어떤 개념도 개념들의 더 큰 시스템의 일부이고, 그 시스템의 일부로서 이해될 수 있을 뿐이다. 이 주장과 언어적으로 상호관계가 있는 것은 의미들이 상호의존적이라는 점이다. 그러나 Collins and Quillian(1972)은 개념과 정의는 다르다는 것을 분명히 한다. 예를 들면, *buy*와 *sell*은 한 단일의 개념에 의해 표시될 것인데, 낱말 의미들은 동일한 사건에 대한 두 다른 관점으로서 그 개념에 연결된다. 비록 그림 3.1을 낱말들의 망으로 간주하려는 유혹이 생기겠지만, 그것은 불행하게도 낱말들을 이용하여 표시되어야 하는 개념들의 망이다. 따라서 의미망은 낱말들 간의 관계들을 결정하지 않고, 낱말들이 사상하는 의미정보를 제공하므로, 낱말들 간의 관계를 연산하기 위한 의미적 기초를 제공한다.

많은 망모형들은 심리학적 맥(예, Rumellhart 외 1972; Anderson and Bower 1973; Glass and Holyoak 1974-75; Collins and Loftus 1975)과 인류학적 맥(3.1.3의 Werner에 관한 논의를 보라)을 따랐다. 컴퓨터와 관련하여 망들이 너무 복잡해지고 있었기 때문에, 1970년대 말까지 이런 노력의 속도는 느려졌다. 사용자 인터페이스(사이틀)의 개선에 잇따라, 그 노력은 1980년대 후기에 부활되었다(Handke 1995; 보기에 대해서는 Evens 1988을 보라). 1980년대 말에 WordNet이 시작된 이래로(3.4.2를 보라), 많은 전산 언어학 관련 프로젝트는 관계적 정보를 그것에 의존해 왔다. 오늘날의 컴퓨터 망은 그 이전의 망보다 인간기억 모형의 역할을 훨씬 덜 수행할 것 같고, 컴퓨터에 응용되도록 훨씬 더 잘 개발될 것 같다(Handke 1995).

의미망에 관한 후기의 연구에 있어서 한 혁신은 망에 표시될 수 있는 의미지식을 결정하기 위해 인간에 의해 수행되는 언어적 분석에서 떠나는 것이다. 많은 더 최근의 그리고 현재의 연구는 망으로 표시된 의미기억 모형들을 위한 관계적 정보를 추출하기 위해, 컴퓨터가 자연언어 텍스트들(특히, 기계가 읽을 수 있는 사전들)을 통해 어휘지식을 습득하는 수단을 개발하는 것에 관심이 있다. 이 방향으로 수행된 초기의 노력들 중 하나는 Amsler(1980)이지만, 많은 방법들과 자료사전들이 그 이래로 시도되어 왔다. 어휘항목들의 상위어들을 찾는 것은 비교적 쉬운 일로 판명되었다(Veronis and Ide 1991; Calzolari and Picchi 1994). 그 이유는 사전의 정의들은 보통 변별적 특성들(사전편집의 용어로는 유<類>개념<genus>과 변별적 특성<differentiae>)이 뒤따르는 상위어를 포함하기 때문이다.

신경망(neural network; 또는 연결론<connectionist> 모형)의 발전은 컴퓨터에 의해 구성되는 어휘망의 개발에 도움을 주었다. 전통적인 망들은 어휘항목들 간의 관계들을 서술적 지식 입력으로 처리하는 반면에, 신경망 프로그램은 교점(node: 또는 처리원소<processing element>)들의 구별되지 않은 망들로 시작되는데, 훈련 경험에 근거하여 교점들 사이의 연상이 강화되거나 약화된다(Rumelhart 외 1986을 보라). 이 모형들은 활성화확산에 대한 관심에서 발생했고, 그것을 의미관계들에 관한 이론가들의 언어외적 생각에 의해 구조화된 한 시스템이라기보다 의미 시스템들의 자연적 진화를 포함하는 방식들로 적용한다. 예컨대, Shastri(1988, 1991)는 하위적 위계들이 표시되는 의미망들에 대한 연결론 접근방식을 제안한다. 그의 주된 목적은 추리 시스템을 만들기 위해 이 세계에 관한 사실들과 규칙들의 표시들을 가진 이 IS-A 위계들을 결합하는 것이다. 그래서 이곳에 그 시스템의 테스트가 집중되었다. Neff(1991)는 어휘의미의 문제에 더 직접적으로 관심이 있다. Labov(1973)의 *cup(컵)*과 *mug(손잡이 있는 컵)*의 퍼지적 의미들에 관한 연구에 잇따라, Neff는 그 낱말들을 새로운 상황에서 적절하게 응용할 수 있도록 그 낱말들의 의미들에 대한 자질에 근거한 표시들을 개발하기 위해 신경망을 훈련시켰다. 그녀는 연결론에 근거한 어휘사전은 한 무리의 어휘 내항들로 구성되지 않고, "어휘항목들의 활성화를 한데 뭉뚱그려 만드는 상호연결된 교점들의 망"(1991: 199)이라는 것을 보여 준다. 물론, 이것은 어휘관계들을 어휘항목들 간의 연결로 표시하는 것을 배제한다. 왜냐하면 그 항목들은 분리되어 있지 않기 때문이다. "동의관계 및 대립과 같은 어휘관계들은 그 연결에 고유한" 것이기 때문에, Neff는 이것을 유리하다고 생각한다. "예컨대, 대립어들은 결정적인 정의적 자질을 제외하고 자질에서 낱말로의 동일한 연결을 가진다"(Neff 1991: 201). 따라서 Neff의 연결론 접근방식은 3.2에서 논의된 성분분석 접근방식을 모방한 것이다. 그러나 이것은 연결론 모형들도 본질적으로 항상 성분분석적이라는 것을 의미하지 않는다. 그 이유는 자질에 근거하지 않은 연결론 모형들도 개발될 수 있기 때문이다. 낱말들 간의 관계들을 인식하고 제안하는, 연결론에 근거한 시스템을 개발하려고 노력하는 것은 재미있고 활기찬 실험이 취할 방도이겠지만, 내가 알고 있는 한, 아직까지 아무도 그것을 시도하지 않았다.

마지막으로, 최근에 전산언어학은 의미에 대한 더 많은 성분분석 접근방식 쪽으로의 강한 이동을 경험했다. 이 이동은 ACQUILEX 어휘지식 베이스 시스템(Briscoe 외 1993에 실린 다른 논문들뿐만 아니라 Copestake 외 1993을 보라)과 Pustejovsky의 생성 어휘사전(1991, 1995)에 참여한 연구자들에 의해 특별히 잘 나타난다. 이 접근방식들은 상속과 기정(旣定: default)의 위계들에서 자질명세를 이용하는 의미를 표시한다. 대체로, 이 이론가들은 계열적 관계들의 본질에 관해 논의하지 않고, 자질-상속 시스템의 본질이 그런 관계들의 파생을 허용한다고 생각한다.

인류학과 심리학에서처럼, 상위범주가 "한 개념의 접근가능성이 가장 높은 특성"(Collins and Quillian 1972: 320)이므로, 상위어들과 하위어들 간의 관계는 대부분의 전산 접근방식에서 특별한 관심을 받는다. 이들은 개념적 관계이거나 낱말들 간의 관계이므로, 분류위계적 관계의 현저성은 서술적 의미지식을 나타내는 데 대한 전산 언어학자들의 관심과, 동사나 형용사에 관련된 개념보다 하위관계/상위관계의 관계에 일어날 가능성이 더 높은, 구상적인 가산명사 의미 연구로의 일반적인 편향을 반영한다. 유사성 관계들(동의관계와 근사-동의관계)도 NLP에서 관심을 받았다(특히, Hirst와 그의 제자들의 연구를 통해, 제4장을 보라). 이 관심은 부분적으로 *potential, possible*과 같은 근사-동의어들 중 하나를 적절하게 선택할 수 있는 자연언어 생성 시스템을 만드는 실용적인 문제에서 기인한다. 많은 전산 언어학 관련 문헌에서 현저하게 빠진 것은 대조가 의미기억에서 한 조직원리가 될 수 있을 것이라는 지적이다. 의미망은 전형적으로 IS-LIKE나 HAS-A와 같은 항목들 간의 긍정적인 관계를 보여 주지만, IS-NOT과 같은 대립적 관계는 거의 포함하지 않는다.11) 이 일반화의 한 예외는, 3.4.2에서 논의되겠지만,

---

11) 예컨대, Collins and Quillian(1972)은 의미기억에 중요한 관계 유형들에 관해 논의한

형용사에 대해 일차적인 조직적 작용방식(메커니즘)으로, 그리고 동사와 명사에 대해 중요치 않은 관계로 대립을 이용하는 WordNet의 데이터베이스이다.

3.1.6 다음 단계들

본 절은 여러 학문이 의미관계들에 기울이는 관심을 다루었다. 그 목적이 역사를 고찰하는 것이었기 때문에, 개관은 그다지 비판적이지 않았다. 한 학문이나 많은 학문에 있는 다양한 모형들에 걸쳐 되풀이하여 동일한 비판을 할 수 있었기 때문에, 이것은 아주 좋다. 다음 절들은 비판적 목적을 가지고 있다. 따라서 학문적 노선이라기보다 이론적 노선을 따라 구분된다.

비판적 관점을 취할 때, 우리가 각 접근방식에 관해 물어야 할 질문들은 다음과 같다:

- 어떤 실재물들이 의미관계를 맺는가 — 낱말들, 낱말의미들, 또는 개념들?(세 층위 모두 이론에 의해 구분되는가?)
- 모형에 대해 심리언어학적으로 그럴 듯한 어떤 주장을 하는가?
- 의미와 관계 중 어느 것이 먼저인가? 의미관계들은 어휘항목들이나 개념항목들 간의 (자의적) 의미에 있어서 유사성의 결과인가? 혹은 낱말의미는 낱말들 간의 (자의적) 관계들로 부분적으로 또는 완전히 구성되어 있는가?

마지막 질문은 한 접근방식을 다음의 절들 중 한 절에 배치함으로써 부분적으로 대답된다. 3.2는 의미들이 하위어휘적 의미성분들에 의해 분명히 표시되는 성분분석 접근방식을 다룬다. 이것은 의미관계들이 그 의미들에서 논리적으로 도출되는 것을 허용한다(비록 모든 성분분석 접근방식들이 다

다. 그들은 상위화와 유사성을 포함하고, 특별한 의미장에 대해 부분/전체와 선행/결과를 포함한다. 어떤 형태의 대조나 대립도 언급되지 않는다.

이것을 이용하지는 않지만). 나중에 3.4는 전체론적 연상론 모형들을 다루는 데, 이 모형들에서는 낱말들이 내적 의미구조를 가지지 않고, 다른 낱말들(이들을 통해 의미가 발생하는)과의 관계들만 가진다. 이 두 극단적 견해 사이에 3.3의 온건한 연상론 접근방식들이 존재하는데, 한 낱말의 어휘내항에 있는 정의적 정보와 어휘-의미적 관계사들의 분명한 목록을 포함한다.

3.2 파생된 관계: 사전모형

제1장에서는 어휘사전에 대한 두 은유(사전과 동의어·반의어사전)에 관해 논의했다. 사전은 낱말들에 대해 종종 그 의미들을 작은 부분들로 나누어 정의하는 반면에, 동의어·반의어사전은 낱말들 사이의 관계를 보여 준다. 이 절에서의 접근방식은 사전 은유를 따른다. 따라서 특정 낱말에 대해 머릿속에 표시되는 의미정보는 정의할 수 있는 부분과 경계를 가진다. 사전모형의 가장 간단한(즉, 사전 같은) 것은 하위-어휘 성분들로 낱말의미를 만들 것이며, 이것이 내포적 관계들을 예측하려고 시도하는 데 있어서 가장 생산적인 수단이다. 만약 낱말들 사이의 의미관계들이 의미성분들의 이 형상들에 근거하여 예측될 수 있다면, 그 모형은 내장된 동의어·반의어사전이 필요하지 않을 것이다. 따라서 의미관계들은 의미의 생산자이라기보다는 의미의 산물이다(3.4 참조).

3.2.1 어휘의 성분분석

어휘의미에 대한 성분분석적(또는 해체적[12]) 접근방식들은 널리 읽혀진

---

12) *해체(decomposition)*라는 용어는 의미들을 의미 구성성분으로 잘게 나누는 과정을 말한다. 이 용어는 언어이해(즉, 언어사용자에 의해 온라인으로)의 한 과정을 기술하는 데 또는 언어분석(즉, 언어학자들에 의해 오프라인으로)의 한 과정을 기술하는 데 사용될 수 있다. 이런 중의성 때문에 나는 *해체*라기보다는 *성분분석*

Katz and Fodor의 논문 "의미이론의 구조"(1963)에 의해 주류 생성언어학에서 일반화되었다. 그런 이론들은 낱말 의미들을 의미 본원소(semantic primitive) 들 즉, 의미 자질(semantic feature)들과 그들의 명세(specification)들로 해체한 다. 몇몇 학자들에게(예, Bierwisch 1982, 1989; Bierwisch and Schreuder 1991), 그런 성분들은 머릿속 어휘사전에 들어있는 내항들의 의미 내용을 구성한다, 다른 몇몇 학자들(예, 그 중에서도 특히, Jackendoff 1983)에게, 성분으로 표시되는 의미는 개념 영역에 위치한다. 그런 접근방식들은 사전들과 구성성 분 모형들이 제한된 메타언어(언어를 기술하는 데 이용되는 낱말들)를 사용 하여 어휘항목들을 정의하려고 시도한다는 점에 있어서, "사전으로서의 머릿속 어휘사전" 은유에 충실하다. 사전의 경우 메타언어는 언어와 완전 히 구분할 수는 없다. 그래서 어휘항목들은 언어의 다른 어휘항목들을 이용하여 정의된다. 이 때문에 사전들은 정의를 내리는 데 (어떤 층위에서) 순환적이다. 머릿속 어휘사전의 의미 성분모형은 언어 그 자체 이외의 메타언어를 선택함으로써 그 순환성을 피거나 줄인다. 그런 메타언어는 하위-어휘적 의미자질들로 구성될 수 있거나(예, Katz and Fodor 1963; Bierwisch 1989; Jackendoff 1990; Pustejovsky 1995)[13], 또는 의미 본원소적으 로 생각되는 매우 제한된 수의 어휘항목들을 이용할 것이다(Wierzbicka 1972, 1996).

의미관계들의 예측가능성은 의미성분들을 옹호하는 주장에 종종 이용된 다. Fodor(1977)는 그 주장을 다음과 같이 잘 요약하고 있다:

> 만약 한 어휘항목, 예컨대 *father*의 의미가 성분들로 분석되지 않으면, 문법 은 그 어휘항목의 의미특성들과 의미관계들을 독립적인 사실들로 단순히

---

*(componential analyses)*을 사용한다.

13) 물론, 그런 자질들에 관해 기술할 때, 이론가들은 자질들에 이름을 붙여야 한다. 일반적으로, 이론가들은 기억을 돕는 값을 이용하여 자질들에 이름을 부여한다 (**MALE** 이나 **BOVINE**처럼). 그래서 종종 의미자질들이 낱말들인 것처럼 보인다.

열거하기만 하면 될 것이다. *father*는 *male parent*인 것으로; *father*는 *mother* 와 반의적인 것으로; *male father*는 잉여적인 것으로; *deciduous*(낙엽성의; 일시적인) *father*는 변칙적인 것으로; *female father*는 모순대당적인 것으로; 기타 등등. 이것은 기술적으로 비경제적이고, 더 중요한 것은 이 특성들이 서로 독립적이지 않다는 사실을 놓칠 것이란 점이다. *elephant*(코끼리)와 동의적인, *raspberry*(나무딸기)와 반의적인, *oxidized*(산화된)에 대해 잉여 적인, *sad*에 대해 모순대당적인, 그리고 *archeological*(고고학의, 고고학적 인)을 함의하는 낱말은 없을 수도 있다. 의미에 대한 성분접근방식은 이것 을 보장한다. (1977: 145)

그 주장은 낱말 성분들 간의 유사성과 상이성에 의해 의미관계들을 정의 함으로써 의미관련성을 보증한다. 예컨대, (8)의 *cow*(암소)와 (9)의 *bull*(황 소)에 대한 기술(자질은 고딕체로, 명세는 명조체의 작은 대문자로)은 필요 충분조건을 이루는데, 이 필요충분조건에서 한 대상물이 이 범주들 중의 하나에 속하는 것은 사실이다. *cow*에는 가능한 두 가지 의의가 있다. (8a)는 어떠한 소도 포함하고, (8b)는 어른 암소에 한정된다. 두 의의는 *cow*의 어휘 내항에 포함된다.

(8) *cow* (a) [SPECIES: BOVINE]

      (b) [SPECIES: BOVINE, AGE: ADULT, SEX: FEMALE]

(9) *bull* [SPECIES: BOVINE, AGE: ADULT, SEX: MALE]

몇몇 성분분석 접근방식은 잉여성 규칙들(**redundancy rules**)을 포함함 으로써 경제성을 가지게 된다. 그런 규칙들은 자질들의 층위를 확립하는데, 만약 한 의미표시가 자질 *y*를 포함하면, 자질 *x*의 포섭이 함의된다. 그래서 예컨대, *cow*는 SPECIES(종)에 대해 값을 가지므로, *cow*는 동물이고, 대상 물, 등등이라는 정보를 상속받는다. 이 잉여성 층위는 낱말이 아니고, 하위- 어휘 자질들 사이의 관계를 포함한다는 것에 유의하라.

동의관계, 반의관계/대조, 하위관계/상위관계는 모두 한 낱말군의 자질명세에 있어서 유사성과 차이에 의해 정의될 수 있다. 두 낱말이 동일한 자질명세의 의의들을 가질 때, 동의관계가 발생한다. 따라서 *cow*의 의의 (8a)는 그 의의 [BOVINE](소의)에 있어서 *cattle(집합적 소)*과 동의적이다. 두 낱말이 동일한 수의 의의들을 가지고 그 두 낱말 사이에 동일한 의의들의 일대일 대응관계가 있으면, 그 두 낱말은 완전히 동의적이다.

최소로 다른 의의 쌍들 사이에 반의관계가 발생한다. 의의들은 하나를 제외하고 아주 동일한 명세를 가진다는 점에서 최소로 다르다. 따라서 *cow*의 의의 (8b)와 *bull*의 의의 (9)는 한 자질(SEX)을 제외한 모든 자질에 대하여 동일한 값을 가진다는 점에 있어서 반의적이다. *bull*과 *cow*의 의의 (8a)는 둘 이상의 자질에서 다르므로 반의적이지 않다.

하위어는 그 상위어와 아주 동일한 자질들을 가지지만, 또한 하위어를 그 상위어보다 외연에 있어서 더 좁게 만드는 추가적인 자질을 가진다. 따라서 몇몇 자질들과, 그리고 잉여성 규칙들을 통하여 상속받은 다른 자질들을 가진 낱말의미는 상속받은 자질들의 집합만 가진 낱말의 하위어가 될 수 있다. 예컨대, *cow*는 그 명세 [SPECIES: BOVINE]에 의해 [FAMILY: MAMMAL]을 상속받는다. *mammal(포유동물)*은 [FAMILY: MAMMAL]을 포함하지만, *cow*에 있는(*cow*에 의해 상속받은) 정보보다 더 많은 또는 그 정보와 다른 정보를 포함하지 않기 때문에 *cow*의 상위어이다.

어휘관계들의 정의는 모두 낱말 자질 명세의 유사성에 의존하므로, 어휘 항목들 간의 자의적 연결이 예방된다. 그래서 Fodor의 보기를 다시 살펴보면, *oxidized(산화된)*와 *sad*는 공통적인 것이 거의 없으므로, 전자가 후자의 대립어나 하위어나 동의어가 되는 것이 예방된다.

1960년대와 1970년대 초에 성분분석 모형에 대해 많은 관심이 기울어진 뒤, 해체분석(과 실제로 어휘의미론)에 대한 생성의미론의 관심이 추락했는데, 생성의미론에 반대되는 증거(Newmeyer 1986을 보라)와 언어사용에 있

어서 범주적 원형효과의 입증(1.3.3과 3.1.4를 보라) 때문이었다. 오늘날 다
양한 이론가들(예, Jackendoff 1990; Pustejovsky 1995; Wierzbicka 1996)은
앞의 간단한 모형보다 훨씬 더 정교한 성분분석 접근방식을 사용한다. 그러
나 이 성분분석의 부흥은, 비록 대부분의 지지자들이 성분분석 접근방식이
의미관계들을 예측하기 때문에 전체론적 접근방식보다 우수하다고 주장하
지만, 계열관계들에 관한 분명한 논의를 거의 포함하고 있지 않다.[14]

Bierwisch의 형용사에 관한 구성성분 연구(1967, 1989)는 적어도 반의관
계를 다루는데, 왜냐하면 그것이 등급매길 수 있는 형용사의 설명에 중심적
이기 때문이다. Bierwisch(1989)에게 차원형용사의 의미는 (10)의 공식에 의
해 표현되는데, QUANT DIM이 나타내는 것은 의미가 한 차원에서 양을
표현한다는 것이다. 이것은 v(문맥적으로 결정되는 값) 플러스 또는 마이너
스 c(명시되거나 명시되지 않는 값)와 동등하다.

(10) $(\lambda c)\lambda v[[\text{QUANT DIM X}] = [v \pm c]]$

v와 c의 정확한 확인은 우리의 목적상 필요하지 않다. 관련된 것은 플러
스-마이너스 기호이다. 어떤 특정한 차원 형용사의 의미표시도 '플러스'
또는 '마이너스'를 가진다. 따라서 등급매길 수 있는 반의관계의 이분적
성격은 그 형용사들의 의미표시에 의해 예측된다. 보기 (11)은 *tall*과 *short*
에 대한 의미표시를 보여 주는데, 이것은 수직적 차원을 나타낸다.

(11) a. *tall* : $(\lambda c)\lambda v[[\text{QUANT VERT X}] = [v + c]]$
   b. *short* : $(\lambda c)\lambda v[[\text{QUANT VERT X}] = [v - c]]$

RC원리에 의해 *tall*과 *short*는 가장 최소의 방식에서 의미적으로 다르기

---

14) Fodor and Lepore(1998)는 Pustejovsky가 자신의 접근방식이 계열적 관계들을 설명
   한다고 주장하지만 그 주장을 증명하지 못한다고 Pustejovsky(1995)를 비판한다.

때문에 반의어들이다.

위의 처리방식과는 다르게, Wierzbicka(1996; Goddard and Wierzbicka 1994)의 의미적 메타언어는 언어 그 자체에 근거하고 있는데, 모든 언어의 의미 구조에 반영된 (그녀가 주장하는) 보편적 의미들로 구성된다. 그런 프로그램이 의미관계를 설명할 수 있을지는 불분명하다. Wierzbicka의 목표는 다른 언어들에 있는 유사한 의미들 간의 구분을, 다른 형상들에서, 허용하는 보편적 의미 본원소를 발견하는 것이다(예, Wierzbicka 1997). 그녀의 우선적 관심이 의미관계를 설명하는 데보다 보편적 의미에 있다는 것은 그녀가 설정한 몇몇 본원소들(예, GOOD, BAD, BIG, SMALL)의 성격에 의해 강조된다. 그녀는 이들이 단일 본원소(예, SIZE)에 대한 +값과 −값으로 단순하게 바뀔 수 있는 가능성을 생각하면서, "'size'는 'big'이나 'small'보다 더 단순한 개념이 아니라 더 복잡한 개념이고, 그래서 'big'과 'small'에 의해서 정의되어야 할 것은 'size'이다(그 반대가 아니고)"(1996: 109)라고 주장하면서, 그것을 거부한다. 그래서 다른 분석주의자들과 반대로, Wierzbicka는 "언어에 존재하는 대립들은 그들이 몇몇 다른 원소들로 단순하게 바뀔 수 있을 경우의 그들의 모습보다 인간의 인지에 더 깊게 각인되어 있다"(1996: 110)라고 간주한다. 그러나 이것은 수십 개의 본원소들에 속하는 개념들만 설명할 수 있을 뿐이다. 그 의미가 많은 본원소들을 포함하는 낱말들은 어떤가? Wierzbicka(1996)는 규범적 반의어들이 그녀의 시스템에서 해체되는 방식의 몇몇 예를 드는데, 그 시스템에서는 정의들이 본원적 용어들로 표현된 명제들로 구성된다. *black/white*의 경우에 대하여, 그녀는 두 낱말이 대칭 형태로 표시되어서는 안 된다고 주장한다(성분분석에서는 반의어들에 관한 일반적인 주장이다). 그 주장을 다르게 표현하면, *black*은 보편적 원형(밤의 암흑)을 가지고 있지만, *white*는 그렇지 않으므로, *white*는 *black*보다 더 복잡한 개념을 표시한다. (12)의 *happy*와 (13)의 *unhappy*, 그리고 (14)의 *sad*에 관한 Wierzbicka의 분석도 반의어인 낱말을 인지하는 분명한 작용방식을 제공하지 못한다.

(12) *happy*

X는 어떤 것을 느낀다

때때로 어떤 사람이 이와 같은 것을 생각한다:

{좋은 어떤 것이 나에게 일어났다; 나는 이것을 원한다;

나는 지금 더 이상의 어떤 것도 원하지 않는다}

이 때문에 어떤 사람은 좋은 어떤 것을 느낀다

X는 이와 같은 어떤 것을 느낀다   (Wierzbicka 1996: 215)

(13) *unhappy*

X는 어떤 것을 느낀다

때때로 어떤 사람이 이와 같은 것을 생각한다:

{나쁜 어떤 것이 나에게 일어났다; 나는 이것을 원하지 않는다;

만약 내가 할 수 있다면, 나는 이 때문에 어떤 것을 하기를

원할 것이다}

이 때문에 이 사람은 나쁜 어떤 것을 느낀다

X는 이와 같은 어떤 것을 느낀다   (Wierzbicka 1996: 180-1)

(14) *sad*

X는 어떤 것을 느낀다

때때로 어떤 사람이 이와 같은 것을 생각한다:

{나쁜 어떤 것이 나에게 일어났다; 만약 그것이 일어났다는

것을 내가 모른다면, 나는 다음과 같이 말할 것이다: 나는

그것이 일어나기를 원하지 않는다; 내가 알기 때문에 나는

이것을 지금 말하지 않는다; 나는 어떤 것도 할 수 없다}

이 때문에 이 사람은 나쁜 어떤 것을 느낀다

X는 이와 같은 어떤 것을 느낀다   (Wierzbicka 1996: 180)

*happy*와 *unhappy*간에는 어떤 대칭성이 존재하는데, *happy*에는 '좋은' 또는 '원한다'가 존재하며, *unhappy*에는 '나쁜' 또는 '원하지 않는다'가 존재한다. 그러나 다른 감정 용어들에서 *happy*에 대해 유일한 대립어로 골라낼 만한 것이 *sad*에는 없다. '좋은' 느낌과 '나쁜' 느낌의 대조로는 충분하지 않다. 왜냐하면 *upset*(당황), *disappointment*(실망), *frustration*(좌절)은 모두

어떤 사람이 원하는 것을 소유하지 않음의 결과로 나쁜 감정을 포함하기 때문이다(Wierzbicka 1996). 특정한 낱말들이 반의어들이 되는 방식은 Wierzbicka의 구성성분 처리의 영역 안에 있는 것 같지 않다.

한편, 하위관계와 부분·전체관계는 KIND-OF와 PART-OF와 같은 본원소를 이용하여 Wierzbicka의 의미 분석에 직접 표시된다. 따라서 예컨대, *tiger*의 성분분석은 "a kind of animal"이라는 정보를 포함한다(Wierzbicka 1996: 367). 주목할 만한 것은 대부분의 이론가들은 이 관계들이 낱말들 간의 관계라기보다는 낱말이 나타내는 사물들 간의 관계라는 점에 동의한다는 것이다(제6장을 보라). 그러므로 Wierzbicka는 낱말 외연들 간의 개념-의미적 관계를 설명하는 반면에, 낱말로서 낱말들 간의 관계들은 조사하지 않는다.

결론적으로 말하면, 의미의 성분이론들은, 비록 반드시 그렇게 하도록 요구받지는 않지만, 어휘항목들 간의 몇몇 의미관계를 예측하는 데 사용될 수 있다(Wierzbicka의 의미 본원소의 경우에). 그런 이론들은 의미관계들이 어휘항목들의 의미들에 의존하고, 그 의미들이 복합적인 개체들로 표시될 수 있을 것이라고 기대한다. 이것은 3.4에서 논의된 입장과 대조를 이룬다. 3.4에서는 한 낱말의 의미는 그 내적 의미구조 안에서 관찰할 수 없고(의미구조를 갖고 있지 않음으로), 오히려 특히 다른 전체의 낱말들이나 개념들과의 상호관계에 있어서 그 낱말에 외적인 조건들에 의존해야 한다고 논의되었다.

3.2.2 요약 및 논평

성분분석은, 낱말들의 어떤 집합들은 계열적으로 관련되어 있고, 다른 어떤 집합들은 그렇지 않은 이유를 의미적 근거에서 설명하려고 한다는 점에서, 다음 절에서 논의될 연상이론들과 다르다. 그러나 성분분석은 어휘-의미적 방법이므로, 관련된 낱말들의 고정된 의미특성들에 근거하고 있는 의미관계들의 보기들만 설명할 수 있다. 따라서 성분분석은 색채용어들의 문맥의존적인 이분적 대립(예, 서양장기의 *red/black*, 교통신호등의

red/green)과 같은 것들을 설명하지 않는다. 심지어 문맥에 의존하지 않는 것 같이 보이는 몇몇 이분적 대립은 의미성분분석에 의해 설명하기 어렵다. *happy*와 *sad*는 규범적 반의어이지만, 그들에 대해, 그들의 대립을 설명하기 위해서를 제외하고, 더 특별히 대조적인 의미성분들로 구분할 만한 이유는 없는 것 같다. 따라서 필요한 성분이 *sad*에 대해 [+SAD], 그리고 *happy*에 대해 [-SAD]인지 궁금히 여길 수 있다. 이것은 특별히 통찰력 있는 해결책이 아니다(이 문제에 대한 더 상세한 논의에 관해서는 3.3.1을 보라).

전통적 성분분석(어휘적 구성단위성을 가정하는)은 기능적 하위관계 **(functional hyponymy)**의 어떤 경우들을 설명하지 않는다. 예컨대, *cow* < *animal* 관계는 설명할 수 있다. 그 이유는 *cow*는 *animal*이 잉여규칙들을 통하여 가지고 있는 특성들을 상속하지만, *cow* < *livestock*(가축류)은 다른 문제이기 때문이다. 전산망은 때때로 항목들의 기능을 나타내는 관계들과 성분들을 포함하지만, 그런 자질들은 정의적 및 백과사전적 정보를 분리 상태로 유지하고자 하는 어떤 이론에도 포함될 수 없다. *livestock*으로 불릴 수 있는 것의 필요충분조건은 그 산물을 위하여 사육되는 동물인 것이다. 그러나 "소이다"라는 것이 "산물을 얻기 위해 사육된다"라는 것을 함의하지 않기 때문에(들소일 수도 있기 때문에), *cow*는 가축류의 자질들을 간단하게 상속할 수 없다. 그래서 우리에게는 *livestock*이 소를 포함한다는 직관이 있지만, 이 정보는 그 성격에 있어서 의미적이 아니고 화용적이어서 관련된 낱말들의 성분분석에서 유래하지 않는다. 성분분석도 *peanut butter*(땅콩 버터)와 *jelly*(젤리)의 관계(미국 영어에서)와 같은, 비-의미적 정보에 부분적으로 의존하는 어휘관계들에 관해서는 아무 것도 말하지 않는다. 그런데 *peanut butter*와 *jelly*의 관계는 이 두 사물이 샌드위치에 어울린다는 화용적 지식과, *peanut butter and jam*이 라기보다 *peanut butter and jelly*를 들은 언어적 경험에 의존한다.

의미성분분석에서 계열적 관계들의 정의들은 대조에 의한 관계(Relation by Contrast: 제2장과 Part II)에 근거한 의미관계의 정의들과 아주 유사하

다. 왜냐하면 그들은 낱말 특성들의 비교에 의존하기 때문이다. 그러나 앞
에서 언급한 성분분석의 약점들은 의미성분들이 의미와 관련된 계열적 관
계들의 한 하위집합에만 기여한다는 것을 보여 준다. 만약 우리가 어휘관
계는 낱말들의 언어외적 표시들을 관련시킨다는 주장을 인정하면(제2장을
보라), 낱말들의 의미특성은 두 낱말을 관련시킬 때 화자들이 사용하는 정
보의 일부일 수 있다. 그러므로 성분분석은 어휘관계들의 어휘외적 처리를
보충할 수 있다. 만약 두 낱말이 많은 의미성분을 공유하면, 이것은 그들의
어휘관계를 결정하기보다는 어떤 관계를 인지하기 위한 적절한 조건을 확
립하는 것이다. 따라서 낱말들의 의미 유사성이 대부분의 계열적 의미관계
에 대해 이용할 수 있는 가장 중요한 정보이다. 그러나 만약 어휘관계가
언어외적 현상이라면, 어휘관련성의 기준은 의미 유사성과 차이에 한정되
지 않는다. 그 대신에 의미정보는 형태적, 문체적, 백과사전적, 그리고 다른
개념적 및 문맥적 정보에 의해 보충될 수 있다.

심리언어학적 증거가 성분분석을 뒷받침하는가? 이 질문에 대한 완전한
답을 여기서 제공할 수 없지만, 이 문제의 찬반에 관한 많은 주장들이 제안되
었다. Bierwisch and Schreuder(1991)는 의미성분들이 심리적으로 실재한다는
것을 시사하는 세 유형의 증거를 인용한다. 첫째 증거는 위에서 논의했듯이
그들이 의미관계를 포착한다는 것이다. 둘째 증거는 의미 원자론(atomism)
(성분론과 대조적으로)은 "개념과, 어휘항목의 의미형태 사이의 선(先)-확립
된 일치"(1991: 28)를 요구한다는 것이다. 만약 의미가 하위-어휘적 성분들로
분해되지 않으면, 개념들은 본질적으로 어휘항목들의 의미내용과 동등하게
되는데, Bierwisch and Schreuder의 주장에 의하면, 의미내용이 어휘접근의
문제를 하찮게 만든다. 셋째 증거는 많은 연구가 성분의 복잡성이나 구조가
언어처리시간이나 회상능력에 영향을 미칠지도 모른다는 것을 밝히려고 시
도해왔다는 것이다. 일부 연구는 성분적으로 복잡한 낱말들과 간단한 낱말들
사이에 처리시간 차이를 발견하지 못했지만(Fodor 외 1975; Kintsch 1974),

다른 일부 연구는 어떤 낱말들에 대한 어떤 과업들에서 그런 차이를 발견했다
(Carpenter and Just 1975; Clark 1974). Johnson-Laird(1983: 227쪽과 그 뒤에서)
는, 실험대상자들이 목표 집합과 더 많은 의미자질들을 공유할 때 비–목표어
들을 더 잘 회상한, 많은 실험을 보고한다. Gentner(1981)와 Schreuder(1978)는
동사의 의미구조가 하위술어 성분을 부호화한다고 가정하고, 만약 한 동사가
한 문장 안에서 다른 어휘항목들과 더 많은 하위술어 성분들을 공유하면,
다른 항목들이 동사 회상에 대한 신호로 더 잘 작용한다는 것을 발견했다.
성분가설에 대한 찬반주장은 3.4에서 논의될 정반대의 전체론가설에 대한
찬반주장과 비교할 수 있을 것이다.

3.3 의미 외의 관계들: 사전모형/동의어·반의어사전모형

이 절은 앞 절의 사전모형들과 3.4의 동의어·반의어사전모형들 사이에
적용되는 의미관계들에 대한 접근방식들을 다룬다. 이 이론들은 개별 어휘항
목들에 대한 어떤 의의(sense) 표시의 필요성을 인정하는 반면에, 어휘–의미
관계들의 분명한 표시가 필요하다고도 주장한다. (일반적으로, 우리는 이
모형들에 대해서 한 표제어를 정의하고 그 표제어의 동의어, 반의어 등을
등재하는 사전으로 간주한다.) 그 표제어 의미의 표시를 완성하기 위하여
또는 의미관계는 자의적이라고 주장되기 때문에(그러나 종종 두 가지 이유가
같이 인용됨), 관계들의 어휘 내 표시가 필요하다.

3.3.1에서 장이론들은 언어학과 인류학에서 성분분석 접근방식들과 흔히
연관된다. 그러나 논의되었듯이, 장이론들이 반드시 성분분석적이지 않으
며, 빈번하게 성분분석론/연상론에 양다리를 걸치고 있다. 3.3.2는 계열적
및 결합적 관계들이 의미에 기여한다고 주장하는 Cruse의 언어학적 접근방

식에 관한 것이다. 3.3.3에서 논의되는 의미 텍스트이론은 어휘내항에 사전 스타일의 정의를 단정하지만, 각 낱말에 대해 수십 개의 의미관계도 명시한다. 마지막으로, 3.3.4는 의미관계들을 설명하는 데 있어서, 결합된 사전모형/동의어·반의어사전모형의 강점과 약점들을 검토한다.

3.3.1 장(field)과 틀(frame)

3.1.2에서 언급했다시피, 어휘장 이론의 많은 부분은, 언어들의 어휘목록 비교가 언어공동체들 간의 언어·문화적 차이에 대한 통찰력을 위해 사용된, 인류언어학적, 즉 훔볼트(Humboldt) 학파의 전통에서 고안되었다. 장이론들은 길고 복잡한 역사를 갖고 있지만, 여기서 그 초점은 비교적 새로운 (1960년 이후의) 장이론과 구조의미론이다(즉, 생성언어학과 동시대의 것이고 아마도 생성언어학의 영향을 받은 것이다). 장이론의 초기 모습들에 대한 설명은 Öhman(1953), Coseriu and Geckeler(1981)를 보라. 의미장에 대한 더 최근의 언어학적 접근방식들은 연상론적이지만, 일반적으로 의미적 전체론 (holism)을 피한다. 그 대신에 그 접근방식들은 의미장과 성분분석 간의 관계를 중시하는 경향이 있다. 그러나 일부 이론가들은 의미장을 전체적 연구 대상으로 해석한다. 철학자 Grandy(1987: 266)의 주장에 의하면, "얼핏 보면, 성분분석과 장이론 사이에는 직접적인 대립관계가 존재한다." 그는 성분분석은 하위관계와 이분적 대립을 설명할 수 있지만, "화자 지식의 일부를 정교화하는 데 [의미장에서] 대조집합의 주된 기능은 기껏해야 성분분석에 의해 간접적으로 제공된다."(p. 267). 대부분의 의미장 주창자들은 동의하지 않는다.

광의의 의미로 의미장(semantic field)이란 용어는 어떤 주제 단위를 구성하는 한 언어 어휘의 하위집합을 가리킨다. 그래서 우리는 영어의 색채용어들, 발화행위 동사들 또는 도구 이름들의 집합들이 의미장들을 구성한다고 말할 수 있을 것이다. 더 특별히, 의미장은 한 특정한 의미영역과 관련된 어휘항목들이 많은 수(보통 고정된 수)의 의미관계들에 근거하여 조직화되어 있는 가정된 구조를 가리킨다. 그러나 용어에 있어서 상당한 모호성을 찾을 수 있다. 학자들 내부에서 그리고 학자들 사이에 *낱말장(word field)*, *어휘장(lexical field)*, *의미장(semantic field)*, 그리고 *개념장(conceptual field)*이 일반적으로 신뢰성 없이 또는 상호교체적으로 사용된다. Trier(1931, 1934)는 *Wortfeld*('낱말장' 또는 '어휘장')와 *Sinnfeld*('의의장' 또는 '개념장')에 관해 언급한다. Coseriu(Coseriu and Geckeler 1981을 보라)는 개념장(**conceptual field**)은 어휘화되는 개념들에만 한정되지 않는다는 것에 유의하여 이 구분을 발전시켰다. 따라서 어휘장(**lexical field**)은 부착된 낱말을 가진 개념들만 포함한 개념장의 하위집합이다. 어휘-의미적 변화를 통하여 단일의 개념장이 다른 때에 다른 어휘장들과 연관될 수 있다. 왜냐하면 어휘장은 외적 실체에 의존하지 않고, 개념장에 범주화를 부과하기 때문이다. 독일 언어학 전통의 다른 학자들은 *Bedeutungsfeld*('semantic field')[15])에 관해 말하는데, Lehrer(1974와 다른 논문들)는 거의 독점적으로 *의미장(semantic field)*이라고 부른다. 이 용어는 장들이 전체로서의 낱말들이라기보다는 낱말들의 의의들을 관련시킨다는 것을 강조한다. 그러나 *어휘장*을 언급하는 학자들은 장이 낱말 형태가 아니고 낱말 의미를 관련시킨다는 것을 인정한다. 그래서 그 용어들의 구분은 크게 유의미적인 것은 아니다. *의미장*이 영어 문헌에서 더 널리 사용되는 용어이므로, 나는 의미장을 사용할 것이다.

---

15) Geckeler(1971)와 Lyons(1977)는 독일어 문헌에서 이 용어들의 역사를 자세히 조사했다.

cook(요리하다)							
boil₁ (물에서 요리하다)		fry (튀기다)		broil(고기 등을 굽다)		roast (고기를 굽다)	bake (빵을 굽다)
simmer (약한 불로 서서히 끓이다)	boil₂ (빠르게 끓는 물에서 요리하다)	sauté (살짝 튀기다)	deep-fry (기름을 흠뻑 넣어 튀기다) French-fry(기름에 넣어 튀기다)	grill (석쇠로 굽다)	bbq (통째로 굽다)		
steam (찌다) poach (계란을 깨어 끓는 물에 떨어뜨려 삶다)	stew (뭉근한 불로 끓이다)						

그림 3.2 선택된 요리동사들에 대한 장 표시

장이론은 계열적 의미관계들, 특히 동의관계, 대조, 그리고 하위관계에 의해 내적으로 구조화된 것으로서 어휘사전을 제시한다. 그림 3.2는 미국영어 요리동사들의 의미장을 표시하는 데 있어서 박스 도표 스타일을 따른다 (Lehrer 1974: 31을 수정한 것임).

그림 3.2의 장은 수평축 상에 있는 항목들 간의 대조관계들과, 수직축 상의 하위관계들을 나타낸다. 따라서 *steam, boil, fry, broil, roast*, 그리고 *bake*는 대조집합을 형성하며, 모두가 *cook*의 하위어들이다. 동의관계는 *deep-fry*와 *French-fry*에서처럼, 하나 이상의 항목이 그 장의 동일 공간 안에 있을 때 나타난다. 다의관계는 아래에 첨가된 숫자에 의해서 표시된다(그래서 *boil₁*은 '물에서 요리하다'이고, *boil₂*는 '빠르게 끓는 물에서 요리하다'이다. 빗금 친 부분은 의미중첩을 나타낸다. 예컨대, 비록 *roast*와 *bake*는 대부분의 상황에서 의미적으로 동등하지 않지만(예, *bake cakes* ≠ *roast cakes*), 동일한 과정을 말할 때 사용할 수 있다(예, *roasting/baking a chicken in the* *oven*). 빈 박스는 어휘공백(lexical gap)을 나타낸다.

박스 도표는 어휘들이 의미 공간에 장소를 각인하는 시각적 은유를 제시한다. 어휘관계들은 낱말들 사이의 경계선들로 시각화되며, 이 경계선들에서의 긴장은 관련된 낱말들의 특정한 의미들에 있어서 부분적 결정 요인으로 이해될 수 있다. 이 견해에서, 장 안에서 한 낱말의 위치는 그 경계선에 있는 다른 낱말의 의미에 대해 영향을 미친다. 박스 도표는 의미장(SEMANTIC FIELD) 개념의 중심부에 있는 대조관계도 강조한다. (사실, *의미장*과 *대조집합*은 Grandy 1987에서는 근사-동의적으로 사용된다.) 의미장과는 다르게, 계산망은 종종 수형도로 표시되는데, 위계관계를 강조하지만, 대조관계는 두 항목이 동일 모(母)교점을 가진다는 사실로부터 추리하도록 내버려 둔다. 박스 도표가 보여 주듯이, 의미장 이론들은 위계 내의 특정 층위 안에서의 관계들에 특별한 관심을 기울인다. 그래서 *red-orange-yellow-green-blue-purple-brown-black-white-pink*와 같은 색채용어들은 의미장을 이룬다(그들은 한 특정 층위에서 하나의 완전한 집합을 형성하기 때문에). 그러나 *color-red-scarlet*은 일반적으로 의미장을 형성하는 것으로 기술되지 않는다.

구조의미론 전통(예, Pottier 1962; Greimas 1983[1966]; Coseriu 1977)에서, 장은 낱말들의 기저 의미자질들을 결정하고, 이 자질들에 의해 낱말 의미들 간의 관계들을 기술하는 수단이다. Werner and Fenton(1973: 553)은 어휘장 분석을 한 어휘집합의 "올바른 성분분석의 계열적 해결책의 자동적 부산물"이라고 기술한다. 그러나 어휘장은 비성분분석적인 방식으로도 사용될 수 있고, 나중에 논의되겠지만, 우리는 성분분석 가정들과 연상 가정들을 결합하는 경향을 일부 장 논문들에서 찾아볼 수 있을 것이다.

Coseriu(1967)에게, 어휘장은 어휘장을 보완하는 통사적 구조들과 어휘류 구조들을 가진, 일종의 어휘구조이다. Coseriu의 주장은 개인의 머릿속 어휘사전에 대해서라기보다는 언어사전에 대해서 판단되어야 한다. 따라서 그는 의미변화를 기술하고 설명할 때, 이 구조들을 사용하는 데 관심이

있다(예, Coseriu 1964). 그리고 그는 의미유형론과 보편소를 결정하는 데
구조의미론을 이용할 것도 제안한다(Coseriu and Geckeler 1981). 그러나
Coseriu and Geckeler(1981: 68-9)도 "완전히 달성할 수 없는 것이 아닌, 분
석-구조적 관점과 변형-생성적 관점의 연합 가능성"을 제안한다. 따라서
비록 Coseriu의 구조의미론이 심리적 방향으로 나아가고 있지는 않지만, 그
는 의미론에 대한 정신적 접근방식을 위한 구조의미론의 유용가능성을 생
각해온 것 같다.

　　Lehrer(1974)에 의하면, 성분분석에 근거하여 의미장 분석을 할 수 있지
만, 그 역은 가능하지 않다. 박스 도표를 볼 때, 두 낱말이 대조를 이룬다는
것을 알 수 있다. 그러나 왜 그리고 어떻게 두 낱말이 대조를 이루는지는
분명하지 않다(도표 밖에서 증거를 찾지 않으면). 이것을 위해 성분분석이
필요하다. 그러나 Kittay and Lehrer는 성분분석의 기초로 의미장을 이용할
뿐만 아니라, "의미관계들은 적어도 부분적으로 낱말 의미들을 구성한다"
라고 주장한다(1992: 3). 그들은 의미관계와 장 구조는 "머릿속 어휘사전
에 작용하는 것 같다"(1992: 1)라고 주장한다. 그리고 Lehrer(1974)는 의미
상 발화오류를 장에 의해 조직된 머릿속 어휘사전을 옹호하는 증거로 간주
한다. 덜 정신적인 견해를 취한 Lehrer(1992)는 장이론이 언어들(개인의 마
음속에 존재하지 않고, 이 세상에 존재하는)의 어휘목록을 이해하고 비교하
기 위한 도구를 제공한다고 주장한다.

　　장이론은 낱말들 간의 관계들에 관한 것이므로, 개념 조직이라기보다는
어휘 조직을 다룬다고 생각될 수 있다. Kittay and Lehrer(1992: 3)는 장을
일종의 "개념영역(conceptual domain)"으로 정의하는 반면에, Lehrer(1992)
는 심리적 인지이론들(예, 원형이론)을 낱말의미의 언어적 분석에 도입하는
것에 대하여 경고한다. 따라서 장이론은 낱말의미를 비언어적 개념과 별개
로 취급하는 것을 포함한다. 따라서 장이론은 어떤 종류의 구성단위성에
의존하는 것 같다.

body part					
limb				digit	
arm	leg	hand	foot	finger	toe

그림 3.3 신체부분에 대한 부분적 의미장

happy	unhappy		
	sad	angry	afraid

그림 3.4 감정용어에 대한 의미장 표시

　요약하면, 장이론은 어휘(개념이라기보다) 조직이론(또는 이론집단)이다. 이것은 연상의미에 관해 약한 주장(관계들이 부분적으로 의미를 결정한다)을 하는 데 사용될 수 있지만, 어휘의미의 성분분석을 발견하거나 예시하는 데 종종 사용된다.

　장이론의 한 가지 문제는 "장이론은 낱말들의 일부 집합을 분석하는 데 적절하고, 다른 일부 집합에는 적절하지 않다는 것이다"(Lehrer 1974: 17). Lehrer는 의미장에서 분별력 있게 표시되지 않는 낱말로 *even*과 *only*를 인용한다. 그러나 비록 계열관계들은 의미장이 흔히 표시되는 유형의 위계분류에 속하지 않을지라도, 그런 낱말들에서도 계열관계들을 찾을 수 있다. 그래서 예컨대, *just*는 *only*의 동의어일 수 있고, *indeed*는 *even*의 동의어일 수 있다. 따라서 의미장은 어휘적 계열관계의 모든 보기는 아니지만 일부 보기를 고려하는 데 도움을 준다.

　어휘공백은 의미장이 많은 예측력을 갖고 있지 않는 한 다른 분야이다. 공간을 채우기 위해 뻗어나가는, 장 안에 있는 낱말들의 시각적 은유는 의미장이 자연처럼 진공을 혐오하는 것 같이 보이게 한다. 그러나 의미장이 모든 어휘공백을 채우는 것을 요구하지는 않는다. 예를 들면, 그림 3.3의 의미장에는 분명히 공백이 있지만, 이것이 'hands'와 'feet'를 포함하는 낱말이 새로 만들어지도록, 또는 'limb(팔다리)'이나 'digit(손·발가락)'이 그 공백을 채울 의의를 획득하도록 언어내적인 압력을 초래한 것은 아니다[16]. 따라서 그 낱말들 간의 관계는 이 낱말들의 의미들이나 그 장의 모양에 어떤 압력을 행사하고 있는 것이 아니다.

어휘장의 다른 한 문제는 어휘장이 대조관계에 존재하는 이분성의 특별함을 거의 나타내지 못한다는 것이다. 그림 3.4에서 *happy*와 *unhappy* 간의 관계의 이분성은 그들이 그 장의 상층위에서 유일하게 대조되는 두 용어라는 사실에서 유래한다. 만약 반의관계가 그런 상황에서만 발생하면, 반의관계는 한 대조집합이 두 원소만 가질 때, 자연스럽게 발생한다고 말할 수 있을 것이다[17]. 그러나 하층위에서 *happy/sad*의 반의관계에 대해서는 그러한 어떤 설명도 할 수 없다. 그 이유는 이 층위(일반적으로 축약되었다고 인정된)가 네 개의 대조되는 용어를 포함하기 때문이다.

happy	unhappy		
	sad	angry	afraid

그림 3.5 감정용어에 대한 수정된 의미장 표시

그림 3.4는 그림 3.5에서처럼 *happy*와 *sad*을 이분 대조 안으로 집어넣기 위하여 수정될 수 있다. 이 장은 *happy*를 세 개의 대조관계 속에 집어넣고, *sad*은 두 개의 대조관계 속에 집어넣는다. 상층위로부터 대조집합들은 다음과 같다: *happy/unhappy, happy/sad/angry/afraid,* 그리고 *happy/sad.*

---

16) *extremities(수족)*란 낱말은 'hands and feet'라는 의미로 사용될 수 있지만, 신체부분을 가리키는 것이 아니고, 손가락과 발가락으로부터 내부로 뻗어있는 모호하게 경계가 정해진 신체영역을 가리킨다.

17) 등급매길 수 있는 반대적 반의어를 표시하는 Lehrer(1974)의 수단은 여기에 예시된 대조집합들과는 약간 다르다. 그러나 그 표시는 설명적이라기보다는 여전히 기술적이다.

3.5의 장은 이 낱말들 간의 의미관계를 기술하는 반면에, 특별히 *happy*와 *sad*(예컨대, *happy*와 *angry*라기보다는)이 어떻게 규범적으로 대립하게 되었는지는 설명해 주지 않는다. 연상론 견해에 의하면, *happy*와 *sad*는 그 장의 다른 원소들에 대해서보다 서로에 대해서 공통적인 얼마간의 의미자질을 소유하고 있기 때문이 아니라, 그림 3.5의 장이 그렇게 말하기 때문에 대립어들이다. 그러나 우리가 의미성분을 찾기 위해 의미장을 사용한다면, 그림 3.5는, 만약 우리가 *happy*와 *sad*을 구분해 주며, *angry*와 무관한, 하나의 자질과, 그리고 다른 행복하지 않고, 슬프지 않은 상태를 발견할 경우에만, 우리의 분석은 완벽하다는 것이다. 이것이 중대한 방식으로 행해질 수 있을지는 불분명하다.

그래서 이제 우리는 장이론들이 낱말들 간의 계열관계의 전 범위를 충분하게 설명하지 못한다는 것을 알았다. 장이론이 "기술의미론에서의 연구를 위한 일반적 지침으로서의 그 가치를 입증"했지만(Lyons 1977: 267), 정확히 말해서 그 가치는 설명하는 데 있지 않고, 기술하는 데 있다.

의미장이론과 관련이 있지만, 다소 다른 개념은 틀의미론(frame semantics)인데, 이것은 인공지능(틀, 시나리오, 그리고 스크립트 접근방식을 포함; 예, Minsky 1975; Schank and Abelson 1977)과 장이론의 연구에 영감을 주었다. Fillmore(1975부터)는 틀의미론을 언어학적 어휘의미 이론으로 발전시키는 데 대부분의 일을 했다. 틀은 인지적 상황모형이며, 우리가 이미 내면화한 틀과 경험을 결합함으로써, 세상의 의미를 이해한다고 한다. 초기의 장이론(Trier를 따른)은 어휘장이 어떤 구조를 적용한 조직화되지 않은 개념영역을 가정하는 반면에, 틀의미론은 그 반대가 사실이라고 주장한다. 그래서 언어형태는 "그 자체가 더 큰 개념구조에 참가한다고 인정되는 의미범주나 인지범주에 지표를 부여하는 것으로 간주된다"(Fillmore 1987: 34). 이 경우, 낱말들은 많은 가능한 방식으로 틀의 부분들에 연결됨으로써 의미를 가진다: 연상적, 기준적, 또는 기능적 연결(Fillmore 1976). Fillmore(1977)가 어휘적 의미정보와 개념적 의미정보의 구분에 대해 반대되는 주장을 하므로, 낱말들 간의 의미관계는 낱말들이 가리키는 개념들 간의 관계에 의해 중재된다. 따라서 의미관계들이 의미 이해에 중심적인 것으로(Fillmore 1977: 111쪽부터) 간주되지만, 의미관계들은 의미장에서의 관계들이 어휘내적 관계들이라는, 즉 단위적 언어지식 베이스의 적절한 일부가 아니라는 것과 동일한 의미로 어휘내적 관계들이 아니다. Fillmore and Atkins(1992: 77)는 장이론이 낱말-낱말 관계에 의존하는 반면에, 틀의미론에서는 "낱말-낱말 관계가 공통의 배경 틀과 그리고 그 의미가 그런 틀의 특정 원소를 부각시키는 방식의 지시와 연결됨"으로써 이용가능하다고 언급함으로 장이론과 그들의 견해를 구분한다. Fillmore(1985: 229)는 "낱말 그 자신을 위하여 낱말 집합에 전념하는 것"이 장이론과 틀의미론을 구분한다고 말한다. 그리고 틀의미론이 장이론(장에 대한 전체론-연상론적 이해를 가정하고)보다 우수하다고 주장한다. 왜냐하면 틀의미론은 동일 장 내에 있는 다른 모든 낱말을 알지 못해도 언어사용자들이 낱말들을 이해하도록 해 주기 때문이다. 동시에 틀의미론은 낱말들(과 낱말들 간의 관계들)의 존재가 틀이 개념화되는 방식에 영향을 미칠 수 있다는 것을 인정한다. 더욱이, 틀의미론은 어휘장 이론에서 찾아볼 수 있는 표준적인 관계들 이외의 관계들도 허용한다. 의미 틀은 단일의 통사-의미 계열 안에서 낱말들이 지시하는 개념들보다 더 많은 개념을 포함하므로, *ox-yoke(멍에)* 또는 *food-eat*와 같은 항목들이 나타내는 개념들이 의미틀 안에서 관련되고, 따라서 어휘관계들을 추론할 수 있다는 점에서, 항목들 간의 연상관계에 접근할 수 있다. 틀의미론은 어휘관계들이 어휘사전에 저장된다고 제안하지 않으므로, 제2장에서 제시된 의미관계들에 대한 어휘외적 견해와 더 잘 양립할 수 있다.

3.3.2 Cruse의 문맥적 관계

현대 언어학에서 Cruse(1986)는 의미가 낱말들 간의 관계들의 원인이라기보다는 결과라는 견해를 대표한다. 3.1.2에서 언급했다시피, 그의 견해는 한 낱말의 의미는 "적어도 부분적으로 다른 낱말들의 의미들로 이루어진다고 간주된다"라는 문맥주의(contextualist) 견해이다(1986: 16). 1986년의 그의 *어휘의미론(Lexical Semantics)*이래로, Cruse의 견해는 덜 연상론적인 것이 되었다. 그러나 그 책이 그 분야에서 주요 교재들 중의 하나로 꾸준히 사용되어져 왔기 때문에, 그 견해는 진지하게 받아들일 만한 가치가 있다.18) 어휘의미론에서 한 낱말의 의미정체성은 "[계열적 및 통사적] 관계들의 어떤 정해진 집합에 의해 완전히 설명될 수 없다"(1986: 49); 그럼에도 불구하고 그런 관계들은 낱말-의의들에 기여하며, 어휘의미론에서 어휘의미를 조사하는 수단으로 제시되어 있다. 만약 낱말-의의들이 서로 문맥적 관계들에 관여하면, 그들은 다른 낱말-의의들의 의미특성들(semantic traits)이고, 이 의미특성들은 그들의 지위(status), 즉 낱말-의의들의 연결 정도에 있어서 다르다. 기준적 특성(criterial trait)은 함의관계에서 나오는 특성이다. Cruse의 예(1986: 17)를 이용하면, *It's a dog(그것은 개다)*은 *It's an animal(그것은 동물이다)*을 함의하므로, 의의 'animal'은 낱말 *dog*의 기준적 특성이다. 배제된 특성(excluded trait)은 부정적 함의인 특성이다. 예를 들면, *It's a dog*은 *It's not a fish(그것은 물고기가 아니다)*를 함의하므로, *dog*은 'fish'를 배제한다. 특성들은 기준적 특성과 배제적 특성을 양 극점으로 하는 연속체 상의 중간에 있을 수도 있다: 예상된(expected) 특성, 가능한(possible) 특성, 예기치 않은(unexpected) 특성. 몇몇 특성은 규범적 특성으로서의 특별한 지위를 가진다. 왜냐하면 그들이 기준적이지는 않지만, 이 특성의 부재가 결함으로 간주되기 때문이다. 예컨대, 네 다리를 가진 것은 개의 기준적 특성이 아니고, 규범적 특성이다.

---

18) 1992년에 Cruse는 다음과 같이 썼다: "내 견해로는 전적으로 어휘항목들 간의 관계들에 의해 낱말 의미를 다루는 것이 충분하지 않다. (이것에 대한 내 견해는 내가 어휘의미론을 쓴 이래로 굳어져 왔다.)"(289쪽). 비록 Cruse 1986은 그 이래로 재발행되었지만, 개정되지는 않았다.

통사적 및 계열적 관계들 모두 이 견해와 관련되어 있는데, 계열적 관계들 중 많은 종류들이 구분된다. 이것들은 위계들(나무 그래프로 표시된)과 비례연속들(**proportional series**)을 포함한 어휘형상들(**lexical configurations**) 속으로 조직화된다. 비례연속은 직사각형의 세포들로 구성되는데, 각각의 모서리는 낱말-의의 교점이며, *sheep*이 *lamb*에 대한 관계는 *dog*이 *puppy*에 대한 관계와 같은 (15)에서처럼, 등비(等比)로 읽을 수 있다.

(15) sheep ‐ lamb
      | |
    dog   ‐ puppy
      | |
    cat ‐ kitten

이 도표는 *sheep(양)-lamb(새끼양), dog(개)-puppy(강아지)*, 그리고 *cat(고양이)-kitten(새끼고양이)* 사이의 관계뿐만 아니라, *sheep-dog-cat*과 *lamb-puppy-kitten* 간의 관계를 보여 준다. 비례연속은 *long(긴)/lengthen(길게 하다), wide(넓은)/widen(넓게 하다), deep(깊은)/deepen(깊게 하다)* 사이의 관계연속처럼 품사 범주를 가로지른다. 이 연속에 속한 항목들이 의미성분들([15]의 우측 기둥의 YOUNG과 같은)을 공유하는 것 같이 보인다는 점을 인정하면서, Cruse(1986: 134)는 이런 종류의 분석에 도움이 되는 어휘 비례는 아주 한정적이므로, 비례연속에 그런 유형이 존재한다는 것 그 자체가 성분분석 견해에 대한 찬성론이 될 수 없다고 주장한다. 또한 그는 그런 장들이 어휘장(3.3.1을 보라) 같이 보이지만, 어휘장은 그 자체로 그리고 저절로 언어적 실재물로 간주된다는 점에서, 어휘장은 다르다고 경고한다. 그의 도표는 의의관계들의 결과이다.

관계들은 의미에 대해 부분적으로 책임이 있으므로, 의미 유표성과 같은 의미 현상은 의미관계의 관점에서 Cruse에 의해 설명된다. 예컨대, Cruse는 등급매길 수 있는 형용사들이 발견되는 반의관계의 유형에 의존함으로써, 그 형용사들에 관한 분포적 사실들(예, 척도 구에 사용될 수 있느냐 없느냐)을 설명한다. 각 언어는 등급매길 수 있는 술어들을 특정한 유형의 반의관계(등가, 중첩, 양극)에 자의적으로 부여한다. 비록 이 관계들이 전혀 자의적이 아니라고 제5장에서 주장되겠지만, 본 장의 목적을 위하여, Cruse (1986)가 이 관계들을 자의적으로 취급하는 것은 적절하다.

　Cruse의 목적은 심리언어 이론이라기보다는 언어 이론을 제공하는 것인데, 이것은 이 책의 목적들이 주어지면 논평하기가 다소 어려워진다. Cruse는 "의미가 먼저냐, 관계가 먼저냐?"라는 문제에 실제로는 접근하지 않고, 의미에 대해 찬성하는 증거로 관계를 이용한다. Cruse는 관계를 주어진 것으로 간주하고, 이것을 정신이론의 일부라고 주장하기보다는 언어에 관한 구조적 연구를 옹호하는 하나의 방법론적 견해로서, 관계로부터 의미를 예측한다.

　Cruse는, 정의적 의미와 백과사전적 의미 간의 자의적 경계에 대한 의존, 화용론과 의미론의 구분 실패, 그리고 그런 의미가 형식화되는 것의 불가능성을 포함한, 그의 의미에 대한 문맥적 접근방식의 여러 한계를 인정한다. 더 최근의 연구(Cruse and Togia 1995)에서, Cruse는 인지주의 모형으로 그의 접근방식을 재구성한다. 그 연구는 특정한 관계들에 관련되어 있으므로, 제2부에서 다룰 것이다. Cruse(1994)도 원형이론이 "어휘관계"라는 개념에 어떻게 영향을 미치는지 묻고 있다. 그 연구는 3.5.2에서 논의될 것이다.

3.3.3 의미텍스트 이론에 있어서 어휘 함수

　의미텍스트 이론(Meaning Text Theory: MTT; Mel'čuk 1988 외; Wanner 1996, 1997도 보라)은 NLP 효과에 근거한 자연언어 이론이다. MTT에서 어휘사전(설명적 결합 사전<**Explanatory Combinatorial Dictionary**>이라

고 일컬어지는)은 모든 언어적 기술에 중심적인 것이다. 어휘내항에는 세 지역(zone)이 있다. 통사지역(syntactic zone)은 낱말의 하위범주 유형들을 포함하고 있다. 의미지역(semantic zone)은 낱말의 정의는 의미적으로 더 간단한 낱말들만을 포함해야 한다는 해체원리(Decomposition Principle)에 작용하는 정의를 포함한다. 이 원리의 일관성 있는 적용은 의미 본원소를 발견하게 한다(Mel'čuk and Polguère 1987). 어휘 순열조합론(lexical combinatorics: Mel'čuk and Polguère 1987)이나 어휘공기(Mel'čuk and Wanner 1996) 지역은 어휘함수(lexical functions: LFs)를 통하여 표현되는 한 낱말의 계열적 및 통사적 친족들의 완전한 집합을 포함한다. 어휘함수는 "제한된 어휘공기"(Mel'čuk and Polguère 1987)를 나타내기 위한 도구이다. 그래서 어휘함수는, *stark(완전히, 전혀, 아주)*는 *nude(알몸의)*에 대해서가 아니고 *naked(발가벗은)*에 대한 강화 수식어라는 사실과 같은, 특정한 자의적 정보를 나타낸다. 따라서 *naked*와 *stark*의 관계는 **Magn**(magnitude: 강화) LF를 사용하여 *naked*에 대한 어휘내항의 어휘공기 지역에 표시되지만, *stark*는 (16)에 예시된 것처럼 *nude*와 **Magn** 관계를 이루지 않는다. (LF 공식은 아주 간단하게 읽을 수 있다. 예컨대, **Magn** 함수를 *naked*에 적용하면 *naked*에 대한 잠재적 강화사들의 목록이 나타난다.)

(16) Magn(*naked*) = stark, completely, utterly
     Magn(*nude*) = completely, utterly

어휘함수의 수가 Mel'čuk 1996에서는 64개까지 불어났다. 그래서 완전한 목록이 여기서 시도되지 않지만, 25개의 계열적 어휘함수를 포함하는데, 그 중 일부는 하위 유형들로 나누어진다. 어휘함수의 이름은 약자로 표시되는데 보통 라틴어에서 유래한 것이다. 몇몇 더 익숙한 계열적 관계들은 아래의 어휘함수들에 의해 표시된다:

동의어: Syn(*telephone*) = *phone*

반의어: Anti(*high*) = *low*

관계대립어: Conv(*wife*) = *husband*

대조어: Contr(*earth*) = *sky*

총칭어: Gener(*carrot:* 당근) = *vegetable*

결과어: Result(*buy*) = *own(소유하다)*

계열적 어휘함수들은 보통의 '*nym* 관계들에 한정된 것이 아니다. 그 이유는 어휘계열들을 기술하는 더 많은 유형들의 관계를 찾을 수 있기 때문이다. 이것의 보기는 다음과 같다:

'...의 단위':   Sing(*fleet*) = *ship*

집합체: Mult(*ship*) = *fleet(함대, 선단)*

'...의 머리':   Cap(*tribe:* 부족) = *chief(족장)*

직원: Equip(*aircraft:* 비행기) = *crew(승무원)*

쉬움/능력: Able(*[to] cry*) = *tearful(눈물 어린)*

비유적: Figur(*passion:* 열정) = *flame(화염)*

행위자: S_1(*teach*) = *teacher*; S_1 (*book*) = *author(저자)*

이 보기들 중 여러 보기에서, *계열적*이란 용어는 관련된 낱말들이 동일 문법범주에 속하기를 요구하는 것으로 해석되지 않는다는 것을 알 수 있다. 예컨대, S_1 관계는 어떤 상황에서 행위자에 대한 표준적 명칭을 나타내기 위해 의도된 것이므로, 행동(종종 동사로 표현됨)이나 제품(흔히 명사), 그리고 행위자나 생산자(명사)에 대한 계열을 나타낸다. 그러나 몇몇 관계들 (**Syn, Anti, Conv, Gener**을 포함한)에 대해 Mel'čuk(1996)은 LF의 값이 어휘 내항의 머리어와 동일한 품사이어야 한다는 것을 지적한다.

위에 기록된 것과 같은 64개의 본원적 LF에 덧붙여서, LF들을 결합하여 복합 LF를 만들 수 있다. 따라서 예컨대, (17)에서 S_1과 Able이 결합되어

*cry*와 *crybaby* 간의 관계를 나타낼 수 있다.

(17) S_1 **Able**(*[to] cry*) = *crybaby*(울보 즉, 울 잠재력을 가진 행위자)

한 낱말의 어휘내항은 그 낱말의 모든 어휘함수들의 의미적(정의적) 정보와 통사적(문법범주) 정보를 포함한 모든 가능한 값을 명시한다. 따라서 LF는 의미망을 만드는 것으로 간주될 수 있다(Polguère 1997). Mel'čuk은 되풀이하여 다음과 같이 경고한다. LF는 의미단위가 아니다. 즉, 그 자체로 들어가는 의미가 아니므로, "의미의 정밀성을 추구하지 않고 추구해서도 안 된다"(1996: 80). 이것은 한 낱말이 단일의 LF에 대해 다중의 값들을 가질 수 있다는 사실에 의해 분명해지는데, 그 값들은 동의적일 필요가 없다(그리고 실제로 종종 동의적이지 않다). 어휘항목들이 그들 자신의 성분 의미구조를 가진다고 추정되므로, LF는 비동의적 값들을 부분적으로 뒷받침한다. 따라서 한 어휘함수는 많은 다른 값을 가질 수 있는데, 그들 각각은 낱말 의미의 다른 면들을 부각시킨다(Mel'čuk 1996). 예를 들면, 한 낱말에 대한 정의의 다른 성분들이 *boy*와 같은 낱말에 대한 **Anti** 값들에 영향을 미친다. 만약 *boy*가 'a young, male human'으로 정의되면, 그것의 반의어들인 *man*과 *girl*은 (18)에서처럼 그 정의의 다른 성분들에 의존할 것이다.

(18) **Anti**$_{[mate]}$(*boy*) = *girl*
   Anti$_{[adult]}$(*boy*) = *man*

문제의 낱말들의 의미성분들은 LF에 대한 다중의 그리고 비동의적 값들의 유일한 이유가 아니다. LF 그 자체는 엄밀한 의미를 갖고 있지 않다. 예컨대, **Magn**은 어떤 특성에 대한 높은 값(예, **Magn**[*tired*: 피로한] = *very*)이나, 어떤 것의 강화된 보기(예, **Magn**[*stare*: 응시하다] = *hard*<뚫어지게>)를 나타낼 수 있다. 이것은 다른 통사적 낱말범주들을 포함한 다른 낱말

유형들이 관계들의 동일한 제한된 집합에 참여하는 것을 허용한다. 따라서 MTT는 어휘사전에 대한 다른 접근방식들보다 훨씬 더 많은 유형의 관계를 기록하지만, 이것은 MTT가 반의어와 같은 더 일반적인 범주들을 많은 다른 하위 유형들로 분해하기 때문이 아니고, 더 넓은 범위의 어휘현상을 기술하려고 시도하기 때문이다. 실제로 **Anti**는 등급매길 수 있는 대립 술어들(Lyons 1977의 정의에서처럼)뿐만 아니라, 역동어(*fold*<접다>/*unfold*<펴다>)와 상보반의어(*dead/alive*)도 다룰 수 있다.

LF는 컴퓨터에 응용(원래 기계번역)하기 위해 개발되었다. 어휘내항에서 LF의 명확한 언급은 한 구에서 결합할 어떤 낱말들을 선택하는 데 있어서 한 프로그램이 가진 선택수를 줄여 준다. MTT도 한 문장 안의 한 특정 주제의 부각(Wanner and Bateman 1990; Iordanskaja 외 1996)과 같은 텍스트 처리의 화용적, 즉 의사소통적 원소들에 대해 주의를 끌기 위해, 그리고 텍스트의 긴밀성(Lee and Evens 1996)을 확립하기 위해 특별히 적응해왔다. 컴퓨터 프로그램을 위하여, 그 관계들이 의미적 및 화용적 지식기반에서 파생될 수 있는 방식들을 결정하려고 노력하기보다 어휘함수 값을 제공하는 것이 더 쉬울 것이다. 그래서 한편으로 우리는 인간의 머릿속 어휘사전에 반드시 표시되지는 않는 계열적 LF들을 연산의 지름길로 간주할 것 같다. 다른 한편으로, LF들을 어휘사전에 분명히 서술하는 것에 대해 MTT 이론가들이 제공한 이유는 연산의 용이함의 이유가 아니고, 오히려 언어의 본질에 관한 주장인데, 즉 LF 값은 자의적이다. 따라서 낱말들이 구성성분에 의해서 정의된다는 사실에도 불구하고, LF들은 3.2의 접근방식들과는 대조적으로 낱말들의 의미 구성성분들에서 파생되지 않는다. 3.4의 접근방식들과는 대조적으로, 한 낱말의 LF들의 합이 그 낱말의 의미를 구성하지 않는다. LF들은 어휘의미론에 영향을 미치기(혹은 어휘의미론의 영향을 받기)보다 텍스트 안에서 낱말들(과 의미들)의 연쇄에만 관련이 있다.

그러나 계열적 LF들이 자의적으로 명시된다는 주장은 이 관계들이 어휘내항의 의미지역 안에 있는 정보에 의존하거나, 또는 그 정보에 의해 예측된다는 사실에 의해 종종 반박된다. 예컨대, Anti LF는 표제어와 LF 값(그것의 반의어)이 두 어휘항목 중 하나의 "한 내부 원소의 부정에 의해 다르다"와 같은 것으로 정의된다(Mel'čuk 1996: 48). (Contr LF는 Anti에 대해 "피상적으로 유사하지만", 정의-내적인 부정을 함의하지 않으므로 다르다.) 만약 그 정의들이 서로를 부정하는 모든 낱말들이 반의어들이면(Mel'čuk 1996은 이것에 대해 분명치 않다), 우리에게는 LF들이 자의적 정보를 기록한다는 주장의 반례가 있다.

모든 LF 명세가 다 자의적인 것은 아님에 틀림없다. 그러나 한 어휘공기 지역이 자연언어 모형을 위해 필요하다는 것을 주장하기 위하여, 어떤 특정한 LF도 어휘사전 안에서의 그 위치를 정당화하기 위해 최소한 몇 개의 자의적인 명세를 포함해야 한다. Mel'čuk and Wanner(1994, 1996)는 LF들의 값은 부분적으로 낱말들의 의미 특성들에 의해 동기화될 수 있다고 주장한다. 그 이유는 공통의 LF 값들을 가진 낱말들(또는 낱말들의 한 집합에 대한 LF들의 공통 값들인 낱말들)은 종종 공통의 의미 특성들을 가지기 때문이다. 예컨대, *plea(탄원, 청원), proposal(제안), advice(충고),* 그리고 *offer(제안)*는 모두 *reject(거절하다)*의 목적어가 될 수 있는 명사들이고, 이 명사들 각각은 말로 하는 어떤 종류의 제안을 기술한다. 그래서 '제안' 명사류의 원소성은 그 낱말이 *reject*를 Oper(관련된 LF)의 값들 중의 하나로 가지는 것을 가능하게 한다. 전체의 낱말류들이 특정한 LF 값들을 가진다는 정보를 효율적으로 나타내기 위하여, 정보는 그 낱말류로부터 상속된다. 이것을 하는 데 있어서 문제점은 완전한 의미류들이 의미류로서의 역할을 거의 하지 않는다는 것이다. 그래서 상위로부터 하위로의 자동적인 특성 상속을 가진 일반 위계를 만드는 대신에, 하위낱말의 어휘내항 안에 있는 특정한 LF들은 상위낱말의 LF 명세로부터의 상속을 위하여 표시된다.19) 그러나 흥미롭게

---

19) Mel'čuk and Wanner(1996)는 이 시스템은 디폴트(default) 상속 시스템으로 더 잘

도, 이 정보는 다른 LF로부터라기보다 그 낱말의 정의(그 의미지역) 안에 있는 항목으로부터 상속된다. 그래서 LF Gener는 상위어를 가진 어떤 낱말에 대해서도 상위어를 확인해야 하는 반면에, 상속은 그 낱말의 정의 안에 있는 그 상위어의 존재에 의존한다. 정의 안과 그리고 Gener 명세 안의 두 곳에 다 있는 상위어들의 존재는 Gener에 대한 명세가 실제로 자의적인가에 대해 의문을 제기한다. 그래서 다시 우리에게는 계열적 관계(이 경우 상위관계)가 자의적이지 않다(그러나 그 대신에 구성성분적 의미에 의존한다)는 증거가 있다. 따라서 우리는 계열적 LF 명세가 어휘사전에 분명히 표시되어야 하는가에 관해 의문을 제기해야 한다. LF들에 관한 대부분의 문헌은 텍스트 안에서 낱말들을 결합하는 데 있어서 그들의 역할에 집중되어 있으므로, 문장을 만드는 데 있어서 그 역할이 더 작은 계열적 관계들에 대해서보다 결합적 관계들에 대해 훨씬 더 많은 주의가 기울어져 왔다. MTT 문헌에서 계열적 LF들은 LF 명세의 자의성을 입증하는 데 사용되지 않는다. 그래서 자의성을 옹호하는 주장이 모든 LF에, 특히 계열적 LF에 적용되는가는 결코 분명치 않다.

결론적으로, MTT의 어휘내항들은 의미내용을 가지고 있다. 그러나 어휘내항에 있는 의미정보는 분명히 반의관계 및 상위관계와 같은 몇몇 관계를 예측하는 데 사용될 수 있는 반면에, MTT는 이 사실을 이용하지 않는다. 어휘내항의 의미지역 안에 있는 정보는 그 낱말의 정의(boy의 반의어들에 대해 위에서 밝힌 것처럼)의 한 특정한 면에 LF를 조명함으로써 LF 명세에 영향을 미칠 수 있고, 의미정보는 다른 LF 명세의 상속을 결정할 수 있다. 만약 모든 계열적 관계들이 의미지역 안의 정보로부터 예측될 수 없다면, 이것은 그 정의들이 계열적 LF 명세에 도움이 되는 방식으로 표현되지 않기 때문이거나, 또는 몇몇 계열적 관계를 예측할 수 있게 만드는 정보가 모두 다 의미정보는 아니기 때문일 것이다. 몇몇 계열적 관계들은 자의적일 것인

대치될 것이라고 제안한다.

(예, 그들은 특정한 의미적 또는 형태적 특성들을 통해서라기보다 공기(共起)의 빈도를 통해 발생한다) 반면에, MTT는 모든 LF 명세를 동등하게, 즉 자의적인 정보로, 그리고 따라서 어휘적 정보로 취급한다.

3.3.4 요약 및 논평

이 절의 모형들은 어휘사전 안에 어휘관계들과 의미의 비-관계적 서술을 둘 다 명시한다. 어휘관계들을 포함하는 것을 옹호하는 주장은 그 관계들이 어떤 방식으로 자의적이라는 것이다. 그러나 이 자의성을 증명하기 위해 이 이론가들이 내놓은 보기들은 정밀한 조사를 견뎌내지 못한다. 제2장에서 주장되고, 제5장에서 더 상세하게 논의되었듯이, 자의적 반의관계로 주장된 보기들은 그들 원소들의 의미와 용법에 근거하여 예측할 수 있다. 자의성을 옹호하는 Mel'čuk의 주장들은 통사적 보기들에 대해 뒷받침될 수 있을 것이지만, 많은 경우에 계열적 LF들은 낱말의 정의에 이용할 수 있는 정보를 반복한다. 따라서 어휘내항에 의미정보와 관계정보를 둘 다 가지는 것은 잉여적이고 그것은 어휘정보가 자의적임에 틀림없다는 전제를 반박한다.

이 절에서 논의된 대부분의 이론가들도 어휘적 의미는 부분적으로 어휘관계 때문이라는 주장을 한다. 다음 절은 어휘적 의미는 전적으로 어휘관계 때문인 모형들에 관심이 있으므로, 나는 3.4의 끝부분에서 이 점을 논의하겠다.

대체로, 이 접근방식들이 심리언어학적 의미이론들을 구성한다고 말할 수 없다. 장이론가들은 때때로 장을 옹호하는 심리언어학적 증거를 지적한다(예, Lehrer 1974). 그러나 일반적인 접근방식은 한 언어의 머릿속 표시의 구조라기보다 그 언어의 구조에 집중된다. Cruse의 접근방식은 심리언어학적 실제성에 관한 주장을 하지 않는다. 전산 언어 처리에서 유래한 MTT는 머릿속 표시이론으로 채택될 수 있을 것이지만, 또다시 직접적인 주장들도 없었고, 테스트도 되지 않았다. 그래서 이 접근방식들 중 일부가 계열적 관계의 어휘적 명세를 드높이는 반면에, 그렇게 하는 가운데서 그들은 어휘의 머릿속 조직 모형들이라기보다는 한 언어의 의미구조를 기술한다.

3.4 일차적 원리로서의 관계들: 의미공준

3.2와 3.3에서 논의된 사전 유형의 모형들과는 다르게, 본 절에서 다루는 동의어·반의어 사전 스타일의 모형들은 하위-어휘적 부분들에 근거한 낱말들의 정의를 제공하지 않고, 그 대신에 의미는 낱말에 대한 관계 제약을 통하여 발생한다고 기대한다. Ross(1992: 158)는 그런 상태를 "언어적 일반 상대성"(한 언어의 의미 원소들의 공시적 상호의존)으로 기술한다. 다양한 방식으로 이 접근방식들은 관계들을 의미공준(명백히 언급된 조건)으로 취급한다. 3.1.1에서 언급했듯이, *의미공준(meaning postulate)*이란 용어는 그 근거가 언어철학이다. 따라서 본 절에서 논의되는 모든 접근방식이 다 그 용어를 이용하는 것은 아니다. 그럼에도 불구하고, 여기서 논의되는 접근방식들은 의미가 하위-어휘적 부분들로 구성된 것으로 취급하지 않는다는 공통점을 지니고 있다. 그래서 예컨대, 의미공준 접근방식은 [female(여성)]을 *girl*의 의미의 부분으로 포함하기보다는 어떤 것이 *girl*이면, 그것은 여성이라는 *girl*에 관한 조건을 진술한다. 이 두 견해의 차이는, 그들이 의미망에 적용되는 방식에 관해 생각해봄으로써, 예시할 수 있다. "의미공준자들" (Johnson-Laird[1983]의 용어를 차용)에게, 망은 낱말들(*girl* → *female*)이나 전체의 개념들(GIRL → FEMALE)을 연상시킨다. 성분분석자들에게, 망은 자질들을 연상시킨다(또는 공유한다). 그래서 *girl*의 정의에 있어서 [female]은 *female*의 정의에 있어서 [female]과 연결된다(또는 동일하다).

그래서 아래의 접근방식들은 낱말들을 의미적으로 분해할 수 없는 것으로 취급한다. 의미는 어휘내항들이나 개념들 "안에" 있지 않고, 그들 사이에 존재한다. 3.3에 있는 것들처럼, 이 접근방식들은 관계원리들과 의미정보를 통해 낱말들에 대한 의미관계를 파생시키기보다는 명시하므로 연상론적(associationist)이다. 그러나 3.3에 있는 것들처럼, 이 접근방식들은 한 언어의 관계 시스템을 통해 발생하는 것으로서 의미를 취급하므로, 그 본질에 있어서 또한 전체론적(holist)이다. 바꿔 말하면, 한 낱말의 의미는 그 낱말이 관계를 맺는 모든 낱말들에 의존한다(그리고 이것을 확장하면, 그 낱말들이 관계를 맺는 모든 낱말들에 의존한다, 기타 등등).

3.4.1은 지난 30년 동안 이 견해를 구체화해온 Jerry Fodor의 연구에 집중하여, 전체론적 의미공준 접근방식에 대한 찬/반 주장을 제시한다. 3.4.2는 심리-컴퓨터과학적 접근방식인 WordNet을 다루고, 3.4.3은 일반적인 연상론적 접근방식과 전체론적 접근방식에 관한 비판을 제공한다.

3.4.1 원자론(atomism)과 의미공준

구성성분들이나 원형들을 포함하는 의미이론들과는 대조적으로, 의미에 대한 원자론적 접근방식은 하위-어휘적이거나 하위-개념적 의미 구성성분들을 포함하지 않는다. 그런 분석할 수 없는 개념들을 관련시키는 지식은 명제, 즉 의미공준(meaning postulate)이라고 일컬어지며, 의미공준의 덕택으로 우리는 의미에 관해 추론할 수 있다. 그런 공준들은 경험에 의해 학습되지만, 원자적 개념 그 자체는 그것이 참여하는 어떤 공준에도 관계없이 존재한다. 일부 학자들(예, Lakoff 1972; 3.3도 보라)은 이 의미공준이 구성성분 정의들과 나란히 머릿속에 존재한다고 제안해온 반면에, 여기서는 낱말들이 머릿속에서 전혀 정의되지 않는다는 주장들을 다룰 것이다.

여기서의 초점은 계열적 관계들에 있는 반면에, 의미공준은 어떤 종류의 명제도 표현할 수 있다. 그래서 여기서의 초점은 "만약 어떤 것이 *robin(울새)*이라면, 그것은 *bird*이다"와 같은 명제에 있는 반면에, 다른 가능한 공준들은 "만약 어떤 것이 *robin*이라면 그것은 벌레를 먹는다"와 "만약 *robin*이 있다면 계절은 봄이다"를 포함할 수 있을 것이다. 전체의 지식 기반은 그런 명제들로부터 만들어진다.

Fodor와 그의 동료들은 일반적으로 성분분석적 의미에 반대하는 주장을 함으로써 의미공준에 찬성하는 주장을 한다. 정확한 정의들을 찾는 것이 불가능하므로 그 정의들은 머릿속에 있는 의미의 기초일 수 없다고 Fodor 외(1975)는 주장한다. Fodor 외(1975)는 묵시적 부정어를 가진 낱말들을 포함한 구들이 명시적 부정어 표시를 가진 구들보다 더 빨리 처리되고 이해된다는 실험을 인용한다. 예를 들어, *he's a bachelor(그는 독신남이다)*는 *he's not married(그는 결혼하지 않았다)*보다 더 빨리 처리된다. 만약 *bachelor*가 머릿속에 [NOT MARRIED]로 표시된다는 점에서 *bachelor*의 의미표시에 부정적 원소가 있으면, 그들은 *bachelor*의 의미는 최소한 명시적 부정어(예, *not married*)를 이해하는 데 걸릴 시간만큼 걸린다고 가정한다. 그러나 그렇지 않으므로, 그런 낱말들은 "그들의 언어적 표시 속에 부정적 원소가 들어 있는 것처럼 행동하지 않고, 따라서 [그들은] 언어적 표시의 어떤 층위에서도 의미적으로 분석되지 않는다."(1975: 522)라는 결론을 그들은 내린다. 한층 더 나아가서 그들은, *Mo is a cat*과 *Mo is an animal* 사이의 함의관계처럼, 어휘항목들에 의존하는 함의관계를 설명하기 위하여 의미공준이 필요하다는 결론을 내린다. 더욱이, 그들은 정의적 정보가 함의에 기여하지 않는 것 같이 보이는 경우들을 지적한다. 예를 들면, *x is red*는 *x is colored*를 함의한다. 여기서 유일하게 관련된 특성들은 *red*와 *colored(유색의)*이고, *colored*에서 그 하위어 *red*를 만들기 위해 그 특성들에 첨가될 수 있는 의미성분은 없다. 왜냐하면 "유색의 특성과 논리적으로 독립적인 특성 *F*는 없고, *x is F and x is colored*와 같은 것은 *x is red*를 함의하기"(Fodor 외 1975: 527) 때문이다. 따라서 그들의 주장에 의하면, 만약 빨간 것은 무엇이나 유색이라는 것이 분석적 진리라면, 이것은 관련된 낱말들의 정의에 의존할 수 없는 분석적 진리이다; 그것은 우리들 지식기초의 일부로 명시적으로 진술되어야 한다.

의미공준을 옹호하는 한층 더 높은 증거로, Fodor 외(1975)는 문장 이해

속도를 제안한다. 문장들은 빠르고 쉽게 이해되므로, 한 문장의 의미표시는
그것의 통사형태(즉, 더 복잡하지도 다르지도 않은)와 상당히 비슷함에 틀
림없다고 가정하는 것이 합리적이라고 그들은 주장한다. 그래서 언어처리
시스템의 처리 대상물을 줄이기 위해, Fodor 외는 추론시스템에 더 많은
부담을 줌으로써 언어처리시스템을 단순화한다. 따라서 추론을 위해 필요
한 정보는 의미공준이라고 명시적으로 진술되며, 각 낱말은 그런 공준들의
한 집합과 관련된다. (Kintsch 1974는 독립적으로 많은 그런 주장을 한다.)

　　Fodor 외(1975)와 Fodor(1977)는 의미공준이 성분의미론의 잉여성 규칙
들과 본질적으로 동일하다고 주장했다(3.2.1을 보라). 그러나 둘 사이의 한
중요한 차이는 그들의 관련대상물이다. 성분의미론에서 잉여성 규칙들은
하위-어휘적 의미성분들 사이의 관계를 나타낸다. 즉, 그들은 내포관계들
이다. 그러나 낱말들에 대한 내적 의미론이 없으므로, 의미공준에 대하여
관련되고 있는 것은 두 낱말의 외연이다. 예를 들면, 잉여성 규칙은 만약
한 낱말이 자질 FELINE(고양잇과의 동물)을 소유하면, 그 낱말은 자질
ANIMAL을 소유한다는 것을 말해 주지만, 의미공준은 만약 한 사물이 고양
잇과의 동물이면, 그 사물은 동물이라는 것을 말해 준다. 따라서 의미공준
이 어휘관계를 부호화한다고 말하는 것은 정확하지 않다. 의미공준은 어휘
적 의미관계와 개념적 의미관계를 구별하지 않는다. HOT과 COLD 사이의 개
념관계와 hot과 cold 사이의 어휘관계 차이를 나타내기 위하여, 우리는 두
공준이 필요할 것이다. (a) 만약 어떤 것이 뜨거우면, 그것은 차지 않다; (b)
만약 한 낱말이 hot이면 그것은 낱말 cold의 대립어이다. 따라서 우리는 개
념-의미적 관계와 어휘-의미적 관계의 차이를 나타내는 데 의미공준을 이
용할 수 있을 것이다.

　　Fodor의 이전 연구는 성분론을 반대하는 주장을 하는 심리언어학적 실험
에 의존했지만, 이 실험들은 실험에서 가정되었던 특정한 성분분석들을 반
대하는 주장에만 사용될 수 있을 뿐이다(만약 실제로 그들이 그것을 반대하

는 주장을 하는 데 사용될 수 있다면). 그들은 의미성분들이 문장처리에 기여하는 방식에 관한 몇몇 초기 가설이 틀린다는 점을 보여 줄 것이다. 3.2.1에서 논의된 Johnson-Laird의 실험들로 되돌아가서, 의미특성들을 공유하는 낱말들은 회상실험에서 서로 뒷받침하기(Johnson-Laird 1983) 때문에, 그와 그의 동료들은 의미성분들이 어휘표시에 어떤 역할을 하는 것 같이 보인다는 것을 발견했다. 회상능력은 그 낱말들이 공유하는 자질 수에 비례했기 때문에, Johnson-Laird는 그런 결과들이 의미공준의 타당성을 반박한다고 주장했다. 만약 의미가 공준들을 통해 표시되면, 가장 빠른 회상은 가장 작은 수의 의미공준을 필요로 하는 항목들이 찾는 것이어야 한다. Johnson-Laird는 이것이 사실이 아니라는 것을 발견했다.

Laurence and Margolis(1999)는 개념과 낱말의미에 대한 그런 접근방식들에 관한 많은 비평을 확인한다. 첫째, 모든 원자 개념들의 습득을 위한 다른 수단이 없으므로, 그들은 생득적임에 틀림없다(Fodor 1975). 이것은 RATATOUILLE(라타투유: 프로방스 풍의 야채스튜) 또는 SHORTSTOP(야구의 유격수)와 같은 복잡하고 문화-특정적인 개념들에 대해서는 직관적으로 불가능할 것 같다. 모든 개념들은 구조에 있어서 동등하게 단순하므로, FOOD와 MANACOTTI(요리명)는 다소 알 수 있는 개념들로 구분되지 않으며, 둘 중 하나를 알기 위해 다른 하나를 알 필요는 없다. 직관에 대한 이 공격에다가 또 Jackendoff(1989)는 생득적인 비-성분 개념들은 단지 유한수의 개념들만 존재한다(두뇌는 유한하므로)는 것을 함의할 것이라는 점을 지적한다. 사람들은 새로운 사물들을 인지하는 무한한 능력을 나타내므로, 이 견해는 방어하기 어렵다. 다음은 Laurence and Margolis가 "설명적 무기력"이라고 일컫는 문제이다: 만약 의미나 개념들이 성분이 아니면, 우리는 그들 사이를 일반화할 수 없을 것이고, 그래서 범주화와 같은 개념적 일반화에 의존하는 과정들은 설명할 수 없다. 따라서 반의관계나 하위관계의 경우들에 걸쳐서 우리가 살펴본 어떤 일반화도 원자론에 의해 이용될 수 없을 것이다. 또한 새로운 낱말의미나 개념들의 습득과 개발에 대한 기본적인 문제들도 존재한다.

그래서 의미에 대한 원자론적 접근방식은 의미관계를 자의적이고 예측할 수 없는 것으로 취급한다. "만약 더우면, 춥지 않다(if it's hot, it's not cold)"와 같은 추론을 하기 위해, 우리는 *hot*의 의미에서 *cold*의 의미로 우리를 이끌어 가는 의미공준을 명심해야 한다. 왜냐하면 그들 간의 관계는 다른 방식으로는 자연스럽게 발생하지 않기 때문이다. 이것은 만약 우리가 낱말은 머릿속에서 정의된다고 가정하면, 의미관계는 예측할 수 있다는 견해와 대치한다.

3.4.2 WordNet(낱말망)

의미관계들에 대한 접근방식의 마지막 보기는 Princeton 대학교의 인지과학 실험실에서 1985년 창시된 어휘 데이터베이스 프로젝트인 WordNet이다. WordNet은 의미적으로 조직화된 최고의 영어 어휘 데이터베이스로 출현했으며(Sampson 2000), 여기서 나는 그런 자격으로서의 그것을 몇몇 원형적 전산망의 본질을 입증하는 데뿐만 아니라, 그것의 특정한 장점과 문제점을 논의하는 데 사용할 것이다. WordNet은 광범위한 전산 연구에(그 자체가 동의어·반의어에 적용되었을 뿐 아니라) 사용되어 왔다. 전 세계적으로 연구자들은 다른 언어들의 WordNet을 활발하게 연구하고 있다(예, Vossen 1996). WordNet의 성공은 인간-크기의 전산 어휘사전을 만들려는 시도에 부분적으로 기인한다. 그 반면에 대부분의 NLP 프로젝트는 매우 제한된("장난감 같은"[20]) 어휘사전들로 만들어지고 테스트되는데, 더 총괄적인 어휘사전들로까지 확대하는 데 있어서 문제들이 수반된다. 한 무리의

---

20) Wilks 외(1996: 2)는 "아주 정직한 순간에" 그들의 프로젝트들의 어휘사전들 안에 있는 낱말수를 확대하여, 그 수가 어휘사전 당 평균 36 낱말이라는 것을 발견한 한 무리의 NLP 연구자들의 이야기와 관련이 있다.

WordNet 연구자들은 큰 어휘사전을 다루다 보면 작은 규모의 어휘사전에서 간과될 특정한 문제들과 패턴들을 설명할 수 있다는 것을 발견했다. WordNet이 영어 어휘사전의 크기를 다루는 한 방식은 그것을 세 개의 작은 어휘사전(명사, 동사, 수식어)으로 다루는 것인데, 그들 각각은 그 자체의 조직적 원리에 따라 작용한다. 낱말들은 그들 자체의 품사 사전 내에서 관련되므로 WordNet에서 표시되는 관계들은 대부분 결합적이라기보다 계열적이다.

처음에 WordNet은 "심리적 사전편집"(Miller 외 1990)의 한 연습문제로 개념화되었고, "심리언어학자들이 [20]세기에 수집한 어휘사전의 공시적 조직에 대한 방대한 범위의 증거"(Beckwith 외 1991: 212)를 부호화하기 위하여 의도되었다. 인용된 증거는 낱말연상 데이터, 발화오류에서의 어휘대치, 그리고 어떤 유형의 실어증이 있는 사람들의 어휘사용양상을 포함한다(Beckwith 외 1991). 그러면 WordNet의 관계구조는 심리언어학의 자료가 제시하는 의미관계 유형들만을 포함하도록 의도된 것이다. 그러나 WordNet의 관계징표는 사전편집 연구의 산물이다(Beckwith and Miller 1990). 왜냐하면 단지 작은 일부분의 영어어휘만이 수집된 심리언어학적 실험 및 데이터에서 연구되었기 때문이다.

WordNet에서 기본관계는 동의관계이다. 별도의 품사 어휘사전에서 낱말들은 동의어·반의어사전에서 찾을 수 있는 것처럼 동의어그룹(synset)들로 분류된다. 만약 한 낱말이 하나 이상의 의의를 가지면, 그 낱말은 하나 이상의 동의어그룹에 표시된다. 그 동의어그룹들은 다른 화용적 관계들에 의해 서로 관련된다. 아래에서 더 상세하게 설명되겠지만, 어떤 관계들이 관련되는가는 낱말들의 품사에 의존한다. WordNet 연구자들은 어휘관계(낱말형태와 의미를 포함하는)와 개념관계(의미만을 포함하는)의 구분을 인정한다(Miller 외 1990; Fellbaum 1998b). WordNet에서는 동의어그룹들 사이의 관계를 개념관계로, 그리고 특정한 낱말들 사이의 관계를 어휘관계로 간주함으로써 이런 구분들을 할 수 있다. 그러나 이렇게 구분되는지 항상 분명하지는 않다(아래의 형용사의 경우에서 논의되겠지만). 동의관계는 자동적 선택에 의해 어휘관계로 취급된다; 동의어그룹의 낱말들은 단일의 개념(일반적으로 말하며, 적어도) 위로 사상되므로, 여기서 개념들 간의 관계는 존재할 수 없다. 오히려, 그 개념으로 사상되는 것은 낱말들 간의 관계이다.

명사와 동사는 위계구조에 표시되는 반면에, 형용사는 비-위계적 틀에 표시된다. 이 구조들은 세 통사범주에 대해 표시되는 다른 관계들에서, 그리고 각 어휘사전 안에서의 관계들에 제공되는 우선권에서 기인한다. WordNet에서 명사들은 하위관계/상위관계, 반의관계, 그리고 부분·전체관계/전체·부분관계에 의해 조직된다(G. Miller 1990, 1998b). 모든 명사는 어떤 부류포섭관계에 참여하므로, 하위관계와 상위관계는 명사의 기본조직 원리 역할을 한다. 이들은 낱말이라기보다 동의어 그룹을 관련시키는, 개념 관계(어휘관계라기보다로) 간주된다. Miller(1998b)는 그런 위계적 표시는, 하위항목들이 상위범주들과 자질들을 공유하는 것을 위계가 결정하는, 범주화의 고전적 모형에 근거하고 있다고 언급한다.[21] 따라서 이 모형은 의미의 고전적 성분이론에 반대하는 원형 증거에 의해 위협을 받는다. 그러나 Miller(1998b: 33)는 "명사 어휘사전의 위계구조는 좋은 설명의 결여에도 불구하고 언어적 사실들에 적합하게 보인다"라고 말하고, 그래서 범주들의 원형적 표시와 명사 어휘사전의 위계적 표시는 공존한다고 제안한다.

---

21) 이 주장에도 불구하고, WordNet은 실제로 그 자질들을 어휘구조 속에 표시하지 않으므로 '비-성분적'이라고 간주된다.

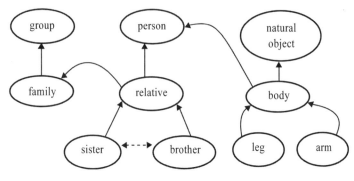

그림 3.6 WordNet에서 명사들

하위관계는 위계적 관계이므로, 명사 어휘사전의 최고 층위는 "유일 개시자들"로 구성되는데, WordNet의 데이터베이스에는 ANIMAL, COMMUNICATION, LOCATION, RELATION, 그리고 SUBSTANCE를 포함하여 25개가 있다(Miller 1998b). 그림 3.6(Miller 1990: 260에서 가져와 수정한 것임)은 명사류 데이터베이스의 조직을 보여 준다. 실선으로 된 직선은 하위관계를; 곡선은 부분·전체관계를; 대시로 표시된 선은 반의관계를 나타낸다. 화살촉은 관계의 방향을 가리킨다.

세 유형의 부분·전체관계가 WordNet에 기록된다: COMPONENT-PART-OF (*leg*<*body*), MEMBER-OF(*relative*<*family*), 그리고 STUFF-THAT-WHOLE-IS-MADE-OF (전체를 구성하는 재료<물질>: *flesh*<*body*). 부분·전체관계와 반의관계는 필요할 경우에 기록된다. 즉, 모든 명사가 다 부분·전체관계와 반의관계를 이루는 것은 아니다.

명사처럼, WordNet의 동사도 위계적으로 조직되는데, 소수의 유일 개시자를 가진다(Fellbaum 1990, 1998a). 동사는 일반적으로 여러 유형의 함의와 관련된다(이들은 제6장에서 논의된다). 그러나 동사를 계열적으로 조직하는 것은 심리언어학적 근거를 의심하게 만든다. 왜냐하면 낱말연상 테스트에서 동사는 적어도 계열적 반응만큼 결합적 반응을 유도하는 것 같기 때문이다(명사 및 형용사와 다르게). Fellbaum(1998a)은 동사 어휘사전의 계열적 조직에 대한 기본적인 심리언어학적 뒷받침으로 대치오류(Garrett 1992을 따라서)를 인용한다. 더욱이, Chaffin, Fellbaum, and Jenei(1994)는 낱말연상 테스트(WAT)와 분류과업을 이용하여 WordNet 동사 구조를 테스트한 뒤에, 계열적 관계들을 유도해낼 수 있었던 경우에, 그 관계들은 WordNet에 표시된 패턴들을 따른다는 것을 발견했다. 그러나 동사의 계열적 조직에 대한 이 뒷받침들은 동사들이 결합적으로 연합된다는 더 큰 증거를 숨긴다. 그래서 동사는 대치오류와 WAT 반응에 존재하지만, 동사가 대치오류를 나타내는 것은 아주 드물다는 것과 그리고 동사는 WAT에서 더 빈번하게 결합적 반응을 유도한다는 것도 사실이다. 따라서 대치와 WAT 반응은 동사들 간의 계열적 관계를 옹호하는 증거로 간주될 수 있을 것이지만, 동사 어휘사전이 그런 관계들에 의해 일차적으로 조직된다는 매우 강력한 증거는 제시하지 못한다.

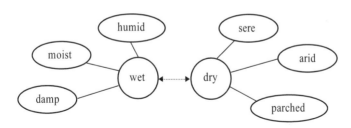

그림 3.7 WordNet에서 서술형용사들

WordNet은 그들이 서술하는 사물들의 특성을 가리키는 서술형용사들(예, *big, red, edible*<식용의>)과, 그리고 일반적으로 명사에서 파생되어 한 범주의 하위부류들을 확인하는 역할을 하는 관계형용사들(예, *electrical*<전기의>, *corporate*<회사의>)을 다르게 처리한다. 일반적으로 형용사의 동의어 그룹들은 반의관계에 근거한 계열적 망 속에 배열되지만(Gross and Miller 1990; K. Miller 1998), 많은 관계형용사들은 분명한 반의어를 소유하지 않는다. 그래서 그들은 그들이 의미내용을 공유하는 명사들에 대한 힌트와 함께 표시된다(예, *dental<이의>-tooth<이>*).

WordNet은 직접적(**direct**, 즉 어휘적) 반의관계와 간접적(**indirect**, 즉 개념적) 반의관계를 구분하고(Gross 외 1989; Gross and Miller 1990), 동의어그룹들에서 초점(**focal**) 형용사를 중심으로 형용사 어휘사전을 조직한다. 예컨대, *wet*과 *dry*는, 그림 3.7(Gross and Miller 1990: 268에서 가져와 개조한 것임)에서 예시한 것처럼, (직접적) 반의관계에 의해 관련된, 초점형용사인데, 직선은 동의관계를, 그리고 서로 반대 방향의 화살은 반의관계를 가리킨다.

damp(축축한; 습기찬), moist(습기 있는), 그리고 *humid(눅눅한)*는 동의어 연결고리에 의해 *wet*과 관련되고(그래서 그들은 WET 동의어 그룹의 일부를 형성한다), *arid(건조한), sere(시어<詩語>: 마른)*, 그리고 *parched(바싹 마른)*는 동의어로 *dry*와 연결된다. 그러면 *arid/humid* 또는 *moist/dry*는 그들의 대립이 *wet*과 *dry*의 직접적 반의관계에 의해 중재되므로 간접적 반의어들이다.

처음 만들어질 때, WordNet은 의미를 연상적으로 표시하기 위해 의도되었다(G. Miller 1998a). 데이터베이스에는 어떤 정의도 포함되지 않았고, 낱말들과 동의어그룹들 간의 관계 연결고리만 존재했다. 관계 연결고리의 변이형들이 동의어그룹들 안에서 의의들을 구분하고, 동의어그룹들을 다른 동의어그룹들과 구분하기에 충분할 것이라고 생각되었다. 이 가정은 틀린 것으로 판명되었고, 동의어그룹들을 구분하기 위해 해설이 덧붙여졌다. (나는 이런 변경에도 불구하고 3.3이라기보다 이 절에 WordNet을 포함시켰다.) Miller(1998b)에 의하면, 만약 의미관계의 더 많은 유형들이 WordNet에 포함되었더라면, 의의들의 더 좋은 구분이 달성되었을 것이다. 많은(모두는 아니지만) 추가적 의미관계들은 WordNet에 이미 포함된 의미관계들의 하위 유형들(예, 더 많은 유형의 하위관계)일 것이다. Fellbaum(1998b)은 더 많은 관계들을 포함시키는 것에 반대하는 견해, 즉 WordNet은 화자들에게 현저한 관계들만 표시한다는 견해를 밝힌다. 그럼에도 불구하고, WordNet은 모든 현저한 관계를 설명하지 않는다. Fellbaum(1998a)은 Chaffin이 "테니스 문제"라고 불렀던 것을, 즉 *racquet(라켓)*, *ball* 그리고 *net* 사이의 관계와 같은 심리적으로 현저한 관계들이 WordNet에서는 관련되지 않는다는 것을 인정한다. 왜냐하면 그들은 WordNet이 허용한 관계들의 집합에 속하지 않기 때문이다. 몇몇 연구자들은 WordNet에 더 많은 관계들을 덧붙이지 않고, 즉 데이터베이스에서 이용할 수 있는 의미정보를 통해 "테니스" 관계를 파생시킴으로써, 이 문제에 대한 해결책을 찾으려고 노력하고 있다(Morris and Hirst 1991; Al-Halimi and Kazman 1998)..

WordNet이 심리언어학적 증거에 근거하고 있다는 주장에도 불구하고, WordNet에서 관계들을 뒷받침하는 그런 증거를 조사하는 방식을 결정하기는 어렵다. 그 이유는 인용된 것이 계열적 관계들의 구조의미적 기술을 해독하는 것에서 구할 수 없는 어떤 통찰력도 제공하는 것 같지 않기 때문이다. 표시된 관계 유형들은 언어학 문헌에서 잘 알려져 있는 것들이고, Fellbaum이 언급했듯이, 화자들에게 현저하다. 더 많은 의미관계 유형들을 뒷받침한 심리언어학적 실험은 대부분 이미 WordNet이 진행된 뒤에 시행되었다. 그러나 그 시스템은 이 발견사실들을 통합할 수 있도록 업데이트되지 않았다. 구할 수 있는 WordNet 문헌에서 WordNet의 설계 결정이 이루어지는 근거 기준들을 결정하기는 종종 어렵다. 예를 들면, Miller(1998b)는 Chaffin 외 (1988)가 여덟 유형의 부분·전체관계를 확인했고, Iris 외(1988)는 네 유형을 구분했다고 언급한다. 그러나 그는 WordNet이 세 유형만 구분해야 한다는 것을 결정했던 방식을 보여 주지 않는다. 이미 언급했듯이, WordNet에서 어휘관계의 보기들은 심리언어적 자료가 아니고 사전편집적 자료에서 수집한 것이다. 이 때문에 WordNet에서 일부 실제의 관계 선택은, *beak(부리)*를 *jaw(턱)*의 하위어로 처리하는 것과 같이, 머릿속에 표시된 정보를 표시하지 않을 것 같다(Sampson 2000에서 논의된, Miller 1998b).

WordNet의 한 다른 문제는 표시된 관계들의 일부가 그 본질에 있어서
개념적이라기보다 어휘적이라는 주장이다. 규범적 대 비-규범적 대립의
경우에(2.1.4와 2.3.1을 보라), 우리는 낱말들 간의 관계와 의미들 간의 관
계를 구분할 수 있을 것이다. 그러나 WordNet의 주장에 의하면, 어떤
관계성의 보기들이 어휘적이라기보다, 어떤 관계 유형들은 어휘적이고,
다른 유형들은 그렇지 않다. 이것은 어휘관계들이 직접적 반의관계(낱말
들 간의)를 통해 표시되는 형용사 어휘사전의 조직에서 특별히 분명하다.
그 반면에 다른 관계들은 동의어 집합들을 관련시키는 것으로 표시된다.
예를 들면, 형태적으로 관련된 반의어들은 자동적으로 어휘반의어(의미
에 근거한 대립어라기보다)라는 광범위한 일반화가 만들어진다. 이것에
근거하면, *weighty(무거운)*와 *weightless(중량이 없는; 무중력의)*는 어휘
반의어처럼 등급을 만든다. 그러나 Sampson(2000)이 지적하듯이, 이 두
낱말은 실제로 반의어가 아니다. 왜냐하면 그들은 동일한 종류의 사물들
을 기술하는 데 사용되지 않기 때문이다. (그 반의어가 *weighty travel*이
아닌 *weightless travel*에서처럼, *weightless*는 중력의 결여를 경험하는 것
을 가리킨다. 오히려 그 반의어는 *weighted*<중력을 받은>나 *weightful*
<중력이 있는>일 것이다.)

반의관계의 어휘적 고정성도 어휘사전 안의 고정된 관계들이 어떤 이론
에서도 문제성이 있는 동일한 이유에 대한 문제이다: 실제 언어 사용에서
관계들은 문맥의존적이다. 예를 들면, WordNet 모형은 *dry*의 직접 반의어로
*wet*을 제공하지만, 실제 언어 사용에서 *wet*이 *dry*의 대립어인가하는 것은
다른 문제이다. 예컨대, 빵의 신선도를 기술할 때, *dry*의 대립어는 *wet*이
아니다. 이 문제는 부분적으로, 이들을 어휘적(개념적이라기보다) 관계들로
확립하기 위해 WordNet이 이용하는 유형들의 증거(특히, "중립적 문맥"에
서의 낱말연상 실험)에 기인한다. Miller가 WordNet 구조에 대한 뒷받침으
로 낱말연상 데이터를 이용하는 것은 낱말연상 결과에 관한 그의 이전의

견해와 아주 상반된다.

> 낱말연상 테스트에서 드러나는 것처럼 보이는 낱말들 간의 자극-반응 결합
> 은 만들어지는 모든 발화가 근거하는 심리적 원자들이 아니다. 오히려, 그
> 결합은 사람들이 보통이 아닌 이상한 테스트 상황에서 그들의 언어능력을
> 사용하게 만든 것의 결과이다.(Miller 1969: 235)

위의 인용문에서 가정되어 있듯이, 머릿속 어휘사전의 기본 목적은 낱말
연상 테스트를 위해 출력을 제공하는 것이 아니고, 그 목적은 문법적 언어
사용과 이해를 위해 낱말들을 제공하는 것이다. 우리가 낱말대립들을 알고
있다(그리고 이 지식이 우리의 테스트 행위에 나온다)는 이유만이 그들이
우리의 머릿속 어휘사전을 구조화한다는 것을 의미하지 않는다. 우리가 제2
장에서 논의했듯이, 그런 지식은 낱말들의(of) 지식(낱말지식)이 아니고 낱
말들에 관한(about) 지식이다. 이제 WordNet을 개념-의미적 망으로 해석할
수 있다. 이 경우 WordNet은 wet과 dry의 대립을 어휘사전에 있는 지식이라
기보다 그 낱말들에 대한 개념적 지식으로 표시할 것이다. 그러나 WordNet
의 진술된 목적은 머릿속 어휘사전을 표시하는 것이다. 그래서 이 해석은
이용할 수 없다. 많은 형용사들이 문맥에 따라 다른 반의어들을 가진다(예,
fresh/stale bread<*신선한/상한 빵*>, *fresh/frozen vegetables*<*신선한/냉동 야
채*>, *fresh/rotten fish*<*신선한/썩은 물고기*>)고 밝혀진 Murphy and Andrew
(1993)의 실험에 반응하여, Fellbaum 외(1993)와 K. Miller(1998)는 그런 증
거는 반의관계가 어휘사전에 사용자가 바꿀 수 없게 짜넣어질 수 없다는
것을 보여 주지 않는다고 주장한다. 그 대신에 그들은 형용사들이 그들이
소유한 반의어들과 동일한 수의 의의들을 가진다고 주장한다. 그러나 우리
가 제2장에서 살펴보았듯이, 이 견해는 올바르지 않다. *sweet(단)*의 반의어
가 *sour(신)*일 때도 있고, *bitter(쓴)*일 때도 있지만, *sweet*의 두 의의
('not-sour'<시지 않은>와 'not-bitter'<쓰지 않은>)가 존재한다는 다른 증거

는 없다.

　(명사 및 동사 어휘사전과는 다르게) 위계조직이나 유일개시자를 소유하지 않은, 특히 형용사 어휘사전에 대한 다른 한 문제는 한 조직 원리로서 그것이 반의관계의 이분적 관계에 의존하는 것이다. 우리는 장이론이 더 큰 대조집합 안의 이분적 반의관계(예, *happy/sad/angry*에서 *happy/sad*)를 설명하는 데 어려움을 겪는다는 것을 알고 있지만, WordNet에는 정반대의 문제가 존재한다. WordNet은 이분적 관계에 특권을 주기 때문에, 더 큰 대조집합을 설명하는 데 어려움을 겪는다. 이것은 색채어휘에 대한 WordNet의 설명에서 분명하다. 어떤 반의적 구조 안에서 색채어휘를 제시하기 위해, WordNet 1.6은 용어 *chromatic(유채색의)*과 *achromatic(무채색의)*이 대립하고, 색채명은 유사관계에 의해 *chromatic*과 연결되는 것으로 부호화된다(K. Miller). 따라서 *chromatic*과 *achromatic*은 색채어휘에서 초점 낱말이 된다. 그래서 한 조직 원리로 이분적 반의관계를 이용하면서 색채용어들 간의 어휘관계들을 설명하기 위해, WordNet은 비-기본 어휘를 기본 어휘인양 처리해야 한다.

　WordNet에서 이분적 반의관계에 대한 의존은 *angry*처럼 반의어가 없는 초점 낱말들에 문제를 일으킨다. 그런 낱말들을 처리하기 위해, 가공의 어휘항목은 구조가 *angry*에 대한 반의어를 기대하는 공백을 메우기 위해 데이터베이스에 포함되어야 한다(K. Miller 1998). (이 교점은 WordNet에서 *not-angry*라는 명칭이 붙는다.) WordNet의 구조가 존재하지 않는 낱말에 대한 어휘항목의 도입을 강요할 때에도, 때때로 그런 항목은 설계자의 직관 때문에 첨가된다. 그래서 예를 들면, 명사 데이터베이스는 *bad person(나쁜 사람)*에 대한 내항을 포함한다. 그러면 *offender(위반자, 범죄자)*와 *libertine(방탕자, 난봉꾼)*은 *lover(연인)*와 *worker(노동자)*와 같은 낱말들에 의해 공유되지 않는 공통의 한 상위어를 가질 수 있을 것이다(Fellbaum 1998a). 이것은 개념적 데이터베이스에 대해 적절할지도 모를 해결책이다. 그러나 존재하지도 않는 낱말들을

WordNet에 포함시키는 것은 머릿속 어휘사전의 한 모형이라는 주장을 반박하는 것이다.

요약하면, WordNet이 심리언어적 모형이라고 주장되어 왔지만, 그 설계자들은 심리언어적 증거를 선택적으로 사용해 왔고, 그 구조가 그것을 심하게 제한한다. WordNet에 관한 최근의 연구들(특히, Fellbaum 1998c)은 데이터베이스(특히 관계유형들의 목록)를 구성할 때 초기의 일부 선택에 관한 후회를 기록하고 있다. 그러나 여기서 비판된 다른 선택들은 WordNet 그룹에서 지지를 유지해 왔다. WordNet이 구조화되어야만 했던 방식에 관한 얼마의 재고(再考)에도 불구하고, 그 프로젝트가 시작된 이래로 기본 구조들은 많이 바뀌지 않았다. 그래서 WordNet이 전자 동의어·반의어사전 및 전산도구로서 힘을 얻었지만, 머릿속 어휘사전을 모형화하려는 그 창안자의 의도는 얼마 전에 포기된 것 같다. 비-성분적 연상모형으로서 WordNet의 한계에 관한 한층 더 깊은 논의는 다음 절을 위해 남겨 놓겠다.

3.4.3 망과 연상론에 관한 논평

어휘항목들에 대한 의미구조의 결여가 의미관계들을 예측하기 불가능하게 만들므로, 의미공준 접근방식과 WordNet의 최초 모형에서 계열적 관계들은 의미기억 속에 명시적으로 기술되어야 한다. 따라서 이 접근방식들은 의미이론이 보통 설명으로 가득 차 있는 현상들 중 몇 가지를 설명할 수 없다 — 너무 그래서 WordNet 프로젝트는 정의에 반대하는 입장을 포기해야만 했다. 이런 방식으로 WordNet은, 어휘관계들이 어휘사전이나 의미기억 속에 명시적으로 기록된(어휘관계들이 거기에도 기록된 낱말 정의들로부터 예측할 수 있을 것이라는 사실에도 불구하고), 3.3에 제시된 모형들과 비슷하게 되었다. 3.4.3은 어휘관계들이 어휘사전에 명시적으로 기록될 수 있는지 그리고 어휘관계들의 그런 기록들이 의미를 설명하기 위해 필요한지를 다룬다. 따라서 논의는 3.3과 3.4에서 제시된 모형들에 관한 것이다.

왜냐하면 그들 모두가 어휘-의미적 기억 속에 있는 의미관계들을 명시하기 때문이다.

어휘관계들은 관련된 낱말들의 의미들에 필수적인가? 확실히 이 개념은 직관에 호소한다. 사실, 그것은 많은 언어학 교재에서 논쟁이 안 되는 것으로 제시된다. 예컨대, Saeed의 의미론(1997: 12)에서 그는 "어휘 시스템 안에 있는 원소들 간의 의미적 연결고리들이 그들의 의미의 한 면이다"라고 주장한다. 머릿속 낱말들에서, Aitchison(1987: 63)은 "*warm*을 완전히 이해하기 위해서는 *warm*이 *cold, tepid*(미지근한), *hot*과 같은 온도 낱말들의 범위에 들어가는 방식을 알 필요가 있다. 이 유형의 정보는 머릿속 어휘사전의 본질적 부분으로 제시된다."라고 주장할 때, 상식을 이용한 것 같다.22) 그러나 Jordaan(1993: 97)은 다음과 같이 언급한다: "이 연구들의 개념적 약점들은 적어도 부분적으로, 많은 실용적 방식으로 위계적 표시들을 작성하는 사람들의 기지의 능력은 ... 지식이 조직화되고 표시되는 방식을 반드시 반영한다는 가정의 결과이다." Aitchison, Saeed, 그리고 다른 연구자들은 낱말 의미들에 관해 생각하고 말하는 우리의 능력이 머릿속 어휘사전의 표시와 조직을 반영한다고 속단한다. 그러나 (제2장에서 논의했듯이) 낱말들에 관해 곰곰이 생각하고 정의내리기 위해, 우리는 개념적 지식(낱말들에 관한 지식을 포함한)에 의존해야 한다. Aitchison의 진술(과 그리고 유사한 연상주의 관점)에서, 자연언어를 사용하는 낱말들을 정의하는 능력과 머릿속에 있는 의미표시 사이에 혼동이 존재한다. 확실히 다른 온도 낱말들(특히 그 반의어인 *cold*)을 이용하지 않고 *hot*이 의미하는 바를 설명하기 어렵다. 또는 *cooking, pans*, 그리고 다양한 다른 요리법과 식품의 이름에 관계없이 *sauté*(살짝 튀긴)를 기술하기 어렵다(Kittay and Lehrer 1992: 4). 혹은 *red, yellow*에 관계없이 *orange*를 정의하기 어렵다(Aitchison 1987:

---

22) Aitchison은 동일 보기를 이용하지만, 머릿속 낱말들(1994)의 제2판에서 머릿속 어휘사전을 속단하지 않는다.

63). 그러나 이것은 낱말들에 관한 의사소통과 관련된 어려움이며, 낱말들을 머릿속에서 표시할 때 반드시 어려운 일은 아니다.

대조 및 유사성과 같은 관계들은 우리가 새로운 것들에 관한 지식을 습득하는 방식에 있어서 여러 역할을 한다. 그래서 예컨대, 만약 우리가 어떤 색을 우연히 보게 될 때, 우리는 그것을 우리가 전에 경험한 색들과 비교하고 그 새로운 경험을 그 범주들 중 어떤 범주(만약 있다면)에 배당하기를 원하는지 결정할 수 있을 것이다. 그러나 그 색들이 우리의 머릿속에서 관련된다는 이유만으로 색들에 대한 낱말들이 존재한다는 것을 의미하지는 않는다. 낱말 *red*와 *orange*의 관계는 개념 RED와 ORANGE의 관계로 바뀔 수 있다. 그 색들이 관련되기 때문에 그 낱말들이 관련된다. 따라서 낱말의미들이 서로 의존한다는 직관적 개념은 범주화 과정의 모형들에서 보존될 수 있다.

낱말들의 의의들 사이에는 미묘한 균형이 존재하고, 이것은 완전한 동의관계의 예방과 반의관계의 전형적 대칭성과 같은 효과를 나타낸다. 그러나 WordNet과 같은 망은 이 균형을 설명하기보다 기록한다. 만약 관계들이 어휘의미의 결정요소들로 제시되면, 우리는 그런 망에서 표시된 관계들이 자의적(따라서 어휘적) 정보라고 생각해야 한다. 의미장 이론가들인 Cruse와 Mel'čuk(3.3의)처럼, WordNet 이론가들도 어휘의미는 부분적으로만 연상적이고, 어휘항목들에 대해 다른 자의적 의미정보가 필요하다는 것을 이미 인정했다. 그러나 자의적인 비-관계적 의미정보의 존재는 어휘사전에서의 자의적 관계들을 옹호하는 주장을 손상시킨다. 왜냐하면 의미정보가 주어지면 낱말들 간의 관계들은 관계원리들에 의해 파생될 수 있기 때문이다.

어휘사전에서 고정된 관계 구조에 의존하는 대신에, 낱말들이 서로의 의미적 권리를 침해하는 것을 피하는 이유와 방식을 설명하기 위해 화용적 원리들을 불러낼 수 있을 것이다(제2부에 있는 동의관계의 회피와 반의관계의 대칭성에 관한 논의를 보라). 따라서 우리에게는 아래의 사실들이 남아있다. 첫째, 엄격한 전체론자들(3.4.1)을 제외한 모두가 자의적이고 비-관계적인 의미정보는 머릿속에 표시되어야 한다는 것에 동의한다. 둘째, Clark(1992, 1993)의 관습성과 대조원리들, Grice(1975)의 양과 적절성의 격률, 또는 Horn(1984)의 Q와 R 원리들과 같은, 다른 언어적 및 의사소통적 목적을 위해 요구되는, 화용적 원리들은 낱말들 서로에 대한 의미적 영향을 예측하는 데 충분하다. 셋째, 대조에 의한 관계(제2장에서 제시된)는 낱말들 간의 의미관계들을 예측한다. 이 사실들은 어휘-의미적 관계들의 고정된 머릿속 표시를 완전히 잉여적인 것으로 만든다. 머릿속 표시에서 잉여성이 반드시 나쁜 것은 아니지만, 연상론의 망을 언어적 지식(즉, 머릿속 어휘사전의 일부)으로 가정하는 것은 여전히 문제가 된다.

어휘관계들로 머릿속 어휘사전을 만드는 것은 어휘관계들 또는 동의관계, 반의관계 등의 문맥의존적 보기들의 사용에 있어서 나타나는 독창성을 설명하지 못한다. 예를 들면, *blue*가 *gray*의 대립어인 경우(예, 미국의 남북전쟁에 관해 논의할 경우)나, 또는 *Susan*이 *dry-witted(재치가 없는)*와 동의적인 경우(Susan의 친구들이 "That remark was so Susan"<"그 말은 너무나 Susan스럽다">이라는 말에 동의할 경우)이다. 우리는 의미적 관계들(어휘사전에 저장된)과 즉흥적으로 만들어진 화용적 관계들을 구분할 수 있다고 주장하려고 할 것이다. 이 경우, 우리는 어휘사전 안팎에 동일한 관계 유형들을 만들기 위한 작용방식(메커니즘)을 가져야 한다.

Johnson-Laird(1983)와 Johnson-Laird, Herrmann, and Chaffin(1984)은 대부분의 망이론들이 그들이 나타내는 관계들을 분석하고 정의하는 데 실패했음을 언급한다. Herrmann, Chaffin 외가 보여 주었듯이(3.5를 보라), 의미관계들 간의 구분과 연결은 범주화와 기억과업을 위해 중요하다. 그래서 WordNet은 낱말들이나 동의어그룹들 간의 단순한 명칭붙은 연결고리로서의 관계들을 표시하기 때문에, WordNet은 일부 관계들(예, 동의관계와 하위관계)이 다른 관계들에 대해서보다 서로 더 유사하다는 것을 나타내지 않고, 또한 (예컨대) 반의관계의 모든 보기들이 다 동등하게 반의적이지는 않다는 것을 보여 주지 않는다. MTT는 다른 기능들로 만들어진 복잡한 어휘적 기능들을 허용하는 반면에, (예컨대) 반의관계, 관계대립, 그리고 대조를 유사한 관계유형들로 표시하지 않는다. Johnson-Laird 외는 기저의 관계 의미론을 나타내기 위해 망들은 수정될 수 있다고 확신하지만, 지금까지 이것은 일어나지 않았다.

Johnson-Laird 외(1984)는 지시가 성취되는 방식을 망이론들이 설명하지 못하는 것에 대해 특별히 비판적이다. 그들의 주장에 의하면, "낱말 의미들은 이 세계와 적절하게 연결될 경우에만 서로 적절하게 연결될 수 있다."(1984: 313). 내포 망들이 단독으로는 언어사용과 이해의 화용적 면들을 허용할 수 없을 것이다. 문장처리에서 중의적 낱말들은 발화 속에 있는 다른 낱말들의 외연에 관한 지식이 없으면 그 중의성이 해소될 수 없을 것이다. 낱말들의 변칙적 사용(예, 조제식품 손님을 *the ham sandwich at table 5<5번 테이블의 햄샌드위치>*로 부르는 것과 같은 환유적 사용)은 내포 망만을 통해서는 검색할 수 없을 것이다. WordNet 접근방식과는 반대로, Johnson-Laird 외는 "낱말들에 대한 방대한 의미집합들을 불러낼 필요는 없고, 외연에 접근할 필요가 있다"(1984: 309)라고 주장한다. 만약 우리가 자연언어 사용에서 가변성과 독창성의 양에 관해 실질적으로 생각하면, 관계적 가변성을 설명하기 위해 방대한 낱말집합들을 불러내는 것은 어쨌든 적절하지 못하다. 아마도 낱말집합은 매우 방대할 수 없을 것이다. 만약 의미관계들에 존재하는 중의성, 독창성, 가변성의 문제들이 낱말들의 외연에 접근함을 통하여 해결된다면, 그 문제들은 문제가 되지 않을 것이다. 왜냐하면 외연에 대한 접근은 먼저 시제의 언어사용(망이론의 이상적인 언어 모형들과는 대조적으로)을 위해 필요하기 때문이다. 의미망들이 어휘사전에 대한 인기 있는 전산 접근방식이라는 것은 우연의 일치가 아니다. 외연적 정보의 부족은 컴퓨터의 지시능력

(또는 그런 능력을 가질 필요성)의 부족을 동반한다. 공평하게 말하면, 3.2의 의미의 성분분석 모형도 역시 내포의미 모형이고, 의미에서 세계로의 사상이 일어나는 방식을 분명하게 설명하지 않는다. 그러나 정의나 원형을 제시하는 의미이론들은 문제를 해결하는 것에 더 가깝다. 왜냐하면 이 세계에 있는 한 사물을 필요충분조건들의 한 집합(또는 핵심 및 주변 자질들, 또는 한 이상적 보기)과 비교함으로써 우리는 그 사물이 어떤 특정한 이름을 받을 만한 가치가 있는지를 결정할 수 있을 것이기 때문이다.

결론적으로, 전체론적 망 접근방식은 제2장에서 제시된 어휘외적 접근방식과 정반대를 이룬다. 한 시스템 내의 의미들은 서로에 대해서만 유의미적이라는 전체론적 견해의 장점도 있지만, 만약 낱말 의미들이 화용적 원리들을 통해 다른 의미들의 개발과 적용에 영향을 미치면, 동일한 통찰력이 더잘 성취된다.

3.5 어휘관계의 개념적 지위

지금까지 본 장은 어휘관계들이 어휘의미, 의미기억, 또는 언어처리 모형 안에서 행하는 역할에 관심을 기울였다. 대부분의 그런 접근방식에서 어휘관계들은 "이론적 본원소(primitives)"로 취급된다(Chaffin 1992: 253). 그러나 이 책에서의 목적은 그 관계들을 더 자세히 들여다보고 그 관계들 자체(두 낱말들 간의 한 관계의 보기들만이 아닌)가 어떻게 머릿속에 표시되는지를 살펴보는 것이다. 제2장에서 나는 어휘관계 유형들이 일반적인 관계원리 (RC)에 대한 제약들의 집합으로 기술될 수 있다고 주장했다. 또한 우리는 한 관계유형을 그런 제약들에 어울리는 모든 낱말 집합들의 집합으로 기술할 수 있을 것이다.

다음 두 소절에서의 접근방식은 의미관계들이 어떤 종류의 개념적 실체를 지니고 있느냐에 관한 것이다. 3.5.1에서의 접근방식은 성분분석에 의한 것이었다. 즉, 관계들은 관계성분들로부터 형성된다(Chaffin and Herrmann 1984, 1987; Chaffin 1992). 3.5.2에서의 접근방식은 원형에 의한 것이었다. 즉, 관계들은 추상적이고 이상화된 보기에 근거한다(Cruse 1994). 이 각각의 접근방식에 대하여 우리는 다음의 질문을 해야만 한다: (1) 완전한 범위의 관계유형들을 설명하는가? (2) 관계유형의 수는 고정되어 있는가? 또는 변하는가? (3) 관계범주들 사이의 이론화된 경계는 관찰과/이나 실험에 의해 뒷받침되는가?

3.5.1 관계원소들

Chaffin, Herrmann, 그리고 동료들은 의미관계들은 재결합되어 다른 의미관계들을 만들 수 있는 **관계원소(relation element)**들로 구성되어 있다고 주장한다(Stasio 외 1985; Chaffin and Herrmann 1987; Chaffin 1992). 그들은 이 견해를 다른 두 가설과 비교한다. **종표지가설(specific marker hypothesis)**은 가능한 관계들과 동수의 다른 유형의 의미연결이 의미기억 속에 존재한다고 주장한다. **과표지가설(family marker hypothesis)**은 의미기억 속의 각 관계는, 우리가 앞에 있는 절들의 모형에서 살펴본 일반적 관계유형과 같은, 적은 수의 일반 명칭들 중의 하나에 의해 이름이 붙여진다고 주장한다. 그런 시스템은 예컨대, 대조관계와 부분·전체관계를 구분하지만, 대조범주 안에 있는 등급매길 수 있는 반대어, 방향반의어, 모순대당어와 같은, 이 범주들 안의 하위유형들을 구분하지 못한다. Chaffin and Herrmann의 **관계원소가설(relation element hypothesis)**은 몇몇 종(specific) 관계들(관계대립, 모순대당과 같은)이 일반 범주에 함께 속한다는 개념을 유지하면서 더욱 많은 유형의 관계들을 구분한다. MTT(3.3.3을 보라)가 몇몇 관계를 성분적으로 취급하는 반면에, Chaffin and Herrmann의 연구는 관계들을 훨씬 더 많은 본원적인 본원소로 해체한다.

Chaffin and Herrmann은 관련 낱말 쌍들의 보기들을 분류하여 유사하게 관련된 무리의 쌍들을 만들도록 사람들에게 요청함으로써 관계 원소들을 연구했다. 예컨대, *hot-cold, dress-frock*(프록 코트), *sofa-chair*가 주어지면, 실험대상자는 *sofa-chair*와 *hot-cold*를 같이 분류할 것이다(만약 그들이 두 쌍을 대조관계로 인식하면). 그러나 만약 그들이 *sofa-chair*가 유사관계의 보기로 생각하면, 그들은 그 쌍을 *dress-frock*과 같이 분류할 것이다. 의미관계 문헌에서 31 유형의 관계를 확인한 뒤에, Chaffin and Herrmann(1984)은 이 관계들을 수형도로 만드는 데 분류과업 결과를 이용했다. 이것은 그 관계들이 구분되어야 한다고 실험대상자들이 느끼는 정도를 보여 준다. 이 31관계는 연역적 분석에 의해 5과(family)로 나누어진다: 대조(반의관계를 포함하는), 유사성(동의관계를 포함하는), 부류포섭(하위관계를 포함하는), 부분·전체(부분·전체관계), 그리고 격관계(행위자/도구, 행위자/행동과 같은). 분류과업은 연역적 분석의 5가지 구분의 상위에서뿐만 아니라 하위에서도 더 많은 구분 층위를 보여 주었다. 최고 층위에는 대조(constrasting) 관계들(반의어, 양립할 수 없는 용어들, 그리고 **속성유사물들<attribute similars>** - 예, *rake/fork*를 포함하는)과 비-대조(non-constrasting) 관계들의 일반적 구분이 존재한다. 비-대조 관계들은 Chaffin and Herrmann이 **논리적(logical)** 관계와 **화용적(pragmatic)** 관계라고 불렀던 것들로 나누어진다. 전자는 동의관계와 부류포섭을 포함하고, 후자는 여러 유형의 부분·전체관계와 격관계를 포함한다. 논리적 범주와 화용적 범주 둘 다 포섭 범주(하위관계, 부분·전체관계)와 비-포섭 범주(동의관계, 격관계)로 한층 더 세분된다. 이 밑으로 구분이 계속되어 그 수형도는 31개의 가지로 나누어진다.

분류과업을 통해 얻은 위계를 이용하여, Stasio, Herrmann, and Chaffin (1985)은 31개의 관계유형을 효율적으로 구분하는 관계원소들의 한 집합을 제안했다. 그러나 그들의 관계원소들은 이 과업에 대해 특별히 경제적이지

는 않다. 31개의 관계를 구분하기 위해, Stasio 외는 30개의 관계원소를 제안
했다. 여기서 모든 원소와 관계유형을 재현하기보다, 아래의 논의는 대조관
계와 부분–전체관계의 하위유형에 집중된다. 이 두 관계범주에 관련이 있는
관계들은 부록에 기재되어 있지만, 그 중 몇 가지는 아래의 논의에서 필요할
때에 소개할 것이다.

　30개의 관계원소들은 다른 유형의 관계들을 분류하고 구분하기 위해 의도
된 것이다. 예를 들면, 대조관계들은 **Dim**(Dimension: 차원)과 **BiP**(Bilateral
Position: 쌍방 위치)를 이용한다. 즉, 그들은 한 차원을 쌍방으로 구분한다.
비–대조 관계들 중 논리관계들(유사성과 분류포섭)은 모두 **Int**(Intersection:
교차)를 포함한다. 그들은 **Inc**(Inclusion: 포섭)에 의해 포섭관계와 비–포섭
관계로 하위구분되며, 또한 **Inc**는 부분·전체관계의 포섭적인 화용적 관계와
비–포섭적인 화용적 대응물인 격관계를 구분한다. 문헌에서 논의되는 5개의
격관계는 **Evt**(Event)와 그 사건의 다양한 참여자를 가리키는 네 원소를 이용
하여 구분된다. 이 사건원소들 중 어떤 것도 다른 어떤 관계 유형들에 이용되
지 않으므로 격관계들은 그들 자신들에게 하나의 시스템인 것처럼 보인다.[23]
대조관계와 부분–전체관계에 관한 관계원소 분석은 표 3.1과 3.2에 있다.
관계들을 관계들의 더 큰 부류의 요소들로 특징지우는 원소들은 대문자로
표시되어 있다(Chaffin and Herrmann 1987을 따라서). Chaffin and Herrmann
1987(Stasio 외 1985를 개선한)은, 표 3.1과 3.2의 괄호 표시가 가리키듯이,
일부 원소들을 다른 일부 원소들의 하위원소로 간주한다. 그래서 예컨대,
표 3.1에서 **BiP**는 Dim 원소(한 차원 상의 쌍방 위치화)를 수식하고, **Sym**(대
칭위치)은 BiP(쌍방 위치화는 대칭적이다)를 수식한다. (표 3.1과 3.2에 사용
된 관계원소들에 관해 더 상세하게 알려면 부록을 보라)

---

23) 이것은 이 책에서 내린 격관계를 무시하는 결정을 한층 더 정당화시킨다.

표 3.1 *대조관계 원소들*(Chaffin and Herrmann 1987)

관계	관계원소	보기
의사(擬似)반의어	DIM(BIP, Con)	*popular/shy, believe/deny*
모순대당	DIM(BIP(Sym), Dich)	*alive/dead, male/female*
반대어	DIM(BIP(Sym), Cont)	*old/young, smooth/rough*
방향반의어	DIM(BIP, Dich, Spa)	*front/back, left/right*
역동대립어	DIM(BIP, Dich, Vec)	*buy/sell, attack/defend*
비대칭반대어	DIM(BIP, Cont)	*hot/cool, large/tiny*
양립불가능	DIM(BIP)	*frank/hypocritical,* *happy/morbid(병적인, 음울한)*
속성유사성	INT(Over(Att, Dis))	*rake-fork, valley-gutter(하수도랑)*

표 3.2 *부분-전체관계 원소들*(Chaffin and Herrmann 1987)

관계	관계원소	보기
척도	INC(PARTIVE(Attach, Comp, Prop, Poss))	*mile>yard,* *hour>minute*
구성성분	INC(PARTIVE(Comp, Prop, Poss, Loc))	*pizza>cheese,* *table>wood*
집합	INC(PARTIVE(Homo, Prop, Poss))	*forest>tree,* *fleet>ship*
그룹	INC(PARTIVE(Homo, Prop, Poss, Soc))	*choir>singer,* *faculty>professor*
기능적 처소	INC(PARTIVE(Attach, Comp, Prop, Poss))	*kitchen>stove,* *house>kitchen*
기능적 대상물	INC(PARTIVE(Attach, Comp, Prop, Poss))	*car>engine,* *tree>leaf*
조직	INC(PARTIVE(Attach, Comp, Prop, Poss, Soc))	*army>supply corps(병참부대),* *college>bursar's office(회계사무실)*

분명히, 속성유사성은 표 3.1에서 이상한 관계이다. 그것은 Chaffin and Herrmann의 1984 연구에서 실험대상자들에 의해 대조관계와 함께 분류되었기 때문에, 대조관계로서 포함된다(Chaffin and Herrmann 1987; Stasio 외 1985). 그러나 Chaffin and Herrmann의 연역적 분석과 관계원소 분석은 속성유사성을 비-대조 관계로 처리하는데, 유사성 및 부류포섭 관계도 선행하는 **Int** 관계가 비-대조 관계를 선행한다. 그래서 Chaffin and Herrmann은 관계원소들을 옹호하는 증거로서 분류과업에 의존했지만, 특정한 관계 과들을 촉진하는 데 이용될 수 있는 몇몇 특별한 증거는 무시되었다. 분류과업은 속성 유사성을 대조 과에 배치하지만, 관계원소 분석은, 동의관계와 그것의 가장 가까운 친척(원소에 관해 말하자면)처럼, 그것을 다른 유사성 관계들의 자매로, 즉 필요속성**(INT(Over(Att, Poss)))**으로 만든다. 표 3.1의 대조 과처럼, 부류포섭과 유사성 과들은 각각 그 과의 관계원소 윤곽에 적합하지 않는 단일의 이상한 요소를 포함한다. 따라서 Chaffin and Herrmann(1944)의 분류과업 결과와 그 결과에 의해 유발된 관계원소들 사이에는 의견이 일치하지 않는 세 가지 논점이 발생한다.

표 3.2는 모든 관계들이 다 Stasio 외(1985)와 Chaffin and Herrmann (1987)의 관계원소 분석에 의해 구분되지는 않는다는 것을 보여 준다. Chaffin and Herrmann(1984)은 기능적 대상물과 기능적 처소 관계를 구분하지만, 이 둘에 대한 관계원소 분석은 동의적이다. 이것은 기능적 대상물과 기능적 처소의 연역적 구분이 불필요하다는 점에 관해 동의하는 것같이 보일 수 있겠지만, 이 둘의 구분 실패는 Chaffin and Herrmann (1984)의 분류과업 결과를 거스르는 것이다. 그 과업의 실험대상자들은 기능적 대상물과 기능적 처소 관계를 구분했을 뿐만 아니라, 그들은 서로 특별한 관계가 없다고 판단했다. 기능적 처소는 조직 관계와 가장 유사하다고 판단되었고, 기능적 대상물은 집합 및 그룹 관계와 함께 분류되었다. 기능적 대상물과 기능적 처소는 관계원소 분석에서 유일한 동의적 관계들이 아니다. Chaffin and Herrmann(1984, 1987)은

부류포섭 과에 있어서 하위화의 다섯 유형을 구분한다. 지각적(*animal*>*horse*), 기능적(*furniture*>*chair*), 상태(*emotion*>*fear*), 활동(*game*>*chess*), 지리적(*country* >*Russia*). 다섯 유형 모두 **INT(INC(UNIL))**로 분석된다.[24] 즉, 이 관계들은 포섭관계가 일방적인(즉, 상호포섭이 아닌), 일반포섭 유형의 교차(의미포섭)를 포함한다. 어떤 다른 원소들도 이 다섯 관계를 구분하는 데 사용되지 않는다(비록 그들이 분류과업에서 위계적으로 구분되지 않았지만).

표 3.1과 3.2는 관계원소 분석이 분류과업 증거에서 벗어나는 두 가지 방식을 보여 준다. 첫 번째 경우에, 분류과업 결과는 몇몇 관계를 Chaffin and Jerrmann의 연역적 분석과 다른 관계 과에 배치한다. 두 번째 경우, 관계 원소 분석은 의미에 관한 문헌이나 분류과업보다 더 적은 관계 유형을 구분 했다. 이것은 이 특정한 분석들이 경험적으로 정당화되는가하는 문제를 제기한다. 몇몇 경우에, 연구자들이 그들 자신의 결과를 무시하는 것도 당연하다. 왜냐하면 더 자세히 조사해 보면 원소분석의 기초로서 분류과 업의 약점이 드러나기 때문이다. Chaffin and Herrmann(1984)의 분류과업 결과는 우리가 관계유형에 대해 부여하는 *-어(-nym)* 명칭들에서 분명한 것보다 관계유형에서 훨씬 더 세밀한 구분을 사람들이 할 수 있다는 것을 보여 준다는 점에서 가치 있는 것이다. 이것은 본 장에서 논의된 어휘관계들 에 관한 대부분의 처리가 관계유형들을 구분하는 데 있어서 소박한 언어 사용자들의 절반만큼도 정교하지 않다는 것을 의미한다. Chaffin and Herrmann(1984)은 분류과업 결과는 사람들이 낱말 쌍들 안에 있는 항목들 사이의 의미적 또는 형태류 유사성에 의해서라기보다 관계유사성에 따라 자연스럽게 낱말 쌍들을 분류한다는 것을 나타낸다고 주장하지만, 이것의 한 예외를 인정한다. 부분·전체관계적 장소관계(*Asia*>*China*)가 하위관계 적 지리적 하위화 관계(*country*>*China*)를 이용하여 실험대상자들에 의해 분

---

24) 부류포섭 과는 단 하나의 다른 원소, 즉 장소 관계를 소유하고 있는데, 그 앞에 **INC(PARTIVE)**가 있는 부분−전체관계로 분석된다.

류되었다. 이것은 분류작업에서 관계적 신호라기보다 의미적 신호를 이용한다는 것을 가리킨다. 그러나 이 인정된 예외는 그 결과에 있어서 비-관계적 분류의 유일하게 명백한 경우가 아니다. 실험대상자들은 유사성관계를 이용하여 행동 하위관계를 분류했다. 그러나 Chaffin and Herrmann은 그것을 부류포섭 **INT(INC(UNIL))** 관계로 분석했다. Chaffin and Herrmann (1984)에서 제시된 것처럼, 행동 하위화는 동사 하위관계이다: *cook(요리하다) > fry (튀기다), clean(청소하다) > scrub(문질러 닦다), talk(말하다) > lecture(강의 하다).* 한편, 모든 다른 부류포섭 관계는 명사를 수반했다. 분류실험에서 실험대상자들은 형태부류유사성에 의해 영향을 받은 것 같이 보인다. 왜냐하면 그들은 행동 하위화를 부류포섭의 한 유형으로 인지하지 않고, 그것을 많은 동사를 포함하는 유일한 비-대조 과로 갈라놓았기 때문이다.25)

몇몇 경우에 관계원소 이론가들이 분류 결과를 파기하는 것이 정당했지만(의미나 품사가 실험대상자들을 혼란하게 한 것같이 보이기 때문에), 다른 몇몇 경우에서 그들은 정당화하지 않고 그 결과를 무시한다. 특히, Stasio 외(1985)는 속성유사물들(*rake-fork, painting-movie*)에 관해 그들의 실험대상자들이 제공한 통찰력의 결과를 간과했다. 실험대상자들은 그것을 대조 관계로 분류했지만, 그들이 그 관계에 부여한 이름에 현혹된 것같이 보이는 Stasio 외는 그것을 유사성의 한 하위유형으로 분석한다. 모든 대조관계는 유사성(Stasio 외의 분석에 의하면, 무엇보다도 차원적 유사성)의 어떤 층위에 근거하고 있기 때문에, 그리고 이 쌍들의 원소들은 양립할 수 없기(어떤 것이 동시에 영화와 그림이 될 수 없다) 때문에, 실험대상자들이 이것을

---

25) 분류과업에서 또 다른 잘못-분류된 관계는 이 일단의 관계들에 속하지 않았을지도 모른다. 초대받은 속성(**invited attribute**) 관계는 유사성 관계로 분류되지만, Stasio 외(1984)는 그것을 하위관계 범주에도 부분·전체관계 범주에도 적합하지 않은 포섭관계(**Inc, Poss, Con**)로 분석한다. 이 관계는 계열적 관계라기보다 선택제약처럼 보이는 food>tasty, cut>knife와 같은 것들도 포함한다. 그래서 동일한 품사를 포함하는 관계들과 동일한 도구를 사용하여 그런 관계 유형이 분석될 수 있을지 또는 분석되어야 하는지는 분명하지 않다.

대조관계로 간주한 것은 놀랄 만한 일이 아니다. Stasio 외(와 나중에 Chaffin and Herrmann 1987)는 그들의 연역적 분석을 옹호하고 이 정보를 무시했기 때문에, 관계원소 분석에 심리언어학적 동기가 있다는 주장은 받아들이기 어렵다.

그러면 동일하게 분석된 관계들은 어떤가? 31개의 확인된 관계유형 중 5개나 되는 것들이 동일한 관계성분으로 분석되었다는 것은 문제인가? 또 다시 분류과업의 실험대상자들과 연구자들이 관계유사성이라기보다 의미 쌍들 간의 의미적 유사성의 영향을 받은 것같이 보이기 때문에, 그 대답은 "그렇지 않다"이다. 기능적 대상물과 기능적 처소(둘 다 **[INC[PARTIVE [Attach, Comp, Prop, Poss]]]**)는 다른 관계가 아니고, 부분으로 대상물을 소유한 사물들과, 부분으로 처소를 소유한 사물들에 적용되는 동일한 관계이다. 그들이 다른 관계라는 생각은 단일의 실재물 안에 있는 대상물-부분들과 처소-부분들의 비교에서 유래한다. *window*는 *house*의 기능적 대상물이고 *kitchen*은 *house*의 기능적 처소이다. 따라서 한 집은 다른 종류의 부분들로 나누어질 수 있고, 그래서 이것은 부분·전체관계의 하위유형들을 가리킨다고 주장하는 사람들도 있을 것이다. 그러나 다른 보기들에서 그 두 유형은 구분될 수 없을 것이다. 예컨대, *car>trunk*(영국에서는 *boot*라고 함)는 기능적 대상물의 경우이거나 기능적 처소의 경우라고 주장할 수 있을 것이다.

부분들을 가진 다른 사물들과 동수의 다른 부분·전체관계들을 필요로 하는 것을 피하기 위해, 우리는 관계-지향 접근방식이라기보다 의미-지향 접근방식을 취할 수 있을 것이다. 관계-지향 접근방식에서, 우리는 부분들을 가진 다른 사물들과 동수의 다른 관계를 가질 것이다. 그 관계들은 그 의미들에 적합할 것이다. 그러나 의미-지향 접근방식에서는 그 의미들이 그 관계들에 적합할 것이다. 일반적인 기능적-부분들 관계는 물리적 부분들을 가진 사물이나 공간적 부분들을 가진 사물에 적용된다. 관계는 동일하지만, 다른 종류의 사물들에 적용될 수 있다. 마찬가지로, Stasio 외(1985)가 5개의 자질-동일

관계들을 설정한 하위관계에는, 다른 의미들이 관련되기 때문에 동일한 관계가 다르게 지각되는 경우가 있다. 지리적 하위화(*country>China*)는 지각적 하위화(*animal>horse*)와 다른 종류의 관계가 아니고, 의미의 다른 집합들에 동일한 관계를 적용한 것에 불과하다.

사실, Stasio 외는 몇몇 관계유형들을 함께 분류하는 데 한층 더 나아가서 필요한 관계원소들의 수를 줄일 수 있었을 것이다. 예컨대, 집합(*forest>tree*)과 기능적 대상물(*car>engine*) 관계는 각각 그룹과 조직관계와 다른데, 후자의 쌍에서는 원소 Soc(Social)를 첨가만 해도 다르다. 이것은 그룹과 조직관계가 나머지 다른 관계들과 정확하게 다른 관계가 아니라는 것을 반영한다. 그룹과 조직관계는 집합과 기능적 대상물 관계를 합창대와 군대와 같은 사회적 실재물에 적용한 것이다. 따라서 원소 Soc는 관계원소들의 영역에 잘못 배치되었다; 그것은 의미들 사이의 관계의 한 자질이 아니고, 의미들 그 자체의 한 자질이다.

Stasio 외(1985)가 제안한 다른 원소들은 의문스럽지만 가치가 있다. 만약 관계원소이론의 요점이 관계들 사이의 유사성은 어떤 원소들을 그들이 공유함으로써 유발된다는 것을 보여 주기 위함이라면, 관계들 사이에 공유되지 않는 많은 원소들을 제안하는 것은 도움이 되지 않는다. 원래 목적은 31가지 관계를 정의하는 것이었지만, Stasio 외는 그 관계들의 일부를 동일한 것으로 취급함으로써 그 수를 25가지로 줄였다. 그래서 25가지 관계(또는 위에서 권고한 대로 Soc를 버리면, 29가지 원소와 23가지 관계)를 정의하는 데 30가지 관계원소가 있다. 그 원소들 중 5개는 단 하나의 관계에서 사용된다(만약 우리가 관계를 관계원소들의 한 특정한 형상으로 정의하면). 많은 경우에, 원소들의 수는 1가(價)자질을 2가(價)자질로 변경함으로써(예, 일방향위치/양방향위치, 일방향포섭/양방향포섭), 또는 몇몇 원소들을 덜 관계-특정적으로 만듦으로써 줄어들 것이다. 예컨대, 원소 **Spa**(공간대립)와 **Loc**(처소포섭)은 관계가 공간지향적이라는 것을 나타낸다. 그 관계와 관련된 다른 원소들은 그것이 대립관계인가 포섭관계인가라는 것을 보여 주므로, 공간대립이나 처소포섭의 추가 정보는 이 원소들의 정의에 잉여적으로 포함된다. 그러면 다시 공간/처소 원소들을 완전히 제거하는 것이 똑같이 좋을 것이다. 왜냐하면 그들은 낱말들의 의미에 분명한 정보를 되풀이하는 것처럼 보이기 때문이다. 그래서 Spa 원소가 *front/back*을 "비-방향"대립과 구분하는 데 필요하기 때문이 아니라, *front/back*은 방향을 나타내는 낱말과 대립하기 때문에, "방향"대립이다.

무엇보다 위의 비판은 모두 Stasio 외(1985)가 제안한 특정한 관계원소 및 관계들과 관련된다. Chaffin and Herrmann(1987: 229)은 그들의 30가지 관계의 집합은 "최종의 집합이 아니고," 의미관계들을 관계원소들로 해체할 수 있다는 것을 증명하는 데 도움이 된다는 점을 인정한다. Chaffin and Herrmann(1984)은 관계적 해체는 의미 기억에서 완전하게 다양한 관계들을 포용할 수 있다고 주장한다. 저장된 관계들은 기억 속에 있는 낱말들 사이의 연결고리들의 덩어리로 표시될 수 있는데, 각 연결고리는 관계의 한 다른 원소를 나타낸다. 그 반면에 새 관계들은 관계원소들의 동일한 또는 다른 결합을 이용하여 생성될 수 있다. 이 두 번째 요점은 Chaffin and Herrmann이 이용하지 않은 것이다. 그러나 만약 증명되면, 관계원소들을 뒷받침하는 실체적 증거를 제공할 것이다. 그것을 테스트하는 것은 관계원소들의 실행할 수 있는 한 집합으로 시작하여 Chaffin and Herrmann이 인용한 31개 이외의 관계를 예측할 원소들의 새로운 형상들을 고안할 수 있는가를 결정하는 것을 포함한다. 예를 들어, Stasio 외에서 반대어와 모순대당어는 단 한 원소(**Cont/Dich**)에 있어서 다르고, 둘 다 **Sym**을 포함한다. 반대관계에서 **Sym**이 제거되면 비대칭적 반대어를 낳는다. 만약 모순대당적 관계에서 **Sym**이 제거되면, 비대칭적인 모순대당적 관계가 남을 것이다. 이제 문제는 어떤 그런 관계가 언어 사용에서 발견되는가라는 것이다. 만약 발견된다면, 우리는 세 가지 가능성에 직면하게 된다: (a) 반대어와 모순대당어에 관한 기존의 분석

이 틀린다. (b) 관계원소들에는 예측력이 없고, 따라서 그 이론의 유용성에
의심이 간다. (c) 결정되어야 할 관계원소들의 결합에 관한 제약이 존재한다.

표 3.3 의미관계 테스트 결과(Chaffin and Herrmann 1987: 239)

	낱말 쌍	과(family) 표지	종(specific) 표지
조건 1: 이질적 집합: 과 성분들과 종 성분들의 조화			
목표어	**내부 : 외부**	**대조**	**방향**
	망치 : 못	격	도구
선택어	**위 : 아래**	**대조**	**방향**
	바퀴 : 자전거	부분-전체	기능
조건 2: 이질적 집합: 과 성분들의 조화			
목표어	**상부 : 하부**	**대조**	**방향**
	사무실 : 책상	부분-전체	처소
선택어	야채 : 과일	부류포섭	방계
	생(生) : 사(死)	**대조**	**모순대당**
조건 3: 동질적 집합: 종 성분들의 조화			
목표어	**앞 : 뒤**	**대조**	**방향**
	입구 : 출구	**대조**	**방향**
선택어	결석 : 출석	대조	모순대당
	빈(貧) : 부(富)	대조	반대

Chaffin and Herrmann(1987)은 다른 실험에서 관계적 성분해체를 뒷받침
하는 한층 더 높은 증거를 발견했다. 관계 쌍들을 선별하는 것처럼 유추를
판단할 때, 언어사용자들이 두 낱말 쌍이 유사하게 관련된 정도를 결정해야
한다. Ross, Herrmann, Vaughan, Chaffin(1987)은 유추 테스트("의미관계 테
스트"라고 일컬어지는)를 고안했는데, 그 테스트에서는 실험대상자들에게
목표어로 한 관계 쌍이 제공되며, 그들은 다른 네 쌍 중 어느 것이 가장
유사한 관계를 가지고 있는지를 판단하라는 요청을 받는다. 표 3.3이 보여
주듯이, 선택어는 같은 과에 속하거나 다른 과에 속한다. 전자의 경우 정확한

하위유형을 조화시키는 능력이 평가되었다(예, 반대 대 방향). 그리고 후자의 경우, 관계되는 과들을 인지하여, 조화시키는 능력이 평가되었다. 만약 종표지가설이 올바르다면, 다른 선택어가 같은 과의 원소들을 포함하든지 그렇지 않든지 간에, 실험대상자들은 관계되는 하위유형들을 조화시키는 데도 똑같이 잘 할 것이다. 만약 과표지가설이 올바르다면, 실험대상자들은 반대와 모순대당의 관계는 구분하지 못하지만, 대조와 부류포섭 관계는 신뢰할 수 있을 정도로 구분할 것이다. 만약 관계원소가설이 올바르다면, 실험대상자들은 각 과업에서 예측된 유추를 선택할 수 있을 것이다(표 3.3에서 짙은체 선택어). Chaffin and Herrmann(1987)에서 보고된 결과는 상관적 과들에 걸쳐서 크게 변한다. 실험대상자들은 대조 과의 하위유형들(반대, 모순대당, 방향 반의어)을 구분하는 데 서툴러서, 단지 35%의 정확도로 수행한다. 그러나 그들은 부류포섭의 하위유형들(상위, 대등, 방계)은 아주 잘 구분하는데, 항목들 중 85% 이상에 대해 올바르게 답했다. Chaffin and Herrmann(1987)은 실험대상자들이 그 문제에 관해 명확한 지시를 받을 때 반의어 구분을 더 잘 한다고 말한다. 그러나 다른 네 관계 과들에 대한 결과들이 관계원소가설을 뒷받침하므로, Chaffin and Herrmann(1987: 242)은 "대조관계의 종 성분에 관한 지식이 Hamilton 대학 학부생들에게 결여되어 있다"(이들을 대상으로 실험이 행해짐)라는 결론과 그리고 관계원소 가설은 올바르다는 결론을 내린다. 대조관계의 유형들이 의미론 문헌에서 다른 계열적 관계 유형들보다 훨씬 더 잘 확립되어 있다는 것을 고려할 때, 이 결과는 다소 놀랍고, 관계 유형들과 관계 속에 있는 낱말들의 유형들을 구분하지 못함을 다시 지적한다. 이 경우, 반대어들과 모순대당어들은 다른 관계들이 아니다. 그들은 그 낱말들이 각각 등급매길 수 있는 또는 절대적 의미를 가진, 동일한 대조관계들의 보기들이다(제5장을 보라).

Glucksberg(1987)는 관계원소 가설이 낱말들 간의 관계들이 의미 기억 속에 표시되는 반면에, 저장되기보다는 연산될 수 있다(McCloskey and

Glucksberg 1979)고 가정하기 때문에, 관계원소가설에 반대하는 주장을 한다. Glucksberg의 견해는 제2장의 의미관계들에 대한 원리에 근거한 접근방식과 더 일치하는 반면에, 관계원소 처리방식을 완전히 무시할 수는 없다. 왜냐하면 관계원소 처리방식이 저장된 (규범적) 관계들의 논의에 기여할 수 있기 때문이다. 그러나 규범적 관계 표시를 위하여 관계유형의 정확한 구분이 필요한가는 결코 분명하지 않다. 어휘적으로 말하자면, (모두는 아니지만) 대부분의 규범적 관계는 반의관계나 대조의 보기들이다. 즉, Ross 외 (1987)의 실험대상자들이 유추 테스트에서 하위유형들을 구분할 수 없었던 하나의 관계 과이다. 이것은 그런 규범적 반의어 쌍들이 대립어로 인식되고, 반대어, 모순대당어 등으로, 즉 구체적으로 인식되지 않는다는 것을 보여 준다.

관계원소이론의 성분해체 접근방식은 *반의어, 동의어*와 같은 낱말들에 대해 성분 의미를 제시할 수 있을 것이다. 그러나 이 용어들의 그런 성분 의미들은 어휘의미론의 전문적 논의 밖에서 사용되지 않을 것이다.

결국, 관계원소들에서 제시된 것과 동일한 정보가 관계원리 RC의 다른 구체적 예시로 취급될 수 있을 것 같다. 예컨대, 대칭적 대립(*hot/cold*)과 비대칭적 대립(*hot/cool*)은 둘 다 관계원소 이론에서 **DIM(BIP, Cont)**이지만, 전자는 원소 **Sym**도 포함한다. 제2장의 파생적 설명에서, 그들은 RC의 반의관계의 구체적 예시이므로 서로 유사하다. 따라서 각 쌍은 그 상황에 관계가 있는 것만큼 유사할 것으로 기대되는데, 하나의 관련된 차이, 즉 양립할 수 없는 외연이 존재한다. 대칭적 및 비대칭적 쌍들은 반의어 결정에 관련된다고 생각되는 정보의 양에 있어서 다르다; 대칭적 쌍의 경우, 두 낱말은 비대칭적 쌍보다 더 많은 방식으로 유사하다. 따라서 비대칭 쌍은, 대칭관계가 무관하다고 생각되는 경우에만, 반의관계의 한 보기이다. 그래서 Chaffin, Herrmann, 그리고 그들의 동료들은 관계들이 복합적이라는 것을 보여 준 반면에, 그들이 제안했던 것처럼, 관계들이 관계 고리들의 묶음들로 저장된다는 것을 증명하지 못했다.

3.5.2 원형으로서의 관계

Cruse(1994)는 관계들이 함의나 모순대조에 의해 정의되는 어휘관계들에 대한 보통의 논리적 정의들에는 많은 문제가 있다는 것을 인식하고 있다. 첫째, 언어사용자들이 동의관계나 반의관계에 대한 논리적 기준을 항상 만족시키지는 않는 낱말 쌍들을 동의어들이나 반의어들로 인정한다. 이것은 동의어 · 반의어 사전이나 동의어 사전에서 알 수 있다. 예컨대, *American Heritage Dictionary*(제 4판)는 *rural(시골의)*에 대한 등재 내용을 "동의어들"이라는 문단으로 끝낸다. *rural, bucolic, rustic, pastoral*을 동의어로 등재한 후, 이어서 네 낱말을 구분한다: *rustic*은 "정교함이 부족함을 시사한다." *pastoral*은 "시골의 매력과 고요함을 시사한다." 등등. 만약 우리가 이 차이를 진지하게 받아들이면, *rustic*과 *pastoral*은 동의어에 대한 상호함의 테스트를 통과하지 못한다; 그러나 그것들은 사전이 동의어로 제공해줄 것이라고 우리가 기대하는 바로 그 유형들이다. Cruse는 또한, 비록 *apple>fruit*이 함의관계이고, *dog>pet*은 그렇지 않지만, 유추 과업에서 실험대상자들은 후자를 전자와 동일한 유형의 관계로 자연스럽게 지각한다는 것을 지적한다. 하위관계의 평범한 보기들에서, (19)에서처럼, 하위관계의 논리적 정의를 반박하는, 이행적이지(transitive) 않은 유형들도 찾아볼 수 있다(Cruse 1994: 174).

> (19) a. A hang-glider is a glider.(행글라이더는 글라이더이다.)
>   b. A glider is an airplane.(글라이더는 비행기이다.)
>   c. ?A hang-glider is an airplane.(?행글라이더는 비행기이다.)

논리적 정의에 대한 또 다른 문제는 논리적 정의들이 특정한 관계 유형들

의 "좋은" 보기들과 "나쁜" 보기들 사이의 차이를 설명할 수 없다는 것이다
(2.1.4에서 논의되었듯이). Cruse의 보기를 다시 살펴보면, *stallion(종
마)>horse, spaniel>animal, horse>animal*은 모두 논리적 하위어이다. 그러
나 마지막 보기는 앞의 두 보기보다 보통 하위관계의 더 좋은 보기로 간주
된다.

논리적 정의에 대한 이 비판들은 자연적으로 관계에 대한 관계원소 정의
로까지 확장될 것이다. 그 이유는 둘 중 어느 경우에도 한 낱말쌍이 한 특정
한 관계에 의해 연결되거나 또는 그렇지 않기 때문이다. 이 문제들을 극복하
기 위해, 관계들은 논리 및 해체 접근방식의 필요충분조건에 의해서라기보
다는 원형에 의해 정의된다고 Cruse는 제안한다.

관계유형의 원형 표시를 위한 하나의 수단은 관계를 성분분석 방식으로
정의하지만, 필요충분자질이라기보다는 관계유형의 가능한 자질로 다루는
것이다. 한 낱말쌍이 가진 이 자질들이 많으면 많을수록, 그 자질들은 관계
유형의 원소들로 그 만큼 더 범주화될 가능성이 높다. 이 자질들을 가장
많이 가진 쌍이 가장 좋은 보기이다. 그래서 예컨대, 대립어(반의어)들은
원형적으로 (a) 완전히 대립적이고, (b) 이분적이고, (c) 상위영역을 완전히
포괄하고, 그리고 (d) 대칭적이다. 더욱이, 좋은 어휘 대립어들은 동일한 언
어사용역에 속해야 한다. 그러나 Cruse는 이 해결 방식에 결함이 있다고
말한다. 만약 더 많은 원형적 자질들을 가지는 것이 한 관계범주의 원소성에
대한 기준이라면, 한 쌍의 낱말이 반의관계의 많은 자질을 가지고 있지만,
정반대의 대립이 결여된 경우에도, 그들은 반의어로 간주될 수 있을 것이다.
그래서 예컨대, 동의어들의 포괄적인 이분적 집합(예, *deep-fry=French-fry*
<미국영어에서>)은 상위 영역을 포괄적으로 이용하지 않는, 정반대로 대립
되는 쌍(예, *sweet/sour*)만큼 반의적이라고 판단될 것이다. 왜냐하면 둘 다
반의관계의 세 자질을 소유하고 있기 때문이다. 이 문제를 극복하기 위하여,
Cruse는 각 관계에 대하여 그 관계유형에서 원소성의 필요조건인 어떤 핵심

자질이나 자질들의 집합이 존재하지만, 다른 자질들이 그 낱말 쌍을 "더 좋은" 또는 "더 나쁜" 보기로 만드는 데 기여한다고 제안한다. 원형에 대한 이 견해는 Osherson and Smith(1982)(그리고 다른 핵심-주변 주창자들; 3.1.4를 보라)가 제안한 것과 비슷한 반면에, Cruse는 핵심 정의는 전부가 아니면 전무(全無)의 논리적 정의일 수 없다고 주장한다. 그 대신에 그는 한 관계 개념의 핵심은 인지언어학 전통(Lakoff 1990)에서 추구된 영상도식(image schema)일 것이라고 가정한다. 그러나 Cruse는 어휘관계에 대한 영상도식을 예시하지 않는다.

2.1.4에서 논의되었듯이, 원형효과는 어휘관계 범주들에서 분명하다. 원형을 가능한(또는 핵심적이고 가능한) 자질들의 목록으로 취급할 수 있으므로, 어휘관계에 대한 원형 및 해체 접근방식은 상호배타적이지 않다. 제2장에서 주장된, 원리에 근거한 설명은 이 어휘관계들을 위한 원형 조직을 개념화하는 수단을 제공한다. 거기서 언급했다시피, 특정한 어휘관계 유형들은 관련 낱말들에 있어서 달라야 하는 특성에 의해 확인된다; 모든 다른 특성은 한 관련 쌍(또는 더 큰 집합)의 모든 원소들에서 동일하다고 생각된다. 따라서 예컨대, 동의어들은 형태에 있어서 다르지만, 근접한 목적을 위한 다른 면들에 있어서 동일하다고 생각된다. 동의어들이 유사해야만 하는 핵심적인 방식은 의미적 방식이다(이것은 의미관계이므로). 그러나 유사성은 관련된 정도로만 필요하다. 특정한 상황에 있는 특정한 낱말 쌍에 대하여, 그 낱말들의 몇몇 면(어떤 의미자질들, 어떤 의의들, 그들의 언어사용역)은 무관하다고 생각된다. 관계유형의 한 원형적 보기에서, 그 낱말들의 모든 면이 관련된다. 따라서 예컨대, *couch=sofa*는 *rustic=pastoral*보다 더 좋은 동의어 쌍이고, 대칭 반의어 쌍(*hot/cold*)은 비대칭 반의어 쌍(*hot/cool*)보다 더 원형적이다. 따라서 의미관계에서 찾아볼 수 있는 원형효과는 RC에 의해 설명될 수 있다. 영상도식적 접근방식이 동일 현상을 똑같이 잘 설명할 수 있을 것이지만, 특별한 제안 없이는 그럴 수 있을 것이라는 것이 분명하지 않다.

3.6 요약 및 다음 단계들

본 장은 의미관계에 대해 이용할 수 있는 문헌과 아이디어들을 대충 훑은 것에 불과하다. 3.1에서 우리는 의미관계에 대한 광범위한 학문적 관심과 접근방식을 살펴보았는데, 그 중 일부는 상당히 중첩된다. 3.2에서 3.4에 걸쳐서, 의미관계들에 관한 세 가지 일반적 사고방식을 확인했다: (a) 관계들은 머릿속에 표시된 낱말 의미들에 의해 예측되거나, (b) 관계들은 머릿속에 표시된 낱말 의미들과 함께 표시되거나, (c) 관계들은 머릿속에 표시된 낱말 의미들이 없는 가운데 존재한다. 의미와 관계를 둘 다 표시하는 중간 방식은 심리언어적 접근방식으로 나머지 두 방식보다 덜 자주 제시된다. 연상적 성분분석 접근방식이 혼합된 방식에서(3.3), 관계정보는 잉여적이므로, 따라서 어휘사전은 자의적 정보만 포함해야만 한다는 원리를 무시한다고 나는 주장했다. 또한 그런 접근방식은 완전한 범위의 의미관계 현상도 설명할 수 없다. 왜냐하면 그런 접근방식은 문맥의존적 관계들이 어떻게 발생하는지 설명할 수 없고, 또 그런 문맥의존적 관계들을 허용하기 위해 어휘적으로 표시된 규범적 관계들이 어떻게 파기되는지도 설명할 수 없다.

의미와 마음의 본질에 관해 더 활발하게 주장하는 학자들 중에서 성분분석적 또는 전체론적 접근방식이 더 흔하다. 후자의 접근방식은 일부 유럽 구조주의 언어학에 나타나 있지만(소쉬르 이후로) 언어학자들의 영역이라기보다 철학자들의 영역이 되는 경향이 있었다. 이 접근방식은 낱말의미는 성분들로 분해될 수 없다는 개념에 의존하며, 따라서 낱말들 간의 관계는 자의적이라고 주장한다. 혼합된 연상적 접근방식들과 다르게, 의미관계 정보는 머릿속에 잉여적으로 표시되지 않는다. 왜냐하면 그 관계들은 원자적 의미에서 파생될 수 없기 때문이다. 그러나 혼합된 연상적 접근방식들에서처럼, 의미관계의 가변성은 낱말들 간의 가능한 모든 관계들이 머릿속에 표시되고, 특정 문맥에서 그들 가운데서 선택하는 어떤 작용방식이 존재할 경우에만 설명될 수 있다. WordNet이 보여 주듯이, 이것은 대조되는 의미관계 값들만큼 많은 다른 어휘내항들을 가지는 것을 포함한다. 바꿔 말하면, *dry*와 *blue*는 각각 여러 다른 반의어를 가지고 있으므로, *dry*와 *blue*의 여러 다른 의미 원자들이 있음에 틀림없는데, 그들 각각은 나머지 다른 것들과 양립할 수 없는 의미관계들의 집합이다. 그런 관계들에서의 가변성의 중요성 때문에 이것이 불가능하게 되고, 또한 그런 관계들이 어떻게 습득되는가 라는 질문에 답을 하지 못하게 된다.

성분분석 접근방식은 언어학과 심리학에서 더 흔하다 (특히, 만약 우리가 성분분석 접근방식이 의미는 분석될 수 있다고 주장하는 모든 접근방식을 광의로 지칭한다고 간주하면). 성분분석 접근방식은 의미는 머릿속에 비(非)원자적으로 표시된다고 주장한다. 다시 말하면, 각각의 비동의적 의미는 하위의 어휘층위에 있는 다른 일련의 의미정보들로 구성되기 때문에 의미들은 구분가능하다고 주장한다. 성분분석은 RC가 요구하는 최소 차이에 관한 판단을 허용한다는 점에서, 어휘관계들에 대한 어휘외적 접근방식(제2장)은 의미관계들에 대한 성분분석 접근방식과 일치한다. 그러나 성분분석 접근방식은 머릿속에 표시된 의미정보를 관련시키는데, 이것은 모든 관계들을 예측하는 데 충분하지 못하고(비의미적 정보가 관련될 수 있으므로), 또한 관계 규범성과 같은 현상을 설명하지 못한다. 따라서 성분분석은 어휘관계들의 의미적 면에 대한 통찰력을 제공하지만, 낱말로서 낱말들의 관계들은 설명할 수 없고, 분석가능한 낱말-의의들을 설명할 수 있을 뿐이다.

지금까지 나는 어휘관계가 낱말 개념들을 관련시킨다고 주장하면서, 개념의 정체에 대해서는 다소 모호한 태도를 취했다. 모호성은 의도적이다: 개념들이 머릿속에 어떻게 저장되느냐에 관해 특별히 명확한 것은 나의 의도가 아니고, 어떤 개념 이론도 낱말 개념들을 허용해야 한다는 것과, 그리고 제2장에서 논의되었듯이 이론은 개념들이 RC에 의해 관련되는 것을 허용해야 한다는 것을 지적하는 것이 나의 의도이다. 그 원리들은 최소 차이의 개념에 의존하므로, 범주들이 경계를 가지고 단일 범주의 원소들이 얼마의 성분 자질들을 공유하는, 개념화의 고전이론에 간단하게 통합될 수 있다. 이 경우 최소차이는 이 자질들의 동일성과 차이에 관련되어 있다. 그러면 개념들 간의 관계 발견은 그 범주들을 구분하는 데 어떤 자질들이 필요한가에 관한 가설을 세우는 데 기초가 될 수 있다. 원형에 근거한 범주화 설명은 얼핏 보면 범주들 간의 최소차이를 계산하는 것을 더 어렵게 만드는 것 같이 보일 것이다. 그러나 결국 퍼지 개념을 허용하는 어떤 이론도 퍼지 관계를 허용해야 하고, 제2장의 논의가 분명히 해주듯이, 관계들은 고전이론들이 주장한 것만큼 그렇게 명확하지 않다. 그러나 범주화와 낱말 의미의 고전이론들이 너무 엄격해서 완전한 범위의 관계적 및 범주화 현상들을 허용하지 않지만, 분명히 우리는 범주들 사이의 관계를 결정하는 데 있어서 범주 자질들을 의식한다. 따라서 범주들은 분석될 수 있다. 한 범주는 분석될 수 없는 하나의 전체가 아니다. RC 원리에서 관련성의 개념은 한 의미관계에서 항목들의 분석이 그 관계에 대한 문맥적 동기에 의해 편향되는 것을 허용한다.

또한 나는 낱말 의미에 관해서도 분명히 밝히지 않았다. 왜냐하면 관계들에 대한 어휘외적 접근방식은 이 주제에 관한 광범위한 견해들과 양립할 수 있다고 믿기 때문이다. 이 문제는 제7장에서 논의될 것이다. 그 전에 제2부는 주요 관계들인 동의관계, 반의관계, 하위관계, 부분·전체관계를 조사할 것이다. 이 장들은 의미관계들에 관한 앞의 여러 장들의 일반적인 논의에서 개략적으로 얼버무린 내용을 상세하게 설명할 것인데, 여기에는 특정한 관계들에 독특한 현상, 문제, 분석들과, 이 관계들의 어휘외적 처리에 관한 심층적 논의를 포함한다.

제 2 부

∶
∶

구체적 계열관계

Paradigmatic relations, specifically

4. 동의관계와 유사성

화성 표면 이동차들은 정확한 복제물이지만, 유사성은 거기에서 끝난다.
"NASA는 한 쌍의 화성 표면 이동차들을 2003년에 화성에 보낼 계획이다."

NASA 언론 발표문, 2000년 8월 10일

의미의 유사성은 WordNet 모형(Miller and Fellbaum 1991: 202)에서 가장 중요한 어휘관계이다. 그리고 철학에서 Quine(1961: 22)은 동의관계(분석성과 함께)를 "의미이론의 일차적인 일"로 인정했다. 이 관계는 이 다음의 장들에서 관련된 유사성의 문제들을 제기한다. 이에 덧붙여서, 이 관계는 어휘외적 접근방식에 대해 흥미로운 도전거리를 제공한다. *유사한* 의미를 가진 낱말들 사이의 한 관계인 동의관계는 *대조*에 의해 정의될 수 있는가?

4.1은 어휘외적 접근방식에서의 동의관계에 관한 설명으로 시작한다. 이것은 형태에 있어서는 다르지만, 나머지 분야에서는 동의어가 될 정도로 유사한 낱말집합들에 구체적으로 적용하기 위해 대조에 의한 관계의 재진술을 포함한다. 여기서는 제2장에서 제시된 아이디어들이 '유사성' 및 '차이'라는 개념과 관련하여 한층 더 발전된다. 4.2와 4.3은 동의어 연구의 주요 개념들을 다루는데, 그 개념들은 어휘외적 관점에서 재해석될 수 있을 것이다. 동의관계의 하위유형들 및 정도는 4.2에서 논의된다. 일부 접근 방식들은 동의관계로 간주될 수 있는 관계들의 수를 축소하려고 시도할 것이지만,

여기서 취한 접근방식은 포괄적이다. 4.3은 이행성 및 상호교환가능성과 같은 동의관계의 주장된(논리적이거나 전통적인) 특성들과, 거기에 대한 일부 반증들을 재검토한다. 4.4는 동의어들의 증식에 찬성하는, 그리고 반대하는 화용력(pragmatic force)을 다룬다. 4.5에서는 다른 의미관계들과 동의관계의 관계성이 논의된다. 4.6은 본 장을 요약하는데, 어떤 두 낱말도 잠재적 동의어이지만, 동의어가 특별히 의미와 용법에 있어서 유사하다는 점을 확실히 해 주는 것은 화용력이라고 결론을 맺을 것이다.

4.1 동의관계에 대한 화용적 접근방식

어휘외적 접근방식은 화자가, 대조에 의한 관계(RC) 원리에 의해 파생되거나, 또는 한 낱말의 개념적 표시의 일부인 약간의 고정된 정보로써, 동의어들을 알도록 허용한다. 이 두 유형의 앎은 각각 4.1.1과 4.1.2에서 논의된다. 두 경우에 그 관계는 본질적으로 어휘외적이다. 즉, 어휘내항들 간의 관계라기보다는 낱말들에 대한 우리의 개념화들 간의 관계이다. 유사성의 개념은 4.1.3에서 한층 더 심도 있게 논의되는데, 동의관계를 나타낼 정도로 유사한 것으로서 간주되기 위해 두 낱말이 얼마나 유사해야 하느냐라는 문제를 고려할 것이다. 마지막으로 4.1.4에서 유사성과 차이의 개념은, 의미의 유사성에 의해서라기보다는, 형태의 차이에 의해 동의관계가 정의되어야 한다고 주장하기 위해 대조된다.

4.1.1 동의관계의 정의와 파생

동의관계는 대체로 낱말들 사이의 다른 것들이라기보다는 유사한 것들을 명시함으로써 정의되기 때문에 이 책에서 논의되는 다른 관계들과 다르다. 동의관계를 설명하기 위해 RC를 이용하는 것은 동의관계를 차이, 즉 관련된 최소차이의 관계로 다룬다는 것을 의미한다. 제2장에서 정의되었듯이, RC의 주장에 의하면 한 관계 집합의 원소들은 하나를 제외하고 문맥적으로 관련된 아주 동일한 특성을 가지고 있다. 동의관계의 경우, 다른 특성은 형태이다. 잠재적으로 동의적인 낱말들의 다른 특성들은 "문맥적으로 관련된 특성들"의 범주에 들어갈 수도 있고 그렇지 않을 수도 있다. 적절한 특성들(예, 의미)이 동일하다는 것을 RC가 어떻게 보장해 주는가? 간단한 답은 그런 것이 보장되지 않는다는 것이고, 복잡한 답은 의미들 간의 유사성이 낱말들이 유사할 수 있는 가장 크게 관련된 방식이므로 동의어들이 동일한 의미를 가지고 있다는 것이다. 간단한 답부터 시작하여, RC는 관계 집합 내의 항목들 중 무엇이 유사한가에 관해 어떤 주장도 하지 않는다. (1)의 공식은 동의관계에 대한 RC의 정의를 제공하는데, 이것은 동의어 집합에 대한 범주화 원리로 작용한다.

(1) 대조에 의한 관계—동의관계(RC-S)
   동의어 집합은 형태는 다르지만 문맥적으로 관련된 모든 동일한 특성들을 가진 낱말-개념들만 포함한다.

따라서 동의관계는 낱말들에 관한 우리의 지식에 의존한다—만일 두 낱말에 관해 우리가 알고 있는 것의 일부가 그 두 낱말이 다른 형태를 가지고 있다는 것이라면, 그러면 그 두 낱말은 잠재적 동의어이다. RC-S는 관련된 문맥 특성들이 적어도 그 낱말들의 의의들 중 하나를 포함해야 한다고 언급하지 않는다. RC-S에 의해 정의된 메타언어학적 관계는 의미에 있어서 유사한 낱말들을 포함한다. 왜냐하면 두 낱말이 형태에 있어서만 다르면, 그 두 낱말은 그 의미 내용에 있어서 유사하다는 결론이 도출되기 때문이다. (1)에서 규정된 RC-S가 동의어들로 지칭되는 모든 관계적 집합들을 파생시키는 유일한 수단이 아니다. 동의관계의 특별한 하위유형들이 4.2.3에서의 설명처럼 RC에 관한 다른 변이형들을 통하여 파생될 수 있다.

동의관계에 대한 RC-S 정의가 동의어 관계들을 생산하고 이해하는 데 사용된다. 동의관계의 파생에는 두 단계, 즉 동의어 후보들 생성하기와 그 후보들 평가하기가 필요하다. RC-S는 평가 메커니즘을 제공한다. Janssen, de Boeck, and van der Steene(1996)에 의하면, 생성과업 능력은 구두 유창성과 상관관계가 있는 반면에, 평가과업 능력은 언어이해 능력과 연관되어 있다. 따라서 언어의 생산과 발화는 동의어 생성과 관련이 있다.

마찬가지로, 두 낱말이 동의어인가를 판단하는 데는 두 단계의 과정, 즉 낱말들을 확인하는 것(언어적)과 그들의 유사성을 평가하는 것(언어외적)이 필요하다. Hirshman and Master(1997)는 자극 낱말들 사이의 의미관계성이 그 확인 과정(의미점화를 통한)에 도움을 주지만, 평가과정은 지연시킨다는 것을 발견했다. 바꿔 말하면, 만일 두 낱말이 공통의 의미특성을 소유하고 있다면, 그 두 낱말이 동의관계 기준들에 적합한지 결정하는 데 더 오래 걸릴 것이다. 의미적으로 다른 항목들이 즉각 동의어가 아니라고 판단될 수 있기 때문에, 그리고 그것들은 동의어들이 형태에 있어서만 달라야 한다는 요건을 분명히 충족시키지 못하기 때문에, 이것은 RC 접근방식에 부합된다. 그러나 더 유사한 항목들은 더 많은 고려를 필요로 한다. 왜냐하면 사람들은 차이를 더 깊이 찾은 뒤에 그 차이가 문맥적으로 관련이 있는지 생각하기 때문이다.

4.1.4는 동의관계가 의미의 동일성을 명시하지 않고도, 즉 앞에서 제기된 질문에 대한 긴 답을 설명하지 않고도, 효과적으로 정의될 수 있느냐라는 문제를 다시 다룬다.

4.1.2 동의관계의 고정된 머릿속 표시들

어휘외적 접근방식은 어휘관계가 파생될 뿐만 아니라 저장될 것이라고 주장한다. 한 무리의 낱말-개념들이 동의어 집합으로 간주되기 위해서는, RC-S가 제공하는 정의를 고수해야 한다. 그러므로 그들의 동의관계는 형태를 제외한 최소차이에 근거하여 파생될 수 있음에 틀림없다. 그러나 파생가능하다는 것이 반드시 파생된다는 것과 같은 말은 아니다. 사람들은 몸소 동의관계를 파생시킬 수 없음에도 두 낱말의 동의관계에 관해 알고 있는 상황을 상상할 수 있다. 예컨대, 어떤 사람이 나에게 *zorx*와 *kklak* 는 화성의 어떤 방언에서 동의적이라고 말한다고 가정해 보자. 이것에 근거하여, 나는 그 둘 각각이 상대어의 동의어라는 사실을 포함하는 *ZORX*와 *KKLAK*의 개념들을 형성한다. 그 두 낱말에 관해 이것을 알면 그들의 의미에 관한 나의 생각이 영향을 받는다. 나는 그들이 동의어라는 것을 알기 때문에, 그들이 동일한 의미를 소유하고 있다고 생각한다. 일단 내가 *zorx*가 무엇을 의미하는지 배우면 나는 *kklak*의 의미 모습을 완성할 수 있을 것이다. (물론 이것은 내 정보원이 그 낱말들의 동의관계에 관해 먼저 나에게 진실을 말해 줄 경우에만 작용한다.) 만일 그들 사이의 동의관계가 결코 파생될 수 없는 것이라면, 그 두 낱말에 대한 내 생각이 결국 내가 그들을 만날 때 그 의미들의 습득을 파괴하거나 간섭할 것이다.

동의관계의 몇몇 보기들이 언어외적 지식에 저장되는 것으로 표시될 수 있지만, 어떤 동의관계도 그렇게 저장될 필요는 분명히 없다. 고정된 머릿속 표시들을 옹호하는 경우가 특별한 언어(외적)상황에서 흔히 발생한다. 잉글랜드에 거주하는 미국인으로서, 나는 영국영어와 미국영어 사이의 변역등가물에 관한 언어외적인 의식을 갖고 있다(*body shop*<자동차 차체수리 공장>=*panelbeater, zee=zed, thumbtack*<압정>=*drawing pin*). 영국인에게 말을 할 때 내가 낱말 *thumbtack*을 생각할 경우 (그런데 나는 바짝 긴장한 상태에 있다), 나는 의식적으로 *drawing pin*으로 바꾼다. 그래서 *drawing pin*에 대한 관계는 나의 *THUMBTACK* 개념의 일부임에 틀림없다.[1] 동의 · 반

---

1) 이것이 동의관계의 경우인가 부수적인 2개 언어 병용의 경우인가 하는 것(Weinreich 1953)은 논의의 여지가 있다. 그러나 그 둘을 구분해야 할 큰 필요는 없을 것 같다. 여러 학자들(예, Mates 1952; Lewandowska-Tomaszczyk 1990; Sikogukira 1994)은 변역등가물을 동의관계의 한 하위유형으로 다룬다. 4.2.3에서의 변이형들에 관한 논의

의어 사전 편찬자들이 그들의 메타언어학적 기억 속에 매우 많은 동의관계
들을 보유하고 있다는 것은 사전편찬의 직업적 위험일 것이다. 그러나 전형
적 언어 사용자는 자신으로 하여금 그런 고정된 동의관계의 표시들을 구축
하도록 유발할 경험을 하지 못할 것이다. 확실히, 언어를 사용하는 데는
그런 지식이 요구되지 않는다. 언어를 분별 있게 사용하기 위하여, 우리는
우리가 사용하는 낱말의 의미를 알아야 하지만 의미 *a*가 의미 *b*와 중첩된다
는 것을 기록할 필요는 없다. 즉, 의미중첩이 나타나지만, 그 중첩이 나타난
다는 사실은 나타낼 필요가 없다.

관계의 보기들은 두 낱말이 "함께 간다"라는 아이디어를 강화함으로써,
메타언어적 지식에 대한 우리 규범의 일부가 된다. 보통 동의관계는 자연언
어에서 "진화하므로"(4.4.1을 보라), 그런 강화의 기회가 거의 없다. 그러나
Haagen(1949)은 형용사의 동의관계 판단에 관한 연구에서, 의미 유사성은
연상 강도와 동일하지 않지만 상관관계가 높다는 것을 발견했다. 규범성이
유사성과 연상 강도의 차이를 유발했다는 것은 (반드시는 아니지만) 가능하
다. 어떤 용어구(冗語句)들은 규범적 (근사)동의어의 예들을 제공할 것이다.
예를 들면, 법률용어에는 *goods and chattels*(인적 재산); *last will and
testament*(죽은 뒤 재산 처분에 관한 유언<장>); *good repair, order, and
condition*(손질이 잘 되어 있음)과 같이 동의어로 이루어진 표현이 많다
(Ullmann 1962). 그리고 Malkiel(1959: 126)은 유사하게 동의적인 24개의 역
전불가능한 이항명사류(*each and every*<각각>; *hard and fast*<엄격한>;
ways and means<수단, 방법; 세입 재원>)를 기록하고 있다. 만약 그런 표현
들이 개인의 언어 경험에서 매우 흔하다면, 그들 사이의 관계는 그 낱말들에
관한 지식으로 저장될 것이다. 한편, 그들은 단지 구들로 어휘화될 뿐이며,
그 명사들 사이의 관계는 많은 영어 화자들에 의해서 분석되지 않고 인식될
것이다.

를 보라.

그러나 규범적 반의어들(제5장을 보라)과 비교해볼 때, 규범적 동의어 관계에 대한 증거는 거의 없다. 동의어 생성은 거의 자동적인 것 같지 않고, 동의어 판단은 규범적 반의어에 대한 판단보다 더 늦다(Charles 외 1994). 일부 동의어들은 다른 동의어들보다 접근 가능성이 더 높은 반면에, 그런 차이는 관련된 낱말들의 익숙성(Butter 외 1992), 그리고 생성과 평가 과업에 대한 익숙성의 효과에 기인할 수 있다(Janssen and de Boeck 1997).

4.1.3 충분히 유사하다는 것과 충분히 다르다는 것은 무엇을 뜻하는가?

일부 철학자들과 심리학자들은 유사성이라는 개념에 의존하는 이론들이 무의미한 개념에 의존하고 있다고 주장했다(Goodman 1952; Murphy and Medin 1985). 이 주장에도 불구하고, 이 개념은 범주화와 개념화에 있어서 과정들을 기술하는 효율적인 수단이기 때문에 되풀이해서 이용된다(Medin 외 1993). "한 대상물이 다른 한 대상물과 얼마나 유사한가라는 질문에 대한 유일무이한 답이 없기" 때문에(Murphy and Medin 1985: 296), 유사성을 이론적 개념으로 이용하는 열쇠들 중 하나는 유사성이 유동적 상태라는 것을 인정하는 것이다. 그 대신에 유사성 판단은 동적인 정보에 근거한 동적인 정보를 포함한다.

유사성 판단은 "x의 좋은 동의어는 무엇인가?"에 답하는, 또는 어떤 텍스트를 풀어쓰려고 노력하는 많은 절차적 문맥에서 내려질 수 있다. RC-S는 이런 판단들을 제약하지만, 그 판단들은 특정한 동의어 판단 과업의 문맥에 의해 한층 더 제약될 수 있다. RC-S는 두 동의어가 문맥에 관하여 관련된 유사성을 가지기를 요구하므로, (2)의 "중립" 문맥에서 동의어가 될 수 있을 정도로 충분히 유사한 두 낱말은 (3)의 특정한 문장 문맥에 대해서는 충분히 유사하지 않을지도 모르지만, (4)와 같은 다른 문장 문맥에 대해서는 완벽할 정도로 적절할 것이다.

(2) What's a synonym for *prize*? – *Award.*
 (*prize*<상>의 동의어는 무엇인가? – *award*이다.)

(3) The plaintiff received a hefty award(≠prize) in the lawsuit.
 (원고는 소송에서 이겨 거액을 받았다.)

(4) Jan won the prize/award for the best drawing.
 (Jan은 최우수 스케치 상을 탔다.)

낱말들은 두 방식으로 다소간 유사할 수 있다. 만약 그들이 공통적인 더 많은 속성들(동일한 외연, 내포, 언어사용역 등을 가진)을 공유하면, 또는 그들이 이 속성들 중 어떤 하나와도 더 가까이 일치하면(다른 모든 것이 같거나, 무시되는 조건에서), 그들은 더 유사하다(다른 쌍보다). 거의 어떤 문맥에서도 가장 관련성이 높은 속성은 외연적 의미일 것이다. 동의어가 될 수 있을 정도로 충분히 유사하기 위하여, 두 낱말은 의미에 있어서 얼마나 가까워야 하는가? 위의 보기에서 그들은 일부 문맥에서 그만큼 유사할 필요가 없다는 것을 알 수 있을 것이다. *award*와 *prize*는 다른 의의와 외연을 가지고 있지만, 일부 목적을 위하여 그리고 일부 문맥에 대하여, 그들은 동의적이라는 판단을 받을 수 있을 정도로 충분히 유사하다.

유사성 판단과 문맥은 여러 방식으로 상호작용한다. 유사성 판단은 비교를 수반하므로, 한 항목에 대한 속성들의 현저성은 그 현저성이 비교되고 있는 항목에 의해 영향을 받는다. 예컨대, Tversky(1977)는 세 나라 중 어느 나라가 목표 국가와 가장 유사한지 선택하라고 실험대상자들에게 요구했다. 목표국가 AUSTRIA에 대해 선택한 국가들이 HUNGARY, SWEDEN, POLAND이었을 때, 그들은 SWEDEN을 선택하는 경향이 있었다. 그러나 HUNGARY, SWEDEN, NORWAY였을 때, 그들은 HUNGARY를 선호했다. 따라서 선택이 두 개의 중심적인 유럽 국가를 포함하고 있었을 때, 지리적 특성들은 하나의 중심적인 유럽 국가가 포함되었을 때만큼 그 결정에 현저하지 못했다.

"중립" 문맥에서 동의어들을 고려할 때, 이것이 의미하는 바는 동의관계의 판단이 선택의 범위에 의해 영향을 받는다는 것이다. Microsoft Word 98의 동의어·반의어사전을 예로 들면, MS Word 98은 대부분의 낱말들에 대하여 아홉 개 미만의 동의어를 기록하고 있다(9개 이상의 경우, 표시 화면 내용을 순차적으로 한 행씩 내려야 한다). 영어 어휘에 의해 잘 나타나 있는 의미 분야들에서, 동의어들은 의미에 있어서 목표어와 매우 가깝다(예, *couch: sofa, davenport, divan, loveseat . . .*). 그러나 덜 반복적으로 어휘화되는 영역들에서는 동의어로 충분한 것은 종종 의미적으로 덜 유사한 것인데, 특정한 속성들이라기보다는 전체적 속성들에 의존한다(*glass: pane, mirror, windowpane*<끼워놓은 창유리>, *looking-glass, lens*<거울> . . .).

(비중립) 문장 문맥에서는, 한 낱말의 특정한 속성들이 부각된다. (5)와 (6)에서 *bust(흉상)*를 대치할 동의어들을 찾을 때, *bust*의 관련된 속성들이 3차원의 예술 작품이 되느냐 혹은 어떤 사람과 닮은 모양이 되느냐를 결정하는 것은 문맥이다.

(5) I have to dust that bust {sculpture, ?portrait} of Wittgenstein.
   (나는 Wittgenstein의 흉상{조각상, ?초상화}을 청소해야 한다.)
(6) Rodin chiseled a bust {?sculpture, portrait} of his patron.
   (로댕은 후원자의 흉상{조각상, ?초상화}을 조각했다.)

비교의 방향도 유사성 판단에 영향을 미친다. 예를 들면, Tversky(1977)는 미국인 실험대상자들의 경우 중국이 북한에 유사한 것 보다 북한이 중국에 더 유사하다는 것을 발견했다. 비교 방향의 영향력은 Microsoft의 동의어·반의어사전에서도 찾아볼 수 있다. 예컨대, *murder(살인)*의 동의어에 *blood(He's out for blood: 그는 피를 볼 작정이다*에서처럼)가 등재되어 있다. 그러나 Microsoft의 동의어·반의어 사전에서 *blood*의 동의어를 찾아보면 *murder*가 없다. *blood*으로부터 시작하여 *blood*의 동의어를 찾을 때, 더 특정한 문맥이 없을 경우, 우리는 그것의 가장 현저하거나 기본적인(은유적으로 나 다른 방식으로 확장되지 않은) 의의의 동의어를 찾는다. 이것으로 인해 동의관계는 대칭적 관계라는 개념(4.3에서 다룰 내용)이 손상된다.

항목들 가운데서 유사성을 결정하는 기준은 항상 문맥의 영향을 받는다. 내가 동의어·반의어사전 편집과 문장에 근거하지 않는 동의어 판단을 *중립 문맥*이라고 불렀지만, 그럼에도 불구하고 중립문맥은 문맥이며, 중립문맥에 대한 우리의 기대는 우리가 동의어로 제공하거나 받아들이는 것을 형성한 다. 이 문맥들에서 우리는 낱말들의 관련된 속성들이 그들의 외연적 의미이 고 품사라는 것을, 그리고 이것들은 가능한 한 유사해야 한다는 것을 인정한 다. 한 낱말의 "좋은" 동의어를 찾는 과업은 우리가 무엇의 동의어(예, 한 문장 안에서 한 낱말을 대치함)를 찾고 싶어 하는가에 근거한다. 덜 중립적인 문맥에서는 잠재적 동의어들에 대해 추가적인 요구가 부여되며, 중립문맥의 요구는 아마 중립화될 것이다. 예를 들면, (7)의 인용문은 중립문맥에서 "좋 은" 동의어인 것 같이 보였던 것(*faith=belief*)을 거부하고 현재의 신학적 논 의의 기저에 있는 가정에 더 적절한 다른 동의어로 그것을 대치한 (*faith=trust*) 사람이 쓴 것이다.

> (7) Faith is not the same as belief, even though the two terms are often used interchangeably. Though they are not the same, faith and belief interact on many levels and in many ways. A better synonym for faith is trust. The opposite of faith is not disbelief but an ironclad contract, enforceable to the letter.(United Christian Ministry Pastoral Training Institute, n.d.)<faith와 belief가 종종 상호교환되어 사용되지만, 그 두 용어는 동일하지 않다. 그들이 동일하지 않지만, faith와 belief는 많은 층위와 많은 방식으로 상호작용한다. faith의 더 좋은 동의어는 trust이 다. faith의 대립어는 disbelief가 아니고, 문자대로 강요될 수 있는 엄격 한 계약이다. (연합 크리스찬 목회 훈련 센터, 날짜 불명)>

중립문맥에서 *trust*는 *faith*의 "좋은" 동의어로 실패할 것이다. 왜냐하면 *trust*와 *faith*의 대상물들이 다르다고 믿어지고(여러분은 은행을 *trust*하겠지만, 은행에 대한 *faith*는 갖고 있지 않을 것이다), *trust*는 종종 동사로 사용되는 반면에 *faith*는 명사로만 사용되기 때문이다. *belief*는 *faith*처럼 초자연적인 것과의 관계에 관해 말할 때 종종 사용되기 때문에, 그리고 분명히 *faith*와 동일한 종류의 언어문맥에 적합할 수 있는 명사이기 때문에, 중립문맥에서 성공한다. 그러나 더 명시적인 문맥에서, *trust*는 충분히 유사하다. 왜냐하면 우리는 신학에서 *trust*가 사용되는 방식에만 관심을 기울이기 때문이다. 이 문맥에서 글쓴이는, 모든 관련된 방식으로 *trust*와 *faith*는 유사하고, 그러므로 여러분이 *trust*하는 종류의 사물들(그리고 여러분이 *trust*할 때 행동하는 방식)과 여러분이 *faith*를 갖고 있는 종류의 사물들(여러분이 *faith*를 갖고 있을 때 행동하는 방식) 간의 유사성을 유발한다고 제안함으로써, *trust*와 *faith*의 차이를 무시하도록 우리에게 요구한다.

지금까지 나는 유사성에 관해 이야기해오고 있다. 그러나 RC-S에 의하면, 두 동의어들은 유사한 특성들만 가진 것이 아니라, 동일한 특성들을 가져야 한다. 동일성(**identity**)과 유사성(**similarity**) 사이에 갈등이 있는 것 같다. 그러나 RC에 의하면, 둘 중 어느 하나가 나머지 하나에서 나온다. RC-S는 관련된 특성들 사이에서 동일성을 요구하는 반면에, 동의어들 사이의 유사성은 문맥적 관련성이란 개념에서 나온 결과이다. 바꿔 말하면, RC-S는 두 항목이 어떤 점에서 동일하기를 요구하는 반면에, 모든 특성이 다 고려되지 않는다는 사실은 두 항목이 동일하지 않고 유사할 것(뿐)이라는 의미를 나타낸다. RC-S는 한 집합의 두 원소가 유사한 특성들을 가져야 한다고 규정하지 않는다. 왜냐하면 등급매길 수 있는 항이 비(非)-동의어들을 배제한다고 만족스럽게 정의될 수 없기 때문이다. 예를 들면, 어떤 룸 안에 몇 명이 앉을 수 있는지를 결정하는 문맥에서, *loveseat(2인용 의자)*와 *sofa*에는 몇 명의 사람들이 앉을 수 있는 문맥적으로 관련된 특성을 가지고 있다. *loveseat*에는 두 명이 앉고 *sofa*에는 (보통) 세 명이 앉는다는 점에서 둘은 유사하다(그러나 동일하지는 않다). 그러나 문맥상 목적을 위하여 두 명과 세 명의 작은 차이는 큰 차이가 된다. 이 경우 우리는 *there are three sofas*를 *there are three loveseats*로 풀어쓴다고 말하고 싶지 않을 것이다. 왜냐하면 몇 명이 앉을 수 있느냐에 관해 두 문장은 매우 다른 내용을 나타내기 때문이다. 그 대신에 RC-S는 문맥적으로 관련된 특성들이 동일하기를 요구한다. 정확한 자리 수가 관련되어 있으므로 *loveseat*와 *sofa*는 이 문맥에서 동의어의 역할을 할 수 없다.

몇몇 경우에 관련된 특성들의 명시성 정도가 두 낱말의 의미가 얼마나 유사하게 보이는가에 영향을 미친다. 그래서 예컨대, 일부 문맥에서 *seat*는 *chair*의 동의어로 취급될 것이다. 그 이유는 그들의 의미가 '앉을 자리'를 포함하고 따라서 그들은 이 정도로 동일하기 때문이다. *chair*를 특정한 종류의 앉을 자리를 나타내는 것으로 구별하는 더 명시적인 정보는 관계가 없다. 이것은 동의어들이 때때로 하위적(4.5를 보라)이 되는 것을 허용하는데, 동의어 관계의 방향성을 다시 지적해 준다. 따라서 우리는 (8)에서 편안한 마음으로 *chair*에 대해 *seat*를 대치할 수 있다. 그러나 (9)에서 *seat*에 대해 *chair*를 대치할 수 없다(화살표는 함축관계를 나타낸다).

(8) a. The receptionist indicated a chair where I should wait. →
    (그 프런트 직원은 내가 앉아서 기다려야 할 의자를 가리켰다.)

  b. The receptionist indicated a seat where I should wait.

(9) a. The receptionist indicated a seat where I should wait. ↛

  b. The receptionist indicated a chair where I should wait.

(8a)에서 문맥은 *chair*로 기술될 수 있는 어떤 것이 *seat*로 기술되는 것을 허용한다. 문맥의 목적상, 이것들은 동일하다. 그러나 (9a)에서 문맥의 목적상, 프런트 직원이 *bench*를 지시했을 수도 있기 때문에, *seat*는 *chair*로 기술

될 수 없다(지시된 *seat*가 *chair*라는 것을 우리가 확실히 모르면).

마지막으로, 동의적이 될 수 있을 정도로 "충분히 유사한" 것이 무엇이냐는 질문에 관해 고려했으므로, 이제 우리는 동의어들이 "충분히 다를" 필요가 있는지를 질문해야 한다. RC-S가 말하는 것은 동의어들의 형태가 다르다는 것이다. RC-S는 동의어들의 형태가 어느 정도 다를 필요가 있는지 명시해 주지 않지만, 차이가 크면 클수록 더 좋은 것이 맞을 것이다. 예컨대, 명사 *end*와 *ending*은 형태에 있어서 상당히 유사하지만, *end*가 *conclusion*(결론)처럼 덜 유사한 형태를 가진 낱말보다 반드시 *ending*의 더 좋은 동의어로 간주되지는 않는다. 만약 동의어들이 최소로 다르면, 두 낱말은 의미에서뿐만 아니라 형태에서도 가능한 한 유사하지 않아야 할 것인가? 이 질문에 대한 답은 "No"이다. RC-S는 동의어들이 형태에 있어서 달라야 한다고 규정하고 있다. 그리고 이것은 동의어들이 다른 낱말들이라는 것을 보장하는 데 충분하다. 다른 모든 것들이 같으면, 형태에 있어서 더 다른 낱말들이 동의관계의 더 좋은 보기인 것처럼 보일 것이다. 그 이유는 두 형태가 더 많이 다르면 다를수록, 그만큼 더 쉽게 그 두 형태는 다른 낱말로 인식될 것이기 때문이다. 따라서 *end*=*ending*을 동의관계의 좋은 보기로 부르는 것은 속임수와 같다. 왜냐하면 *end*와 *ending*은 동일 낱말류(2.3.5를 보라)의 일부이고, 많은 언어 사용자들이 *end*와 *ending*을 동일 낱말의 형태들로 생각할 것이기 때문이다. *end*와 *ending*은 형태에 있어서 그들의 유사성 때문에 중립문맥에서 동의관계의 좋은 보기가 될 수 없지만(그리고 *end*=*conclusion*이 선호될 것이지만), 어떤 특정한 문맥에서는 의미적인 또는 문체적인 근거에서 가장 좋은 짝이 될 수 있을 것이다. 그러므로 동의어의 역할을 할 수 있을 것이다. 따라서 예컨대, 네 살 아이에게 말할 때, 사람들은 낱말 *conclusion*의 사용을 피하고 싶어 할 것이다. 그래서 *end*와 *ending*이 그 문맥에 대해 유일하게 적절한 대치가능 낱말일 것이다. 이 경우 "충분히 유사한"은 동일한 수준의 어려움이나 언어사용역을 공유하는 것을 포함한다. 그래서 형태 차이의 기대치가 낮아진다 — *end*와 *ending*은 동의어들인 다른 낱말들로 간주된다. 낱말 형태와 관련된 문제들은 4.4.1에서 심층 연구될 것이다.

4.1.4 유사성이라기보다는 차이를 명시하기

RC-S는 동의어들의 한 집합 가운데서 다른 것을 명시함으로써 동의관계를 정의한다. 다음 (10)에 예시된 것처럼, 동의어들이 어떻게 유사한가에 중점을 두는 의미론 문헌에서의 동의관계에 대한 수많은 정의와 이것을 대조할 수 있다.[2]

> (10) a. [동의관계]는 내포와 외연의 동일성이다(Werner 1972, Evans 외 1980: 149에서 인용됨).
>
> b. [동의관계]는 (1) 동일한 정의를 가지고, (2) 통사적 결합가의 동일한 집합을 가지고 . . . (3) 통사적 수형도의 어떤 도식에서도 서로 대치될 수 있다(Apresjan 1973: 181).
>
> c. 동의관계는 . . . 상호함의(mutual entailment)[3]로 정의된다(Kempson 1977: 40).
>
> d. 한 주어진 문맥에서 동일한 의의를 가진 낱말들은 동의어들이다 (Kreidler 1998: 10).

논리적으로, (10)의 정의들은 차이가 아니라 유사성만 언급하므로, *cat=cat*을 동의관계의 한 경우로 간주한다. (11)에서 정의자들은, 비록 이것이 두 낱말(다른 두 낱말로 해석될 수 있는)이 있어야만 한다는 것을 규정할

---

2) 동의관계에 대한 정의들은 문헌에서 한결같지 않게 제시되며, 여기서 다루는 것은 이것을 반영하고 있다. 여기서 교과서들이 잘 표시되어 있다. 왜냐하면 교과서들은 최소의 이론 특정적 개념과 특수용어들을 이용하여 *동의관계*와 같은 용어들을 명시적으로 정의하기 때문이다. 그러나 몇몇 의미론 교과서들(예, Larson and Segal 1995)은 설명으로 보기를 제공할 뿐이다. 심리학에서 동의어의 의미는 당연하게 여겨지고 정의되지는 않는다. 예컨대 Evans 외(1980: 152)는 "심리학자들이 동의관계를 선호하는 것은 이론적 동기에서라기보다는 주로 직관적이다."

3) 상호함의는 낱말들 사이라기보다는 명제들 사이의 동의관계를 결정한다. 그러나 이 정의는 어휘적 동의관계로까지 쉽게 확장될 수 있다. 어휘적 동의관계는 한 낱말에 대한 다른 낱말의 대치를 제외하고 동일한 문장들 사이에 상호함의가 유효하면, 그 낱말들은 동의어들인 관계이다.

지라도, 동의관계에 대해 유사성뿐만 아니라 차이도 명시한다.

(11) a. [동의관계]는 두 구성성분이 가능한 한 유사하고, 한 구성성분의
　　　　의의와 다른 한 구성성분의 의의 사이에 차이가 없는 경우이다
　　　　(Katz 1972: 48).
　　 b. 동의관계는 다른 표현들에 대한 의미의 동일성이라고 주장된다
　　　　(Harris 1973: 11).
　　 c. X는, (i) 만약 X와 Y가 통사적으로 동일하고, (ii) X를 포함한 어떠한
　　　　문법적 서술문 S도 X가 Y로 대치된다는 점을 제외하고 S와 동일한,
　　　　또 하나의 문장 S'과 등가의 진리치를 가지면, Y의 인지적 동의어[4]
　　　　이다(Cruse 1986: 88).
　　 d. 두 낱말은, 만약 그들이 모든 문장 문맥에서 상호교환되어 사용될
　　　　수 있으면, 동의어이다(Jackson 1988: 65).
　　 e. ....동의관계, 즉 의미적 등치는 전혀 다른 표현들이 동일한 의미를
　　　　가진다(Chierchia and McConnell-Ginet 1990: 35).
　　 f. 만약 두 낱말 W1과 W2가 동의적이면, (관련된 의미로) W1을 이용
　　　　하여 기술될 수 있는 어떤 것들도 W2를 이용하여 기술될 수 있으며,
　　　　그 반대도 마찬가지이다. . . 요점은 최소한 그 낱말들 중 하나는
　　　　그 명칭이 그 낱말 자체가 아닌 의미를 가져야 한다는 것이다
　　　　(Hudson 1995: 3; 4.2.1에서 이 정의를 다시 다룬다).

　위의 정의들은 많은 방식으로 다르지만(이 다음의 절에서 다루어짐), 그
들의 현저한 유사성은 그들 모두가 동의관계는 의미의 유사성을 포함해야
한다는 것을 규정하고 있다는 점이다. 대조적으로 RC-S는 RC-S에 의해
관련된 낱말군(群)이 의미에 있어서 관련되어 있다는 것을 확실히 하기 위
해 차이의 유형을 명시하고 의미의 의사소통적 관련성에 의존한다. RC-S
정의는, 논리적 기준에 근거하여 동의관계를 정의하지 않고, 실제의 언어

---

4) Cruse의 *인지적 동의관계(cognitive synonymy)*는 의미의 비외연적(non-denotative)
　면에 상관없이 낱말-의의들 사이의 동의관계이다.

문맥(동의어·반의어사전과 같은)에서 동의어들로 간주되는 집합들의 유형을 반영한다. 그 이유는 이것들이 논리적 등치나 상호함의를 필요로 하는 정의들에 거의 순응하지 않기 때문이다. RC-S는 의미관계들에 대해 화용적 견해를 취하며, 문맥이 논리적 등치를 요구하는 상황과 그렇지 않은 상황에서 적절한 동의어들을 확인하는 수단을 제공한다.

이 접근방식에 대해 여러 이의가 제기될 수 있다. 첫째, 만약 동의관계가 "형태의 차이"로 정의되면, 외연에 있어서는 유사하지만, 문법 범주, 내포, 감정적 의미, 그리고 언어사용역의 관점에서 매우 유사한 동의어들을 어떻게 막을 것인가? Sikogukira(1994: 112)가 언급했다시피, "아무도 낱말들이 '감정적으로' 동의적이라고 말하지 않을 것이지만, '인지적으로'[즉, 외연적으로]는 동의적이 아니라고 말하지 않을 것"이므로, 우리는 그런 "동의어들"을 막기를 원해야만 할 것 같다. 예컨대, *kitty(새끼고양이)*와 *doggy(강아지)*는 둘 다 그 지시대상물에 대한 긍정적 성향을 전달하고, 어린이의 언어사용역에 속하는, 'fluffy'('솜털로 덮인'), 'cute'('귀여운'), 'small'을 내포하는 명사이다. 그들의 외연은 다르지만 많은 것들은 동일하다. 그러면 그들이 동의어들이 될 정도로 "충분히 유사하게" 되는 것을 막는 것은 무엇인가? 일반적으로, 대부분의 의사소통적 목적들은 외연적 의미를 관련된 낱말들의 한 관련된 면으로 만들므로, 당면한 목적을 위하여 그들을 충분히 유사하다고 우리가 생각하지 않도록 막는 것은 문맥이다. 그러나 *doggy*와 *kitty*가 비꼬는 의미로 사용된 (12)의 대화에서처럼, 두 낱말이 "충분히 유사한" 상황을 상상할 수도 있다.

(12) A: I'm so sick of that Kay and her stupid little doggy that she's always calling her "little baby-waby" . . .

 B: Little Baby-Waby is a kitty, not a doggy.

 A: Doggy, kitty, whatever. It's all the same to me. It's a stupid little spoiled beast with a stupid little spoiled mistress.

A: 나는 Kay와 그녀가 항상 "귀여운 baby-waby"라고 부르는 그녀의
우둔한 강아지에 대해 신물이 난다.
B: 귀여운 Baby-Waby는 강아지가 아니고 고양이다.
A: 강아지든, 고양이든, 나에게는 전혀 동일하다. 그것은 우둔하
고 버릇없는 어린 여주인과 함께 있는 우둔하고 버릇없는 짐
승이다.

It's all the same to me(그것은 나에게 전적으로 동일하다)라는 구는 대조
적인 외연적 의미를 가진 낱말들이 서로를 대치할 수 있을 정도로 충분히
유사하다(따라서 동의관계의 RC-S 정의에 근거하면 동의어들이다)는 것을
나타내는 초추론적(metadiscursive) 논평으로 사용될 수 있다. 그 구는 다음
과 같은 내용을 의사소통하기 위해 의도된 것이다: '비록 그것이 내가 사용
하기를 당신이 원하는 낱말이 아닐지라도, 내가 이 낱말을 잘못 사용했다고
당신이 이의를 제기할 것이라는 점을 내가 알지만, 나는 그것이 내 목적을
위해서는 충분하다는 것을 당신에게 말하고 있다(그 이유는 내가 관련된
낱말들의 의미들이나 외연들을 구분할 수 없거나 구분하지 않기 때문에).'
그래서 그 낱말들이 동일한 의의를 갖고 있지 않지만, 화자는 그 담화에
외연적 의미가 관련되어 있지 않다는 것을 제안한다. 만약 관련되어 있지
않으면, RC-S는 동의어들의 한 집합 안에서 동일하기를 요구하지 않는다.
　그러면 RC-S는 논리적 동의어들(logical synonyms)이라기보다는 문맥
의존적 동의어들(context-dependent synonyms)을 파생시키는 수단의 역할
을 하며, 한 집합의 동의어들이 달라야만 하는 방식을 명시하지만, 그들이
어떻게 동일해야 하는지를 결정하기 위해 문맥에 의존함으로써 그렇게 할
수 있다. 바꿔 말하면, RC-S는 동의어들을 의미적 현상이라기보다는 화용
적 현상으로 취급한다. 대조에 의한 정의가 의미에 근거한 정의에 대해 작용
하는 반면에, 어떤 다른 어휘관계들은 유사성에 의해 정의하는(더 적절하게
표현하면 정의되는) 것이 더 쉬울 수도 있을 것이다. 이것의 가장 분명한
경우는 두 항목이 동일한 형태를 가져야만 한다는 것을 언급하지 않고는

정의할 수 없는 동음이의관계이다. 만약 우리가 그것을 의미와 문맥적 유사
성에 있어서의 차이만을 필요로 한다고 정의하려고 시도하면, 어떤 비-동의
어도 동음이의어라고 주장할 수 있을 것이다. (마찬가지로, 각운과 두운이
대조라기보다는 동일성 관계로 정의될 필요가 있느냐하는 것은 지금 바로
분명하지 않다.) RC가 최소한 몇몇 형태 관계를 기술하는 가장 좋은 수단이
아닐 수 있다. 그리고 이것을 확장하여, 한 유형의 어휘관계가 동일성이
명시되기를 필요로 하면, 여러 세기에 걸쳐 행해져 왔던 것처럼, 우리는
동일성에 근거하여 동의관계를 정의하는 편이 좋을 것이다. 그러나 동음이
의어들이 동일한 방식들보다 동의어들이 동일한 방식들에 더 많은 다양성
이 존재한다. 동의어 쌍들이 형태에 있어서는 항상 다르지만, 여러 종류의
동의어 쌍들이 아주 동일한 방식으로 동일하지는 않을 것이다(4.2를 보라).
따라서 비록 동음이의관계나 몇몇 다른 비-의미적 관계들이 RC 접근방식을
뒷받침하지 않지만, 동의관계의 사실들은 RC 접근방식을 뒷받침한다. 만약
RC가 몇몇 형태 관계들을 설명할 수 없다면, RC는 전반적인 영향을 미치는
어휘관계이론을 제공하지 못하지만, 어휘적 의미관계이론은 제공한다(화용
적 관점에서).

4.2 의미의 양상과 동의관계의 하위유형들

본 절은 동의관계에 무엇이 관련되느냐는 문제를 우선적으로 다루지만,
도중에 동의관계의 정의와 동의어의 유형을 포함하여 동의어들에 대한 다
양한 접근방식을 살펴볼 것이다. 동의어의 유형은 4.2.2에서 논의되겠지만,
두 낱말이 가진 외연적 의미중첩의 정도에 의해 범주화될 수 있다. 4.2.3에
서 동의어의 유형은 그 낱말들이 공유한 의미 특성의 종류에 의해, 즉 외연
적인가, 내포적인가, 감정적인가, 방언에 근거한 것인가 등에 의해 구분된
다. RC-S는 의미중첩의 다른 층위나 양상을 필요로 하는 다른 문맥들을

허용하므로, 4.2.2와 4.2.3에서 다양한 유형을 일반적으로 설명하고, 그런 문맥들이 예시된다. 그러나 먼저 4.2.1에서 동의관계가 낱말들이나 의미들, 낱말들이나 더 큰 표현들, 그리고 내포나 외연들을 관련시키는지 고려해봄으로써, 이 화용적·심리언어적 접근방식은 몇몇 양립 불가능한 접근방식과 대조된다.

4.2.1 낱말, 문장, 의미, 또는 사물?

4.1.4의 동의어 정의들의 목록은 심지어 언어의미론 학자들 사이에서도 (또는 특별히 그 학자들 사이에서) 무엇이 동의관계를 구성하느냐에 관한 광범위한 견해를 보여 준다. 첫 구분은 동의관계가 어휘들(낱말들과 어휘화된 구들)만 또는 형태론과 통사론의 산물들, 즉 파생된 낱말들, 구들, 문장들도 관련시키느냐하는 것이다. 철학 문헌에서 동의관계라는 용어는 단순히 낱말들 사이라기보다는 명제(문장)들 사이의 관계를 지칭하는 데 가장 빈번하게 사용된다(예, Quine 1960). 다른 학자들은 명제적 동의관계와 어휘적 동의관계를 구분하기 위하여 풀어쓰기(paraphrase)라는 용어를 사용한다. 여기서 대부분의 관심은 어휘적 동의관계에 주어지며, 나는 그 자체로서 RC-S를 낱말-개념들 사이의 결정적 관계로 표시했다. 그러나 이것은 쉽게 언어적-표현-개념들로 확장될 수 있는데, 이 경우 문장의 개념도 역시 관련될 수 있다. (사람들은 그런 개념들이 파생되어 단기 기억 속에 보존될 것이라고 생각할 것이다. 왜냐하면 특정 문장에 대한 장기 개념들을 개발할 기회를 갖거나 또는 그 개념들에 대한 많은 필요성을 가지는 것 같지 않기 때문이다.) 이 책은 어휘관계들에 관한 것이므로 문장 단위의 동의관계는 여기서 대부분 무시된다.

다음으로, 우리는 동의관계가 낱말들을 또는 의미들을 관련시키느냐라는 문제를 다룰 것이다. 4.1.4에 제시된 정의들은 그 관계가 낱말들 사이에, 또는 더 일반적으로 언어적 표현들 사이에 적용된다는 것을 보여 준다. 그러

나 동시에 이 자료들 중 일부의 주장에 의하면, 의미관계는 의의(sense)관계
이거나(특히, Lyons 1977), 의미(meaning)관계이다(Allan 1986). 만약 동의관
계가 낱말들 사이의 관계라면, 우리는 그것을 "동일한(또는 유사한) 의의를
가진" 낱말들이라고 기술할 수 있을 것이다. 그러나 만약 우리가 동의관계를
의의들 사이의 관계로 취급하면, 동의관계는 "동일한/유사한 의의"의 문제
이다. 만약 우리가 이것을 절대적 동의어들 사이의 관계를 정의하는 데 사용
하면, 후자는 문제들에 봉착하게 된다. 단 하나의 의의만 있으면, 주목할
관계는 존재하지 않는다. 왜냐하면 정의에 의해 적어도 한 집합의 두 원소
사이에 한 관계가 적용되어야 하기 때문이다. Hudson은 이 상황을 다음과
같이 기술하고 있다(4.1.4의 [11f]에서 계속됨):

> 낱말들 중 최소한 하나는 그 명칭이 그 낱말 자체가 *아닌* 의미를 가져
> 야 한다. *bicycle*과 *cycle*을 예로 들어 살펴보자. 만약 그 두 낱말이 동
> 일한 의미를 지니고 있으면, 그 두 낱말에 대한 의미로서 이중의 역할
> 을 하는 단 하나의 개념만 존재할 것이다. 그래서 그 개념은 단 하나의
> 명칭만 가진다. 만약 우리가 그 개념을 'bicycle'로 부르면, cycle의 의
> 미는 'bicycle'('cycle'이 아니고)이라고 해야 할 것이다; 그리고 만약 우
> 리가 그 개념을 'cycle'로 부르면, *bicycle*은 'cycle'을 의미한다(Hudson
> 1995: 3).

  모든 동의어들이 다 *bicycle*과 *cycle*처럼 의미의 완벽한 대응을 포함하는
것은 아니지만(*cycle*의 다른 의의들을 무시한다면), 원형적 동의어들은 어떤
의의에 대해 정확하게 대응을 이루므로 우리는 동의관계의 정의가 정확하
게 이런 종류의 대응을 설명해 주기를 원한다. 만약 의미에 대한 우리의
접근방식이 개념으로의 어휘항목의 사상(mapping)을 포함한다면, *bicycle*과
*cycle*이 사상하는 두 개의 분리되어 있지만 동일한 개념이 존재한다는 것을
믿을 만한 이유가 없다. 따라서 동의관계는 (일부 경우에) 두 의미 사이의
관계라기보다는 동일한 의미나 개념으로 사상하는 두 낱말 사이의 관계이

다. WordNet 모형은 동의관계는 항상 낱말들 사이의 관계인 반면에, 의미관계의 대부분의 다른 경우들은 의미들 사이의 관계라는 견해를 분명히 취하고 있다(Miller 외 1990, 3.4.2를 보라).

동의관계가 종종 *의의관계(sense relation)*로 정의되는 한 가지 이유는 보통 동의관계는 한 낱말이 가진 의의들 모두가 아니고 그 중 일부들 사이의 대응을 포함하기 때문이다. 그러면 *의의관계* 기술은 한 번에 한 낱말의 의의만을 고려하므로, 간편하다. 그러나 여기서 관련되는 것은 두 의의가 아니고 (절대동의관계에서는 한 의의만 고유되기 때문에), 두 어휘단위이다. 즉 한 특정 어휘와 연관된 어휘단위들의 예들이다(1.3.2를 보라). 그러므로 두 어휘항목은 의미적으로 동일할 것 같지 않지만(많은 공유된 또는 대응되는 의의들을 포함하므로), 두 어휘항목은 그 각각이 한 의의와만 관련해서 고려되기 때문에 의미상 대응될 수 있다. 이 두 피조물은 우연하게도 낱말이라고 불리기 때문에, 왜 일부 이론가들이 동의관계는 낱말들을 관련시킨다는 주장을 회피해 왔는지 쉽게 알 수 있을 것이다.[5] 여기서 취해진 화용적 접근방식에 의하면, 동의관계는 *사용되는*(비록 동의어·반의어사전이나 낱말연상 테스트와 같은 중립문맥에서 사용될지라도) 낱말들 사이의 관계이다. 한편, 동의관계에 대한 의미적 접근방식들은 의미와 문맥을 별개의 영역으로 다루고 동의관계를 의미영역 안에 배치하기 때문에, 사용되는 어휘단위들이나 낱말들이 동의관계로 관련된다고 주장할 수 없다. 그러나 Lyons(1968: 452)와 같은 일부 학자들은 "다른 어떤 의의관계 보다 [동의관계]는 문맥-의존적이다"라는 것을 인식하고 있다.

동의관계를 *의의관계*라고 부르는 또 다른 이유는 동의관계가 외연들의 동일성이 아니라 의의들의 동일성을 포함한다는 것을 분명히 하기 위해서

---

5) Hurfordand Heasley(1983)가 "동의관계는 낱말들이 아니고 술어들 사이의 관계이다 (p.103)"라고 주장하기 때문에 이 회피는 그들을 순환하게 만든다. 그러나 그들은 *술어(predicate)*를 "(주어진 한 의의에서) 한 문장의 서술자 역할을 할 수 있는 낱말 (또는 낱말들의 연속체)(p.46; 내가 강조한 것임)"로 정의한다.

이다. 이 주장의 가장 유명한 보기는 *the morning star*와 *the evening star*에 관한 Frege(1985[1892])의 논의이다. 둘 다 금성을 지칭하지만, 의의는 다르다. 동의관계에 있어서 의의의 탁월성은, (13)에서처럼 서로에 대해 공-외연적(co-extensive) 용어로 대치된, 믿음 문장의 진리조건적 비-등치성에 의해 입증된다.

(13) a. Smith believes that four equals four.(Smith는 4=4라고 믿는다.)
     b. Smith believes that four equals the square root of sixteen.
         (Smith는 4=16의 제곱근이라고 믿는다.)

*four*와 *the square root(제곱근) of sixteen*은 같은 수를 지시하지만, 두 표현은 같은 수를 기술하는 다른 방식을 제공하고, 이것이 두 표현을 너무나 다르게 만들기 때문에, 믿음 문맥에서는 상호대치가 불가능하다(Smith가 제곱근에 관해 이상한 믿음을 가지고 있을지도 모르므로)[6]. 그럼에도 불구하고 지시는 문맥 안에 있는 잠재적 동의어들에 대한 테스트를 제공하므로, 동의관계와 관련이 있다. Goodman(1952: 69)은 "외연적 동일성은 의미의 동일성에 대한 필요조건은 되지만 충분조건은 아니다."라고 주장한다. 그런데 보통 이것은 맞는 말이다(비록 근사-동의어들의 외연은 종종 다르지만). 낱말들의 외연에 관한 지식이 동의어 판단의 처리에 영향을 미칠 수 있다. Herrmann(1978)은 동의어 판단이 외연적 유사성이라기보다는 외연적 동일성의 경우에 가장 빠르다는 것을 보여 준다.

의의들의 동일성은 RC-S에 의해 보장되지는 않지만, 의의 유사성은 유사

---

6) 이것은 합성적 동의관계(synthetic synonymy, Harris 1873)와 관련되어 있는데, 두 표현은 전체들로 간주될 때, 동일한 것을 의미하지만, 그 내부의 의미 구조는 다르다. 두 표현의 전체뿐만 아니라 부분들도 의미적으로 동일한, 분석적 동의어들(analytic synonyms)은 동일한 지시 대상물들을 양립 가능한 방식들로 기술하므로, 믿음 문맥 테스트를 통과해야 한다. 따라서 만약 Jane Doe가 소수(素數)들은 *나누어 떨어지지 않는(indivisible)*다고 믿으면, *나누어 떨어지는 것이 아닌(not dividable)*으로 항상 그녀는 믿어야 한다.

성의 판단에 문맥적으로 관련된 것으로부터 나온다. 의의는 믿음의 진술과 같은 몇몇 상황에서 지시를 결정하고 선언한다. 그러나 동의어가 어울리는 지시대상물들을 가진 항목들과 잘 어울리지 않는 의의들을 가진 항목들 사이의 관계를 지시할 문맥들을 우리는 확실히 상상할 수 있다. 예컨대, 나는 글을 쓸 때 반복을 피하기를 원해서 Elizabeth 2세를 지시하는 데 다른 항목들을 사용할 수 있을 것이다. "나는 *queen of England*(*영국 여왕*)의 동의어를 필요로 하는데, *head of the Church of England*(*영국 국교회 수장*)를 그 대안으로 인정한다."라고 나는 말할 것이다. 네 유형의 동의관계에 관한 정의에서 Bierwisch and Schreuder(1991: 37)은 이 가능성을 다루는데, 네 번째 유형을 지시적 동일성이라고 정의한다(다른 유형들에서의 언어-의미적 또는 개념적 동일성/동등성과는 대조적으로).

요약하면, 동의관계는 보통 어휘단위들 간 의의들의 유사성이나 동일성을 지시하며, 외연적 동일성을 초래한다. 그러나 때때로 이 용어는 낱말들에서 의미적 동일성/유사성에 적용되고, 이따금씩 내포적 유사성(차이)에 무관하게 외연적 동일성에 적용된다. 이 모든 것들은 유사성에 관한 RC-S의 정의와 일치한다.

4.2.2 외연적 의미에서 동일성과 유사성

의미의 외연적 대 비-외연적 양상들이란 주제를 아직 도입하지 않고서도, 외연적 의미에 있어서의 유사성이 두 차원에서 계획될 수 있다. 그 낱말들은 몇 개의 의의들을 공통으로 소유하고 있는가? 그리고 공통 의의들은 얼마나 유사한가? 그 결과로 생기는 동의관계의 유형들은 표 4.1과 같이 정밀하게 표시할 수 있다.

완전동의어(full synonym)는 모든 의의에서 동일하다. 자연언어에서 완전동의관계의 후보자들은 *carbamide=urea*(*요소*) 또는 *groundhog= woodchuck* (*마멋류*)과 같은 비교적 제한된 수의 인습화된 의의들을 가진 낱말들인 경향이 있다. 우리는 외연적 동등성에만 관심이 있으므로, 다른 언어사용역에서부터 나온 동의어들(*toilet=john*<*화장실*>)을 또는 다른 언어들에서부터 나온 동의어들(*restaurant*<영어>=*restaurant*<불어>)을 포함시킬 수 있다 (Sikogukira 1994). 하나 이상의 의의를 공유하지만 다른 의의들에 있어서는 다른 의의동의어(**sense synonym**)가 더 흔하다. 동의관계를 의의관계로 취급하는 학자들은 일반적으로 동의어라는 용어를 의의동의관계를 지칭하는데 사용한다. 의의동의관계의 보기로는 *sofa*와 *couch*가 있다.

표 4.1 동의관계의 차원

	동일한 의의들 (논리적 동의어들)	유사한 의의들 (문맥-의존적 동의어들)
모든 의의	완전동의어들	?
한 (+) 의의	의의동의어들	근사-동의어들

대부분의 영어 화자들에게 두 낱말은 '보통 등받이와 팔걸이가 있는, 그리고 속을 넣고 천을 씌운 긴 의자'라는 의의를 공유하고 있지만, 후자만이 '심리분석에서 도구로 사용되는 소파나 벤치' 또는 '초벌칠'과 같은 다른 의의를 가진다. 이 두 유형의 동의관계는 일반적인 총괄용어인 **논리적 동의어**(**logical synonym**)[7]에 속한다. 만약 낱말들이 논리적 동의어들이면, 이것은 그들의 어휘적 또는 의미적 표시가 동일하기 때문이며, 그 결과로 그들은 동일한 방식들로 사용된다.

표 4.1의 오른편에는 문맥-의존적 동의어(**context-dependent synonym**) 유형이 있다. 우리는 이 유형에 대한 자연언어 동의어들의 더 많은 보기들을 찾을 수 있지만, 명칭 붙은 동의어 유형들은 더 적다. 이 표는 모든 의의들에

---

7) 다른 학자들은 인지적 동의관계(**cognitive synonymy**)란 용어를 사용한다(예, Quine 1961; Cruse 1986). Church 외는 동의어들 사이에서 정확한 의미적 상대를 나타내기 위하여 범주적 동의관계(**categorical synonymy**)란 용어를 사용한다.

있어서 반드시 동일하지는 않지만, 유사한 낱말들에 대한 특정한 이름이 없다는 것을 보여 준다. 만약 그런 것들이 존재한다면, 표의 아래쪽에 있는 것들처럼 *근사-동의어(near-synonym)*로 불릴 것이다. 근사-동의어(**near-synonym**)[8] 는 정확하게 동일한 의의들을 지니고 있지 않지만(즉, 문장의 진리조건에 대한 기여도는 다르다), 한 근사-동의어 쌍의 각 원소는 쌍을 이루는 다른 원소(예컨대, 한 쌍의 한 원소에 의해 기술되는 것은 종종(또는 적어도 때때로) 나머지 한 원소에 의해 기술된다)의 의의와 흡사한 의의를 지니고 있다. 이들은 *foggy(안개가 자욱한)* ≈*misty*, 그리고 *mob(군중)* ≈*crowd*과 같은 보기 를 포함한다. 근사-동의어들은 보통 우리가 동의어・반의어사전에서 발견하 는 것이고, 사람들이 동의어라는 용어를 사용할 때, 종종 뜻하는 바이다. 예컨대, Apresjan(1973: 175)은 동의어들이 "보통 동일한 것들을 지칭하지만 그것의 다른 면을 강조하는 낱말로 또는 동일한 의미를 가지고 있지만, 그 미묘한 차이에 있어 다른 낱말들로 정의된다"라고 말한다.[9] 언어-철학적 전통에서 이론적인 관심은 동일한 의미를 가진 낱말들과, 그리고 이것이 분석적 문장이나 함의와 풀어쓰기와 같은 문장 관계에 기여하는 방식에 집중 된다. 동의어는 일상의 어법과 사전편집에서 '근사-동의어'를 의미하는 반면 에, 근사-동의어라는 개념은 철학에서는 상당히 무용하다. 그러나 우리는 여기서 의미관계에 대한 화용적 접근에 관심이 있으므로, 근사-동의어는

---

8) Cruse(1986)는 이것을 **plesionym**이라고 부른다. *부분적 동의관계는 때때로 근사-동 의관계와 혼동된다. 부분적 동의어는 어떤 면(외연적, 표현적, 연어적)에서 정확하 게 일치되지 않는 것이다. 그 반면에 근사-동의어는 특히 그 외연에 있어서 정확하 게 일치하지 않는 것이다. 따라서 모든 근사 동의어들은 부분적으로 동의적이지만, 모든 부분적 동의어들이 다 근사-동의적인 것은 아니다(Lyons 1995b를 보라).*

9) Apresjan(1973: 175)은 계속하여 다음과 같이 주장한다: "강조가 동의어의 일반적 의미특성들에 주어지는 것이 아니고, 그들 사이의 차이에 주어진다." Apresjan의 일반화는 어휘의미론에 있어서 러시아의 전통이 의미관계를 먼저 철학적 문제로 간주하는 경향이 있었던 서구의 언어학적 전통보다 실용적인 사전편집과 번역상의 문제와 종종 더 많이 관련되어 있다는 사실의 좋은 예이다. Baranov and Dobrovol'skij 1996을 보라.

논리학자들과 형식의미론 학자들에게보다 우리에게 더 흥미롭다. 근사-동의어라는 개념의 한 문제는 그 개념이 *big* ≈*large*에서 *mature* ≈*ripe*와 *roast* ≈*bake*에 이르기까지 모든 것을 포함한다는 것이다. 근사-동의관계의 몇몇 경우는 중립 문맥에서 그럴 듯한 의의 동의어들인 것 같이 보이는 반면에, 다른 몇몇 경우는 그들의 유사성을 나타내기 위하여 문맥에 의존한다. Church 외(1994)는 Lakoff(1987)의 방사성 범주에 비유되는 경사동의어(**gradient synonym**)에 초점을 맞춘다. 이 견해에 따르면, 동의어 집합들은, 목표 낱말이 가장 원형적인, 원형에 근거한 범주들을 표시하고, 동의어들은 다양한 방식으로 원형과 다르다. 종종 그 이유는 그들이 (14)에 나오는 Church 외(1994: 155)의 보기 *bad* ≈*shocking*에서처럼 추가 정보를 나타내기 때문이다.

(14) a. Bad, isn't it?(기분이 나쁘지?)
　　 b. Yes, it's shocking.(그래, 충격적이야.)

이 경우 경사 동의관계는 *shocking*이 *bad*의 한 유형이듯이 하위어들이 동의어들로 사용될 수 있다는 것을 인정한다.

동의관계에 대한 가장 간단한 진단은 문장의 진리조건이나 사용범위(비명제적 문장에 대한)를 변경하지 않고 문장문맥에서의 대치가능성(**substitutability**)이다. 대치가능성 개념의 문제는 4.3에서 논의되겠지만, 그 동안 동의관계 판단을 위해 타당한 예비적 수단을 만들 것이다. RC-S는 문맥적으로 관련된 동일성을 요구하며, 대치는 문맥에 적절한 것을 결정하는 수단을 제공한다. 만약 한 낱말이 발화 속의 다른 한 낱말을 대치할 수 있으면, 그 두 낱말은 그 문맥에 대하여 충분할 정도의 유사함의 시험을 통과한 것이다.

American Heritage Dictionary(제4판; 이후로 *AHD*)에서 *punish*(벌하다)에 대한 동의어들의 집합이 한 보기를 제공한다. 각 동의어들에 대해 *AHD*는 구분되는 특성들을 제공하는데, (15)에 요약되어 있다.

(15) *punish*: "가장 덜 구체적"이다.

　correct: "위반자가 자기의 생활 방식을 고치도록 처벌하다"

　chastise: "행동의 개선을 유발하기 위한 수단으로 육체적 처벌이나 말로의 질책을 의미한다"

　discipline: "용인할 수 없는 행동을 통제하거나 제거하기 위해 관계 당국에 의해 가해지는 처벌을 강조한다"

　castigate: "종종 공적으로 혹평하다"

　penalize: "규칙이나 규정을 어겼으므로, 흔히 돈이나, 특권이나, 이 익의 몰수를 의미한다"

　이 차이는 그 낱말들이 근사-동의어들이라는 것을 나타낸다. *punish*(그 의의들 중 하나로)는 그 의미가 나머지 의미보다 덜 특별하기 때문에, 다른 낱말들의 상위어로 분류된다. (그래서 *chastise, discipline, penalize* 등은 *punish*의 유형들이다.) 그럼에도 불구하고, RC-S에 의해 *punish*는 다른 낱말들의 동의어가 될 수 있다. 왜냐하면 많은 목적을 위해 그 나머지 어떤 낱말에 대해서도 타당한 (따라서 충분히 유사한) 대치어이다. *punish*의 동의어들 가운데서, 많은 이 기술들에서 *AHD*의 낱말 *imply*(*의미하다*)의 사용은 그 낱말들은 외연이라기보다는 내포에 있어서 다르다는 것을 시사하겠지만, 사실이 아니다. 외연(denotation)은 의의와 지시의 관계를 지칭하고, 한 낱말의 의의는 그 낱말의 지시에 대한 조건들의 집합이다(그러나 그 의의가 머릿속에 표시될 수도 있다). *AHD*가 이 조건들을 충분하게 포함하고 있든지 아니든지 간에, (15)의 기술은 한 낱말의 외연이 다른 낱말의 외연과 다른 방식을 보여 준다 — 아마도 각각의 낱말 의미의 다른 원형 표시 때문에. 그래서 예를 들면, 만약 처벌의 행위가 앞으로의 행위를 변화시키려는 의도가 아닌, 금지를 수반한다면, 영어 화자는 *penalize*를 선호하고 *discipline*을 거부할 것이다. 외연과 내포를 구분하는 문제는 4.2.3에서 다시 다룰 것이다.

　*AHD*의 몇몇 (근사-)동의어들(*correct, chastise, discipline*)은 처벌이 나중의 행위에 영향을 미치는 의도를 강조하는 반면에, 다른 몇몇 (근사-)동의어

들은 주어진 처벌의 유형에 대해(*chastise, castigate, penalize*), 또는 관련된 자들의 상대적인 사회적 위치에 대해(*discipline*, 아마도 *penalize*) 구체적이다. 그러나 위의 모든 낱말이 더 중립적인 *punish*에 대해(사전 정의의 중립 문맥에서) 동의어로 간주된다. 왜냐하면 그들 모두는 '어떤 사람이 자기에게 나쁜 행동을 했으므로 그에게 불쾌한 행동을 하다'라는 핵심 의미를 포함하기 때문이다. (15)의 낱말들이 나쁜 행위에 대한 부정적 반응을 기술하는 것이 행위자가 권위 있는 인물인가 또는 행위를 수정하려고 처벌하는가보다 그들 사이의 동의관계를 판단하는 데 더 관련성이 높다. 그러나 여기서 해결하기 어려운 문제는 왜 그것이 유사성의 최소 층위인가를 이해하는 것이다. 우리는 *punish*의 의미를 한층 더 벗길 수 있는데, 극성 형용사를 제거하면 '어떤 사람이 자기에게 행한 어떤 행동 때문에 그에게 어떤 행동을 하다'와 같은 의미가 나온다. 이 경우, *reward(보상하다)*와 *punish*는 잠재 동의어이지만, 실제의 언어 용법에서는 가장 빈번하게 반의어이다. 또는 우리는 그 기본 의미가 '어떤 사람에게 불쾌한 행동을 하다'(이 경우, 잠재 동의어는 *bully*<약한 사람을 들볶다>이다)가 되도록, 그 행위의 이유를 제거할 수 있다. 처벌이 약한 사람을 들볶는 것으로 느끼는 상황도 존재할 수 있는 반면에, *punish*와 *bully*는 중립적인 사전 문맥에서는 서로에 대한 좋은 동의어 역할을 하지 않는다. 그래서 "동의어 판단을 하는 데 요구되는 외연적 유사성의 최소 층위를 어떻게 결정하느냐?"라는 문제가 남아 있다.

이것을 설명하는 한 가지 방법은 외연적 의미는 핵심 및 주변 자질들에 의해 작용한다고 주장하는 것이다. 이 경우, 이 낱말들이 공통적으로 가진 핵심 의미는 대부분의 문맥에서 동의관계를 판단하기 위하여 그들의 주변 자질들보다 더 중요하다. 다른 외연을 가진 낱말들은 그들의 핵심 의미들이 조화를 이루고 그 주변이 무시되기(동의어·반의어사전에서처럼) 때문에, 또는 그들 둘 다 핵심 의미를 공유하고 그들의 주변 자질들이 서로 반대하기보다는 보충해 주므로 특정한 상황을 만족스럽게 기술하기 때문에 동의적이다.

핵심/주변 구분은 어휘외적 접근방식에서 동의어에 적절한 의미층위들을 구분하는 합리적인 수단이 아니라는 반론을 제기할 수 있다. 어휘외적 접근방식은 동의관계가 낱말의 개념들을 관련시킨다고 주장하므로, 관련된 것은 낱말의 실제적인 의미 표시가 아니고, 그 낱말이 사용되는 방식에 관한 우리의 개념화이다. 그래서 핵심/주변 구분이 적절하기 위하여, 그들은 낱말-개념 층위에서 접근할 수 있어야 한다. 그들은 그렇게 보인다. 낱말을 정의할 때, 사람들은 핵심적인 것과 주변적인 것에 관하여 꽤 규칙적인 인상을 소유하고 있다. 그래서 이 구분은 어휘외적 층위에서 통용된다. 그들이 의미표시에서 실제적인가 하는 것은 의미관계에 대한 어휘외적 접근방식이 통찰력을 제공하지 않는 하나의 별개 문제이다.

핵심/주변 구분은, 근사-동의어들 중에서 선택하는 NLP 시스템을 제안한, Hirst와 그의 동료들에 의해 개념적/언어적 구분으로 분석되었다. 그들의 시스템에서 근사-동의어들은 단일의 일반 개념에 연결된다. 각 근사-동의어의 어휘내항은, 그들이 사전의 용법 주석에 비유하는(DiMarco and Hirst 1995), 그리고 *punish*에 대하여 우리가 앞에서 살펴본 것들과 같은, **어휘선택규칙(lexical choice rule**: DiMarco 외 1993)들을 포함한다. 이것들이 언어 사용자에게 현재의 문맥에 대해 가장 적절한 낱말을 선택하는 수단을 제공한다. 이 경우, 의미의 어떤 면들이 동의관계에 관련되어 있는가를 판단하기는 쉽다 — 개념적 의미만이 모든 근사-동의어들에게 공통적이다. 어휘내적 정보의 이용을 옹호하는 그들의 주장은 동의어 구분에 필요한 미세한 층위에서 개념적 구분을 하는 것이 쉽지도 않고 "자연스럽지"도 않다는 것이다(DiMarco 외 1993). "따라서 우리는, 이 [근사-동의어] 층위에서 의미는 차이에 의해서만 표현할 수 있다는, 소쉬르의 개념을 인정한다"(Hirst 1995: 54). 그들의 접근방식은 기계번역과 자동 텍스트 생성에 해결책을 제공한다. 그러나 Hirst(1995)는 그것이 심리적으로도 그럴듯하다고 주장한다. 그러나 그 접근방식은 텍스트 생성에서 동의어 선택과 관련이 있기 때문에, 인간 언어사용자들에게 동의어 판단의 문제에 직접 관련된 것이 아니다. 발화를 위해 한 낱말을 선택하는 과정은 두 낱말이 동의어인지를 결정하는 과정이나, 한 낱말의 동의어를 찾는 과정과는 다르다. 왜냐하면 전자는 언어적 활동이고, 후자의 두 과정은 어휘외적 활동이기 때문이다. 이 접근방식의 특별한 작용방식은, 만약 언어사용자들이 관찰할 수 있다면, 어휘외적 과정에만 관련된다. 어휘내용물은 관찰할 수 없지만, 그 어휘내용물을 사용하는 언어적 과정들의 출력물은 관찰할 수 있으므로, RC-S를 적용할 때 어휘외적 추론에 간접적으로 영향을 미칠 수 있다.

4.2.3 외연을 넘어서

동의관계의 논리적 또는 의미적 정의에 의하면, 만약 한 낱말을 포함한 한 명제가 다른 한 낱말을 포함한 동일 명제에 의해 상호함의되면, 두 낱말은 동의어이거나(Kempson 1977), 또는 동의어들은 대칭적 하위관계의 경우들이다(Werner in Evens 외 1980; Palmer 1981). 동의관계의 화용적 혹은 문맥의존적 경우는 이 정의를 무시한다. 이미 밝혀졌듯이, 근사동의어들 간의 단순한 의미중첩은 근사동의어들이 상호함의나 대칭적 하위관계의 테스트를 통과하도록 허용하지 않는다. 예컨대, *castigating*은 반드시 일종의 *punishing*이지만, *punishing*은 *castigating*의 일종이 아니다. 따라서 동의어를 화용적으로 해석하면, 동의어들은, 문맥에서 두 낱말의 의미가 문맥관련 동일 정보에 기여할 수 있을 정도로 그 차이가 미미할 경우에, 외연적 의미에 있어서 다를 수 있다.

동의어들이 그들의 비-외연적 및 비-형태적 양상에 있어서 동일한가 또는 다른가 하는 것은 다른 문제이다. 몇몇 학자들(예, Apresjan 1973)에게, 동의어들은 외연에 있어서 유사하지만, 내포, 감정적 의미, 방언, 언어사용역과 같은 의미의 다른 면에서는 다른 낱말들을 포함한다. 다른 학자(예, Jackson 1988)

들에게는, 두 낱말이 동의어가 되기 위하여 의미의 모든 면(외연뿐만 아니라)
이 동일해야 하고, 또 그런 차이가 항상 발견될 수 있으므로, 어떤 동의어도
존재하지 않는다. 최소한 한 의의에서 그리고 (그 의의에 있어서) 형태를
제외한 다른 모든 특성에서 일치하는 낱말들은 **완전동의어(complete
synonym)**라고 불린다(Lyons 1981)[10]. (모든 의의와 모든 특성에서) 완전히
동의적인 낱말들은 **절대동의어(absolute synonym)**라고 불려진다(Lyons
1995b).

(핵심) 외연의미는 RC-S 관계에 있어서 거의 항상 관계가 있지만, 의미와
사용의 다른 면에서의 유사성이 동의관계를 드높인다. 중립문맥에서 동의
관계의 가장 좋은 보기들은 외연의미에서뿐만 아니라 문법범주, 내포, 감정
적 의미, 방언, 언어사용역에서도 일치한다. 따라서 예컨대, (15)에서 *punish*
의 동의어들은 모두 영어의 어떤 방언에서도 문학적이거나 격식을 갖춘 언
어사용역에서 익숙하다고 생각할 타동사들이다. 외연에 있어서 더 많이
다른 것들(예, *penalize* ≈*correct*)은 더 많은 것을 공유하는 것들(예, *castigate*
≈*correct*)보다 덜 동의적인 것 같다. 사전에는 외연에 있어서 유사하지만,
언어사용역과 많은 낱말들에 있어서 다른 *give hell*(혼내 주다)이나 *give
what-for*(벌 주다)와 같은 표현들이 등재되어 있지 않다. 만약 우리가 사전
에 등재하면, 그런 표현들은 그 차이점들 때문에 아주 잘 정해진 동의어에
적합하지 않는 것 같다.

동의어들이 다른 방식을 열거하는 것이 이 주제에 관한 학자들(예, Collinson
1939; Harris 1973; palmer 1981)의 주된 관심사이다. Edmonds (1999)는 동의어
들이 다른 방식을 35가지나 확인했다. 이것들은 미미한 내포적 차이(*forest* ≈
woods)와, 그리고 언어적이거나 사회적 문맥에서 한 낱말의 적절성에 영향을
미치는, 예컨대 감정적 내용(*dad* ≈*daddy*), 격식성(*drunk* ≈*inebriated*), 또는
식물에 대해서 후자만 사용될 수 있는 선택제약(*pass away* ≈*die*)과 같은 비내포

---

10) 완전동의어는 엄격동의어(**strict synonym**)라고도 불린다.

적 차이를 포함한다. Warren(1987)은 의미와 용법에 있어서 중첩되는(즉, 몇몇 동일 문맥에서 적절한) 동의어들과, 의미를 공유하지만, 동일 문맥에 대하여 부적절하게 만드는 문체적 및 표현적 특성에 있어서 다른 **변이형들 (variants)**을 구분한다. 예를 들면, *sodium chloride(식염)*와 *table salt(식탁용 소금)*는 외연에 있어서는 동일하지만, 다른 노력 분야(화학, 요리)에서 사용된다. 그러면 변이형들은 다른 목적들을 위하여 동일한 의의를 표현하는 기술적 (descriptive) 동의어들이다. 이것이 의미하는 바는 형태의 차이가 동일한 의미 관계를 파생하는 유일한 수단이 반드시는 아니라는 것이다. 예를 들면, 내가 *booze(술)*에 대한 "적절한" 낱말을 찾고 있을 경우, *booze*를 말하는 다른 방식을 찾는 것으로는 충분하지 못하다. 나는 그것을 말하는 특별한 종류의 다른 방식을 원한다. 이 목적을 위하여 관련된 차이는 형태가 아니고, 언어사용역이다. 그리고 그런 변이를 설명하기 위하여 RC는 (16)으로 구체화된다.

(16) 대조에 의한 관계-언어사용역 변이($RC-V^R$)
　　　언어사용역 변이형 집합은 언어사용역에 있어서는 다르지만, 문맥적으로 관련된 모든 특성을 가진 낱말-개념들만을 포함한다.

$RC-V^R$은 *spirits(독한 술)*와 *liquor(독한 증류주)*를 *booze*의 언어사용역 변이형으로 허용하지만, *sauce(독한 술)*나 *hooch(밀주)*는 유사하게 낮은 언어사용역 변이형이므로 부적격한 것으로 간주된다. 형태의 차이는 $RC-V^R$에 명시될 필요가 없다. 그 낱말들의 음운론과/이나 철자법은 의사소통 목적을 위하여 문맥적으로 관련되지 않으므로 똑같을 필요가 없다. (그러나 언어사용역의 차이가 명시되므로, 그 두 낱말은 형태에 있어서 다르다는 결론이 도출된다.) 언어사용역 변이는 두 항목이 다른 어휘항목들이 아니고 그 두 항목들에 대한 다른 발음들인 경우를 포함할 수 있다. 예컨대, *wuv*는 *love*에 대한 귀여운 어투의 변이형이다. *wuv*와 *love*는 다른 어휘내항들이 아니겠지만(만약 일반적인 귀여운 어투 규칙들로부터 /l/의 순음화가 뒤따르면), 그

둘은 잠재적인 낱말-개념이다. 그러므로 RC-V^{R}에 의한 관계에 적당하다.

그런 정의들이 RC-S 공식에서 "형태"에 대한 몇몇 다른 비외연적 낱말 특성의 대치만을 포함하므로, 이 절의 나머지 부분에서는 동의어 및 변이형 관계에서 다르거나 다르지 않겠지만, 가능한 모든 변이에 완전한 RC 정의들을 제공하지 않는 낱말의 몇몇 비외연적 면을 다룰 것이다.

문법범주

동의관계의 어떤 정의들(Apresjan 1973; Cruse 1986)에서 이미 살펴보았듯이, 이론가들은 동의어들이 동일한 통사범주이어야 한다고 종종 분명하게 가정하거나 진술한다. 확실히 동의관계의 대부분의 경우는 이 규칙을 따르지만, 다른 언어학자들(Hurford and Heasley 1983; Hudson 1995)은 문법범주의 동일성이 필요한지 의문을 제기했다. 예컨대, Hudson(1995: 74)에 의하면 명사 *dance*와 동사 *dance*는 둘 다 개념 DANCING에 사상되므로, 동의어들이다.

문법범주를 일치시키는 가정은 전통적 접근방식에 있어서 세 가지 상관된 근거에서 도출된다: (a) 동의관계에 대한 진단적 도구로 대치가능성의 이용(4.3을 보라), (b) 동의관계를 문맥의존적 관계로 다룸, (c) 동의관계는 계열적 관계이고, 계열적 관계는 동일한 통사범주의 원소들에 적용된다는 선험적 가정(2.1.5를 보라). 대부분의 경우, 명사는 명사 자리에, 그리고 동사는 동사 자리에 들어가므로, 한 문장 안에서 대치가능한 낱말들은 동일한 일반 통사범주에 속한다. 그러나 이 "자리들" 중 일부는 그렇게 범주 명시적이지 않다. 예를 들면, 계사 뒤의 술어 위치는 (17)에서처럼 다양한 품사로 채워질 수 있다.

(17) a. For most of the journey, the children were sleeping.
   (그 여행의 대부분 시간동안, 그 어린이들은 잠을 자고 있었다.)
   b. For most of the journey, the children were asleep.

(그 여행의 대부분 시간동안, 그 어린이들은 잠을 잤다.)

c. For most of the journey, the children were sleepers.

(그 여행의 대부분 시간동안, 그 어린이들은 잠자는 사람들이었다.)

*asleep*은 형용사구에서 자리를 채우고, *sleeping*은 동사구의 일부이며, *sleepers*는 명사구의 일부라는 근거에서, (17)의 경우들은 대치의 보기로는 거부될 것이다. 그러나 문장에 대한 의미 기여의 관점에서 보면, 이들 각각은 매우 유사한 기여를 한다. Hurford and Heasley(1983)는 동의관계에 대한 동일 문법범주 요건을 반박하기 위해 *sleeping=asleep* 쌍을 이용한다. 반대의 목적을 위해 유사한 보기(*They are cripples/crippled*<그들은 불구자였다/불구가 되었다)를 사용하여, Apresjan (1973)은, 대치는 다른 품사를 허용하지만, 동의관계는 그렇지 않기 때문에, 대치가능성이 동의관계의 확실한 테스트가 아니라고 주장한다.

"동일 문법범주"의 또 다른 문제는 무엇이 문법 범주로 간주되느냐라는 문제이다. 어휘관계 문헌에서, 문법범주라는 언어학 용어는 종종 품사라는 전통문법 개념의 동의어로 처리된다. 그러나 굴절 범주와 같은 몇몇 더 특별한 하위범주들은 동의어 결정에 관련되어 있는 반면에, 다른 하위범주들은 그렇지 않다. 따라서 *couch*와 *sofa*는 다르게 굴절되므로, 동의어가 아니다 (그리고 이것은 의미적 영향을 가진다). *glad*와 *happy*는 현대영어의 대부분의 방언에서 다른 문법적 하위범주들에 속한다는 사실에도 불구하고, 보통 동의어들로 간주된다. *happy*는 명사 앞이나 술어 위치에 오는 반면, *glad*는 술어 위치에 한정된다(*the glad child*). 이 차이는 그 두 낱말이 모든 문법적 문맥에서는 상호교환이 불가능하다는 것을 의미하므로, Cruse와 Apresjan의 정의에 근거한 그들의 동의관계를 막을 것이다(앞의 (10)과 (11)을 보라). 이와 유사하게, *sleeping*은 때때로 형용사이므로, *asleep*와 동일한 문법범주를 가지는 반면에, 그 두 낱말은, 그 중 하나만이 명사 앞에 올 수 있으므로 (*the sleeping /*asleep child*), 다른 하위범주들에 속한다.

문법적 정체성이 요구되는 동의관계를 다룰 때, 그 요건은 종종 표면(품사)층위에만 적용된다. 제1장에서 논의했듯이, 동의관계는 어휘사전의 표제어(어휘내항의 문법적/의미적 부분)를 관련시킨다고 제안할 수도 있다. 그러나 모든 의미정보가 조화를 이룰 필요가 없듯이, 모든 통사정보도 조화를 이룰 필요가 없다. 동의어들 사이에서 무엇이 조화를 이룰 수 있거나, 또는 조화를 이루어야 하는가에 있어서의 가변성은 화용적 접근방식의 필요성을 강조한다. 어휘외적 접근방식은, 만약 문법 범주가 문맥과 관련이 없다면, 다른 품사로부터의 동의어를 허용한다. 문법 범주가, 문장문맥에 대해 의미적 요구를 하지 않는, 중립문맥에서는 관련성이 덜한 것 같이 보일 수 있는 반면에, 문법범주의 변화가 의미나 대치가능성의 지각에 영향을 미치지 않는 경우에는 무관할 뿐이다. 그래서 *happy*와 *joy*는 의미 특성을 공유하는 반면에, 통사범주에 있어서 그들의 차이는 둘 중 하나는 한 특성을 가리키고, 다른 하나는 한 사물을 가리키는 것으로 지각된다는 것을 의미한다. 한편, *happy*와 *glad*는 다른 통사적 하위범주에 속하지만, 둘 다 특성을 가리킨다. 그러므로 중립문맥에서 접근할 때는 현저하게 다르지는 않다. 즉, 그들은 동의어·반의어사전과 같은 문맥에서는 동의어들이 될 수 있을 정도로 의미적으로 유사하다.

의미의 표현적 원소

동의관계의 정의들은 종종 외연적 의미와 품사의 유사성(또는 동일성)을 요구하는 반면에, 의미, 즉 **표현적(expressive)** 의미의 비-외연적 원소들 간의 차이를 허용한다(또는 심지어 기대한다). 표현적 의미는 문장의 진리조건에 대한 기여도를 변화시키지 않고 외연적으로 유사한 낱말들에 다른 의미를 부여하는 내포, 감정, 그리고 다른 사회적 정보를 포함한다. 낱말들의 용법에서 약간의 차이는 거의 항상 찾을 수 있으므로, 비-외연적 의미에 있어서 변이를 허용하지 않는, 동의관계의 그 정의들은 필연적으로 동의어들의 공집합이나, 거의 공집합이나 다름없는 것들을 정의한다.

여기서 정의된 **내포(connotation)**는 지시에 관한 조건들에 직접적으로 영향을 미치지 않지만, 그 기술에 어느 정도 화자의 견해를 허용하는 연상을 포함한다. 예컨대, *discipline*은 일부 화자에게는 군대의 엄격성을, 또는 동일 화자들이나 다른 일부 화자들에게는 어린이들에 대한 체벌을 내포한다. 이 내포들은 종종 특정한 문맥들에 관한 낱말들의 경험을 통해 발생한다. 사람들은 군대와 어린이 양육 문맥에서 낱말 *discipline*을 듣는 데 익숙해 있지만, 그 낱말이 다른 문맥들(어떤 위원회에서 공무원이 훈련받을 때)에서 사용되는 것을 금하지 않는다. 그래서 *discipline*은 내포에 있어서 *punish*와 다르지만 *punish*의 동의어로 사용될 수 있다. 또한 내포는 그 낱말의 의의들 중 다른 의의에 의한, 그 낱말의 의의에 관한 고정화에 의한, 그리고 음-상징화 수단에 의한 혼성을 통해 발생할 수도 있다. 영어에서 내포적으로 다른 동의어들의 만연은 동일한 진리조건을 세 가지 방식으로 표현해야 하는 실내 게임의 존재에 의해 입증된다. 그래서 내포는 (18)에서처럼 우호적 의미에서 경멸적 의미로 바뀐다.

> (18) I'm a renaissance person.(나는 만능형 교양인이다.)
> You're eclectic.(당신은 절충주의자이다.)
> He's unfocused.(그는 목적이 분명하지 않다.)   (DiMarco 외 1993)

내포는 모든 사람이 다 경험하거나 알아차리지 못 할 연상에서 유래하기 때문에, 내포의 해석은 매우 주관적이다. 예를 들어, 동일한 운율 패턴이 주어질 경우, (19)는 (20)보다 약간 더 후하게 느껴지고, 따라서 *little-small*은 여기서 완벽하게 동의적이지 않다고 주장할 것이다.

> (19) The employees received a little Christmas bonus.
> (직원들은 적지만 특별한 크리스마스 상여금을 받았다.)

(20) The employees received a small Christmas bonus.
(직원들은 적은 크리스마스 상여금을 받았다.)

만약 *little*이 *small*보다 더 후하다고 느껴진다면, 그것은 전자에 사랑으로서의 그 용법과 관련된 감정적이고 긍정적인 성질이 더 많이 있기 때문이다 (2.1.7의 논의를 보라). *little bonus*는 특별한 것인 반면에, *small bonus*는 단지 어떤 액수에 불과하다. 여기서 내포와 외연을 구분하는 경계는 모호하게 된다. 만약 이 경우에 *small*이 *little*보다 더 작게 느껴지면, 그 두 낱말은 동일한 의의를 지니고 있고 동일한 상태를 가리키는가? 그들은 다른 내포를 가진 의의-동의어인가, 또는 근사-동의어(그 의의들이 크게 중첩되지만 완벽히는 중복되지 않는)인가? (19)와 (20)의 차이의 주관적이고 문맥-의존적인 성격이 주어지면, 대부분의 이론가들은 표현적 의미의 영역에 어떤 차이라도 부여할 것이다. 그러나 만약 우리가 심리언어학적으로 의미에 접근하면, 그런 지각의 주관적 성격은 의의들의 표시에 있어서 개인적 변이를 나타낼 것이다. 따라서 그 차이는 내포적이라기보다 외연적이다. 이 때문에 내포적 의미와 외연적 의미를 결정적으로 구분하는 것은 가능하지 않을 것이다. 그리고 외연적 의의-동의관계 개념은 외연적-표현적으로 완벽한 동의관계와 한 연속체 상에 있을 것이다. 감정적 의미(**affect**)는 현재의 주제에 대한 화자의 태도와 관련된 비-외연적 의미를 가리킨다. 예컨대, *homosexual, gay*, 그리고 *queer*는 공통의 의의를 가지고 있지만, 화자의 정체성과 화자의 다른 태도에 의존하는 지시대상물에 대한 다른 태도를 반영한다(즉, *queer*는 정치적으로 활동하는 동성애자에 의해 지시적으로 사용될 때, 그리고 동성애자를 싫어하는 사람들에 의해 사용될 때, 다른 감정적 의미를 가진다; Murphy 1997을 보라). 사회적 의미(**social meaning**)의 다른 면들은 언어사용역, 방언, 은어, 그리고 한 언어나 어휘의 다른 하위-변이형들을 포함한다. 이것들은 감정적 의미 및 내포와 상호작용한다. 이미 논의했듯이, *booze*와 *spirits*는 격식성에 있어서 다르고 이 차이가 상황(친숙한 또는 격식을 갖춘),

감정적 의미(지시대상물에 대한 화자의 태도, 예를 들어, 술에 대한 태도), 또는 화자의 사회적 지위(사회적 상황 등에 관한 적절한 지식을 보여 주는)에 관한 정보를 전달할 수 있다.

그래서 동의어 쌍들은, 코드전환 문맥들에서 사회적 의미를 전하는, 내포 (*punish=discipline*), 감정적 의미(*gay=homosexual*), 언어사용역(*legs=gams*), 방언(*milkshake=frappe*), 일반적 용법 대 특수 어휘(*word=lexeme*), 또는 심지어 언어(*dog=perro*<스페인어>)에 있어서 다를 것이다. 중립적인 동의어 판단 문맥에서, 이 모든 표현적 의미유형들 사이의 유사성이 선호된다(많은 외연적 유사성의 희생을 수반하지 않는 한). 위의 (16)의 언어사용역에서 예시되었듯이, 특수 문맥에서 이 면들에 관한 변이형들이 요구될 것인데, RC를 통해 파생될 수 있다.

몇몇 경우에, 의미의 비-외연적 면들 사이의 유사성과 용법은 "좋은" 동의어들을 찾는 데 있어서 외연의 차이들을 압도할 수 있을 것이다. 예컨대, *La-la-land*는 *Los Angeles*의 별명이고, *Tinseltown*은 *Hollywood*의 별명이다. *Hollywood*와 *Los Angeles*는 다른 외연을 가지고 있지만, 그들의 용법은 두 가지 면에서 중첩된다: 전자는 후자의 일부이고, 둘 다 연예산업과 관련이 있다. 비록 그들이 동일한 외연을 가지고 있지 않지만, *La-la-land*와 *Tinseltown*은 *La-la-land=Los Angeles* 또는 *Tinseltown=Hollywood*보다 서로의 "더 좋은" 동의어로 간주될 수 있을 것이다. 왜냐하면 *La-la-land*와 *Tinseltown*은 외연에 있어서 부분적으로 조화를 이룰 뿐 아니라, 내포('실제적인 장소가 아닌')와 감정적 의미(남부 캘리포니아와 연예산업에 대한 사용자의 태도에 따라서 부정적이거나 긍정적)에 있어서도 조화를 이루기 때문이다.

연어, 선택제약, 빈도

지금까지 우리는 동의어들이 외연적 또는 표현적 차이를 통하여 발화의 의사소통 목적에 다르게 기여할 수 있는 다양한 방식을 살펴보았다. 다른 차이들이 의사소통 목적에 영향을 미치지 않겠지만, 동의어들은 거의 대치가 불가능하다는 것을 보여 준다. 이들은 연어 차이, 선택제약의 차이, 빈도 차를 포함한다.

동의어들은 고정된 구에서 다른 낱말들과 공기할 수 있는 능력에 있어서 좀처럼 동등하지 않다. 예를 들면, *Woodchuck*(의미는 *마멋류*인데 *groundhog*와 동의어이다) *Day*와 *Groundhog Day*(성촉절)는 동일하지 않을 것이다(Di Marco 외 1993). *Groundhog Day*의 대치가능성의 결여는 그것이 관용어라는 사실에서 유래되며, 따라서 어휘항목 *groundhog*(*마멋류*)과 *day*로 구성된 것이 아니고 그 자체로 어휘항목이다. 그러나 동의어들 간의 연어적 차이는 관용어 안에 낱말들의 존재에 제약되지 않는다. 말뭉치 언어학이 점차적으로 분명해짐에 따라, 낱말들은 자의적 습관이나 의미적 운율 때문에 제한된 범위의 다른 낱말들과 패턴을 이루는 경향이 있고, 낱말들은 다른 연어 패턴을 가짐에도 불구하고, 동의어들이 될 수 있다. 제1장에서 논의된 *thick forest*와 *heavy traffic*의 보기들이 동일한 개념적 의미(한 집단의 원소들의 조밀한 패턴화)가 두 낱말로 표시될 수 있지만, 동일한 의의를 공유하는 것이 그 두 낱말을 반드시 대치가능하게 만드는 것은 아니라는 것을 증명해 준다.

그런 연어 패턴은 때때로 선택제약(selectional restriction)이라고 기술된다. Palmer(1981)는 보기 *rancid*(*썩은*)-*addled*(*썩은*)를 이용하여, 비록 그들이 *rancid bacon*이나 *addled eggs*와 같은 문맥에서 동일한 것을 의미하지만(의미한다고 주장할 수 있지만), *addled*('썩은'의 의의로)에 관한 선택(또는 연어)제약은 *rancid* 구에서의 그 대치를 금지한다(#*addled bacon*). 그럼에도 불구하고, 그들은 의의-동의어들이라고 주장할 수 있을 것이다.[11]

---

11) *addled*는 실제로 '달걀이 썩는 방식으로 썩는'을 의미하므로, 그들은 완벽한 의의-동의어들이 아니라고 주장할 수 있을 것이다. 그러나 만약 *addled*가 달걀이 썩는 방식을 나타낸다면, *addled*는 사물들이 달걀처럼 썩는 다른 문맥들로 확장될 수 있어야 한다. 이것이 맞는지는 분명하지 않다.

비록 목표 낱말에 대한 대치가 가능할지라도, 그것이 자연언어에서 실제로 대치가 일어난다는 것을 의미하지 않는다. World Wide Web의 크기 형용사 + 명사 표현의 말뭉치를 이용하여, Murphy 1998b는 4개의 동의어·반의어사전이 동일한 명사구 환경에서 좀처럼 나타나는 것 같이 보이지 않는 낱말들을 동의어로 제시하는 경향이 있다는 것을 보여 준다. 예컨대, *large* (*큰*)와 *enormous*(*거대한*)는 동일한 환경에 나타나지 않았다(그 반면에 *big*과 *enormous*는 많은 환경을 공유했다). 그러나 *enormous*는 동의어·반의어사전들에서 *large*와 *big*의 근사 동의어로 제시된다. 그래서 *large*와 *enormous*는 중립적 문맥에서 좋은 동의어들인 것 같은 반면에, 그들이 자연언어에서 유사하게 사용되는지는 분명하지 않고, 용법의 차이가 의미나 비-의미적 언어 습관의 미묘한 차이를 반영하는지는 더욱 더 분명하지 않다.

한 낱말이 외연적으로, 표현적으로, 그리고 선택적으로 동일할 수 있을까? Geeraerts(1988)는 19세기의 네덜란드어 낱말 *vernielen*과 *vernietigen* ('파괴하다')이 동일한 외연을 가지고, 동일한 문맥에서 발견되므로, 그 두 낱말을 동의관계의 거의 완벽한 예로 제안한다. 이 유사성에도 불구하고, 그는 추상적인 문맥에서 *vernietigen*보다 *vernielen*이 더 빈번하게 사용되기 때문에, 그 두 낱말은 절대동의어(absolute synonym)가 아니라고 주장한다.[12]

표현내적 수행력(Illocutional force)

Partington(1998)은 한 다른 유형의 비-외연적 동의관계를 표현내적 동의관계(illocutionary synonymy)로 명명한다. 비록 두 표현의 외연적 의미가 아주 다를지라도, 표현내적 동의관계에서는 그 두 표현의 표현내적 수행력이 동일하다. 전문적 어휘에 이것을 추가하는 것은 *Ouch!*(아얏!)와 *I just felt*

---

12) Taylor(1995)는 그 두 낱말이 다른 원형적 표시를 가지고 있다는 결론을 내린다. 따라서 외연적 차이가 빈도의 차이나 연어적 차이를 유발한다고 가정한다. 그런 견해는, 만약 두 낱말이 다르게 사용되면, 그들은 다른 비-언어적 개념과 연합되어야만 한다고 가정한다. 이것은 Hirst 외의 개념적/언어적 구분과 대립된다.

*a sharp pain(나는 방금 날카로운 통증을 느꼈어.)*에 관한 Cruse(1986: 271)
의 논의에 근거하고 있다. 여기서 그는 위의 두 표현이 동일한 메시지를
보내지만, 명제적 내용에서도 표현적 내용에서도 조화를 이루지 않는다고
말한다. 다른 한 예로 Partington은 다음 쌍을 든다: *You make me sick(너는
나를 불쾌하게 해.)*과 *Will you ever grow up?(철 좀 들어라.)* 화자가 전하려
고 의도한 두 문장의 의미는 '너의 행위가 나를 불쾌하게 한다'와 같은 것이
다. 표현내적 동의관계는 낱말들 사이가 아니고 발화들 사이에 적용되므로,
현재의 논의에 완전히 적절한 것은 아니지만, 동의관계의 화용적인 면을
반영한다. 낱말들이 특정 문맥에 적합할 정도로 충분히 유사해야 하는 동의
관계에 대한 접근방식에서 "충분하게 유사한"은 이 낱말들이 서로 대치되는
발화의 표현내적 수행력을 변화시키지 않는다는 것을 함의한다.

4.3 동의어 집합의 주장된 특성들

만약 의미관계에 대해 형식적 접근방식을 취하면, 동의어 쌍들(또는 더
큰 집합들)은 많은 논리적 특성을 나타낸다. RC-S는 동의관계에 대한 논리
적이라기보다는 실용적 정의를 제공하므로, 논리에 근거한 특성들은 엄격
하게 설명되지 않는다. 이 절은 그 특성들, 즉 재귀성, 대칭성, 이행성, 대치
가능성 및 상호교환가능성을 소개하며, 그리고 이 "논리적" 특성들이 동의
관계의 자연언어 보기들에 항상 적용되지는 않는다는 것을 보여 줄 것이다.
이 절은 또한 이분성과, 그리고 반의관계처럼 동의관계도 이분적 관계로
간주되어야 할지를 간략하게 살펴볼 것이다.

4.3.1 재귀적, 대칭적, 이행적 특성

동의어 집합들은 재귀적이고, 대칭적이고, 이행적이라고 한다. 그래서 많

은 컴퓨터모형에서 그렇게 취급되어져 왔다(Evans 외 1980). 만약 동의관계가 재귀적(**reflexive**)이면, 어떤 낱말도 그 자체의 동의어이다. 그러나 4.1.4의 (11)에서 알 수 있듯이, 동의관계의 많은 정의들은 동의어들이 다른 낱말들이어야 한다고 규정한다. 그리고 형태의 차이가 RC-S의 문맥에 민감하지 않은 유일한 규정이다. 어떤 낱말도 그 자체와 동일한 의미를 지니고 있다고 (그리고 일반적으로 동의어들은 서로 동일한 의미를 지니고 있다고) 말하는 것이 맞지만, 우리의 목적을 위하여, 어떤 낱말도 그 자체의 동의어라는 것은 맞지 않다. 왜냐하면 동의관계는 (동의어에 대한 일반적 이해에서뿐만 아니라 RC-S에서도) 목표어와 동의어가 다른 형태를 지닌다는 것을 함의하기 때문이다.

낱말들이 서로의 동의어들이면 동의어들은 대칭적(**symmetrical**)이라고 한다. 동의관계의 원형적 경우는 대칭적인 반면에, 우리는 이미 4.1.3에서 유사성의 지각은 방향적이라는 것을 살펴보았다. 따라서 예를 들면, *murder*에 대한 동의어로 동의어·반의어사전이 *blood*을 제시하는(그러나 *blood*의 동의어로 *murder*를 제시하지 않는)경우와, 상위어가 동의어의 역할을 하는 경우에는, 동의관계가 비대칭적인 것 같이 보인다. 그래서 예컨대, 한 문장에서 *chastise*(벌하다)를 *punish*로 대치하는 것이 좋을 것이지만, *punish*를 *chastise*로 대치하는 것은 특정한 문맥에서 언급되는 벌의 진정한 묘사로 이끌 것 같지 않다.

동의어 집합들이 이행적(**transitive**)이 되기 위해서는, 만약 낱말 A가 B의 동의어이고 B가 C의 동의어이면, A는 C의 동의어이기도 하다. 이것은 동의어·반의어사전이 쉽게 예시하듯이, 자연언어에는 적용되지 않는다. Hardin (Church 외에서 보고된)은 *The New Collins Thesaurus*(McLeod 1984)에 대해 경로-발견 소프트웨어를 작동시켜서, 어떤 낱말과 그 반의어 간의 동의어 경로는 전형적으로 여섯 단계 이하라는 것을 발견했다. 예컨대, (21)에서 동의어들의 경로는 *authentic*에서 *unauthentic*으로 통한다.

(21) authentic → believable → probable → ostensible → pretended →
spurious → unauthentic
(확실한 → 믿을 수 있는 → 개연적인 → 표면상의 → ...인 체하는
→ 틀릴 것 같은 → 신용할 수 없는)

이 연쇄 관계는 (근사-)동의관계의 비이행성을 보여 준다. *believable*은
*authentic*의 좋은 동의어이고, *probable*은 *believable*의 동의어이라고 주장할
수 있는 반면에, 앞으로 더 나아가서 *pretended*가 *authentic*의 좋은 동의어는
아니다. 또한 그 오른편에 있는 어떤 낱말도 그렇지 않다. 그런 동의어에서
반의어로의 연쇄는 너무나 일반적이라서 생산적인 낱말 게임의 기초 역할
을 한다(Augarde 1998을 보라). 이 이행성의 결여는 동의어들 간의 완벽한
의미 조화의 결여에서 발생한다. 각 동의어는 그 목표어와 미묘하게 다르지
만, 그 미묘한 차이의 누적 효과는 지점 A에서 지점 C, D, 또는 E로의 많은
의미적 미끄러짐을 허용한다. 동의관계와 반의관계의 전산 모형을 이용하
여, Edmundson and Epstein(1972; Evens 외 1980에 인용됨)은 동의어 이행성
의 실패는 다의관계의 테스트로 이용될 수 있다고 제안했다. 낱말들이 대문
자로 표시되고 그들의 의의들이 소문자로 표시된, (22)에 예시된 것처럼,
이행성이 단절된 어떤 지점에서도 그 중간에 있는 어떤 낱말의 하나 이상의
의미가 활동하기 시작했다는 결론을 우리는 내린다.

(22) A{a} → B{a, b} → C{a, c} → D{c, d}

C의 비-'a' 의의가 'a'의의를 뒤에 남기고 연쇄에 옮겨졌기 때문에, 낱말
A와 D는 동의어가 아니고, 그 이행성은 단절되었다. 다의관계의 진단 방법
으로 동의어 이행성을 이용하는 것은 만약 한 목표어에 서로의 동의어들이
아닌 두 동의어들이 있으면, 그 목표어는 두 의의를 가져야만 한다고 주장하
는 것과 똑같다. 그런 진단 도구가 작용하도록 하기 위하여, 동의관계는

의미적 유사성(또는 중첩)의 경우에는 아니고 동일성의 경우에만 인정되어야 한다. 우리가 의미적으로 유사하지만, 완벽하게 동일하지 않은 동의어들을 허용하는 동의어 연쇄에서 의미적 미끄러짐은 적어도 다의관계만큼 이행성 실패의 원인인 것 같다.

4.3.2 대치가능성, 상호교환가능성

대치가능성(substitutability)은 동의어들을 인식하는 진단도구로서 이미 언급되었다.[13] 대치는 우리가 동의어들을 찾는 목적 중의 하나이기도 한데, 즉 텍스트의 의미를 변경하지 않고 문맥 속에서 한 낱말을 다른 낱말에 대해서 대치하기 위함이다. 대치가능성이란 용어는 문헌에서 특별한 문맥에 대해서(여기서 사용되는 것처럼) 또는 모든 잠재적 문맥에 대해서(예, Apresyan 외, 1970) 사용된다. 상호교환가능성(interchangeability)이란 낱말은 의미의 변경없이 이 후자의 문맥에 둔감한 종류의 대치가능성(즉, 진리의 변경없는 상호교환가능성)에 대해 사용될 수 있을 것이다. 대치가능성과 상호교환가능성은 일반적으로 진리조건의 보존에 의해 정의된다. 바꿔 말하면, 표현적 의미가 아닌, 외연적 의미만이 고려된다. 또 그 두 특성은 일반적으로 목표어의 단일 의의에 관하여 이해된다. 그래서 그 목적은 완전동의어나 완벽동의어라기보다는 의의동의어를 확인하는 것이다. Lyons(1977: 202)는, 그의 동의관계에 관한 정의에서, "발화의 어떤 범위에 걸쳐" 동의관계가 대치가능성을 함의한다고 규정함으로써, 문맥에 둔감한 상호교환가능성의 논리적 의의-동의관계와 단일 대치의 문맥 의존성 간의 중간점을 주장한다.

만약 대치가능성과 상호교환가능성이 동의어의 모든 의사소통적인, 그리고 형식적인 면들이 동등하다고 정의되면, 거의 모든 동의어들은 그 테스트

---

13) 대치를 통해 잠재적 동의관계를 테스트하기 위한 명확한 방법에 대해서는 Lyons 1963을 보라.

를 통과할 수 없을 것이다. 표현적, 연어적, 그리고 선택적 차이가 동의 대치어를 가진 문장의 의미나 유표성에 영향을 미친다. 빈도만 다른 동의어들(예, *vernielen=vernietigen*; 4.2.3을 보라)은 대치 요건에 적합하다고 주장할 수 있을 것이다. 그러나 그런 쌍들은 너무나 희귀해서 자연언어에 대해 동의관계라는 개념을 무의미하게 만든다.

동의관계를 정의하기 위한 도구로 대치가능성을 이용하는 것은 보통 의미관계 또는 의의관계(4.2.1을 보라)로 일컬어지는 관계를 결정하는 통사적 기준을 이용하는 것을 함의한다. 이것은 동의관계를 낱말-개념들 사이의 관계로 취급하기 때문에 어휘외적 설명에 대한 문제가 아니다. 그러나 의의들만을 관련시킨다고 주장하는 접근방식들에 대해서는 고유의 갈등이 존재한다.

결국, 만약 동의관계가 의미들 간의 관계를 뜻한다면, 대치는 동의관계에 대한 적절한 테스트가 아니다. 왜냐하면 동의관계는 의의 외의 문제들의 영향을 받기 때문이다. 만약 그 대신에 동의관계가 낱말-개념들 간의 관계라면, 동의어들 간의 유사성은 의의로만 한정될 필요가 없을 것이다. 어휘외적 방식에 의하면, 대치가능성은 엄격하게는 동의어들에 대한 테스트가 아니다. 그러나 대치 요구(동의어들이 필요한 목적으로서)는 잠재적 동의어들 사이에서 유사성의 문맥적 요건에 기여할 수 있다. 그러면 그런 요구는 통사적, 연어적, 그리고 (잠재적으로) 표현적 유사성을 포함한다. 중립 문맥에서 사람들은 보통 그 목표어들과 상호교환 가능한 것으로 지각되는 동의어들을 찾는다. 그런 지각은 거의 항상 틀리는데, 이것은 동의어 판단이 낱말들의 실제적인 어휘적 또는 의미적 표시라기보다는 낱말에 대한 메타언어학적 개념들을 포함한다는 것을 다시 강조한다.

4.3.3 이분적 특성

마지막으로 이분성은 동의관계의 특성인가? (11)에서 살펴보았듯이, 동의관계의 몇몇 정의는 두 개의 구성성분이나 표현에 의해 진술된다(예, Katz 1972; Cruse 1986; Hudson 1995). 그런 풀이는 아무리 진지하게 받아들여도 지나치지 않다. (많은 사람들이 그랬던 것처럼) 만약 동의관계가 이행적이라면, "두 낱말"에 의해 정의를 진술하는 것이 한 낱말이 가질 수 있는 동의어들의 수를 제한하지 않는다. 한 번에 두 항목만을 고려할 때, 동의관계를 테스트하기가 가장 쉬운 반면에, 이것은 한 낱말이 가질 수 있는 동의어들의 수에 대한 제한이 아니고, 테스트 과정의 제한이다. 그러나 동의어들의 더 큰 집합에서 그 집합의 두 원소는 의미와 사용에 있어서 다른 원소들보다 더 가깝다. 따라서 동의어 이분성의 지각은 동의어들을 발견하고 테스트하는 데 관련된 비교과정에서 도출될 것이다. 모든 동일한 특성을 가진 낱말이 거의 없으므로, 동의어들의 큰 집합 안에서의 유사성의 정도는 상당히 다양할 것이다. 그러므로 더 작은 동의어 집합은 "더 동의적인" 것 같이 보인다.

4.4 어휘에 대한 동의관계의 영향

어떤 낱말도 섬이 아니다. 한 언어의 어휘 내용은 개별 낱말들이 어떻게 사용되는지에 영향을 미친다. 아래의 관찰 소견은 어휘 간 조직에 관한 연상론자들의 견해를 옹호하는 동기들 중의 하나이다:

> 동일한 언어 안에서 관련된 관념들을 표현하는 데 사용된 모든 낱말들은 서로를 상호 제한한다; 불어의 *redouter* 'dread(두려워하다)', *craindre* 'fear (두려워하다)', *avoir peur* 'be afraid(두려워하다)'와 같은 동의어들은 그들의 대립을 통해서만 값을 가진다: 만약 *redouter*가 존재하지 않으면, 그 모든 내용은 그 경쟁자들에게 갈 것이다(Saussure 1959[1915]: 116).

Saussure는 여기서 한 언어의 어휘자원이 확장되어 선재하는 개념장을 포함할 수 있고, 그 장을 포함하는 낱말들의 의미는 그들 서로의 관계에 의해 결정된다고 주장한다. Saussure와 관찰 소견은 '실체'와 언어와의 관계에 치중하고, 근사동의어들 사이의 구분을 유지하는 데 있어서 언어 사용자의 역할은 무시한 것이다. 그러나 어휘 관리에 작용하는 힘은 단순히 한 언어 안의 의미적 긴장의 결과라기보다는, 메타언어학적 지식과 Grice의 의사소통원리, 그리고 확장에 의해 인지적 및 언어적 경제력을 포함하는 화용력이다. 이 절에서 우리는 먼저 자연언어에서의 동의관계 회피를 살펴볼 것인데, 이것에 의해 동의어들이 덜 유사하게 된다. 그런 다음에 서로의 의미해석을 오염시킴으로써 동의어들이 더 유사하게 되는 가능성을 다루게 된다. 언어 습득과 언어 변화에 있어서 동의관계의 역할은 동의어 회피라는 문제를 벗어날 수 없다.

4.4.1 동의관계의 회피

"자연이 진공상태를 싫어하듯이, 언어는 절대동의어들을 싫어한다." (Cruse 1986: 270)라고 종종 언급된다. 완전, 즉 절대동의관계는 많은 학자들(예, Bloomfield 1933; Quine 1961; Chafe 1971)에 의해 불가능하다고 선언되었으며, Harris(1973: 12-13)는 다음과 같이 말하기까지 했다: "만약 우리가 의미에 대하여 두 표현이 구분될 수 없는 경우가 있다고 믿는다면, 우리는 우리 자신을 속이고 있음에 틀림없다." 이것을 설명하기 위해 일부 학자들은 "만약 어떤 것을 말하는 두 방식이 낱말이나 배열에 있어서 다르면, 그 방식들은 의미에 있어서도 다를 것이다."(Bolinger 1977: 1)라는 것을 필수적으로 언급하는 원리들을 만들었다. 이것들은 Bréal의 구분의 법칙(Law of Differentation)과 E. Clark의 대조원리(Contrast Principle)를 포함한다. 이 법과 원리에 의해 한 새로운 낱말은 우리가 이미 알고 있는 어떤 다른 낱말들로부터도 한 다른 의미를 포함하고 있다고 우리는 추정한다(Clark 1987, 1992, 1993; Clark and Clark 1979도 보라).

그런 원리들은 동의관계가 언어에서 왜 그런 불안한 현상인지를 설명하기 위해 의도된 것이다. 한 언어에 하나의 동의어 쌍이 존재하면, 그 쌍을 덜 유사하게 만들기 위하여, 하나(또는 둘)의 의미가 변하거나, 그 낱말들 중 하나가 사용되지 않게 된다. 전자 상황의 진부한 보기는 *cow-beef*(소-쇠고기), *pig-pork*(돼지-돼지고기), *deer-venison*(사슴-사슴고기) 등과 같이 동물에 대해 살아 있는 이름과 요리된 이름의 분업이다(예, Jackson 1988). 각 쌍의 앞 낱말은 Anglo-Saxon어에서 유래했고, 뒷 낱말은 1066년 Norman족이 침입한 후에 영국에 도입된 것이다. 그때까지 사람들은 식사로 *cow*와 *pig*를 먹었지만, 동일한 사물에 대하여 새로운 낱말이 도래함으로 그 낱말들의 의미는 특수화되었다. 불어가 영어보다 만찬에 더 밀접하게 관련되었기 때문에, 화자들은 *beef*(또는 *boeuf*)를 식사와 관련된 낱말로 사용했고, 낱말 *cow*는 목장에 있는 소와 관련하여 사용하는 경향이 있었다. 이 보기(다른 많은 보기들처럼)는 외연적 의미에 있어서의 변화를 포함하는 반면에, 몇몇 경우에 동의어들을 구분하는 것은 내포적 의미나 감정적 의미이다. 극단적인 경우에 동일 낱말의 두 형태가 다른 내포적 의미나 감정적 의미를 취할 수 있다. 예컨대, 두 가지 발음을 가진 미국영어 화자들에게, 크고 귀중한 어떤 것을 지칭하는 *Ming vase*(명나라 도자기)라는 구에서 *vase*/va:z/는 집에서 사용되지만, 예컨대, *bud vase*에서처럼 작은 싸구려 화병을 지칭할 경우에는 /ve:s/이다.14) 미국영어 작가들이 예술형태에 대해 *theatre*(*modernist theatre*: 현대연극)을, 그리고 교실의 한 유형에 대해 *theater*(*operating theater*: 수술장)을 사용하는 경향이 있는 것처럼, 철자가 다른 두 형태에 대해 유사한 차이를 찾아볼 수 있다. 이 경우에 언어사용자들이 동일 목적을 위해 두 개의 다른 형태를 사용하는 것에 대해 저항하므로, 의미차이가 나타난다.

---

14) Nida(1949)도 발음 변이형들은 동의관계의 회피를 나타낸다고 주장한다. 그러나 그는 그의 보기들의 범위를 방언 발음 변이형들과 사회적 의미에 있어서 그들의 차이로 제한했다.

　　따라서 동일한 외연을 지니고 있는 것같이 보이는 다른 낱말 형태들의 어떤 집합에 대해서도 약간의 외연적 차이나 내포적 차이, 감정적 차이나 연어적 차이, 그리고/또는 두 낱말을 다르게 사용한다고 믿는 사람들의 어떤 그룹을 찾는 것은 보통 가능하다(예컨대, 미국 방언학회 토론 목록에는 두 색채 *gray*와 *grey*를 의미적으로 구분한다(둘 중 하나가 더 진함)고 주장하는 여러 회원들이 있다.15)) 그러나 우리는 왜 우리의 어휘에서 동의관계를 그렇게 인정하기 싫어하는가? 한 가지 이유는 동의관계는 경제적이지 않기 때문이다. Taylor(근간)는 다음과 같이 말했다:

　　　다의관계처럼 동의관계는 규범적인 한 형태-의미관계로부터의 일탈을 나
　　　타낸다. 그러나 다의관계의 존재가 한 언어의 표현적 잠재력을 높인다고
　　　(비록 중의성의 위험을 무릅써야 하겠지만) 말할 수 있는 반면에, 제한된
　　　상징적 자원이 아주 동일한 의미단위에 낭비된다는 점에서, 동의관계는
　　　엄청난 사치로, 심지어 역기능적인 것으로 간주될 것이다.

　　언어적-인지적 경제성이 동의관계를 회피하는 동기의 일부가 될 수 있겠지만, 그것이 전부는 아니다. 만약 경제성이 유일한 동기라면, 한 쌍의 동의어가 그들의 언어에 몰래 들어오면, 언어공동체들은 그 낱말들 중 하나를 버릴 가능성이 더 높을 것이다. 그러나 그들은 그만큼(그 이상은 아니지만) 그 낱말들 간의 차이를 만들어서, 그 언어에 더 묘사적인 동의어들과 근사동의어들을 추가할 것 같다.

　　의사소통과 의도성을 경제적 동기와 결부시킴으로써 동의어들이 서로 반발하는 이유에 대한 더 완전한 설명이 되어진다. Grice의 협력원리(Cooperative Principle, 1975)에 따라서, 우리는 사람들이 그들의 의도에 대한 남들의 이해를 돕는 이성적인 방식으로 언어를 사용한다고 가정한다. 그 원리의 격률에 따라서, 우리는 사람들이 화자가 알고 있는 것을 모호한

15) 2000년 10월 문서를 보라: http://www.americandialect.org

어구를 피하는 간략한 형태로(방식의 격률), 잘못 나타내지 않는(질의 격률), 당면한 문제와 관련이 있는(관계의 격률), 그리고 충분한 정보량(양의 격률) 을 제공하려고 노력하고 있다고 가정한다. 한 동의어가 담화에 도입되면, 특히 그 동의어가 그 동의어 집합의 덜 흔한 원소이면, 청자는 다른 가능성 보다는 화자가 그 동의어를 선택한 데는 이유가 있다고 가정한다. 그러나 두 동의어 중 어느 하나를 선택한 것에 대한 이성적 동기를 가지기 위하여, 그들 간의 차이를 지각해야 한다. 이성적 언어 사용자들은 일반적으로 의미 에 근거하여(소리에 근거하는 것이라기보다는) 낱말을 선택하므로, 청자는 화자가 한 특정한 낱말을 선택한 것은 그 낱말의 형태라기보다는 정보 특성 에 의해 동기가 부여된 것이라고 생각한다. 따라서 만약 한 친구가 *I clacked Jane to let her know we'll be late*(나는 우리가 늦을 것이라는 점을 *Jane*에게 알리기 위해 *clack*했다)라고 말하면, 여러분은 그들이 전화나 호출이나 e-메 일 이외의 어떤 것을 언급하고 있다고 가정하거나, 혹은 만약 그들이 그것들 중 하나를 언급하고 있다면, 그들은 그것에 관해 추가적이거나 특별한 어떤 것을 말하고 있다. 그러므로 만약 *I clacked Jane*이 'I paged Jane(나는 Jane을 무선호출했다)'을 의미하면, 'Jane's pager doesn't beep, it goes clack(Jane의 무선호출기가 삐삐 신호음을 내지 않고, 찰칵 소리를 내었다)'와 같은 얼마 의 정보를 추가할 것이다.

Horn(1984, 1993)은 의미적으로 등치인 두 형태가 다른 두 용법을 가지게 되는 그런 "화용적 분업"을 설명하기 위해 그의 Q 원리와 R 원리(Grice의 격률을 가다듬은 것)를 이용한다. 따라서 예컨대, 만약 화자가 *pink*를 의미했 다면, *pink*라고 말했을 것이기 때문에, *pink*와 *light red*(연한 빨강)는 다른 색을 나타낸다고 이해된다. Clark and Clark(1979)는 이 현상을 "동의관계에 의한 선취"라고 했으며, 명사에서 파생된(형태가 동일한) 동사와의 관련성 을 밝혔다. 예를 들면, 만약 우리가 *Jay cooked up a storm*(Jay는 전력을 다해 일했다) 대신에 *Jay cheffed up a storm*(Jay는 전력을 다해 노련하게 일했다)이라고 말하면, 우리는 동사 *chef*(숙달된 요리사)가 *cook*(요리사)과는 다른 어떤 것을 의미하고, 따라서 이 경우에 인습적인 동사를 사용하지 않는 이유가 있다고 가정할 것이다.

E. Clark(1987, 1988, 1990, 1993)은, 언어습득 과정에서 어린이들은 성인 화자들처럼(Clark 1992, 1993) 항상 동의관계를 회피하고 낱말 의미들에 대조를 가정하기 때문에, 어린이들이 초기에 가진 낱말 의미들은 그들의 어휘 수가 커짐에 따라 변한다는 것을 보여 주었다.16) 따라서 어린이들은 한 새로운 낱말의 의미는 익숙한 낱말들에 의해 표현되지 않은 의미라고 가정할 것이기 때문에, 익숙하지 않은 낱말들에 대해 가능한 의미들의 수는 감소된다. 어린이들은 다른 의미에 대해 다른 형태를 가지려고 항상 노력하기 때문에, 그들의 과잉일반화(overgeneralization, 예: 모든 동물에 대해 *dog*을 사용)와 오사상(誤寫象: mismapping, 예: 'bottle<병>'에 대해 *juice*를 사용)은 그 의미들에 대한 인습적인 낱말들이 그들의 어휘 속에 들어가고, 초기의 형태-의미 사상에 동의어 경쟁을 제공할 때까지만 지속된다. 초기 동의어 회피의 극단적인 경우는, 두 언어에 노출되어 초기의 짧은 기간 동안 두 언어 간의 동의관계 회피를 겪는 몇몇 어린이들에게서 찾아볼 수 있다(Taeschner 1983). 따라서 그런 어린이들이 영어의 *milk*와 불어의 *lait*에 노출되는 동안, 그들은 그들이 능동적으로 사용하는 어휘 속에 이 항목들 중 하나만 가지고 있거나, 또는 만약 그들이 그 두 낱말을 사용하면 그들은 그 두 낱말에 대해 다른 의미를 가진다(아마 *milk*는 병에 들어 있고, *lait*는 컵에 들어 있다). 그런 경우에, 그 어린이들은 두 언어에 있는 그 낱말들이 다른 체계의 일부이므로 서로에 대해서 의미적으로 경쟁하지 않는다는 것을 아직 깨닫지 못했

---

16) 이것은 Clark의 대조원리(Principle of Contrast)이다. 다른 이론가들도 유사한 원리 들을 제안했는데, 다음과 같은 것이 있다: 상호배타성(Mutual Exclusivity, Merriman 1991), 신 범주에 대한 신 명칭(N3C: Novel Name for Novel Category, Golinkoff 외 1992). 여기서는 Clark의 접근방식이 부각되었다. 왜냐하면 그 방식은 동의어 회피에 관해 가장 강력한 견해를 취하고, 명사나 어떤 다른 범주에 대해서도 명시적이지 않기 때문이다.

다. 아마 어린이들이 이 관계를 회피하기 때문에, 메타언어적 행위에서 동의 관계는 다른 관계들보다 더 늦게 나타난다. 낱말연상 과업과 오(誤)인지 과업을 이용하여, Heidenheimer(1978)는 6세의 어린이가 반의관계는 마스터 했지만, 2년 뒤까지도 동의어에 대해서는 그렇지 못했다는 것을 알아냈다.

그러나 형태의 차이가 반드시 의미의 차이를 나타내는 것은 아니다. Ullmann(1962: 141)의 주장에 의하면, 완벽한 동의관계는 전문용어에서 찾아 볼 수 있고, "심지어 무기한 지속될 수도 있다." 그의 보기들은 *caecitis=typhlitis* (*맹장염*)과 *spirants=fricatives*(*마찰음*)를 포함한다. 실제로 그런 보기들은 몇 몇 사회적 차이(전문분야에서 최근의 개발, 지역적 선호, 또는 전문가 대(vs) 아마추어에서의 언어 표현수단과 같은)를 나타낸다. 그럼에도 불구하고 과학 과 자연범주 어휘는 비록 종종 단명이지만 얼마의 동의관계를 허용한다는 Ullmann의 주장은 올바른 것이었다.

더 흔한 어휘에서 *-one*과 *-body* 대명사들은 완전동의어라고 주장되어 왔다(Jespersen 1914; Bierwisch and Schreuder 1991). 대부분의 영어화자들에 게 (23)의 문장들에는 식별할 수 있는 의미 차이가 존재하지 않는다.

(23) a. Someone ate my lunch.(누가 내 점심을 먹었다.)
     b. Somebody ate my lunch.(누가 내 점심을 먹었다.)

그러나 이것은, (24)에서처럼 의의들의 또 다른 집합에서 *-body* 형태만이 사용될 수 있기 때문에, 완전동의관계가 아니다.

(24) I want to be a somebody(#someone), not a nobody(#no one).
     (나는 하찮은 사람이 되고 싶지 않고, 대단한 사람이 되고 싶다.)

여기서 주목할 만한 점은 *-body*와 *-one* 낱말들은 대명사적으로 사용될 때 완벽하게 동의적인 것 같지만, 명사로 사용될 경우에는 단지 하나이면

된다. 이것은 폐쇄류(대명사와 같은)가 개방류(명사와 같은)보다 더 잘 동의
관계를 용인한다는 의문을 제기한다. *someone*과 *somebody*는 (23)에서는 동
의적이지만 (24)에서는 그렇지 않으므로, 이것들을 완전동의관계라기 보다
는 완전한 의의 동의관계의 경우로 간주하고 싶어하게 된다. 그러나
Bolinger(1976)는 Thackeray에서 인용한 (25)의 보기들처럼 *-body*와 *-one* 대
명사 형태들에 대한 대치 실패를 보여준 많은 보기들을 제공했다. 이것은
의의 동의관계는 추정되어온 것과 같이 그렇게 정확한 일치가 아니라는 것
을 보여 준다.

(25) She vowed that it was a delightful ball: that there was everybody that
every one knew... [#... there was every one that everybody knew]
(그녀는 그 무도회가 즐거웠고 누구나가 다 아는 사람들이 모두 있
었다고 단언했다.)

Bolinger의 결론은 *-one* 형태는 화자로의 가까움에 대하여 유표적인 반면
에, *-body* 형태는 가까움에 대하여 무표적이다. 그러므로 후자는 전자보다
더 큰 범위의 문맥들에서 사용될 수 있다. 이 특별한 의미 분석이 맞거나
틀리거나 간에, 두 집합에 대한 대치 실패는 문체적 차이 이상의 어떤 것이
이 근사동의적 형태들을 구분한다는 것을 나타낸다.

완전한 동의관계 후보들의 한 다른 집합은 *either*(/i : ðr/ 대 /áiðr/) 및 그것
과 운을 이루는 짝인 *neither*의 두 가지 발음을 포함한 발음에 있어서의 소수
의 자유변이에서 찾아볼 수 있다.[17] 발음에 있어서 몇몇 변이형과는 다르게
(토마토에 대하여 나는 /təme:to/로 발음하고 너는 /təma:to/로 발음한다),
*either*의 두 발음은 동일 언어공동체와 동일 화자에서 공존할 수 있다(예,
미국의 북동지역 방언들: Coye 1994를 보라). 그러나 위의 *vase* 경우와는

---

17) 이들은 절대동의관계의 후보가 아니고 완전동의관계의 후보일 뿐이다. 왜냐하면
/i:/ 형태만이 *me neither*에 사용되기 때문이다.

다르게, 몇몇 화자들 사이에서의 이 변이 때문에 우리는 /iːðr/로 표현하는 선택이 /áiðr/와 다른 어떤 것을 나타낸다고 가정하지 않는다. 또다시 아마도 영국 화자들은 다른 형태들 사이의 의미 분화의 이 결여를 용인한다. 그 이유는 그들이 새로운 항목들과 의미들이 쉽게 첨가되지 않는 폐쇄문법류에 속하기 때문이다.

동의관계에 대한 화용력과 의사소통력 외에도, 완전한 동의관계는 세월과 언어를 통한 낱말들의 독특한 경로로 인해 한층 더 불가능하게 된다. 만약 두 낱말이 완전한 동의어들(예, 그들 사이에 단 하나만의 의의를 가지기 때문에)로 출발한다면, 그들은 하나가 다의적이 되고 다른 하나가 동일한 추가 의미를 획득하지 못할 경우, 절대적으로 동일한 것이 중단된다. 통칭의 층위에서는, 어떤 두 낱말도 아주 동일한 의의들을 가지지 않는다. 왜냐하면 각 낱말은 'Sofa' has two syllables('소파'는 2음절이다)에서처럼 자기-지시적 의의에 대한 잠재력을 지니고 있기 때문이다. 분명히, 여기서 sofa는 어떤 낱말 형태를 지칭하기 때문에, 이 경우 couch는 sofa를 대치할 수 없다. 그러나 낱말들의 그런 유표적 용법을 무시해도, 두 낱말이 아주 동일한 의미를 가질 확률은 매우 낮다. 비록 couch가 한때 sofa의 완전동의어이었지만, (26)에서처럼 couch가 심리분석적 의의를 획득했기 때문에, 그들은 이제 더 이상 완전동의어가 아니다.

(26) Anna takes her problems to the couch(#sofa) each Tuesday.
(Anna는 화요일마다 그녀의 문제들에 관해 상담을 받는다.)

비록 우리가 낱말들의 단일 의의들 간의 관계를 고려할지라도, 비-동의적 의의들이 내포(4.2.3을 보라)를 통해 동의적 의의들에 영향을 미치기 때문에, 다의관계는 절대적 대치가능성의 확률을 낮춘다. 그래서 예컨대, glasses(안경)는 재료의 의의를 반영하고 spectacles(안경)는 경험적 의의를 반영하기 때문에, 그들은 내포에 있어서 약간 다를 것이다.

　동의관계는 존재한다고 할지라도 매우 희귀하고 불안정적이라는 것을 고려할 때, 언어에는 동의관계의 용도가 존재하는가? Miller and Johnson-Laird(1976: 266)는 "사람은 동의관계를 이용하지 않을 언어를 생각할 수 있는" 반면에, 대조적이고 위계적인 관계는 의미적으로 필요한 것 같다고 말한다. 동의관계가 언어에서 필요하지 않을 수 있는 반면에, 유용할 수 있다. 제2장은 텍스트적 긴밀성에 있어서 동의관계의 역할을 언급했다. 그러나 동의어들은 정확하게 동일하지 않지만, 대화나 텍스트에서 더 귀중하다. 제2장에서 소개된 (27)의 보고문을 다시 살펴보자:

(27) Furman University's new alumni **house** made its way across a construction site . . . before coming to rest on its new site here on campus . . . [T]he 150-year-old **structure** has been located four miles from campus . . . Onlookers lined Poinsett highway to watch as the two-story **building** slowly made its way along . . . [T]he 11-room **mansion** . . . arrived on the campus intact. [synonymy, hyponymy]("Old mansion makes a big move to Furman University campus," *Chronicle of Higher Education*, 2 April 1999)
<Furman 대학교의 새로운 동창회관은 건설현장을 가로질러 길을 내었다 . . . 캠퍼스의 이곳 신부지에 터를 잡기 전에 . . . 150년 된 **구조물**은 캠퍼스에서 4마일 떨어진 곳에 위치해 있었다. 2층 건물이 서서히 모습을 드러낼 때 구경꾼들이 Poinsett 고속도로에 줄을 서서 지켜보았다. 룸이 11개인 맨션은 . . . 캠퍼스에 원래의 모습으로 나타났다. [동의관계, 하위관계]("오래된 맨션이 Furman 대학교 캠퍼스로 옮겨졌다," 고등교육 연대기, 1999년 4월 2일)>

　여기서 근사-동의어들은 그들이 동일 사물을 분명히 나타낼 수 있을 정도로 충분히 유사하지만(이 특정문맥에서), 그들은 각각 반복을 회피할 뿐만 아니라, 특별한 어떤 것을 그 메시지에 기여할 정도로 충분히 다르다. *house*에 대한 지시가 확립된 뒤에, *structure*는 독자의 주의를 물리적 모양(기능이

라기보다는)에 집중시킨다. *building*은 그 모양을 채우고 길을 따라 이동하는 거대한 어떤 것의 생생한 모습을, 그리고 *mansion*은 빌딩의 스타일과 사이즈에 대한 아이디어를 제공한다. 근사-동의어의 이 용법은 가능한 한 많은 정보를 가능한 한 경제적인 형태 안에 어떻게 집어넣느냐는 의사소통적 문제를 해결한다.18) 이것은 동의어들의 의미차이(낱말 사멸이라기보다)가 왜 그렇게 흔하게 일어나는 일인가를 설명할 수 있을 것이다. 한 언어가 근사-동의어들을 더 많이 가지면 가질수록, 그 언어는 그 만큼 더 많은 의미를 어휘적으로 표현하고, 또 그만큼 더 많은 뉘앙스를 간결하게 전달할 수 있다. 다른 한편으로, 이것은 동의어들 간의 대조를 허용한다. 그래서 다음과 같은 구분을 주장할 수 있을 것이다: *I may be an alcoholic, but I'm no drunk.(나는 알콜 중독자일지 모르겠지만, 주정뱅이는 아니다.)* Ullmann (1962)은 텍스트 안에서 동의어들에 대한 여러 더 많은 용법을 확인했다. 이것들은 감정적 강조(*I want you out now, immediately, and post haste!: 나는 네가 지금 당장 아주 급히 나가기를 원한다!*)를 위한 어떤 아이디어의 반복과 코믹한 반복을 포함하는데, 둘 다 Monty Python의 애완동물 가게에 대한 스케치에 분명히 나타나 있다. 그 스케치에서 앵무새는 화난 고객에 의해 다음과 같이 묘사되는데 그 의미는 '죽은'이다: *passed on, expired, gone to meet its maker, late, stiff, bereft of life, rest[ing] in peace, pushing up daisies, hopped the twig, shuffled off this mortal coil.* 감정적, 코미디와 같은, 시적인 그리고 법률적 언어는 모두 동의관계를 이용한다. 그 이유는 다른 낱말들이 약간 다른 정보를 전하거나, 또는 다른 형태로 동일 정보를 전하기 때문이다. 따라서 화용력은 절대적 동의관계에 반대로 작용하는 반면에, 동의관계의 다른 변이형들은 번성할 수 있을 정도로 유용하다.

---

18) Harvey and Yuill(1994; Partington 1998에서 인용)는 글쓰기 과업을 수행하는 동안 사전을 찾는 것의 10%가 동의어를 찾는 일이라는 것을 발견했는데, 이것은 작가들이 동의어를 매우 중요하게 여긴다는 것을 보여 준다.

4.4.2 동의어들 간의 의의 전염?

동의어들은 의미적으로 서로 반발하여, 절대동의관계를 회피하기 위해 그들의 의미를 한층 더 분리하는 것 같이 보이는 반면에, 그들은 또한 낱말들을 더 비슷하게도 만들 것이다. 만약 두 낱말이 한 의의에 있어서 동의어들로 지각되면, 그 뒤에 그들이 이전에 동의적이 아니었던 의의들에서 서로 대치될 수 있는 것이 이치에 맞다. 그러나 이것에 대한 증거는 거의 없다. 낱말들이 여러 의의에서 동의적인 경우는, 한 낱말이 다른 한 낱말을 따라서 새로운 의미로 들어가기 때문만이 아니라, 동일 의미를 가진 낱말들이 다의적 확장을 위한 동일한 기회를 가지기 때문이다.

예를 들면, *big*은 *huge*, *enormous*와 같은 낱말들과 '큰 사이즈'라는 의의를 공유하지만, 또한 '중요한'이라는 의의도 가지고 있다. (28)에서처럼 사이즈를 나타내는 다른 동의어들도 '중요한'이란 의의로 사용될 수 있다.

> (28) I have a(n) big/huge/enormous decision to make.
>   (나에게는 내려야 할 큰 결정이 하나 있다.)

그러나 동의어들 사이의 그런 유사한 유형화는 관련된 낱말들 사이의 관계들에 그 근원이 있을 것 같지 않다. 즉, *huge*가 '중요한'을 의미할 수 있느냐를 결정하는 데 관련된 추론은 낱말 *big*에 관한 우리의 지식을 포함할 필요는 없다. 우리는 *huge*가 '사이즈가 큰'을 의미한다는 것을, 그리고 큰 사이즈의 사물이 중요할 것이라는 점을 알고 있기 때문에, *huge*가 '중요한'을 의미할 수 있다는 것을 알고 있다(즉, *huge*의 추가적 의의는 *big*의 추가적 의의와 동일한 방식으로 발생한다). 우리는 *big*과의 관계를 앎으로써가 아니고, *huge*의 사이즈 의의를 앎으로써 '중요한'이라는 의의를 이해한다.

만약 동의어들이 그들의 많은 의의들을 서로에게 퍼뜨리면, 자연언어에서 완전동의관계는 특이한 상황이라기보다는 일반적인 것이 될 것이다. 이

경우, *big*과 *huge*에서 '큰 사이즈' = '중요함'과 같이 의미적으로 동기가
존재하는 다의관계의 경우에서뿐만 아니라, 의미적으로 아무런 동기도 존
재하지 않는 다의관계의 경우에도 완전동의관계를 볼 것이라고 기대할 것
이다. 예를 들면, 컴퓨터 입력 장치에 대해 *mouse*를 사용하는 것은 특이한
상황이다. *rodent(설치류)*, *vole(들쥐류)*, 또는 *Mus musculus(집쥐)*와 같은
*mouse*의 (근사)동의어에서 그 의의를 찾지 못한다. 만약 두 낱말이 동의어들
이라는 지식이 그 낱말들의 용법들 중 하나를 확장하는 데 사용될 수 있다
면, 그런 용법은 매우 자기의식적이고 언어의식적이다. 예컨대, 만약 한 사
람이 자기 발을 *canines(개; 개속<屬>의 짐승)* 또는 *pooches(개; 특히, 잡종
개)*라고 말하면(발을 *dogs*라고 부르는 속어 용법에서 유추하여), 그 의미는
충분한 문맥적 신호가 없어도 쉽게 분명해질 것이고, 하찮은 다의적 확장이
라기보다는 기지가 넘치는 언어유희의 한 형태로 간주될 것이다.

따라서 다의적 동의어들 사이의 의미 전염은, 만약 한 낱말의 다의관계의
기저 원인들이 다른 한 낱말에 적용되어 그 낱말을 동일한 방식으로 다의적
으로 만들지 않으면, 의미변화의 자연스러운 부분이 아니다.

4.5 동의관계와 다른 관계들

대부분의 동의어들이 논리적인 의의 동의어들이 아니고, 근사-동의어들
이므로, 그들은 어떤 종류의 의미대조를 수반한다. 이것과, 그리고 다른 계
열적 관계들이 부수적으로 형태의 차이를 수반한다(따라서 RC-S에 의해
잠재적으로 동의어의 자격이 있다)는 사실이 의미하는 바는 근사-동의어들
도 다른 화용적 의미관계들의 보기로 분류될 수 있다는 것이다.

이미 언급했듯이, 상위관계들과 하위관계들은 종종 동의어들로 취급된다
(*punish*≥*discipline*에서처럼). 그러나 다른 근사-동의어들은 이 일반적-특정
적 틀에 들어맞지 않지만, 동일 상의어의 공-하위어들이다. 따라서 예컨대,

*castigate(징계하다)*와 *chastise(응징하다)*는 특정 문맥에 대하여 근사동의어들일 수 있지만, 이것은 *castigate*가 일종의 *chastisement*를 나타낸다는 것을 뜻하지 않으며, 그 반대도 마찬가지이다. 그 대신에 그들은 동일한 상위개념인 PUNISHMENT의 중첩부분들을 기술한다. 이런 이유로, Persson(1990:136)은 어휘적 동의관계는, 의미적으로 유사한 낱말들이 동일한 일반 개념에 속하지만 "'퍼지한' 공-하위어적 상호관계"를 가진, "하위관계의 한 특별한 경우"라고 제안한다. Persson은 대부분의 이론들은 공-하위관계가 의미대조의 한 관계로 간주하지 않는다고 말한다. 그러므로 반의어들은 상호배타적인 의의들을 가진 공-하위어들인 반면에, 근사동의어들은 종종 중첩 의의들을 가진 공-하위어들이다.

동의관계와 반의관계의 경계가 항상 분명한 것은 아니다. Chaffin and Herrmann(1984)의 관계 분류과업(3.5.1을 보라)에서, 그들은 실험대상자들이 **속성 유사물들(attribute similars)**과 동의어들을 조화시킬 것이라고 기대했다. 그들의 추론에 의하면, *rake(갈퀴)-fork(포크)*와 *movie(영화)-photograph(사진)*는 기술된 항목들 간에 유사성이 존재한다는 점에서 동의어 쌍들로 보인다. *rake-fork*는 갈라진 가지를 가지고 있으며, *movie-photograph*는 카메라로 만들어진 시각적 표시를 가지고 있다. 이와는 반대로 실험대상자들은 속성 유사물들이 반의어들에 속한다고 추론했다. RC-S에 의하면, 실험대상자들은 *rake-fork*가 동의어 역할을 할 수 있을 정도로 충분히 유사하다고 생각하지 않았음에 틀림없다. 분류과업의 중립문맥에서 낱말들의 가장 현저하고 문맥적으로 관련된 자질들은 그들의 원형적 용법과 지시이다. 이것들은 중첩되지 않으므로(그들은 공통의 특성을 가질 수 있지만, 원형적 포크는 원형적 갈퀴와 다르다), 그 쌍은 형태를 제외하고 문맥적으로 관련된 동일한 모든 특성을 공유할 수 없다. 그러나 다른 문맥에서 이 속성 유사물들은 동의어의 역할을 잘 할 수 있을 것이다. 제5장에서 논의했듯이, 반의관계와 동의관계의 경계는 퍼지하고, 문맥에 민감하다.

4.6 요약

RC-S 접근방식에 의하면, 낱말의 어떤 쌍도 잠재적으로 동의적이다. 동의적이라고 실제로 간주되는 것은 의사소통적 언어사용과 이 언어사용이 발생하는 문맥의 요구에 의해 제약된다. 이것은 낱말들이 모든 또는 대부분의 의미를 공유할 경우에만, 동의적인 동의관계에 대한 전통적인 철학-의미론적 접근방식들과 날카로운 대조를 이룬다. 이 접근방식들 간의 대조는, 다른 종류들의 언어에 대한 그들의 관심을 고려할 때, 놀랄 만한 것이 아니다. 현재의 접근방식은 인간의 언어소통을 위한 수단으로 자연언어에 관심이 있는 반면에, 철학-의미론적 전통은 그 자체로서 그리고 그 자체에 관한 언어체계와 그 구성성분들 사이의 논리적으로 가능한 관계에 관심이 있었다. 그러나 외연적 의미의 동일성이 논리적으로 가능한 관계인 반면에, 자연언어에게는 매우 좋지 않은 것이다. 자연언어에서 동의어로 사용되고 인정되는 낱말들은 보통 그 외연적(그리고/또는 표현적) 의미에 있어서 아주 다르다. RC-S는 이 차이들이 의미의 문맥적으로 무관한 면으로만 제한되는 한, 그 차이들을 허용한다. 문맥적 무관성은 주로 외연적 유사성과 연관되어 있다. 동의관계는 보통 외연들 사이라기보다는 의의들 사이의 유사성으로 이해된다고 언급되었지만(4.2.1에서), 동의어는 한 문맥 안에서 동일지시적일 필요는 없다. 따라서 근사 또는 등급매겨진 동의어들은 담화에 다른 정보를 기여하지만, 동의어들이 될 수 있을 정도로 '충분히 유사하다고' 간주된다. 그 근거는 낱말들이 다른 사물들을 의미하지만 동일지시적이라는 사실을 그들의 의의 유사성이 우리에게 경고한다는 것이다.

5. 반의관계와 대조

배우(actor)의 대립어는 무엇인가?
그 대답은 매우 간단하다: 트랙터(tractor).
내가 그렇게 말한 것은 게으른 시인들이 때때로
그러는 것 같이 그것이 운이 맞기 때문이다.

Richard Wilbur, 대립어(1973)

반의관계(일반적으로 이분적 대립이라 부름)는 논란의 여지가 있지만 원형적 어휘 의미관계이다. 동의관계와 다르게, 반의관계가 존재하고 자연언어에서 확고하게 분명하다는 것에 모두가 동의한다. 하위관계와 부분·전체관계와 다르게, 반의관계는 개념들이나 외연들 사이의 관계인 것만큼 낱말들 사이의 관계일 수 있다. 어휘의미관계의 한 좋은 보기인 반의관계는 의미관계들이 저장되느냐 또는 파생되느냐 그리고 어휘내적으로 또는 어휘외적으로 표시되는가에 관한 많은 논쟁의 초점이기도 하다. 본 장은 그 논쟁에, 그리고 의미적 비양립성(incompatibility)[1]을 포함하는 대조가 그렇게 중

---

1) 의미대조와 비양립성은 둘 다 문헌에서 흔하게 사용되는 용어이다. 그러나 두 용어는 동의적이지 않다. 왜냐하면 대조집합들은 보통 공-하위어(co-hyponym)들로 이루어지는 것으로 이해되고 비양립성은 공-하위어들(Lyons 1977; Cruse 2000c)을 묘사하거나, *cat/justice*와 같은 동일한 사물을 지칭할 수 없는 어떤 낱말도 묘사하기 때문이다. 대조에 의한 관계에서처럼 대조라는 용어는 동의어들과 상위어(hyperonym)>하위어와 같은 의미적으로 양립가능한 낱말들의 집합에 대해 사용된

심적인 의미관계인 이유에 초점이 맞춰져 있다. 절 5.1은, 반의어들이 어휘 외적으로 저장되지만 반의어들이 대조에 의한 관계에 의해서도 파생이 가 능할 경우에만 반의어로 간주되는, 반의관계와 비양립적 대조집합들에 대 한 어휘외적 접근방식을 제시할 것이다. 5.2에서는 대칭성, 유표성, 이분성 을 포함하는 언어학 문헌에서 제안되어 온 반의관계의 특성을 재검토할 것 이다. 5.3은 반의어의 하위유형들을 다루며, 대조에 의한 관계가 반의어의 하위유형들을 설명하는 방식을 다룰 것이다. 5.4는 자연언어에서와 담화에 서 반의관계의 역할과 비이분적 의미대조, 의미적 또는 어휘적 변화, 언어습 득, 그리고 문화 간의 반의관계를 다룰 것이다. 5.5는 요약이다. 반의관계가 제1부의 몇몇 논의의 초점이었으므로, 몇몇 보기와 문제들을 본 장에서 간 략하게 다시 검토할 것이다. 특히 2.1과 2.3은 본 장과 관련된 영역을 다룰 것이다.

5.1 의미대립과 대조에 대한 어휘외적 접근방식

5.1.1 반의어들과 대조집합들의 정의와 파생

대조는 게임의 이름이기 때문에 대조에 의한 관계(Relation-by-Contrast: RC) 정의는 반의어들과 대조집합들에 대해 공식화하기가 쉬울 것이다. 그러나 그런 정의를 공식화하는 것은 결코 간단하지 않다. 왜냐하면 반의어 집합이나 대조집합 내에서 정확하게 어떤 특성들이 대조를 이루는지 결정해야 하기 때문이다. 반의관계가 동의관계의 대립어라고 가정하면, 동의어들(그 의미들)의 유사성은 반의어들에서 상위성이 될 것이다. 이 경우 그 의미들을 제외하고 모든 관련된 동일한 특성들을 지닌 낱말들 사이에 의미대조관계가 적용된다고 규정하는 RC의 한 버전을 만들 수 있을 것이다. 그러나 RC의 그런 구체화에

_____

다는 것에 유의하라.

의해 반의관계의 거의 전형적인 것이 아닌, *bank*(은행)/*bank*(제방)와 같이 형태와 통사적 특성들은 동일하지만 의미는 다른, 동일한 문법 범주로부터 동음이의어가 파생된다. Lyons(1977: 286)가 언급했듯이 "대립은 유사성의 어떤 차원을 따라 도출된다." 더 구체적으로 말하면, 대립은 보통 의미 유사성에 근거하여 도출된다. 그러나 하나의 대립에서 무엇이 유사해야 하고 무엇이 달라야 하는가?

무엇이 유사해야 하고 무엇이 달라야 하는가는 문맥에 따라 변동하기 때문에, RC의 작용방식은 유사점과 차이점을 해결해 준다. 따라서 RC의 아래와 같은 구체화는 그 낱말들의 한 관련된 특성만이 대조된다는 것을 명시해줄 뿐이다.

(1) 대조에 의한 관계-어휘대조(**RC-LC**)
    한 어휘대조 집합은 하나를 제외하고 문맥적으로 동일한 관련된 모든
    특성들을 가진 낱말-개념들만을 포함한다.

그런 일반적 정의는 의미대조가 의미관계들 중에서 가장 기본적이거나 일반적이라는 개념과 일치한다. 제2장에서 처음으로 제시된 RC-LC와 RC의 정의에 있어서 유일한 차이는 RC-LC는 낱말-개념들의 집합들 안에서의 한 관계를 명시하는 반면, RC는 어떤 것들의 집합들도 관련시킬 수 있다. RC-LC의 정의는 너무나 일반적이라서 동의관계, 동음이의관계, 하위관계, 그리고 사람들이 상상할 수 있는 낱말-개념들 간의 어떤 다른 관계도 포함한다. 그러면 RC-동의관계(제4장)에 대해서처럼, RC-LC는 한 대조집합에서 유사성의 양상들을 결정하는 데 화용력(pragmatic force)에 의존한다. RC-S와 다르게, RC-LC도 대조 항목들 사이에서 무엇이 다른지를 결정하는 데 그런 화용력에 의존한다.

이 접근방식은 반직관적일지도 모른다. 만일 반의관계가 의미관계들 중 가장 견고한 것이라면, 가장 구체적으로 정의되어야 한다고 주장할 것이다.

그러나 관련 문헌에는 그런 구체적인 것들에 대해서는 증거가 결여되어 있다. 그 대신에 반의관계/비양립성은, 반의적 술어를 포함한 최소 문장 쌍이 상호모순적이기를 요구하는, 진단적인 테스트들에 의해 "정의되는" 경향이 있다(예, Kay 1971: 873; Cruse 1986: 93; Lyons 1955b: 128). 따라서 (2)에서 이탤릭체로 표시된 쌍들은 비양립적이다.

> (2) a. The bread is *fresh*.(그 빵은 *신선하다*.) The bread is *stale*.(그 빵은
>   *상했다*.)
>   b. The Queen of England is *female*.(영국 여왕은 *여성*이다.) The Queen
>   of England is *male*.(영국 여왕은 *남성*이다.)

그런 진단법들이 비양립 쌍을 확인해 줄 것이지만, 단순히 비양립 지시를 가진 쌍(*cat/mineral*<광물>)들과 그 대조가 더 반의적으로 보이는 쌍(*cat/dog*)들은 구분하지 못한다. 더욱이 그런 테스트들이 의미적 비양립성을 반영하지만, 규범적 반의관계의 어휘적 대조는 측정하지 못한다. 그런데 규범적 반의관계에 의하면, *alive/dead*(*산/죽은*)는 좋은 반의어들이지만, 형태적으로 상이한 *alive/expired*(*산/죽은*)는 그렇지 않다.

반의관계나 대조집합들에 대한 기준들이 제안된 경우, 그 기준들은 보통 의미성분 분석에 의해 정의되는데, 대조집합들(반의어들을 포함한)은 의미자질 집합을 공유하지만, 한 자질이나 자질 명세에 있어서 대조를 이루는 낱말들과 같은 것들이다. 따라서 예컨대, *red/yellow/blue*는, 1차적인 기본층위 색채들을 가리키는 자질들을 공유하지만, 색조(HUE)에 대한 자질 명세를 공유할 수 없기 때문에, 대조집합을 형성한다. 합성적 의미표시에 대하여 고유한 문제들은 제외하고, 반의관계에 대한 그런 기준들에는 문제점이 존재한다. 그 기준들은 의미 자질들에 의존하므로, 만일 한 낱말의 반의어에 한 동의어가 존재하면, 그 낱말에는 2개의 동등한 반의어가 존재한다고 예상할 수 있다. 그러나 이 예상은 거의 유효할 수 없다. 이 비판은 어휘사전의

연상론 모형을 장려하는 자들에 의해 가장 강력하게 주장되었으며, 상당한 반론을 받았다. 2.1.7에서 논의되었듯이, 연상론자들이 가장 좋아하는 보기는 기본적인 크기 형용사들을 포함한다. *large/little*은 *big/little*만큼 꼭 맞는 반의어로 인식되지 않으므로, 몇몇 학자들(그 중에서도 특히, Gross 외[1989])은 반의관계는 의미라기보다는 낱말들 사이의 관계라고 주장했다. 그러나 다른 학자들(그 중에서도 특히, Murphy[1995])이 지적했듯이, 이 낱말들을 의미적·용법적으로 진지하게 분석해 보면, *little*에 대한 반의어로서 *big*을 선호하는 원칙적인 기초를 알 수 있다(다시 2.1.7을 보라). 그러나 나쁜 용례의 선택에도 불구하고, 연상론자들의 주장에도 일리가 있다. 만일 예컨대, 우리가 동의어 쌍 *edematous=swollen(부품)*을 생각하면, 비록 그 동의어들이 (많은 문맥에서) 의미적으로 구분될 수 없을지라도, *swollen*은 *unswollen*에 대한 더 좋은 반의어라는 것이 분명한 것 같다. *swollen/unswollen*의 선호에 대한 가장 간단한 설명은 이 항목들은 그들의 어간과 언어사용역을 공유하는 반면에, *unswollen/edematous*는 그렇지 않다는 것이다. 따라서 최소한 몇몇 경우에, 낱말들의 형태(낱말들의 의미 내용뿐만 아니라)가 그들의 대조관계에 기여할 수 있기 때문에, 의미성분에 근거한 반의어의 정의는 불가능하다. 더욱이, 우리가 2.1.5에서 보았듯이, 내포적 내용이 없는 낱말(고유명사)들은 그들의 형식적이거나 사회적 특성에 근거하여 대립어를 가진다고 말할 수 있을 것이다. 따라서 반의관계에 대한 기준들은 의미적 요인들뿐만 아니라 비의미적 요인들의 영향을 허용할 정도로 일반적이어야 한다.

RC-LC는 의미에 대해 구체적으로 언급하지 않는다. 그 대신에 RC-LC는 어휘관계들을 분석하기 위해 언어의 의사소통적 이용에 있어서 의미의 현저성과 관련성에 의존한다. 따라서 (제 4장에서 논의했듯이) 의미 유사성은 "유사한, 문맥적으로 관련된 특성들"이라는 기준에 우선순위가 매겨지고, 의미 차이는 "하나의, 문맥적으로 관련된 차이"라는 기준에 우선순위가 매겨진다. RC-LC는 모든 어휘관계를 설명할 수 있을 정도로 일반적이지만(이

점은 나중에 다시 다루겠다), 의미의 관련성과 현저성은 대조관계들의 가장 원형적 보기들이 의미의 한 점에서 다른 항목들을 포함하는 것을 보장한다.

그런 모호하고 문맥-의존적인 원리와의 의미적 대조 및 반의관계를 RC-LC로 정의함으로써 우리가 잃는 것은 무엇인가? 분명히 우리는 특별성을 잃는다. 대립에 대한 Cruse(1994)의 원형 접근방식과 비교해 보자. 그 접근방식에 의하면, 한 대립쌍의 "좋음"은 그 쌍이 다음과 같은 특성을 가지는 것에 의존한다: 정반대의 대립, 이분성, 상위영역의 철저성, 그리고 대칭성. 그런 정의에 의해서 *alive/dead*와 같은 상보반의어들은 *blue/red*나 *warm/cold*와 같은 보기들보다 그 정의에 더 적합하다. 그럼에도 불구하고, 원형에 대해 포섭적 자세가 허용되는 문맥에서, 후자의 보기들은 다양한 방식으로 원형에 대해 "충분히 가깝기" 때문에, 대립어로 간주될 수 있을 것이다.

그러나 반의관계, 심지어 원형에 근거한 반의관계의 정의에 그런 특별한 특성들을 포함시킴으로써 실제로 얻는 것은 전혀 없다. 그 이유는 그들 대부분이 RC-LC의 요구에서 벗어나기 때문이다. 최소차이의 가장 좋은 보기들은 정반대로 대립되고 대칭적인 것들이다. 왜냐하면 그렇지 않으면 최소차이 그 이상이 관련되기 때문이다. 상위어 영역의 철저성은 반의어 지위에 대해 다른 어떤 경쟁자도 없음을 보장한다. 나머지 특성인 이분성은 그 자체의 문제이다(5.2.1에서 논의됨). 그러나 다른 한편으로 최소차이의 확인은 이분적 경우에서 가장 쉽다(따라서 "좋은" 반의관계로 간주될 확률이 더 높다. 이 경우 잠재적인 경쟁 반의어들의 결여로 단일의 차이가 현저하게 된다.

어휘대조의 일반적 정의로 우리가 얻는 것이 무엇인가? 그런 정의는 *black/white*와 *hot/cold*에서 *sweet/sour, blue/red, gin/tonic* 그리고 *fork/spoon*에 이르기까지 온갖 반의어들을 허용한다. 그 정의는 어휘대조의 보기들을 이 관계들의 "좋은" 또는 "그렇게 좋지 않은" 경우들로 판단하는 데 있어서 원형효과도 허용한다. "좋은" 반의어들은 단일의 가장 많이 관련된 특성에 관해 대조되고, 그들의 다른 관련 특성들에 관해 대응하는 것들이다. "가장 좋은" 반의어들은 단일의 관련된 차이를 유지하면서, 가장 분명하게 관련된 특성에 관한 대응을 넘어서 그들의 유사성을 될 수 있는 한 많은 특성들로까지 확대하는 것들이다. 따라서 예를 들면, *maximize(최대화하다)/minimize(최소화하다)*는 매우 유사한 형태뿐만 아니라 대칭적 의미관계를 가지므로, Herrmann 외(1986)의 연구(2.1.4를 보라)에서 실험대상자들에 의해 가장 반의적 쌍으로 판단되었다. 그래서 *maximize/minimize*는 최대로 유사하므로, *large/small*이나 *adore(존경하다)/despise(무시하다)*보다 반의어의 약간 더 좋은 경우로 판단된다. 이 결론을 논리적 결론으로 도출하기 위해 대립의 가장 좋은 보기들은 의미 차이가 절대적으로 최소이고, 그 낱말들의 형태가 동일한 것들이어야 한다. 왜냐하면 이것이 한 다른 면을 제공할 것이기 때문이다. 그 자체의 대립어들인 그런 낱말들은 때때로 두 얼굴의 **낱말(Janus word)**[2]이라고 불린다. 영어에는 다음과 같은 보기들이 있다. *temper*('단단하게 하다'/'부드럽게 하다'), *cleave*('결합하다'/'쪼개다'), *sanction*('용인하다'/'비난하다'). 여기에 덧붙여, 끼워 넣거나 꺼내는 것에 대한 많은 탈명사화 동사(예, *string a bean*<콩을 실로 꿰다> 대 *string a violin*<바이올린 현을 팽팽하게 하다>, Clark and Clark 1979)가 있다. 그러나 다음의 두 가지 이유 때문에 그들은 "좋은 반의어"로 간주될 수 없다. 첫째, 그들의 의미 차이는 거의 최소적이지 않다(앞에서 제공된 간단한 의의 풀이에도 불구하고). 예컨대, *temper*는 논평을 부드럽게 할 목적이나 금속을 단단하게 하기 위하여 처리할 목적으로 사용될 수 있지만, 논평을 딱딱하게 할 목적으로 또는 금속을 부드럽게 하기 위하여 처리할 목적으로 사용될 수 없다. 둘째, RC-LC는 낱말-개념들을 대조시키며, 대부분의 사람

---

2) 두 얼굴의 낱말에 대한 다른 용어로는 자기-반의어**(auto-antonym)**(Baron 1989), 좌우대칭어**(enantiosemy)**(Lepschy 19810, 그리고 더 유머러스하게 적대어**(antagonym)**가 있다.

들에게는 그 낱말의 다양한 의의들에 대해 별개의 낱말-개념들을 가질 이
유가 없을 것이다(결국 우리는 그들이 "동일한 낱말"이라고 말한다). 따라
서 *temper*와 *temper*는 다른 것들로 인식되지 않으므로, 비양립성의 잠재적
보기들로 이용될 수 없을 것이다. 일단 *temper*가 그 자체의 대립어라는 것
이 지적되면, 우리는 그들을 대조시킬 목적으로 개념 *TEMPER₁* 과 *TEMPER₂*를
만들 것이다. 그러나 만약 그렇지 않다면 그 둘은 하나로 간주되고, 따라서
반의관계의 현저한 보기들이 아닐 것이다.

공통의 요소를 가진 반의어 쌍들의 비교를 포함하는 특정 낱말의 가장
좋은 반의어를 찾을 때, Herrmann 외의 실험에서 사용한 인위적 과업과는
대조적으로, 우리는 보통 반의어의 "좋음"을 적합하다고 판단한다. 만약 더
큰 대조 집합을 이용할 수 있다면(*sweet/sour* 대 *sweet/bitter*), 또는 만약 한
무리의 동의어들이 목표어와 의미적으로 대립되면(*big/little* 대 *big/small*),
또는 만약 그 목표어의 다른 면들이 대립될 수 있다면(*girl/boy* 대
girl/woman), 중립문맥에서 한 낱말은 하나 이상의 잠재적인 "좋은" 반의어
를 가진다. 중립문맥에서 반의어 선택은 양방향적 척도를 포함하지 않은
의미장에서 하나 이상의 분류관계 자매어를 가진 낱말들에 대해 특별히 흥
미롭다. 영어에서 *happy/sad*와 *sweet/sour*는 *happy/angry*나 *sweet/bitter*보다
더 "반의적"이므로, 감정[3]과 미각 형용사는 흥미로운 사례 연구를 제공한
다. 미각에 초점을 맞추어서, Charles, Reed, and Derryberry(1994)는 *sweet*과
*bitter*의 반의적 연결의 중간에는 *sour*(*sweet*/[*sour*]-*bitter*)가 있다. 그래서
*sweet/sour*의 대조를 일차적으로 만들고, *sourness*와 *bitterness*를 근사-동의
관계에 의해 연결한다. 그러나 *sweet/sour*의 경우에 적합한 반의어의 '좋음'
은 아마도 *sweet/bitter*가 아닌 *sweet/sour*의 문맥중립적인 유사성보다 문맥
특정적인 경험과 더 많은 관계가 있다. 특정 문맥에서 *sweet*은 *salty*(스낵
음식에 관해 논의할 때), *bitter*(초콜릿), *hot*(후추), *dry*(포도주) 등을 포함하

---

3) 감정용어는 3.2와 3.3.1에서 더 상세하게 논의되었다.

는 많은 반의어들을 가질 수 있다. 언어들 간에, 'sweet'의 대립어는 문화의 존적이다. 일본어에서 amai('sweet')의 대립어는 karai('pungent' 즉, 매운 그리고/또는 짠)이고, 한국어, 포나피아어, 그리고 다른 언어들에서 'sweet'은 'bitter'와 대조를 이룬다(Backhouse 1994). 언어들 간의 이 차이는 언어적 문맥(예, 영어의 구 sweet-and-sour와 일본어의 합성어 amaikarai)에서 낱말 경험을 통해 그리고/또는 미각 경험의 차이(다른 식사습관에 기인한)를 통해 발생한다. 예를 들면, sweet(신선한)에서 sour(상한)로 변하는 유제품의 소비가 sweet-sour가 한 연속체를 형성하는 것으로 지각하는 데 영향을 미칠 것인 반면에, 익어감에 따라 bitter에서 sweet로 변하는 과일의 소비는 bitter-sweet 연속체를 현저하게 만들 것이다. 몇몇 문맥(예, 과일의 익음을 판단하는)에 대해서 대립어들은 동일한 척도(맛의 범위는 sweet에서 sour까지거나 sweet에서 bitter까지이다) 상에 있다고 인식되며, 그 문맥들이 더 일반적일수록, 이 맛들에 대한 명칭은 공기할 확률이 그만큼 더 높을 것이다. 따라서 규범적 지위를 얻기 위하여 대립에 필요한 경험적 강화를 발생시킬 것이다.

문맥적 단서가 의미적 단서와 규범적 쌍을 압도하기 때문에, 특별한 문맥에서 어떤 특정 낱말에 대한 반의어들의 범위는 중립문맥에서보다 훨씬 더 크다. 예컨대, 중립문맥에서 smooth/rough는 이상적인 반의어 쌍인 것처럼 보이지만, 문맥에서 smooth의 대립어는 smooth가 기술하는 것에 의존한다. 즉, 매끈하지 않은 종이는 거칠다(rough), 매끈하지 않은 행로는 울퉁불퉁하다(bumpy). 매끈하지 않은 케이크 반죽은 덩어리져 있다(lumpy). 그리고 매끈하지 않은 다른 것들은 낱알이 많은(grainy), 또는 이랑진(ridged), 또는 끈적끈적한(sticky), 또는 어렵다(difficult). 이들 많은 것들에 대해서, 우리는 그 대립어는 smooth의 특정 의의와 관계가 있다고 말할 것이다. 이 경우 의미적 고려는 최소한 화용적인 것만큼 중요하다, 그 문맥이 할 필요가 있는 것은 어떤 의의가 관련되어 있는가를 지적하는 것이다. 그러나 만약 어떤 문맥에서 빨간 것과 매끈한 것이 상보적 분포를 이루면, *smooth*의 대립어는 *red*처럼 매우 무관한 형용사일 수도 있다. 우리에게 화학적으로 처리된 캔버스 천이 있다고 가정해 보자. 그런데 그 천은 빨간색, 청색, 노란색, 핑크색, 그리고 녹색의 다섯 가지 색으로 나온다. 청색, 노란색, 핑크색, 그리고 녹색 종류는 매끄럽게 하는 방수 약품으로 가공된 반면에, 빨간 유형은 매우 거칠다. 어떤 프로젝트를 위하여 이 캔버스 천의 적절성을 평가할 때, 나는 *Do you want red or smooth?*라고 묻는다. 여기서 *red*와 *smooth*는 우리가 이분적 대립의 다른 경우들을 발견하는 동일 유형의 언어적 문맥을 차지한다(5.4.2를 보라). 여기서 유일한 차이는 *rough/smooth*의 대립과는 다른 방식으로, *red/smooth*의 대립은 문맥적 지식에 의존한다는 것이다. 만약 우리가 언어외적 담화에서 *red*와 *smooth*는 반의어라고 주장할 것 같지 않다면, 그것은 단지 우리가 문맥중립적 쌍과 특히 규범적 쌍들에 대해 반의어란 용어를 유지하는 것이 더 행복하기 때문이다.

RC-LC의 작용방식은 이 장 전체에서 한층 더 깊게 논의될 것이지만, 먼저 우리는 RC-LC의 일반성의 문제를 다시 다루게 될 것이다. 만약 RC-LC가 그렇게 일반적이라면, 다른 의미관계(예, 하위관계/상위관계)라기보다 반의관계와 대조집합들이 가장 원형적인 관계들인 이유는 무엇인가? 여러 요인들이 어우러져 반의관계를 선호하게(또는 하위관계를 싫어하게) 만든다. 첫째, RC-LC에 의하면, 관련된 낱말들은 단 하나의 특성에 있어서 다르다. 그러나 하위어들은 그들과 관련된 정보를 그들의 상위어들보다 훨씬 더 많이 가지는 경향이 있다. 예를 들면, *furniture*는 다소 크지만, 이동이 가능하다. 그래서 방이나 거주/작업 장소를 사람들에게 유용하게 만든다. 그러나 *chair*는 훨씬 더 특별하다. 그래서 의자를 확인하기 위해서는 여러 개의 더 많은 의미기준이 필요하다(의자는 앉기 위함이다, 의자에는 등받이가 있다, 의자에는 한 사람이 앉는다 등). 그래서 *furniture*와 *chair*는 동일한 분류관계 층위에 있는 항목들과 비교해볼 때 최소로 다르지 않다. 기본

층위에서 우리는 *chair*를 다른 가구 명칭들과 비교하여 특정한 상황에서 관련될 수 있을 단일의 차이를 발견할 수 있다. 그래서 어떤 차이가 관련이 있는가에 따라 다른 반의어들이 발생한다:

- 기능: *chair/table*(*위에<on>*/*에<at>* 앉는 가구)
- 구조: *chair/stool*(등받이가 있는/없는 좌석)
- 수용능력: *chair/sofa*(한 명/여러 명을 위한 등받이가 있는 좌석)

위의 괄호 안에서처럼, *chair*와 그 대립어들의 최소차이를 간결하게 진술할 수 있는 반면에, 만약 우리가 *furniture*와 *chair*의 최소차이를 진술하려고 하면, 우리는 *furniture*는 어떤 단일의 기준에 근거해도 유일한 하위어를 가지지 않는다는 문제에 봉착하게 된다. 예를 들면, 만약 우리가 *furniture*와 *chair*의 차이를 '*furniture*' 대 '*furniture for sitting(앉기 위한 가구)*'으로 설명하려고 했다면, 우리는 *stool<furniture*와 *bench<furniture*를 동등하게 기술했을 것이다. 이것은 하위관계들의 비대칭성뿐만 아니라 다중성도 부각시키는 반면에, 대립관계들은 전형적으로 대칭적이고(그러나 5.2.2를 보라), 종종 유일하다(어떤 특정한 관련 최소차이에 대해서도). 그래서 그들을 더 일관적이고 현저한 연합체로 만들어서 어휘관계 원형의 개념에 더 중심적이 되게 한다.

형태에 관한 주제들은 하위관계가 반의관계보다 덜 원형적인 이유들의 한 다른 집합을 제공한다. 하위어들과 그들의 상위어들은 길이(*chair < furniture*), 형태적 복잡성(*bluebird<*블루버드> < *bird<*새>, *pen<*펜> < *writing implement<*필기도구>), 그리고 빈도와 일반성(기본층위 낱말들이 가장 빈도가 높고 잘 알려져 있다: Rosch 외 1976; Rosch 1978)에 있어서 다른 경향이 있는 반면에, 분류위계 층위에서 반의어들이나 대조집합들은 종종 형태적 특성들에서 유사하여, 유사하게 복잡하고 일반적(예, *large/small*)이거나, 어간과 그 부정어(*moral<*도덕적인>/*amoral<*도덕과

는 *관계없는>*)이다. 만약 우리가 낱말의 개념을 관련시키고 있다면, 형태
는 잠재적으로 관련이 있다. 그러므로 형태적 특성들을 고유할 것 같은
대립어들은 하위어들과 그들의 상위어들보다 더 좋은 보기(따라서 원형에
더 가까운)일 것이다.

우리는 다른 어휘관계들을 옹호하는 이 주장을 수정할 수 있을 것이다.
반의관계는 의미 차이의 현저한 문제에 초점을 맞추기 때문에 그리고 언어는
완벽한 동의관계보다 완벽한(또는 유사하게 완벽한) 반의관계의 경우에 더
도움이 되기 때문에 동의관계보다 더 원형적이다. 동음이의관계가 관련시키는
낱말-개념들이 언어사용자들에게 반드시는 분명하게 구분되지 않기 때문에,
그리고 (항상 관련 있는) 의미에 있어서의 차이가 너무나 엄청나서 "최소"라고
간주될 수 없기 때문에, 동음이의관계는 어휘관계의 덜 좋은 보기이다. 기타
등등. 5.1.2에서 논의되겠지만, 아마도 어휘관계들 가운데서 반의관계의 중심
적 위치는 규범적 반의어가 규범적 하위어나 동의어나 동음이의어보다 훨씬
더 일반적인 이유의 일부이다. 반의관계와 대조의 특별성은 대조적 의미관계와
비-대조적 의미관계의 구분이 언어사용자들의 가장 일반적인 구분이라는
Chaffin and Herrmann(1984)의 발견 사실에 의해 강조된다.

5.1.2 규범적 반의관계와 대조

규범적 어휘관계들은 보통 반의어들이기 때문에 규범적 반의관계는 이미
어느 정도 깊이 있게 논의되었다(2.1.4와 2.3.1을 보라). 규범적 관계들을
옹호하는 증거는 어떤 반의어들이 아주 높은 비율로 공기한다고 밝혀진 자
유연상 과업과 문맥들에서 어떤 쌍들(예, *black/white, tall/short, good/bad*)
사이의 연상의 빈도와 강도를 포함한다. 최근의 연구들은 규범적 반의어들
과 비-규범적 반의어들 사이의 문맥적 공기 비율에 있어서의 중대한 차이를
보여 주었다.[4] 예컨대, Willners(2001)는 규범적 및 비-규범적 반의어들 둘
다 스웨덴어 텍스트의 Stockholm-Umeå 말뭉치에 더 높은 확률로 공기한다

는 것을 알아냈다. 그러나 비-규범적 반의어들이 예상했던 것보다 1.45배 더 자주 공기한 반면에, 동일한 의미장들에서 유래한 규범적 반의어들은 예상 비율보다 3.12배 더 자주 공기했다. Charles and Miller(1989)와 Justeson and Katz(1991, 1992)(2.3.1과 5.4.4를 보라)의 연구를 확장하여, Willners는 형용사들이 동일한 의미 척도에서 유래한 다른 반의어 쌍들보다 더 빈번하게 공기할 때, 그들은 규범적 반의어로 학습된다고 제안한다. 그럼에도 불구하고 Willners가 *full/tom*('full'/'empty')처럼 그 말뭉치에서 공기할 것이라고 예상했던 쌍들 중 일부는 공기하지 않았다. 이것은 반의어들이 문맥상의 드문 공기와 그 규범을 결합할 것인가라는 문제를 야기했다.

Jones(2002)는 명사나 동사 반의어 쌍들은 형용사 쌍들만큼 공기한다고 언급하고, 강하게 규범적인(그의 용어로는 "좋은") 반의어들에 대한 공기 기준들의 목록을 내놓았다. 이 기준들은 다음의 세 가지를 포함한다: (a) 두 낱말의 공기 비율은 예상되는(우연한) 비율보다 훨씬 더 높다. (b) 공기의 관찰된 비율은 예상 비율보다 최소 6.6배이다. (c) 그 쌍은 충실도가 높다 – 즉, 그 쌍 중 하나의 출현은 매우 자주 그 반의어의 공기를 수반한다. 영국의 *Independent* 신문에 실린 56개의 반의어 쌍에 관한 그의 연구에서, 6쌍은 이 모든 기준을 충족시켰다: *good/bad, female/male, high/low, peace/war, poor/rich, public/private*. 실제의 반의어 학습에서 그 기준들의 무게는 동일하지 않을 것이고, 한 기준에 있어서 높은 수행은 다른 한 기준에 있어서의 낮은 수행을 보충할 것이다.

어휘외적 접근방식의 주장에 의하면 규범적 지위에 대한 그런 기준들이 RC에 근거한 반의어 파생 패턴을 보충한다. 따라서 규범적 반의어 쌍들은 공기할 뿐만 아니라, 그 쌍들이 공기하는 문맥들에 관련된 방식에 있어서,

---

4) 이 연구들에서 *직접적(direct)* 반의어들과 *간접적(indirect)* 반의어들이 구분되는데, 나는 이 구분을 *규범적(canonical)* 반의어들과 *비-규범적(non-canonical)* 반의어들로 번역하였다. 이 용어들의 두 집합이 의미하는 차이점에 관해서는 이 절에서 나중에 논의될 것이다.

최소로 달라야 하고, 최대로 유사해야 한다.

이것은 공기하는(반의어 같은 패턴에서) '비-대립적인' 동일 품사 쌍들이 어휘외적 접근방식에서 반의어들인가라는 문제를 유발한다. *peanut butter/jelly* (미국영어에서)와 *gin/tonic*(J. Winterson의 소설 *Gut Symmetries*< 본능적인 대칭>[1998]에 나오는 등장인물들의 "좋아하는 이분적 대립")과 같은 경우에, 그 낱말들 간의 연상 강도는 의심할 바 없이 *x and y* 구에서의 그들의 공기 빈도에 기인한다. 그 낱말들의 일반적인 의미로, 이 쌍들에서 그들은 그들 공통의 직접적인 상위어를 취하지 않는데, 이것은 우리가 흔히 반의어 및 대조 집합들에서 찾을 것이라고 기대하는 것이다. 그럼에도 불구하고, 그들의 언어적 공기는 그들이 가리키는 지시대상물의 공기를 반영한다. 따라서 그들은 그들 자신의 개념장에서 자매들이다. gin and tonic은 gin and tonic 음료에서 두 성분이고, peanut butter and jelly는 peanut butter and jelly 샌드위치의 속을 채우는 두 성분이다. 따라서 고정된 표현에서 그 낱말들 사이의 관계가 확립되는 동안, 그들이 나타내는 항목들도 관련되며, 이것은 RC를 통해 인식할 수 있다. 이 항목들은 매우 자주 역전할 수 없는 이항어(Malkiel 1959)가 되므로, 그들의 관계는 대칭적이 아니다.

Deese(1965)와 그 이래로 많은 학자들에게, 반의관계는 낱말연상 과업에서 대조되는 두 항목이 상호간에 서로 연상시킬 경우에만 지적된다. *peanut butter*의 대립어가 무엇이냐는 질문을 받을 때, 미국영어 화자들은 *jelly*라고 말할 것이다. 그러나 *jelly*의 대립어가 무엇이냐는 질문을 받을 때, 그들은 아마 *jam*이라고 말할 것이다. 더 적절하게 반의어같이 보이는 (포섭적 의미로), *cat/dog* 쌍을 비교하라. 그들은 각각 많은 다른 잠재적 반의어들을 제공하는 더 큰 대조집합의 일부지만, 종종 다양한 문맥에서 공기하며, 그들의 지시대상물에 관한 우리의 개념 지식은 RC-LC에서 '최소 차이' 해석을 허용한다. *gin and tonic*과는 다르게, *cat(s) and dog(s)*와 *dog(s) and cat(s)*는 영국 국립 말뭉치(British National Corpus)에서 각각 42

번, 56번 일정하게 나타난다. 또한 그 낱말들은 (3)에서처럼 다양한 고정된 구에서 공기한다.

(3) *raining cats and dogs*(비가 억수같이 내리다)
fight like cats and dogs(쌍방이 쓰러질 때까지 싸우다)
cats and dogs or dogs and cats(=‘투기증권’)

그리고 그들은 다른 구나 합성어에서도 대치될 수 있다.

(4) *a cat/dog person*(고양이 같은 사람/개 같은 사람)
dog/cat food(개 사료/고양이 사료)

두 고정된 표현과 창조적 언어 사용에서 *cat/dog*의 병치는 우리로 하여금 그들을 어휘화된 인습적 구(phrase)라기보다는 저장된 규범적 쌍으로 간주하도록 한다. 우리가 *cats and dogs*에 관해 알고 있는 것에 근거하여 그 두 낱말이 ‘최소로 다른’으로 간주될 수 있다는 사실 때문에 우리는 그들을 규범적 대립어로 간주한다. 그들은 양립할 수 없는 지시를 가진다는 점에서 다르지만, 그들이 보통 가정의 애완용 동물로 길러지고, 그리고 우리 밖에 있고 사람과 상호작용할 정도로 길들일 수 있고, 적절한 크기의 네발과 털이 있는 동물들에 대한 기본층위 용어라는 점에서 유사하다. 비록 *cat-mouse*가 그들 자신의 표현들(*play cat and mouse with*<. . .을 가지고 놀다, 곯리다>; *when the cat's away, the mouse will play*<호랑이 없는 골에는 토끼가 스승이 다>)5)의 집합을 통하여 실험적으로 강화되지만, 이 유사성이 *dog*을 *mouse* (크기, 길들임의 정도, 애완용 동물로서의 지위에 있어 다른)보다 *cat*의 더

---

5) Mettinger(1994: 169)는 그의 말뭉치 연구에서 “문맥 속의 반의어들” 가운데에 *cat/mouse*를 열거한다. *cat/mouse*는 확실히 반의적이지만, 그의 *cat/dog*이라기보다는 *cat/mouse*의 발견은 아마도 그의 말뭉치가 주로 Agatha Christie의 소설들에 근거했다는 사실에 의해 설명된다.

일반적인 대립어로 만든다.

비-이분적인 규범적 대조의 경우는 더 드물고, 그들의 연상은 이분적 쌍들의 연상만큼 강하게 보이지 않는다. *animal(동물)/vegetable(야채)/mineral(광물)*은 스무고개 질문 게임(Twenty Questions game)을 통해 소개되고 강화되었기 때문에, 규범적으로 보이는(일부 영어 화자에게) 삼중쌍이다. *solid(고체)/liquid(액체)/gas(기체)* 또는 *red/yellow/blue*와 같은 다른 삼중쌍들은 규범적 대조집합으로 학습되겠지만, 삼중쌍이 존재한다는 바로 그 사실이 그들을 이분적 집합보다 하나의 집합으로 덜 공기할 것 같게 만든다. 예컨대, 영국 국립 말뭉치에서 *solid/liquid/gas*는 12번 공기하지만, 이들 중 세 개가 아니고 두 개가 쌍을 이루는 경우는 133회인데, 73회의 *solid/liquid*와 62회의 *liquid/gas*가 그 대부분을 차지한다. 따라서 그 대조집합의 원소들 사이에서 연상의 강도는 동등하게 분포되지 않으며, 그 집합의 쌍들 사이의 연상은 규범적 반의어들로 저장될 것 같다(더 큰 대조집합 대신으로 또는 거기에 첨가하여).

셋 이상의 원소를 포함하는 규범성의 후보를 생각하는 것은 더 어렵다. 무지개빛의 색채들(*red/orange/yellow/green/blue/indigo/violet*)이 그런 집합이지만, 그들의 사용은 전문적 논의에만 한정된다. 비-전문적 논의에서 *indigo(남색)*가 삭제되고, *violet*은 종종 *purple(자주색)*에 의해 대치되므로 그 지위는 덜 명확하다. 따라서 영어에서 무지개빛 색채를 여섯 가지로 구분하는 것은 규범적으로 저장된 것이라기보다는 의미적인 내용을 고려한 것이라는 의문에 빠지게 만든다.

한 쌍, 삼중쌍, 또는 더 큰 집합이 규범적으로 대립되는지를 우리는 어떻게 결정하는가? 우리는 여기서 한 언어의 반의어 규범과 한 개인의 반의어 규범을 구별해야 한다. 반의어들이나 대조집합들은, 만약 그들이 고정된 계열관계로 인식되었고 또 계속하여 그렇게 인식된다면, 언어규범의 일부이다. 이것에 근거하여 우리는 한 규범이 있는데, *big/little, cruel(잔인한)/kind*

(친절한), *derivational(굴절적)*/*inflectional(파생적)*은 모두 그것의 동등한 원소들이라고 말할 수 있을 것이다. 공동체 규범은 동의어·반의어사전과 반의어사전에서 반의어로 인정되는 대립쌍들을 포함할 것이다(예, Room 1988). 여기서 우리는 이 규범적 집합들의 머릿속 지위에 더 관심이 있다. 그리고 그런 측면에서 개인의 규범성은 모든 규범적 집합들에 대해 동등한 성취가 아니다. 낱말들이 규범적 집합들에 속한다는 점을 학습하는 것(과 그들의 낱말-개념들에 있어서 그 관계를 나타내는 것)은 경험적 강화에 의존하며, 모든 집합은 사람의 발전에 있어서 다른 시점에 다른 문맥에서 다른 정도로 등등 강화될 것이다. 따라서 *cruel/kind*가 어휘적으로 대립된다(그리고 이것을 *CRUEL and KIND*에서 또는 그들 사이에서 나타낸다)는 것을 내가 알지라도, 이것은 *big/little*이 어휘적으로 대립하는 것보다 덜 명확하고(거나) 덜 현저한 지식일 것이다. 여기서 관련되는 것은 이 쌍들 안에 있는 낱말들의 상대적 빈도가 아니고[6], 그들의 공기와 그리고 반의어로서 그들의 지위에 대한 다른 강화이다. 그러므로 *inflectional*과 *derivational*은 거의 흔한 낱말이 아니지만, 나의 개인 방언에서는 분명히 규범적인 반의어들의 좋은 보기이다. 내가 형태론을 배우고 가르칠 때 그들을 함께 경험하고 나중에 반복하여 함께 사용한 적이 있기 때문에, 반의어로서 그들의 지위가 나에게는 잘 강화되고 강하게 나타난다.

2.1.4에서 원형성과 규범성의 연결이 언급되었다. 그 연결은 단지 반의관계의 "가장 좋은" 보기가 규범적일 경우이고, 원형성은 규범성의 선행조건이 아니다. *cat/dog*은 규범적 반의어이지만, 원형적 반의어는 아니다. 그 이유는 한 분류관계 층위의 극단들이나 산뜻한 양분을 나타내지 않고, 백과사전적 및 문맥적 지식이 RC-LC를 통해 그들의 관계를 확립하는 데 필요하기

---

6) Charles 외(1994: 338)는 규범적 쌍과 비-규범적 쌍의 반의관계를 평가하는 데 있어서 낱말 빈도가 실험대상자의 반응 시간을 설명해 주지 않는다는 것을 발견했다. 왜냐하면 무관한 쌍들로 분류된 동일한 낱말들은 유사하게 빠른 반응시간을 유도하지 않았기 때문이다.

때문이다. 그러나 *love/hate, big/little,* 또는 *black/white*와 같은 산뜻한 대조가 담화에서 유용하고(5.4.2를 보라), 따라서 강화될 것이기 때문에, 원형적 반의어들은 규범적 반의어들일 것 같다.

WordNet(Gross and Miller 1990; K. Miller 1998)과 같은 다른 모형들은 직접적(어휘적) 반의어와 간접적(개념적) 반의어를 구별한다(3.4.2의 그림 3.7을 보라). 이 범주들은 어휘표시에서 함께 연결된 낱말들과, 그 관계가 다른 지식, 즉 그 낱말들의 대조 의미에 관한 지식이나, 또는 낱말망의 경우 직접적 반의어들인 낱말들과 그들의 동의관계에 관한 지식을 통해 파생된 단어들을 구분한다. 현재의 접근방식에서 직접적/간접적 반의어들의 구분은 규범적/비-규범적 반의어들의 구분으로 재해석된다. 규범적 반의어들은 연상된 낱말-개념들에서 연결고리를 확립한 것들이고 비-규범적 반의어들은 RC-LC를 통해 새롭게 파생되어야 하는 것들이다. 일부 학자들은 직접적 반의관계는 어휘사전에 표시되어야 한다고 가정하는 반면에, 어휘외적 접근방식은 직접적 반의관계가 표시되어야 하지만, 언어적 지식이라기보다는 메타언어학적 지식의 일부로 표시되어야 한다고 가정한다. 직접적 반의관계와 간접적 반의관계에 대한 실험 증거도 규범적 반의관계와 저장되지 않은(파생된) 반의관계의 구분을 뒷받침한다. 그 이유는 그런 실험은 어휘적 행위에 대한 어휘내적 표시 효과와 어휘내적 표시 효과를 구분할 수 없기 때문이다. 우리가 살펴보았듯이, 그런 증거는 낱말연상에 있어서 규범적 반의어의 강세와 우세(Palermo and Jenkins 1964), 그리고 직접적 반의어들 사이에서의 우수한 점화효과(Becker 1980) 및 직접적 반의어들 사이에서 반의관계를 확인하는 뛰어난 속도(Herrmann 외 1979; Charles 외 1994)를 포함한다.

Charles, Reed, and Derryberry(1994)도 간접적 반의어의 반응 시간이 그 쌍의 의미 거리에 의해 영향을 받지만, 직접적 반의관계에 대한 반응 시간은 그렇지 않다는 것을 발견했다(유사성과 차이에 관한 더 많은 고려가 작용할 것이므로 RC-LC에 의해 예측할 수 있듯이). 그들은 직접적 반의어의 반응은 (a) 그들 사이의 연상 고리가 공기와 반복된 사용을 통해 강화되기 때문에, (b) 어휘내적 정보(직접적 반의어 연결고리를 포함한)를 반응시간 과업에서 조기에 구할 수 있어서, 직접적 반의어들이 대립되어 있다는 정보를 간접적 반의어들이 연결되어 있다고 말하는 데 필요한 개념적 연상보다 더 빨리 구할 수 있다. 그 첫 번째 이유는 이미 여기서 인정되었지만, 규범적 반의어들 사이의 연결망이 어휘내적으로 표시된다고 가정하기 때문에, 두 번째 이유는 어휘내적 접근방식에 대해 문제가 있다. 그러나 동일한 설명이 어휘외적 접근방식에서 타당하게 수정될 수 있다. 이 실험들에서 실험대상자들은 낱말의 자격으로 낱말을 생각하고 있었기 때문에, 개념적 접근에서 첫 기착지는 적절한 어휘외적 개념이다. 예컨대, *hot-cold*의 쌍을 보고 그들이 반의적인가를 결정하라는 요청을 받을 때, 어휘적 접근은 우리가 그 낱말들을 확인하는 것을 허용한다. 그러나 일단 확인하면, 우리는 그 낱말들에 관한 언어외적 정보를 찾는다(우리가 낱말-지향 과업을 행하고 있다는 것을 알고 있기 때문에). 우리의 언어외적 지식은 이 쌍이 규범적으로 대립된다는 것을 크고 분명하게 말해 준다. 이 과정은 실험대상자가 *frigid (혹한의)-steamy(고온 다습의)*와 같은 쌍을 고려해야 할 경우보다 더 빠른데, 이 때 반의적 연결은 경험적으로 강화되지 않으므로 자동적이 된다. 이 경우 실험대상자는 의미를 비교하여 그들이 최소로 다른지 결정하기 위하여 더 깊게 살펴보아야 할 것이다.

이것은 반의어들(과 아마 더 큰 대조 집합들)이 규범적 관계를 유발하는 반면에, 반의관계, 하위관계 등은 왜 그렇지 않은 것 같은가라는 문제를 남긴다. 공기 빈도가 주된 요인이고, 공기 유형은 다른 한 요인이다. 반의관계는 이분적 관계이므로, 우리가 한 낱말을 그 반의어와 함께 사용하고 싶을 때, 우리의 선택은 한정되어 있는 반면에, 동의관계나 하위관계에 대해서는 그 선택이 크다. 만약 우리가 *fat(살찐)*과 그 반의어를 사용하고 싶으면, 우리의 선택은 한 특정한 개념과, 그리고 그것을 나타내는 동의어들(*thin*<여윈>, *skinny*<피골이 상접한>, *slender*<호리호리한>)로 한정된다. 그러나 그 선택은 반의관계의 이분적 성격과 RC-LC의 작용방식에 의해 한층 더 축소된다. 만약 우리가 하나의 가장 좋은 반의어를 찾고 있다면, 동의적 후보들 간의 차이는, 반의관계의 한 후보만이 남게 될 때까지, 연관되게 된다. *fat*에 대하여 우리는 *thin*을 생각할 것이다. 그 이유는 언어사용역이 유사하고, 형태적으로 단순하며, 내포적 중립성이 있기 때문이다(*slender*는 긍정적 내포의미를 가지고, *skinny*는 부정적 내포의미를 가진다).[7] 따라서 만약 반의어들을 근접하게 사용할 이유가 있다면(그런데 이유가 있다 ─ 5.4.2를 보라), *fat*과 *thin*은 십중팔구 공기할 것 같다. 동의어들을 함께 사용할 이유(강조와 반복의 회피와 같은)가 있는 반면에, 완벽한 동의어들의 결여는 동일한 동의어들이 문맥들에 걸쳐 적절하지 않을 것임을 의미한다. 그래서 내가 (공장, 주택지역 등의) 지역 설정법에 관한 대화에서 *house*와 *building*을 교대로 사용하는 반면에, 내가 사는 곳에 관한 대화에서 *house*와 *home*을 교대로 사용할 것이다. 마찬가지로, 상위어들과 하위어들이 공기하지만, 어떤 하위어가 그 상위어와 공기하는가는 문맥에 따라 가변적이다. *parrot*은 *Parrots are talking birds*(앵무새는 말하는 새이다)에서 *bird*와 공기할 것이지만, *bird*는 다른 문맥들에서 *chicken*과 공기할 것이다. 이 경우, 우리는 단일 방향의 연상을 경험할 것인데, *parrot*은 *bird*(parrot에 관해 얘기하는 것은 bird에 관해 얘기하는 것을 함의하므로)와 단일 방향의 연상이 되지만, *bird*는 반드시 *parrot*(다른 하위어라기보다는)과 단일 방향의 연상이 되지는 않을 것이다. 반의관계의 상대적 대칭은 그들의 강화에 대해 더 많은 기회를 허용한다.

---

7) *fat*은 부정적인 내포적 의미를 지닌다고 생각될 것이지만, 이것은 사람들에게 적용될 경우뿐이다. 예컨대, fat book(두툼한 책)과 fat wallet(두둑한 지갑)이 항상, 또는 심지어 판에 박힌 듯이 나쁜 것은 아니다.

5.2 반의어들과 대조집합들의 특성

동의관계는 재귀적이고, 대칭적이며, 이행적이라고 주장되어 온 반면에 (제4장을 보라), 반의관계는 반재귀적이고, 대칭적이며, 비이행적이라고 주장되어 왔다(Evens 외 1980). 한 어휘단위가 그 자신의 반의어가 될 수 없으므로, 반의어들은 반재귀적이다.8) 반의어들은 논리적으로 대칭적인(만약 A가 B의 대립어이면, B도 A는 대립어이다) 반면에, 5.2.2에서 논의하겠지만, 반의어들이 항상 대칭적으로 분포되거나 인식되는 것은 아니다. 이행성은 이분적 반의어 쌍들에 적용되지 않는다. 예컨대, *tall*은 *short*의 대립어이고, *short*는 *long*의 대립어이지만, 이것이 *tall*을 *long*의 대립어로 만드는 것은 아니다. 매우 엄격한 상황에서 이행성은 더 큰 대조집합에서 적용될 것이지만(만약 *red*가 *yellow*와 대조되고, *yellow*가 *green*과 대조되면, *red*는 *green*과 대조를 이룬다), 대조집합이 동의적이거나 중첩적인 원소들을 포함하지 않을 때만 가능하다.

본 절의 나머지 부분에서는 반의관계의 특별한 두 특성(이분성과 유표성)을 다룰 것이다. 그 두 특성은 반의어들에 필요한 특성이라고 주장되어 왔다. 이분성에 대해 5.2.1은 이 특성이 비-양분적 원리인 RC-LC와 상호작용하는 방식을 다룰 것이다. 유표성 관계에 대하여 그 관계가 어휘내적으로 명시된다는 주장이 5.2.2에서 조사되고 반박될 것이다.

5.2.1 이분성: 대립 대 대조

반의관계는 이분성에 의해 정의된다. 더 큰 대조집합들은 다수인 반면에, 반의관계의 일-대-일 대립에는 특별한 것이 있고, 어떤 이분적 집합도 대립적인 것으로 보일 수 있다. McNeill(1997: 199)이 언급했듯이, "차이의 관점

---

8) 그러나 한 낱말 형태는 대립되는 두 의의를 나타낼 수 있다. 5.1.1을 보라.

에서 생각하고, 그 차이를 유의미적으로 만들기 위해 대립의 장을 만드는 것은 인간 사고의 일반적 능력이며, 단지 대조들만이 어휘체계 속에서 구체화되는 것은 아니다." 어휘대립은 더 깊은(여기서 연구할 수 있는 것보다 훨씬 더 깊은) 인지과정들을 반영한다. 여기서 다루는 것은 이분적 반의어들의 유형을 확인하고, 다른 어휘관계들과는 반대로 이분성이 의미대조에 특별한 이유를 살피는 것이다.

RC는 대조집합들의 크기를 명시하지 않으므로 이분성에 관해 아무런 언급도 하지 않는다. 이 접근방식의 초기 버전들(Murphy 1995, 2000)은 두 가지 원리, 즉 대조에 의한 원리(Relation by Contrast: RC)와 대립에 의한 원리(RO: Relation by Opposition)를 포함한다. RO는 대조집합의 원소 수를 둘로 제한한다는 점을 제외하고 RC와 똑같았다. RC의 이분적 버전의 첨가가 이분성을 설명하는 데 아무 도움을 주지 않고 기술만 하기 때문에, 여기서 RO는 폐기되었다. 현재의 모습으로 어휘외적 접근방식은 이분성이 무엇보다 중요한 인지적 관심사로 가정하는데, 이것은 연산에서 항목들의 수를 제약하는 것에 대한 선호와 같은 비-언어적 요인들에 의해 유발될 것이다. 기저의 또는 외부의 힘이 낱말들에 대한 이분적 대립을 강요하며, RC-LC는 어느 항목이 이분적 조건에서 대립어로 선호되는가를 결정하는 수단을 제공한다.

이분성은 대조에 본질적인 것이므로, RC를 복귀시켜 기본적인 관계원리로 만들려는 유혹에 빠지기 쉬울 것이다. 만약 이것이 사실이라면, 더 큰 집합은 그 집합 안에서 RO를 쌍들에 반복 적용함으로써 만들어질 것이다. 만약 그 집합이 이행적이면, 분류관계적 층위를 구성한다. 예컨대, 대조집합 *solid/liquid/gas* 대신에, 우리는 {*solid/liquid, liquid/gas, gas/solid*}를 가지게 될 것이다. 확실히 어떤 관계에 대해서도 우리는 때때로 그들의 기원이 쌍에 근거한 것처럼 행동할 것이다. 예를 들어, 사람들은 "*sofa, couch,* 그리고 *divan*은 동의어이다"(*sofa=couch=divan*)라고 말하기보다는 "*sofa*와 *divan*은

*couch*의 동의어이다"(*sofa=couch* 그리고 *divan=couch*)라고 말할 것이다. 그러나 RC가 이분적 대조도 허용하면서 더 큰 대조집합을 설명하기 때문에, 여기서는 RO보다 선호된다. 또 한편, 이분성에 대한 선호는 관계원리보다 더 깊다고 가정할 만한 가치가 있으므로 관계원리는 이분성의 영향을 받지만, 그 반대는 성립하지 않는다.

어휘대조에서 이분성은 많은 방식으로 나타날 수 있다. 가장 간단한 것은 동시 발생이다. 만약 두 항목만 대조집합에 속하는 일이 일어나면, 그 두 항목은 자동적으로 반의적이다. 예를 들어, 인간에게는 두 유형의 limb(수족)이 있어서, *arm*과 *leg*이 범주 HUMAN LIMB의 유일한 원소들이 됨으로써 자동적으로 대조를 이룬다. 다른 어휘관계들은 동시에 이분적 쌍들에 속할 것 같지 않다. 비대칭적 관계(하위관계, 부분전체관계)에 대하여, 일-대-일 관계를 가져도 별 의의가 없다. 만약 한 낱말이 단 한 개의 하위어나 부분·전체어(meronym)를 가지면, 그 낱말은 그 상위어나 부분적 전체어(holonym)와 동의적일 것 같다. 따라서 불필요할 뿐만 아니라 분명히 하위어나 부분·전체어가 아니다. 두 개의 완벽한 동의어가 우연하게 존재할 수 있는 반면에, 화용력(pragmatic force)은 그 둘이 완벽한 동의어로 생존하는 것에 반대로 작용한다. 범주 근사-동의어(NEAR-SYNONYM)의 퍼지성(fuzziness)은 근사-동의어 집합이 어떤 특정 원소로만 제약되지 않는다는 것을 의미한다.

동시에 이분적인 대조집합은 Cruse(2000c)에 의하면 원형적인 대립을 이루지 않는다. Cruse는 대립어가 이상적이게도 본질적으로, 즉 어떤 논리적 필요성에 의해 이분적이라고 주장한다. 우리의 두 번째 유형의 이분성(척도 <scalar> 대립어: 어떤 특성의 많고 적음이 측정되는)에 대해서도 마찬가지이다. 척도 대립어들은 일차원 척도상에서 대립방향을 기술한다. 일차원은 두 방향만 허용하므로, *tall/short, wide/narrow, warm/cool*에서처럼, 이분적 대립은 자연적으로 발생한다(더 명확한 논의에 대해서는 Bierwisch 1989, Murphy 1995를 보라).

부정의 본질적으로 이분적인 성격(*yes/no*)은 제삼의 이분적 대조를 허용한다. 형태적으로 풍부한 언어에 있어서 대립 낱말들이 *blue/non-blue, logical/illogical, safe/unsafe*에서처럼 부정형태론을 통하여 만들어질 수 있다. 이 대립들은 RC에 의해 매끈하게 설명될 수 있다. 왜냐하면 그 낱말들은, 그 어간의 의미적 및 음성적 재료를 공유한다는 점에서, 아주 유사하기 때문이다. 5.4.1은 형태적 반의어들을 더 심도 있게 다룰 것이다.

마지막 유형의 이분성은 이분성 그 자체를 위한 이분성이다. 그런 경우에 최소 세 항목을 대조를 위해 구할 수 있지만, 그중 둘은 반의어로 특권이 주어진 것이다. 우리는 미각(*sweet/sour*), 감정(*happy/sad*), 그리고 색채 형용사(*red/green, red/blue* 등)를 포함하여, 그런 경우를 여러 번 보았다. RC-LC는 최대 유사성과 최소 이질성의 요건을 통하여 어떤 쌍들의 특권화를 설명해 준다. 그래서 *happy*는 *sad*와, 그리고 *angry*는 *surprised* 및 *frightened*와 대조를 이루는 반면에, (다른 이유보다도 먼저) *happy*와 *sad*는 역전된 얼굴 표정(미소/찡그림)과 자세(상/하)를 가진 상태를 반영하므로, *happy*는 *sad*와 가장 많은 것을 공유하고 있는 것 같다.[9] *happy/angry*가 몇몇 문맥에서 유용한 대조를 이루는 반면에, 중립 문맥에서 *happy*와 *sad*는 이 분명한 특성들을 공통적으로 가진다. 따라서 대립어로 선호된다. 만약 중립 또는 특정 문맥에서 하나 이상의 잠재적 반의어가 모든 관련된 특성들에 대해 유사하면, 가능한 반의어의 수를 하나로 줄이기 위해 더 많은 특성들이 관련될 것이다. 이 줄여진 제품의 모양은 사람마다, 그리고 문맥마다 다양할 것이다. 그래서 RC-LC는 *What is the opposite of X?*(*X*의 대립어는 무엇인가?)라는 질문에 대한 하나 이상의 "올바른" 답을 제공할 수 있을 것이다. 우리는 앞의 색채 대립에서 이것을 알았다. *blue*의 대립어는 *red*(그들은 깃발의 색이므로), 또는 *orange*(그들은 색상환<色相環>에서 서로 대립적인

---

9) 그리고 어떤 대칭도 유사성을 포함하므로, 비록 역전된 표현들이 다르지만 그들은 유사하다.

위치에 있으므로), 또는 *gray*(그들은 둘 다 하늘을 나타내는 색이므로)일 것이다.

"속성 유사물"(3.5.1을 보라)에 관해 Chaffin and Herrmann(1987)이 발견한 내용은 유사성과 차이의 관련성(또는 무관성)이 대조되는 항목들의 집합을 둘로 제약함으로써 영향을 받는다는 것을 확인해 준다. 관련 유형에 따라 낱말 쌍들을 선택할 때, 실험대상자들은 Chaffin and Herrmamm이 예측한 그룹인 동의어들이라기보다는 반의어들과 *rake/fork*와 *movie/painting*처럼 속성 유사물들을 한 그룹으로 규칙적으로 분류했다. 따라서 이분성이 문맥적으로 부과되는 경우, 일반적 유사성보다 최소 차이에 초점을 맞추는 것이 더 자연스럽다. 이것은 비교되는 항목들 사이의 유사성이 그들의 차이에 현저한 대조를 부여한다는 Gentner and Markman(1994)의 발견 내용과 일치한다. 현재의 설명에서, 반의관계에서의 유사성은 차이에 초점을 맞추는 것에 대한 배경을 제공한다. 그래서 인공적 실험 배경(모든 항목이 이분적 집합의 일부인)에서 *rake*는 *fork*의 대립어로 사람들이 보통 좀처럼 제안하지 않을 그런 종류의 것인 반면에, 그들은 지시적으로 양립할 수 없지만 다른 방식으로는 유사하다는 점에서 최소로 다르다.

이 분석은 Medin, Goldstone, and Gentner(1993)의 실험에 의해 증명되었다. 그들은 실험대상자들이 쌍으로 제시되었을 때, *black*과 *white*를 "매우 유사하지 않은"으로 평가한다는 것을 발견했다; 그러나 *red*가 추가되어 세 개 한 벌로 제시되었을 때, *black*과 *white*는 유사하다고 평가되었다. 전자의 상황에서, 실험대상자들은 그 쌍 안에서 최소의 차이를 찾았고, 그 차이는 주의를 흩뜨리게 하는 요소의 결여에 의해 부각된다. 후자의 상황에서, *black*과 *white*는 서로서로에 대하여 최소의 차이를 가지고, *red*에 대해서는 더 많은 차이를 가짐으로 유사하다. 그러면 차이에 대한 지각은 이분성에 의해 고양되는데, 이것은 이분성이 반의어 관계에 대해 특별한 이유를 설명하는 데 기여한다. 또한 이것은 "우연하게" 이분적인 쌍(*arm/leg*)들이 대립어인 것같이 보이는 이유도 설명해 준다(비록 그들이 논리적 반의관계의 기준들을 충족시키지 못할지라도. 5.3을 보라).

5.2.2 대칭성과 유표성

반의관계가 상호적인 반면에, 한 반의어 쌍의 원소들은 언어적 문맥이나 화자의 행위에서 대칭적 분포를 나타내지 않을 것이다. 이것은 낱말 A가 그 반의어 B를 유도하지만, B가 A를 동일한 정도로 유도하지 않을, 낱말연상 과업에서 알 수 있다. 예컨대, *table*의 가장 일반적인 반응은 Minnesota 규범에서 실험대상자들의 83.3%가 *chair*라고 했지만(Jenkins 1970), 그 반대의 경우는 49%에 불과했다. 이 비대칭의 일부는 그 낱말들이 기술하는 사물들 간의 비대칭성에 기인한다. 예를 들면, 사람들이 테이블을 사용할 때 보통 의자도 사용하므로 *table*은 *chair*를 유도한다. 라운지나 대기실에서처럼, 종종 테이블 없이 의자가 있을 수 있으므로, *chair*는 *table*을 유도할 확률이 낮다.

일부 이론가들(Justeson and Katz 1991)은 두 낱말이 반의어라는 지식의 습득을 설명하기 위해 반의어들이 (특별하게 대칭적인) 구조에서 공기하는 경향을 이용했다. Fellbaum(1995)은 (5)에서처럼 많은 그런 구조를 확인했고, Jones(2002)는 더 많이 확인했다.

> (5) a. *x and y* : 사(공)기업들 그리고 공(사)기업들
> b. *from x to y* : 뒤(앞)에서 앞(뒤)으로
> c. *x or y* : 살아 있는(죽은) 또는 죽은(살아 있는) 모든 언어

이 구조들에서 x와 y는 대칭적으로 위치해 있고 어느 정도 역전이 가능하다. 만약 역전이 불가능하면, 그것은 그 구가 역전이 불가능한 이항어로서 어휘화되거나, 또는 그 항들 중 하나가 나머지 하나에 대해 의미적으로

유표적(marked)이기 (그리고 따라서 두 번째로 발생하기) 때문일 것이다.

유표성(markedness)은 반의적 관계에 있어서 분포적 비대칭성의 주요 근원이다.[10] 일부 학자들(Vendler 1963; Givón 1970; Ljung 1974; Handke 1995)은 반의관계(더 구체적으로 표현하면, 등급매길 수 있는 반대관계 - 5.3.1을 보라)를 유표적 항목들과 무표적 항목들 간의 관계로 규정하기까지 했다. 유표성 구분은, 유표적 형용사(*young, short, bad*)와 무표적 형용사(*old, long, good*)들이 분포적 비대칭성을 이루는, 등급매길 수 있는 형용사들에서 크게 두드러진다. Lehre(1985)는 보통의 등급매길 수 있는 반의어 쌍들의 80%가 유표성 구분을 지니고 있다는 것을 발견했다.

다른 이론가들은 한 쌍의 어떤 원소가 유표적이고 또 어떤 원소가 무표적인가를 결정하는 다른 기준들을 사용하는 반면에, 가장 일반적인 기준은 유표 항목은 중립적으로, 즉 유표항목과 같은 특별한 의미 내용 없이 사용된다는 것이다. Lehrer(1985: 400)는 반의적 형용사들에 대해 중화가 발생하는 가장 일반적 방식을 열거한다.

I. 무표원소는 의문문에서 중화된다(*How tall/#short is he?*).

II. 무표원소는 명사화에서 중화된다(*warmth/#coolth*).

III. 무표원소만이 측정구에 나타난다(*three feet tall/#short*).

IV. 만일 한 원소가 반의어에 첨가된 접사로 구성되면, 그 접사 형태는 유표적이다(*happy/unhappy*).

V. 무표원소만이 비율과 공기할 수 있다(*twice as old/#young*).

VI. 무표원소는 평가에 있어서 긍정적인 반면에, 유표원소는 평가에 있어서 부정적이다(*good/bad*).

VII. 무표원소는 양이 더 많은 것을 나타낸다(*big/little*).

VIII. 만일 비대칭적 함의관계가 존재하면, 무표원소는 덜 편향적(biased)이거나 덜 언명적(committed)인 것 같다(*X is better than Y*: X는 좋거나 나쁠 수 있다. *X is worse than Y*: X는 나쁨<좋지 않음>에 틀림없다.)

---

10) 언어학에 있어서 유표성의 좋은 연구는 Battistella(1996)을 보라.

어떤 단일의 무표적 형용사도 이 모든 중화된 분포에서 발생하지 않아야 하지만, 가장 무표적인 특성을 나타내는 한 쌍의 어느 원소도 무표적 원소이 다. 그러면 모든 무표항목이 이 특성들의 동일한 집합을 가지는 것은 아니다.

이론가들은 유표성 이론이 이런 분포적 차이를 설명해 주는가 또는 단순 히 기술하는가에 대해 의견이 다르다. 몇몇 이론가들(Cruse 1986; Lehrer 1985)은 유표성은 (최소한 때때로) 어휘적으로 특이하다[11]고 주장하는 반면 에, 다른 몇몇 이론가들(Bartsch and Vennemann 1972; Rusiecki 1985)은 동기 를 부여하는 어떤 주장도 내어 놓지 않으면서, 유표성을 한 어휘자질로 단순 히 취급했다. 유표성을 어휘자질로 표시하는 것은 어휘사전에 반의관계를 표시하는 것과 동등하다. 그 이유는 낱말들은 그 자체로 또는 저절로 유표적 이거나 무표적이지 않지만, 서로 관련하여 유(무)표적이기 때문이다. 예컨 대, *tall*이 무표항목이라고 말하는 것으로 충분하지 않다 — 그 대신에 *tall*은 *short*에 대하여 무표적이라고 말해야 한다. 따라서 한 언어 항목은 어떤 다 른 항목에 대해 유표적일 수 있지만, 또 다른 어떤 항목에 대해서는 무표적 이다. 그래서 *tall*과 *short*의 유표적 특성을 어휘적으로 표시하기 위하여, 그 두 낱말은 어휘적으로 관련되어야 한다.

유표성(과 그리고 간접적으로 반의관계)을 어휘사전에 표시하자는 제안 의 한 가지 문제는 자연성(문법성과는 대조적으로)의 의미 영역에서 분명하 듯이, 유표성은 문맥의존적이다. 예컨대, 영어에서 남성이 무표적이고 여성 은 유표적이라고 일반적으로 주장되는(Leech 1974; Moulton 1981) 반면에, 전형적으로 여성의 직업을 가리킬 때 여성이 무표적이고 남성은 유표적이 다. 그래서 예컨대, *nurse(간호사)*, *prostitute(창녀)*, *secretary(비서)*는, *male nurse*에서처럼 남성을 외현적으로 표시하는 빈도(와 그리고 일부 사람들이

---

11) 한 다른 보기는 Bierwisch(1967)가, [+/− UNMARKED]와 동등하고 따라서 유표성이란 용어를 사용한 것과 동일한 비판을 받는, [+/− POL](polarity: 극성)이란 자질을 사용한 것이다(특히 Bierwisch(1967)의 비판에 대해서는 Teller(1969)와 Mettinger(1994)를 보라).

말하겠지만, 필요성)에 의해 입증되듯이, 여성에 대해 무표적이다. 무표로서 *male*의 그리고 유표로서 *female*의 어휘내적 표시는 다른 문맥들에서 그들의 분포를 올바르게 예측할 수 없을 것이다.

비록 우리가 낱말들이 유표적이거나 무표적이라고 말하지만, 그리고 유표성의 증거가 언어 자료에서 찾을 수 있지만, 이분성이 어휘적 특성이거나 언어적 특성이라고 믿을 만한 이유가 없듯이, 유표성 이론에서 언급된 비대칭성이 언어지식에 표시된다고 믿을 만한 이유도 없다. 만약 낱말들이 의미적으로 유표/무표 대조를 이루면, 그것은 그들이 나타내는 개념들이나 지시대상물들이 절대적으로 대칭적인 관계를 이루지 않기 때문이다. 예를 들어, 측정 형용사들 중에서 큰 양(높이, 넓이, 크기 등에서)을 나타내는 모든 형용사들은 무표적이고, 작은 양을 나타내는 형용사들은 유표적이다. 이 반의어 쌍들의 비대칭적 분포는 그들이 기술하는 측정 척도의 성질로부터 예측할 수 있다. 어떤 것이 *tall*인가 *short*인가 하는 것은 그 높이가 문맥적으로 결정된 중화점(N)에 관하여 척도의 *tall* 방향인가 *short* 방향인가에 의존한다. 그러나 *tall*은 영점(즉, 높이가 없는 점)에서 멀어져 가는 방향을 기술하는 반면에, *short*는 아래 (6)에서처럼 영점으로 다가가는 방향을 기술한다.

(6) 높이 척도
   <short　　　　　　*tall>*
   0 ——— (N) ——→ ∞

따라서 그 둘이 중화점(*I am tall*과 같은 문장에 대해)과 관련하여 방향을 기술하는 그 정도로, 그들의 의미는 대칭적이다. 그러나 그들은 (7)에서처럼 중화점이라기보다는 영점에서부터의 측정을 요구하는 문맥에서 비대칭적이다.

(7) a. How tall/#short is it?(그것은 얼마나 큰가?)
   b. It is six feet tall/#short.[12](그것은 6피트이다.)

이런 경우에, *short*는 용인될 수 없다. 왜냐하면 측정은 무한대까지 뻗어 있는 척도의 끝에서 출발할 수 없기 때문이다(그 면에는 끝이 없으므로). 이 척도들은 측정이 작용하는 방식에 관한 우리의 개념적 지식의 일부이므로, 연상되는 형용사들의 유표성 지위는 어휘적 정보보다 더 깊은 근원을 갖고 있다. 이 유표성의 개념적(어휘적이라기보다는) 기초는 이 관계들의 보편성에 의해 강조된다. 어떤 언어도 TALL을 나타내는 낱말과 관련하여 유표적이지 않은 SHORT(상대적 값으로서)를 나타내는 낱말을 가지고 있지 않다(Wirth 1983). 마찬가지로, 긍정적으로 평가된 속성들은 일반적으로 무표적인데(Lehrer의 기준에서 언급했듯이), 이것 때문에 일부 학자들은 언어 경계를 초월하는 Pollyanna 가설을 제안하게 되었다(Boucher and Osgood 1969; Osgood and Houssain 1983). 비-보편적인 유표성 관계들은 문화특정적인 개념적 비대칭성에 유래한다. MALE과 FEMALE의 가변적 관계가 그것의 한 예이다.

어휘사전에 유표성 관계를 표시하는 것(예, [±MARKED])은 언어적 문맥에서 반의어들의 비대칭적 분포를 설명할 필요에서 유래했다. 그러나 그 분포들은 반의어 집합 안의 개별 낱말들의 의미구조들에 의해 예측이 가능할 뿐만 아니라(앞의 *tall/short*에 대해서처럼), 유표/무표 표지를 어휘내항에 첨가하는 것은 어떤 특정 술어의 분포 패턴에 많은 예측력을 제공하지 않는다. 예컨대, *tall*은 *short*에 대해 무표적이고, *three feet tall*과 같은 측정 구에서 발견된다. 그러나 *heavy*는 *light*에 대해 무표적이지만, 측정 구에서는 발견되지 않는다(#*three tons heavy*). 그럼에도 불구하고, 그 둘은 일부 접근 방식에서 단순히 [+MARKED]로 취급된다. 변이를 극복하기 위해, Lehrer(1985: 422-3)는 어휘내항이 반의적 형용사들의 분포에 관해 훨씬 더 특정한 정보를 포함한다는 가설을 제안한다: "반의어를 가진 각 낱말에

---

12) 나는 'six feet too short'를 의미하는 *six feet short*의 해석을 무시한다. 왜냐하면 이것은 *six feet tall*의 대립어가 아니고, *six feet too tall*의 대립어이기 때문이다.

대한 어휘내항은 . . . 대립의 중화가 중화의 가능성이 일반 원리에서 도출되지 않는 경우에만 발생하는지, 그리고 언제 발생하는지를 진술할 것이다."
그러나 한 다른 접근방식은 이 모든 분포 패턴이 일반적인 인지 원리와 개념적 표시에서 도출된다는 가설을 제안한다. 이 접근방식에 의하면, 만약 분포 패턴이 관련된 개념적 표시와 화용적 요인에 의해서 설명될 것 같이 보이지 않으면, 우리는 그 개념들이 구조화되는 방식에 관하여 아직까지 충분할 정도로 정확하게, 또는 깊게 이해하지 못한다고 가정한다. 실제로, 어휘내적 자질에 의지하지 않고 반의적 형용사의 비대칭적 분포를 예측하는 것은 상당히 간단하다(Murphy 1994; Kennedy 1999).

마지막으로 유표성 자질에 의해 반의관계를 정의하거나 설명하는 것은 모든 반의적 쌍이 다 비대칭적 분포를 가지지는 않는다는 사실을 무시하는 것이다. 예컨대, *warm*은 *warmth*로 명사화되기 때문에 *cool*에 대해 무표적이다.13) 또한 *hot*과 *cold*도 상대방보다 더 중화적이지 않다. 그 둘은 명사화될 수 있고(*heat, cold*), *how*-의문문과 측정구 등에서 대칭적 분포를 가진다.14) 반의관계를 어휘사전에 표시된 유표성 관계로 취급하는 것은 이 경우에 언어학적으로 불필요하고 방어가 불가능할 것이다.

요약하고 결론을 내리면, 반의관계는 논리적으로 대칭적인 반면에, 낱말-연상 증거는 특정한 반의관계가 방향적으로 머릿속에 저장된다는 것을 보여 준다. 규범적 반의어들에 대해, 이것은 *TABLE*에서 *CHAIR*로의 방향적

---

13) 그러나 낱말 *coolth*를 생각할 수 없는 것은 아니다. 비록 그 낱말이 고어체라는 것을 허용할지라도, *The Oxford English Dictionary*(1989)에는 1547년부터 1965년까지 그것의 인용 보기들('coolness'로 정의된)이 있다.

14) 비록 *hot*이 *cold*에 대해 무표적 분포를 보여 주지 않지만, 일부 이론가들은 유표/무표 구분을 부과한다. 예컨대, Dixon(1982: 18)에 의하면, *hot*은 *cold*에 대해 "명료하게 무표적"이지만, 이 판단을 뒷받침하는 어떤 증거도 제시하지 않는다. 흥미롭게도, 중국어의 복합어 *lěng-rè*('온도': 역주 <한자로는 冷熱이다>)에서 'cold'를 나타내는 낱말이 'hot'을 나타내는 낱말에 선행한다. 중국어의 반의적 복합어에서는 유표항이 두 번째 자리에 나타나야 하므로(Li and Thompson 1981 - 5.4.5를 보라), 이것은 COLD에 대하여 HOT이 무표적이라는 것에 반대되는 증거이다.

연결이 *CHAIR*에서 *TABLE*로의 방향적 연결보다 더 강한 것으로 표시될 수 있다.

유표/무표 쌍들의 비대칭적 분포는 그들의 비대칭적 의미구조나 그들의 동등하지 않은 문화적 지위를 보여 준다. 일부 학자들이 반의관계를 정의하고 유표성을 어휘사전에 표시하려는 수단으로 유표성 관계들을 이용하려고 시도했지만, 그런 노력은 다음과 같은 이유로 완전히 실패했다. (a) 언어적 문맥에서 유표성 행위는 개념적 정보로부터 예측할 수 있고, 따라서 어휘사전에 포함시키기에는 부적절하다. (b) 단순한 어휘내적 표시인 [±MARKED]는 유표적/무표적 분포 현상의 다양성을 설명하는 데 충분하지 못하다. (c) 모든 반의적 쌍이 다 분포적 비대칭성을 나타내는 것은 아니다. 다른 한편으로, 많은 반의어 쌍이 비-대칭적 분포를 나타낸다는 사실은 계열적 관계에 있는 낱말들(특히, 의미 집합의 원소들)이 모든 문맥에서 서로에 대해 대치할 수 있어야 한다는 전통적인 개념이 거짓이라는 것을 보여 준다.

5.3 반의관계(와 대조)의 유형

지난 세기에 어휘대립에 관한 많은 연구는 대립어들을 정의하고 그 하위유형들을 구분하는 일에 집중했다. 대립의 분류관계들은 그들이 확인하는 하위유형들의 수에 있어서 다양하고, 그 하위유형들이 또 하위유형들을 가질 것이다. 어느 정도, 의미론 학자들은 많은 대립 유형들을 구분했어야만 했다. 왜냐하면 반의관계에 대한 그들의 정의는 본질상 논리적이었고, 모든 대립어 쌍들이 다 동일한 논리적 관계를 맺지 않기 때문이다. 따라서 예컨대, *parent/child*의 대립은 *Nancy is John's parent*와 *John is Nancy's child* 간의 함의관계에 기여하는 반면에, *brother/sister*의 대립은 *David is Bill's brother*과 *Bill is David's sister* 간의 함의관계를 강요하지 않는다.

   그러나 논리적 정의는 반의관계와 대조에 대한 화자의 판단을 설명하는 데 거의 쓸모가 없다. 이 하위유형들의 성격을 이해하는 것이 어떤 종류의 함의를 이해하는 데 관련이 있는 반면에, 메타언어학적 개념으로서의 어휘 관계를 이해하는 데는 특별한 관계가 없다. Cruse(1994)가 언급하듯이, 직관적으로 실제적인 대립성(일반적인 범주로서)의 관계는 논리적 정의에 전혀 도움이 되지 않는다. 대립에 대한 비논리적이고, 원형에 근거한 정의를 추구하면서, Cruse는 "그 전체적 범주는 원어민 화자들이 분명한 직관을 가진 범주이므로", 대립어의 원형범주가 유용하지만 그 하위유형들은 논리적 정의에 더 적합하다는 결론을 내린다(1994: 178). 이것은 순진한 실험 대상자들이 반의관계(와 일반적으로 대조)를 모든 다른 관계와 매우 다르게 지각하는 반면에, 그들은 반의관계의 하위유형들을 쉽게 구분하지 못한다는 Chaffin and Herrmann(1984)의 발견 내용과 일치한다.

   5.3.1에서 5.3.3까지 반의어 분류관계의 일반적인 문제들뿐만 아니라, 어휘외적 접근방식과 비교하여 그들의 지위를 언급하면서, 논리적 대립의 몇몇 주요범주들이 확인될 것이다. Lyons(1977)와 Cruse(1986)의 반의어 분류관계는 영어를 사용하는 언어학계에서 확실히 가장 많이 인용되는 것이다. 그래서 그들의 범주와 정의는 "표준"으로 표시된다. 반의어 유형이 문헌에서 잘 논의되는 반면에, 비-이분적 의미 대조관계의 분류관계를 시도해 본 학자는 거의 없다. 몇몇 대립어 유형은 일반적 대조 유형일 수 있는데, 이것은 관련된 여러 절에서 언급된다. 반의관계의 어휘내적 표시를 가정하는 접근방식들 중에서 일부 접근방식(예, Cruse 1986)은, 어떤 반의어 쌍도 이용할 수 있는 분포와 함의에 관한 올바른 예측을 하기 위해, 그런 어휘내적 연결이 반의적 유형이나 하위유형에 따라 확인될 수 있음에 틀림없다고 주장했다(그리고 다른 일부 접근방식은 가정했다). 아래에서 논의되겠지만, 그런 어휘내적 명시화는 불필요하고 역효과를 낳을 수 있다.

5.3.1 고전적 반의관계: 등급매길 수 있는 반대어(contrary)

이미 언급했다시피, (특히) Lyons(1977)를 이어서 많은 이론가들은 *반의어(antonym)*란 용어의 사용을 등급매길 수 있고 반대인 반의어들의 하위집합에 한정한다. 확실히 등급매길 수 있는 반대어들(예, *big/little, good/bad, loud/soft*)은 이분적 어휘대조 현상을 특별히 대표하는 것 같다.

만약 한 술어가 더 크거나 더 낮은 정도로 적용될 수 있는 특성(또는 상태 또는 행동 등)을 묘사하면, 그 술어는 등급매길 수 있는 것으로 간주된다. 등급매길 수 있는 낱말들은 독특하게 정도수식어(*very*나 *slightly*< 약간, 조금>와 같은)를 취할 수 있고, 비교급 구문과 최상급 구문에 사용될 수 있다 (Sapir 1944; Bolinger 1967; Paradis 1997을 보라). 그래서 우리는 (8)의 *long, productive(생산적인)*와 같은 형용사들은 등급매길 수 있는 있는 반면에, (9)의 *inflectional(굴절의), extinct(소멸된)*와 같은 형용사는 일반적으로 그렇지 않다는 것을 알 수 있다. (특이한 경우는 5.3.2에서 다시 다룰 것이다.)

> (8) a. That morpheme is very long and very productive.
>   (그 형태소는 매우 길고 매우 생산적이다.)
>   b. This morpheme is longer and more productive than that one.
>   (이 형태소는 그 형태소보다 더 길고 더 생산적이다.)
> (9) a. #That morpheme is very inflectional and very extinct.
>   (#그 형태소는 매우 굴절적이고 매우 소멸된 것이다.)
>   b. #This morpheme is more inflectional/extinct than that one.
>   (#이 형태소는 저 형태소보다 더 굴절적이고/소멸된 것이다.)

등급매길 수 있는 대립어들은 전형적으로 반대 대립을 이루는데, 이것은 하나의 단언이 나머지 다른 하나의 부정을 함의한다는 것을 의미한다.[15]

---

15) 늘 그렇듯이 용어는 학자들 사이에 다양하다. 아리스토텔레스의 전통에서는 본 절에서 논의되는 반대어들이 중간(**mediate**), 약(**weak**), 또는 비논리적(**non-logical**) 반대어들이다. 이 전통에서 *반대성(contrariety)*은 다음 절에서 논의되는 상보반의어

바꿔 말하면, 만약 X가 p이면, X는 q가 아니라는 것이 맞는다면 그리고 반드시 그래야만, p와 q는 반대 대립을 이룬다(Lyons 1977). 반대어의 핵심적 특성은 (10)에서처럼 p의 단언에서 q의 부인으로의 함의가 만들어질 수 있지만, (11)에서처럼 p의 부인에서 q의 단언으로는 불가능하다는 것이다.

(10) The morpheme is long. → The morpheme is not short.
(11) The morpheme is not long. ↛ The morpheme is short.

(11)에서 문제의 형태소는 길지도 짧지도 않고 보통의 길이이므로, 함의는 실패한다. 그래서 등급매길 수 있는 반대어들은 "한 영역을 엄격하게 양분하지 않는다."(Cruse 1986: 204). 협의의 *반의관계*는 *hot/cool* 또는 *warm/frigid*처럼 반대어이지만 대칭적으로 놓이지 않은 것들이라기보다는, *hot/cold*처럼 한 척도 상에 대칭적으로 놓인 대조어들에 특별히 초점을 맞춘다. Lehrer and Lehrer(1982)는 대칭적인 등급매길 수 있는 반대어를 **완벽반의어(perfect antonym)**라고 부른다.

영어처럼 상대적으로 형용사에 중점이 주어진 언어들에서 등급매길 수 있는 반대어들은 전형적으로 형용사의 대조와 연관된다. 그러나 Sapir(1944)와 Bolinger(1967, 1972)는 등급매길 수 있는 가능성은 특정한 문법류에만 한정될 수 없는 의미적 현상이라고 주장했다. 확실히, 중국어와 같은 비-형용사 언어들은 상태동사들(예, *gao* 'to [be] tall', *hǎo* 'to [be] good')을 통하여 동일한 대조를 나타낸다. *love/hate*와 같은 영어의 어떤 동사들도 등급매길 수 있는 반대성의 전형적인 특징, 즉 (12)에서처럼 정도 수식, 비교, 그리고 단지 긍정명제로부터의 모순대조 함의를 보여 준다.

를 포함한다(Horn 1989를 보라). Leech(1981)와 Singleton(2000)은 반대성에 대해 극대립(polar opposition)이란 용어를 사용하는데, 이것은 그 용어에 대한 Cruse의 사용방식(아래에서 논의될)과 충돌한다.

(12) a. I love/hate him very much.(나는 그를 매우 많이 사랑한다/미워한다.)

　　 b. I love/hate him more than you do.

　　 　 (너가 그를 사랑하는 것보다 나는 그를 더 많이 사랑한다/미워한다.)

　　 c. I love him. → I don't hate him.

　　 　 I don't love him. ↛ I hate him.

등급매길 수 있는 반대어인 명사를 찾기는 더 어렵다. 찾을 분명한 곳은 상태나 특성을 기술하는 명사인데, 특별히 *heat/cold*처럼 등급매길 수 있는 형용사나 동사에서 파생되는 것이다. *hot*처럼 *heat*도 다양한 정도로 존재할 수 있다(*extreme*(극도의)이나 *mild*(순한, 온화한)와 같은 수식어들에 의해 분명하게 되듯이). 그리고 *hot/cold*처럼, *heat/cold*도 온도 영역을 양분하지 않는다. 그러나 특성을 기술하는 명사들 간의 반대관계는 영어의 형용사들 간의 반대관계보다 훨씬 덜 흔하다. 왜냐하면 이 개념들의 명사화는 유표성 비대칭의 지배를 받기 때문이다. 예컨대, *height*(높이)는 어휘화된 대립어를 가지지 않는다(비록 *shortness*와 같은 파생 대립어를 가질지라도). 등급매길 수 있는 형용사로부터 파생되지 않은 명사들로 되돌아가서, Larry Horn(교신)은 *hero*(영웅)/*coward*(겁장이), *genius*(천재)/*dolt*(멍청이), *giant*(거인)/*shrimp*(난쟁이)와 같은 별명처럼 일부 등급매길 수 있는 반대어 명사류 쌍을 제안한다. 등급매길 수 있는 다른 반대어들처럼, 이 쌍들에 의해 기술되지 않는 의미적 "중간 지점"이 존재한다. 그러나 이 쌍들은 거의 규범적이 아니다. 만약 우리가 *tall/short*와, 다른 명사 *giant/shrimp*를 비교하면, 전자가 훨씬 더 결정적으로 서로서로의 반의어라는 것을 알게 된다. *giant*는 *shorty*(땅딸보)나 *peewee*(매우 작은 사람)와 같은 *shrimp*의 동의어들과 대조를 이룰 것이다. 키와 관련된 별명은 (a) 키를 나타내는 기본 형용사보다 덜 빈번하게 사용되고, (b) 단일의 대립어와 신뢰할 수 있을 정도로 관련이 없으므로, 반대 형용사들은 반의어 규범에 들어갈 가능성이 더 높은 것이 당연하다.

따라서 등급매길 수 있는 형용사들이, 그들의 의미구조와 RC-LC가 주어질 경우, 반의관계의 몇몇 가장 좋은 보기를 제공한다는 것은 놀랄 만한 일이 아니다. 이것들은 대칭적 방식으로 동일한 연속체를 기술하는 낱말들이다. 등급매길 수 있는 형용사들이 기술하는 특성은 상대적으로 단순하다. 따라서 그들이 이용할 수 있는 것만큼의 많은 의미관계가 없다. 그래서 그들은 더 분명하게 반의적이다. 명사 및 동사가 기술하는 사물과 행동은 복잡하여, 그들에 관해 알아야 할 것이 많은데, 그것들은 다른 사물이나 행동, 그리고 그들을 기술하는 명사 및 동사와 유사하거나 다를 수 있다. 등급매길 수 있는 기본적인 형용사들도 반의어 위치를 두고 경쟁할 정도로 가까운 동의어들을 거의 가질 수 없으므로, 날카로운 대조를 이룬다.

등급매길 수 있는 반대어들 사이에서 다양한 하위유형을 구분할 수 있고, 관련된 척도의 모양을 이용하여 기술할 수 있다. Ogden(1967[1932]: 57)은 "참 척도(true scale)"에 근거하여 반의어들을 다음과 같이 두 부류로 구분했다: (1) "생리적이고 심리적인 형태에 있어서 최소에서 최대로 끊임없이" 증가하는 *black/white* 부류. (2) *red/green*이나 *acid/alkali*처럼 두 특성이 상호 배타적이고 등급매길 수 있지만, 단일의 척도 상에서 단순히 다른 강도가 아닌 부류. (13)에서 척도 상의 x 점에 있는 색은 척도 상의 가장 흰 점보다 "더 검다." 그러나 (14)에서는 색 y가 극단의 녹색보다 "더 붉다"라고 말하는 것은 이치에 맞지 않고, y는 단지 "더 회색에 가깝다." 그럼에도 불구하고, Ogden은 *green/red*는 색상환에서 서로 대립하므로 대립어로 간주된다고 주장한다.

(13) *white* ←———x—— *gray* ———→*black*
(14) *green* ←———y——*gray*
       gray ———→*red*

Ogden의 하위유형들은 대립하는 범주들의 특성에 근거하고 있다. 한편 Cruse(1976, 1980, 1986)는 그들의 분포에 근거하여 반대 유형의 분류관계를 만들었다. 그의 세 하위유형은, 즉 양극(polar), 중첩(overlapping), 그리고 등가(equipollent) 유형은 분포 패턴과 해석 패턴에 있어서 서로 다르게 존재한다. Cruse는 이 패턴들이 다소 자의적이라고 주장했고, 또 반대어의 이 하위유형들은 어휘내적으로 명시되어야 한다고 주장했다. 그들의 분포 패턴은 *how* 구문과 비교구문에 대하여 아래에 예시되어 있다.

(15)에 예시된 **양극반의어(polar antonym)**에는 how 의문문에 나타날 수 있는 한 원소와 그럴 수 없는 한 원소가 존재한다.

> (15) a. How long is that string? [공평함](저 끈은 얼마나 긴가?)
>
>   b. #How short is that string?16)(#저 끈은 얼마나 짧은가?)
>
>   c. This string is longer than that one, but it's still short.
>
>   (이 끈은 저 끈보다 더 길지만, 여전히 짧다.)
>
>   d. This string is shorter than that one, but it's still long.
>
>   (이 끈은 저 끈보다 더 짧지만, 여전히 길다.)

how 의문문에 나타날 수 있는 원소는 공평하게 해석된다. 바꿔 말하면, (15a)의 의문문은 끈이 길다는 것을 전제하지 않는다. 두 원소는 비교구분에서 유사하게 해석된다.

(16)에 있는 **중첩반의어(overlapping antonym)**는 분포와 해석에 있어서 더 많은 비대칭을 포함한다.

> (16) a. How good is that book? [공평함](저 책은 얼마나 좋은가?)
>
>   b. How bad is that book? [언명됨](저 책은 얼마나 나쁜가?)
>
>   c. This book is better than that one, but it's still bad.
>
>   (이 책은 저 책보다 더 좋지만, 여전히 나쁘다.)

---

16) 이 문장은 등급매길 수 있는 형용사에 제1 문장강세((15a)가 공평한 해석을 받는 동일한 강세 유형)가 주어지면 용인될 수 없다. 이 문장은 다른 운율적 유형들이 주어지면 허용된다. 그러나 그것은 반의어 하위유형들의 진단적 특성으로서 *how*-의문문의 사용에 대해서는 무관하다.

d. #?This book is worse than that one, but it's still good.
(#?이 책은 저 책보다 더 나쁘지만, 여전히 좋다.)

how 의문문에서 그 쌍의 한 원소가 공평한 해석을 받고, 다른 한 원소는 언명된(질문에 대한 답을 전제하는) 해석을 받는다. 그래서 (16a)는 그 책이 좋다는 것을 전제하지 않지만, (16b)는 그 책이 나쁘다는 것을 전제한다. 비교구문(16c-d)에서 중첩 쌍의 한 원소는 양극 부류처럼 해석될 수 있고, 다른 한 원소는 그렇게 해석될 수 없다(Cruse의 판단에 따르면).

등가반의어(equipollent antonym)는 (17)에서처럼 그 분포와 해석에 있어서 대칭적이다.

(17) a. How hot is the casserole? [언명됨](저 찜냄비는 얼마나 뜨거운가?)
  b. How cold is the casserole? [언명됨](저 찜냄비는 얼마나 차가운가?)
  c. #This casserole is hotter than that one, but it's still cold.
   (#이 찜냄비는 저 찜냄비보다 더 뜨겁지만, 여전히 차갑다.)
  d. #This casserole is colder than that one, but it's still hot.
   (#이 찜냄비는 저 찜냄비보다 더 차갑지만, 여전히 뜨겁다.)

둘은 *how* 의문문에서 언명된다. 즉, 캐서롤(찜냄비)이 뜨겁거나 차다는 것을 전제한다. 그리고 두 비교구문은 어느 것도 용인될 수 없다.

Cruse(1986)는 이 분포패턴이 그 성격에 있어서 엄격하게 의미적(또는 개념적)일 수 없다고 가정한다. 왜냐하면 다른 언어들 사이의 소위 번역 등가물은 때때로 다른 분포 패턴과 해석 패턴에서 나타나기 때문이다. 예컨대, 그는 영어의 *good*과 *bad*는 중첩 패턴인 반면에, 독어의 *gut*(좋은)과 *schlecht*(나쁜)는 양극 반의어이며; 불어의 *chaud*와 *froid*는 양극반의어인 반면에, 영어의 *hot*과 *cold*는 등가분포를 이룬다고 주장한다. 이 낱말들은 의미적으로 유사하므로 Cruse는 반의어 쌍들을 분포의 하위유형들에 할당하는 것은 자의적이고, 따라서 어휘사전에 명시되어야 한다는 결론을 내린다. 만약 반의관계가 어휘내적으로 표시되고, 반의적 형용사들의 의미들이 그들의 연상에서 나타난다고 가정하면(제3장의 동의어 · 반의어 모형에서처럼), 그런 주장은 이치에 맞다. 그러나 대립적 개념들이 반의어의 다른 하위유형들에 의해 표시될 수 있다는 사실이 반의어 하위유형들이 어휘내적으로 표시되어 있다는 것을 증명하지 않는다. 만약 낱말의 의미를 개별적으로 정의할 수 있다고 가정하면, 반의어 유형에 있어서 언어 간 변이의 원인은 자의적인 어휘외적 자질이 아니고 어떤 특정 언어에서도 표시되는 의미 차이이다. 여기가 등급매길 수 있는 술어 의미론의 모든 세부 내용을 제시하는 곳이 아니다(Bierwisch 1989, Murphy 1995를 보라). 그러나 개별 술어들의 분포(그리고 따라서 서로서로에 관련한 그들의 분포)는 (a) 술어들이 기술하고 있는 차원과 특성에 관한 사실들과, (b) 언어들 간의 어휘화 차이에 의존한다. 간략하게 *chaud/froid* 대 *hot/cold*의 예를 살펴보면, 두 집합은 의미적으로 비교할 만하지 않다. 척도의 진한 부분이 *hot/cold* 영역이고 *warm/cold*가 전체의 척도에 적용되는, (18)에서처럼, *hot/cold*는 온도 척도의 전 범위에 미치지 않는 벡터(vector: 방향량)이다.[17] 대조적으로, (19)의 *chaud/froid*는 그 의미구조에 있어서 영어의 *warm/cool*와 더 비교할 만하다.[18]

---

17) 얼른 보면, *cool*과 *warm*은 전체의 척도에 적용되는 것 같이 보이지 않을 것이다. 왜냐하면 우리는 *hot*한 것은 *not warm*하다고 주장할 것이기 때문이다. 이것은 스칼라(척도) 의미론의 문제라기보다는 스칼라 화용론의 문제이다. 만약 우리가 더 명시적 용어인 *hot*을 사용하면, 더 일반적 용어인 *warm*을 사용하지 못하게 된다. *warm*의 의미적 지위는 *hot*한 사물과 *cold*(또는 *non-hot*)한 사물간의 비교에서 분명해진다. 이 경우 우리는 다음 보기에서처럼 종종 *hot*한 사물을 *warm*으로 기술할 수 있다: *I like the hot climate of Malta. It's so much warmer than Sweden.(*나는 몰타의 더운 기후를 좋아한다. 몰타는 스웨덴보다 훨씬 더 따뜻하다.*)*

18) 영어의 *cool*로 종종 번역되는 *frais*는 훨씬 더 의미적으로 제약되어 사용된다. 그래서 영어의 *cool*이나 불어의 *chaud*(반의어로서)와 올바르게 비교될 수 없다.

(18) < *cool*   *warm* >

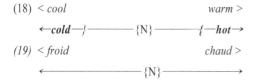

(19) < *froid*   *chaud* >

*hot/cold*는, 영어의 어휘화에 대해 척도상의 *hot* 부분에 있는 것들은 불어가 그 개념들을 어휘화하는 방식에 따라 *chaud*의 부분에 있으므로, *chaud/froid*로 해석되어야 한다.[19] 따라서 *chaud/froid*와 *hot/cold*의 분포차이는 그들이 어휘내적으로 할당받는 대립 유형에 관한 자의적 사실에 기인하기보다는 관련된 개별 개념들의 언어-특정적 어휘화에 기인한다.

요컨대, 등급매길 수 있는 반대어의 하위유형들은 대립의 다른 유형들이라기보다 의미구조의 다른 유형들에 적용되는 대립이다. 일반적인, 등급매길 수 있는 반대어에 대해서도 마찬가지라고 말할 수 있다: 등급매길 수 있는 술어들은 대립의 반대 범주에 자의적으로 할당되지 않지만, 그들이 척도 상에서 방향을 기술한다는 사실 때문에 그들은 반대적으로 대립된다. 낱말들 그 자체의 의미특성이 그들이 어떤 종류의 분포 패턴과 해석 패턴에 속하게 되는지 예측하고 RC-LC는 그런 패턴에 관계없이 그 낱말들과 대립하기 때문에, 반대관계의 어휘내적 명세나 반대관계를 예측하기 위한 별개의 원리는 불필요하다. 아래의 하위 절에서 알게 되겠지만, 반대 반의어 유형과 비-반대 반의어 유형은 중첩된다.

이제 간략하게 비-이분적 대조를 살펴보자. 반대관계는 이분적 집합에만 한정되는가? 대조집합은 *sweet/sour/salty/bitter*와 *happy/sad/angry*의 경우처럼 여러 개의 등급매길 수 있는 형용사를 포함한다. 쌍으로 살펴볼 때, 이 집합들의 원소들은 *happy/sad*와 *sweet/bitter*와 같은 반대 반의어 쌍을 제공한다. 일차원의 척도 상에서 방향을 기술하는 *long/short*와 같은 "참"

---

19) 이것은 Cruse의 보기 *gut/schlecht*에 적용되는데, 의미적으로 영어의 *good/bad*보다 *good/poor*에 더 가깝다.

반대어들과는 다르게, 이들은 다른 척도들 위에 표시되는(앞의 [14]를 보라), Ogden의 *red/green* 유형의 반의어들이다. 따라서 논리적으로 이분적 대조에만 한정되지 않는다. 감정과 미각으로 시작하여 만약 우리가 한 원소를 그 집합의 다른 원소들의 이접적(disjunctive) 목록과 대조하면, (20)에서처럼 이 대조 집합들의 원소들이 논리적인 반대관계를 이룬다고 주장할 수 있다.

(20) Mary is not happy that she's won. ↛
 (Mary는 이긴 것에 대해 행복해 하지 않는다.)
 Mary is sad or angry or (etc.) that she's won.
 (Mary는 이긴 것에 대해 슬프거나 성내거나 하지 않는다.)

(20)에서 함의의 실패는 승리에 관한 Mary의 감정에서 그녀가 언명하지 않은, 그리고 그녀가 점거하고 있는, 어떤 감정의 중간점이 있다는 것을 보여 준다. 마찬가지로, 만약 한 성분이 달면, 그 성분은 시거나, 짜거나, 쓰지 않다는 점에서, 미각 용어들(*sweet, sour, salty, bitter*)의 집합은 반대 대조집합으로 간주될 수 있다.[20] 그리고 어떤 것에는 중립적인 맛이 나거나 아무 맛도 나지 않을 수 있으므로, 달지 않다는 것은 어떤 대조되는 맛을 지니고 있다는 것을 함의하지 않는다. 따라서 반대관계를 포함하는 대조집합은 존재한다.

색채 집합으로 되돌아가서, *red/green*이 색상환에서 서로에 대해 거울 역할을 하기 때문에, 반의적으로 간주되는 반면에, *red*와 *green*은 둘 다 영어의 다른 기본색채 용어와 대조를 이루고, 특히 (21)에서처럼 다른 기본 유채색

---

20) 달콤쌉쌀한 맛과 달콤하고-신 맛과 같은 복잡한(그리고 충돌하는) 미각은 대조되는 미각들의 다중성분들을 가진 결과이다. 예컨대, 사과 안의 당분은 달콤하지만, 그 안의 산은 시다. 마찬가지로, (20)의 Mary는 승리한 것에 대해 행복하면서도 슬플 수 있다고 주장할 수 있지만, 그 행복과 슬픔의 대상은 동일한 것이 아니다. 그녀는 시상 심사원단의 인정을 받게 되어서 행복하지만, 그녀의 친구도 승리할 수 없었던 것에 대해 슬프다.

용어들(*orange, yellow, blue, purple*)과 대조를 이룬다.

> (21) a. This spot is red. →
>
> (이 점은 붉다.)
>
> This spot is not orange, yellow, green, blue, or purple.
>
> (이 점은 오랜지색이나 노란색이나 녹색이나, 청색이나, 자주색이 아니다.)
>
> b. This spot is not red. ↛
>
> (이 점은 붉은색이 아니다.)
>
> This spot is orange, yellow, green, blue, or purple.
>
> (이 점은 오랜지색이나, 노란색이나, 녹색이나, 청색이나 자주색이다.)

만약 척도 상의 각 색조가 그 자체로부터 회색까지이면(Ogden의 취급에서처럼), 회색은 반대관계에 필요한 "중간점" 역할을 한다. 그러나 (21a)의 함의가 아주 참은 아니다. 왜냐하면 회색까지의 척도 상에 존재하는 것에 덧붙여, 그 색상들은 스펙트럼 안의 인접 색들을 가진 한 연속체 상에도 존재하기 때문이다. 붉은 것은 오렌지색(만약 그것이 오렌지-붉은 색이라면)의 어떤 것이 될 수도 있다. 일차 색(red, yellow, blue)과 같은 중첩되지 않은 색들의 대조집합은 이 문제의 지배를 받지 않는다.

등급매길 수 있는 원소들을 가진 대조집합은 절대적으로 양립할 수 없는 원소들을 가질 필요가 없다는 것을 보여 준다. Lyons(1977)는 *excellent/good /fair/poor/bad/atrocious*(아주 나쁜)의 예를 든다. 이 경우, 그 원소들은 다른 대조집합들에서처럼 공-하위어(co-hyponym)들이다. 그러나 그들 사이의 경계는 색채 범주들처럼 한 원소가 퍼져서 다른 한 원소에 들어가게 한다. 이 항목들이 대조를 이루지만, *red*와 *orange* 사이나 *bad*과 *atrocious* 사이의 어떤 곳에 기술될 수 있는 것들이 존재할 수 있다. 그러나 이 사이성(between-ness)은 반대성의 논리적 정의의 의미로 중간점이 아니다. 그 이유는

*bad*과 *atrocious* 사이에 있다는 것은 *bad*도 아니고 *atrocious*도 아니라는 것과 동일하지 않기 때문이다. 그러면 우리가 여기서 우리가 가진 것은 논리적 반대관계에 속하지 않는 등급매길 수 있는 항목들을 포함하는 대조집합이다. 5.3.2에서 알게 되겠지만, 등급매길 수 있는 비-반대어들은 흔치 않은 것이 아니다.

5.3.2 상보적 반의관계와 대조

Ogden(1967[1932]: 58)은 "대립어들은 . . . 한 척도의 양 극단이거나 한 단면의 양면일 것"이라고 말함으로써 반대 반의관계와 **상보적 반의관계 (complementary antonymy)**[21)]를 구분한다. Lyons(1977)는 한 반의어 쌍의 원소들 사이의 함의관계에 근거하여 유형을 다시 정의한다: 만약 X가 p이면, X는 q가 아니고, 만약 X가 q가 아니면, X는 p이다. 우리는 이 관계를 (22)의 보기에서 찾아볼 수 있다.

(22) a. The monster(괴물) is alive. → The monster is not dead.

　　 The monster is not alive. → The monster is dead.

　b. The photo is in color. → The photo is not black-and-white.

　　 The photo is not in color. → The photo is black-and-white.

　c. The integer(정수) is odd(홀수인). → The integer is not even(짝수인).

　　 The integer is not odd. → The integer is even.

---

21) 아리스토텔레스의 전통에서, 이들은 직접(**immediate**) 반대어, 강(**strong**) 반대어, 또는 논리적(**logical**) 반대어라고 알려질 것이다. 그들은 종종 모순대당어 (**contradictory**)라고도 불린다(예, Jespersen 1924; Horn 1989; Allan 2001). 모순대당 이란 용어는 이분적 구분(긍정적/부정적)을 가정하고 상보성은 (유용하게) 가정하지 않기 때문에, 본 절에서는 사용을 피한다. 그러나 Egan(1968)은 *question/answer* 처럼 서로서로를 의미하는 항목들 간의 관계를 지칭하는 데 상보적이란 용어를 사용한다. 그 의미는 여기서 사용되지 않는다. Handke(1995)와 다른 학자들은 상보적 반의어를 이분적 반의어(**binary antonym**)로 부른다.

이 공식은 형용사들을 테스트하는 데 사용하기가 특별히 쉬운 반면에, 상보반의어들은 명사(*human/non-human*)와 동사(*stay/go*)도 포함한다. 그러나 우리가 상보성의 정의를 이분적 집합으로 한정해야 하는 특별한 이유는 없다. 그 원소들이 분명히 그리고 전적으로 그 영역을 더 작은 범주들로 구분하는 대조집합에 대해, 만약 그 정의의 *p* 또는 *q*가 한 이접 집합을 포함하면, 그 집합의 원소들 사이에 함의관계가 적용된다. 예를 들면, (23)의 함의에서 알 수 있듯이, *spade/heart/diamond/club*은 하나의 상보적 집합이다.

(23) If the ace is a spade, then it is not a heart, diamond, or club.
   (만약 그 에이스가 스페이드라면, 그것은 하트, 다이아몬드, 클럽이
   아니다.)
   If the ace is not a spade, then it is a heart, diamond, or club.
   (만약 그 에이스가 스페이드가 아리면, 그것은 하트, 다이아몬드, 또
   는 클럽이다.)

상보어와 반대어는 때때로 반대어로 사용되고, 반대어는 때때로 상보어로 사용된다는 사실 때문에, 언어에서 상보반의어와 대조 집합을 확인하는 것은 어려워진다. Palmer(1981)의 보기를 이용하면, 우리는 어떤 사람에 대해 살아있는 것 보다 더 죽은(*more dead than alive*) 또는 아주 결혼한(*very married*)이란 표현을 쓸 수 있다. 그래서 보통 등급매길 수 없는 이 형용사들은 이 문맥들에서 등급매길 수 있는 형용사들이 된다. 따라서 상보성의 정의에서 가정된 장(field)의 분명한 분할을 허용하지 않는다.

더욱이, 일부 쌍들은 (24)에서 알 수 있듯이, 등급매길 수 있지만, 한 원소의 부인은 (25)에서처럼 보통 다른 한 원소의 단언으로 간주된다.

(24) a. Ari is very (dis)honest. Ari is more (dis)honest than Bea.
      (Ari는 매우 (부)정직하다. Ari는 Bea보다 더 (부)정직하다.)
    b. The door was more open/shut than I wanted it to be.

(그 문은 내가 원했던 것보다 더 열려/닫혀 있었다.)

(25) a. Ari is not honest. → Ari is dishonest.

(Ari는 정직하지 않다. → Ari는 부정직하다.)

Ari is not dishonest. → Ari is honest.

(Ari는 부정직하지 않다. → Ari는 정직하다.)

b. The door is not open. → The door is shut.

(그 문은 열려 있지 않다. → 그 문은 닫혀 있다.)

The door is not shut. → The door is open.

(그 문은 닫혀 있지 않다. → 그 문은 열려 있다.)

Cruse(1986)는 이들을 **등급상보어(gradable complementary)**로 범주화한다. 많은 경우에, 등급상보어들 중 하나는 다른 하나보다 더 잘 등급매길 수 있다. 예컨대, *open*은 많은 방식으로*(wide open, slightly open, more open than before, moderately open)* 등급을 매길 수 있는 반면에, *shut*은 그런 수식을 덜 허용한다*(shut tight, ?slightly shut, ?moderately shut* - Cruse 1986: 203). 한편, *honest/dishonest*와 *clean/dirty*의 각 쌍의 두 원소는 등급매길 수 있다. 그러나 Cruse는 이 등급매길 수 있는 상보어들에 관해 곰곰이 생각하면서, 그들은 중간점이 단언되는 (26)에서처럼 그 영역을 완벽하게 양분하지 않으므로 참(true) 상보어가 아니라고 말한다.

(26) a. The kitchen is neither clean nor dirty.

(그 주방은 깨끗하지도 않고 더럽지도 않다.)

b. Ari is neither honest nor dishonest.

(Ari는 정직하지도 않고 부정직하지도 않다.)

Cruse는 그런 낱말들은, 한 의의는 그 반의어와 상보적 대립을 이루고 다른 하나는 반대 대립을 이루는, 두 의의를 가져야 한다고 주장함으로써 이 문제를 해결한다. 이 낱말들의 다중 의의가 필요하겠지만. 그들의 관계에 대한 어휘내적 명세는 필요하지 않다. 그 대신에 우리는 반의어들의 함의관계 차이는 개별 낱말들의 의미구조 차이에 기인한다고 가정할 수 있다. 상보어 또는 반대어일 수 있는 낱말들은 전부가-아니면-무(all-or-nothing) 또는 척도로 표시할 수 있는(scalar) 것으로 개념화될 수 있는 상태를 기술한다. *Clean/dirty*와 *honest/dishonest*의 결성(缺性: **privative nature**)은 두 가지 해석을 허용한다. 결성대립에서 한 쌍의 한 항은 어떤 것의 부재에 의해 정의되고, 다른 한 항은 어떤 것의 존재에 의해 정의된다. 예컨대, *cleanliness(청결)*는 오물의 부재이고 *honesty(정직)*는 거짓의 부재이다. 그러나 부재나 존재는 상대적이거나 절대적인 상태일 수 있다. '절대적으로 오물이 없는'을 의미하는 *clean*이 *dirty*(오물의 존재를 수반하는)와 대조를 이룰 때, 기술할 수 있는 상태는 두 가지뿐(오물이 있거나 없는 상태)이므로, 상보적 대립이 그 결과로 초래된다. 그러나 만약 *clean*이 '상대적으로 오물이 없는'의 의미(어떤 사회-문맥적 기준과 관계있는)로 사용되면, '상대적으로 오물로 가득 찬'을 의미하는 *dirty*의 한 의의와 대립하며, 그 결과로 반대 대립을 초래한다. 다른 경우들에, 그 형용사들은 자연적으로 상보어 또는 반대어이다. 그러나 다른 한 의의로서의 용법은 그 형용사의 다른 의의를 보여준다. 예를 들면, *dead/alive*는 상보적 상태를 기술한다. 그러나 만약 우리가 그들을 등급매길 수 있는 형용사(*very dead/alive*)로 사용하면, 그들의 반의관계성은 반대성으로 변한다.

5.3.3 관계대립어, 역동대립어, 방향반의어

반의관계의 분류에는 항상 반대성과 상보성이 포함된다(비록 더 작은 범주들로 세분되겠지만). 다른 유형들의 반의어들을 범주화하는 것은 어의(語義)학자들에게 더 불규칙적이다. 본 절에서는 가장 흔하게 인용되는 유형들을 빠르게 개관하겠다. 이들은 그 성격에 있어 이분적이고, 전과 같이 하위 유형들로 세분될 수 있다.

관계대립(converse opposition)은 Lyons(1977)의 주요 유형들 중의 하나이

다. 그는 그 특징을 다음과 같이 기술한다. 만약 X가 Y에 대해 *p*이면, 그러면 Y는 X에 대해 *q*이다. 그리고 만약 Y가 X에 대해 *q*이면, 그러면 X는 Y에 대해 *p*이다.22) 이들은 *parent/child, buy/sell, give/receive, above/below*와 같은 보기들을 포함한다. Lyons의 정의에 의하면, 등급매길 수 있는 형용사들의 비교형(*older/younger*)도, 만약 X가 Y 보다 더 나이가 많으면, Y는 X보다 더 어리기 때문에, 관계대립어이다. 많은 이론가들(예, Ogden, Cruse)은 관계대립을 **방향대립(directional opposition)**의 한 하위유형으로 생각한다. 방향대립의 다른 하위유형들(아래에서 논의될)과 다르게, 관계대립어들은 분류관계에 있어서 그들 자신의 유형이라고 불릴 약간의 자격이 있다. 어떤 의미에서, 관계대립어들은 방향대립의 가장 순수한 보기들이다. 그 이유는 동일한 관계를 다른 측면들에서 보는 경상(鏡像)들의 언어적 등가물이기 때문이다. Ogden(1967[1932])은 경상(또는 좌우상대칭<**enantiomorph**>)들은 척도에 서처럼 그들 간에 정도가 없고, 한 영역을 양분하지도 않는다. 따라서 그들은 반대어도 아니고 상보어도 아니다.

관계대립어들은 최대로 유사하고(동일한 관계나 관련 사건을 기술함), 최소이지만 관련성 있게 다르기(그 관계를 다른 관점들에서 기술함) 때문에, RC-LC는 관계대립어들의 관계를 예측한다. *father/daughter* 또는 *parent/son*과 같은 보기들은 그들의 원소들이 하나 이상의 특성(성: gender)에 관해 대조되기 때문에 관계대립의 좋은 보기들이 아닌 반면에, *mother/daughter*과 *father/son*은 성에 있어서 조화되기 때문에 더 좋은 문맥-중립적 반의어들이다. 그러나 이 후자의 보기들은 논리적 관계대립어가 아니다. 그 이유는 어머니가 되는 것은 딸을 가지는 것을 함의하지 않고 아이(남아 또는 여아)를 가지는 것을 함의한다. Jones(2002)는 *doctor/patient, teach/learn*과 같은 "경계

---

22) 이것은 아래와 같이 여러 가지로 일컬어진다: 관계대립(**relative opposition**: Egan 1968; Persson 1990), 관계적 반의관계(**relational antonymy**: Handke 1995), 상호반의관계(**reciprocal antonymy**: Jones 2002). Cruse(1986)는 그 범주를 하위유형들과 하위-하위유형들로 세분한다.

선 상에 있는" 관계대립의 경우를 언급한다. 여기서 전자는 후자의 공존을 필요로 하지 않는다. 다시 말하면, 환자를 진료하지 않는 게으른 의사가 있을 수 있고, 배우지 않고 많이 가르칠 수도 있다.

Lyons(1977)는 관계대립을, 만약 *p*와 *q*가 점 P에 대해 대립적인 방향을 이루면, 그리고 반드시 그래야만 *p*와 *q*가 방향적으로 대립하는, **방향대립 (directional opposition)**과 대조시킨다.23) 이들은 *north/south, zenith(정점)/nadir(최저점), come/go*를 포함한다. 그러나 관계대립을 반대어, 상보어, 관계대립어를 포함하는 분류관계에서 동등한 원소로 취급하는 데는 문제가 있다. 왜냐하면 이 범주들의 원소들은 방향적으로도 대립될 수 있다. *north/south*는 각각 (27)과 (28)에서처럼 방향반의어일 뿐 아니라, 관계반의 어와 반대반의어이다

(27) Malta is south of Sweden. → Sweden is north of Malta.
    (Malta는 Sweden의 남쪽에 있다. → Sweden은 Malta의 북쪽에 있다.)
(28) Brighton is in the south. → Brighton is not in the north.
    (Brighton은 남쪽에 있다. → Brighton은 북쪽에 있지 않다.)
    Brighton is not in the north. ↛ Brighton is in the south.
    (Brighton은 북쪽에 있지 않다. ↛ Brighton은 남쪽에 있다.)

더욱이, Ogden(1967[1932])은 *inside/outside*와 같은 일부 방향반의어들은 등급매길 수 있는 상보어처럼 행동한다고 언급한다. 이 공간적 또는 방향적 반의어들은 이미 확인된 더 일반적인 반의관계 범주들에 속하므로, 방향 범주는 분류관계를 혼란시킬 뿐이다. 더욱이, 공간에서 방향을 기술하는 반의어들은 기술의 더 깊은 층위에서 다른 반의어들과 다르지 않다. 공간 속에서 방향을 명백하게 기술하지 않는 많은(대부분은 아니지만) 관계대립어들

---

23) Lyons(1977)는 방향반의어를 직각의(**orthogonal**: 예, *north/east*) 방향반의어와 대척 의(**antipodal**: 예, *north/south*) 방향반의어로 한층 더 세분한다.

과 반대어들도 역시 방향적이라고 생각될 수 있다. 반대어들은 척도 상에서 방향을 기술하는 술어를 포함하고, 관계대립어들은 관계의 두 면을 포함한다(따라서 두 방향으로부터의 관계이다).

Cruse(1986)는 관계대립처럼 다른 반의어 유형들과 자신을 분리시키는 방향대립의 더 많은 하위유형을 제시한다. **역동대립(reversive opposition)**은 어떤 행동, 상태, 또는 성질을 원상태로 돌리는 것을 포함한다. 영어의 흔한 예는 형태적으로 관련된다(*do<하다>/undo<취소하다>*, *establishment<설립>/disestablishment<폐지>*). 그러나 다른 보기로는 *color(채색하다)/bleach(표백하다)*와 *build<건설하다>/demolish<허물다>*가 있다. 관계대립어처럼, 이들은 경상(鏡像)으로 간주될 수 있다. 왜냐하면 그 쌍의 한 원소에 의해 기술되는 활동이나 상태변화가 다른 한 원소의 역행의 결과이기 때문이다. 한편, 동일한 실재물들이 동일한 근거에서 그 실재물들을 관련시키는 사건에 연루되어 있으므로 RC-LC에 의해 역동대립어들은 서로 유사하다. 그리고 이 사건들의 끝점들이 역전되므로 RC-LC에 의해 역동대립어들은 서로 다르다. Cruse(1986)는 방향대립의 하위유형을 독립적 **역동대립어(independent reversive**, 예: *raise<올리다>/lower<낮추다>*)와 초기 상태로의 복원을 수반하는 **복원대립어(restitutive**, 예: *kill<죽이다>/resurrect<소생시키다>*)로 세분한다. **대응대립어(counterpart**, 예: *hill<언덕>/valley<계곡>*)는 Cruse가 명명한 또 하나의 방향대립 유형이지만, 이것은 반대대립의 한 실례일 것이다.

방향반의어들이 모든 다른 반의어 유형과 중첩된다는 사실에도 불구하고, Varley(1991)는 방향반의어와 관계대립어는 상보반의어 및 반대어와는 다르게 처리된다는 약간의 증거를 제시한다. 그녀의 연구에서, 정상적인 실험대상자들, 실어증의 실험대상자들, 그리고 뇌의 우반구가 손상된 실험대상자들 모두가 반대대립관계나 상보반의관계에서보다 규범적 관계대립관계나 방향대립관계에서 자극어에 대해 대립어를 제공하는 데 있어서 저조

했다. 그러나 다른 설명도 쉽게 구할 수 있으므로, 그런 증거가 관계대립과 방향대립이 머릿속에서 다르게 표시된다는 결론을 도출하지 않는다. 첫째, 대조되는 면이 관계적이기 때문에, 다른 대립 유형에서보다 관계대립에서 대조점이 더 복잡하다. 예를 들어, 우리는 상보적 반의어 집합 *dead/alive*의 대조를 [+/-LIFE] 또는 [ALIVE: PAST/PRESENT]로 도식화할 것이다. 이 경우, 대립어들에 대한 의미 기술에서 한 위치는 그 두 낱말에 대해서 다르다. 한편, 관계대립어의 관계적 성격은 그 낱말들의 의미 재료에 있어서 변화라기보다는 교환을 포함한다: *buy*가 행위자로서 X와의 관계를 기술하고 수동자로서 Y와의 관계를 기술하는 반면에, *sell*은 동일한 사건이지만, 변화된 역할을 기술하는 대립어(*buy*) 이다(Y는 행위자이고 X는 수동자이다). RC에 의해 이것은 여전히 최소의 차이지만, 연산하기가 더 어려울 수 있을 것이다. 관계대립어와 방향대립어를 제공하는 데 있어서, 실험대상자들이 잘하지 못한 또 다른 이유는 그들의 반대어와 상보어에 대한 분명한 선호 때문이다. 일부 실험대상자들에게 자극어 *lead(이끌다)*는 관계대립어 *follow(따르다)*를 불러일으키지 않고, 지도자가 지도하는 일 대신에 할 수 있는 행동을 나타내는 *clear off(제거하다)*나 *halt(중단시키다)*를 환기시킨다. Varley는 실험대상자들이 주어진 과업에서 더 원형적인 반대어 유형들의 존재 때문에 잠재적인 관계대립어들과 방향대립어들로부터 주의가 딴 데로 돌려졌다는 결론을 내렸다.[24]

5.3.4 비분류적 대립과 복잡한 대립

　반의어 분류관계는 중첩되는 범주들로 가득 차 있는 반면에, 그 반대의

---

24) 상보어들도 그 실험에서 반대어들보다 더 나빴지만, 관계대립어만큼 나쁘지는 않았다. Varley는 이것을 반대어들과 비교해서 그 쌍들이 더 추상성을 띠고, 이미지로 떠올릴 수 있는 가능성이 더 낮은 성격의 탓으로 돌린다(예, *guilty/innocent* 대 *tall/short*).

문제들도 가지고 있다. 일부 반의어들은 그 범주들 중의 어떤 범주에도 속하지 않는다. 논리적으로 관계대립이 아닌 *nut(너트)/bolt(볼트)*, *glove(장갑)/hand*와 같은, 많은(겉으로 보기에 방향) 반의어 쌍들은 위의 분류관계가 처리할 수 없는 상태로 있고, 또한 Cruse의 대응대립어와 척도적 관계를 이루지 않는다. 마찬가지로, 일부 동사 대립어 쌍들이 이 범주들에 의해 충분하게 처리되지 않는다. *ask(질문하다)/answer(대답하다)*는 관계대립어처럼 보이지만, 묻고 답하는 것은 동일한 행동에 대한 두 견해가 아니고 다른 두 행동이다. *start(시작하다)/finish(끝내다)*는 두 극단 사이에 중간점이 있다는 점에서 모호하게 반대어처럼 보이지만, 논리적으로는 전혀 반대관계를 이루지 않는다. 다른 한편으로, 어휘외적 접근방식은 그들의 문맥-관련적 유사성과 차이를 언급함으로써 이들을 간단하게 다룰 수 있다. *nut/bolt*와 *ask/answer*는 동행하는 한 쌍의 두 원소를 기술한다는 점에서 동일하지만, 그들이 그 쌍에서 동일한 항목이 아니라는 점에서 다르다. (이런 식으로 그들은 문맥적으로 결정된 상보반의어이다.) *start/finish*는 한 사건의 시간적 극단들을 기술한다는 점에서 동일하고, 대립되는 극단들을 기술한다는 점에서 다르다.

*male(남성)/female(여성)*과 *boy/girl*과 같은 성 대립어들은 분류관계에 있어서 그들 자신의 문제를 드러낸다. Lyons(1977)는 *male/female*을 상보반의어로 간주하지만, 사람(이나 동물)은 자웅 동체일 수 있으므로 *not male*이 *female*을 함의하는 것이 아니기 때문에 우리는 그들이 논리적으로 상보반의어가 아니라고 반대할 것이다. 이것은 몇몇 항목들이 "문화적으로 상보반의적"인가하는 문제를 유발하고, 다시 대립에 대한 논리적 기초라기보다 화용적 기초를 나타낸다.

Cruse(1986: 225)는 성 대립들이 "만족스럽게 어떤 더 단순한 특별한 대립으로 축약되지 않지만, 많은 다른 기본적 개념들을 구체화한다"라는 점에서 **복잡하다(complex)**고 생각한다. 복잡한 대립은 분류관계에 많이 필요한 추

가사항이고, 대립어들 사이의 *최소차이*라는 RC의 가정에 대한 약간의 도전
이다. *Heaven(천국)/Hell(지옥)*을 보기로 이용하여, Cruse는 그 대립은
good/bad, up/down, bliss(희열)/torment(고통)(그리고 *light/dark, good/evil*과
같은 다른 것들이 쉽게 추가될 수 있다)를 포함한 다른 대립들을 구체화한다
고 말한다. 만약 *Heaven/Hell*을 대조하는 데 그렇게 많은 차이가 관련된다면,
그들의 대립이 어떻게 최소 차이를 포함할 수 있는가?

그 의미장이 유대교-기독교 사후 장소라고 가정하면, *Heaven*의 대립어를
선택할 때 그 장은 기껏해야 (만약 당신이 천주교 신자라면) 선택할 두 낱말
(*Hell*이나 *Purgatory*<연옥>)을 허용한다. 연옥과 다르게 천국과 지옥은 많은
공통점을 가지고 있다. 그들은 사람이 영생을 보내는 곳이다; 그들은 사람의
생애에 대한 최후의 심판을 반영한다; 그들은 상상의 물리적 장소이다; 그들
각각은 초자연적인 주인과 헤아릴 수 없이 많은 영들이 사는 곳이다. 그럼에
도 불구하고, 아마 이것은 그 문제를 과잉단순화한 것이다. 사실은
*Heaven/Hell*은 동일한 유형들의 특성들(예, 심판, 장소, 주민)을 가지고 있으
므로 유사하지만, 그 특성-유형들을 대립적으로 구체화 한 것이다. 각각에는
주인이 있지만, 대립적인 주인이다(god/devil). 각각은 장소이지만, 대립적인
장소이다(up/down). 따라서 그들의 유사성이 차이를 유발한다. 그래서
*Heaven*과 *Hell*은 그들이 유사한 만큼 다르다고 말할 수 있을 것이다.[25]

그런 유사성-안의-차이는 대립어를 선택할 때 직접적인 유사성보다 종종
선호된다. 더 큰 대조집합 *winter/spring/summer/autumn*을 생각해 보자. 이들
중에서 *winter/summer*는 대립쌍으로 가장 강하게 대조되며, 우리는 다시 유
사성-안의-차이를 볼 수 있다. 그들 둘 다 극단적인 기온을 포함하지만,
하나는 덥고 다른 하나는 춥다. 그들 둘 다 (공식적으로) 지(支: 예, 하지나
동지)와 함께 시작하지만, 하나는 긴 낮/짧은 밤을, 다른 하나는 긴 밤/짧은

---

25) 보통명사 *heaven/hell*은 복잡하기보다 단순한 반의어라는 것에 유의하라. 전자는
최상의 장소이고 후자는 최악의 장소이다.

낮을 수반한다. 만약 대립이 유사성이 가장 큰 것을 선호하면, 우리는 둘 다 서늘하고 어두운 *winter/autumn*이 *winter/summer*보다 더 좋은 대립어일 것으로 기대할 것이다. 그러나 그 대신에 우리는 대칭적 방식으로 다른 그 둘을 선호할 것이다.

RC-LC에 대해 결정되었듯이, 이것에서 우리가 배워야 할 교훈은 유사성이 복잡한 반의어 쌍에서 깊어진다는 것이다. 인접한 기온들(*winter/autumn*)의 피상적 유사성보다, 우리는 극단적 기온에 있어서 유사한 쌍을 선호한다. 기온의 유형이 기온보다 더 중요하다. 이 더 깊은 유사성은 *summer*와 *winter*의 대조를 대칭적, 정반대의, 그리고 정말로 비양립적으로 만든다(그 반면에 *autumn*과 *winter*는 아마 틀림없이 중첩된다). 그래서 *winter*와 *summer*는 둘 중 어느 하나가 *autumn*이나 *spring*에 대해서보다 속성의 유형에 있어서 더 유사하다.

우리가 *Heaven/Hell*과 *winter/summer*와 같은 쌍들의 복잡성에 관해 곰곰이 생각할 수 있지만, 이것은 그들이 어떤 주어진 문맥에서도 복잡하게 대조되고 있다는 것을 의미하지 않는다. RC-LC는 관련된 유사성과 차이를 요구할 뿐이다. 그래서 프로테스탄트의 설교에서 *Heaven*과 *Hell*은 둘 다 사후에 갈 장소이지만, 전자는 구원받은 자들이 갈 것이고 후자는 죄인들이 갈 곳이라는 것만 관련될 것이다. 이 경우 *Heaven/Hell*은 어떤 다른 간단한 반의어 쌍과도 다르게 처리되지 않는다. 그러나 중립적인(그리고 다른) 문맥들에서 대립의 잠재적 복잡성이 감지된다. 만약 *Heaven*과 *Hell*이 정반대로 대립되는 추가적인 면들을 발견할 수 있다면, 그들은 "더" 대립적인 것으로 간주된다.

성 대립으로 되돌아가서, Cruse는 *male/female*이 어떤 방식으로 복잡한 대립어인지 설명하지 않지만, 사람들은 그가 *penis*(음경)/*vagina*(질), *testicles*(고환)/*ovaries*(난소), *masculine*(남성)/*feminine*(여성)과 같은 구성성분 대조를 가정한다고 생각하고, 그 복잡성이 반대로가 아닌지, 즉, *male/female*이 기본적이고 다른 대립들은 그것(결국 *penis/vagina*의 최소차이를 표현하는 수단은 MALE/FEMALE SEX ORGAN<남성/여성성기>이다)에서 유래하는 것이 아닌지 궁금하게 여길 것이다. 사람들은 *woman/man*과 같은 성 대립어들이 *feminine/masculine, soft/hard, weak/strong, emotional/rational*과 같은 구성성분 대립을 반영한다고 제안할 것이다. 그러나 이것은 대립적 스테레오타이프(복잡한 대립의 모습을 제공할)를 불러일으키는 간단한 대립(ADULT MALE PERSON/ADULT FEMALE PERSON)의 경우이다. RC 접근방식에 있어서 *male/female*과 다른 성 대립어들의 처리는 매우 간단하다. 한 중대한 차이를 제외하고 모든 다른 반의어들처럼 그들은 최대로 유사하다. 이 경우 그 차이는 성이고 그 대립어들 자체에는 특별히 복잡한 것이 없다.

5.3.5 요약

등급매길 수 있는 상보반의어들(반대어의 몇몇 특성을 갖고 있는)과 방향반의어들(많은 다른 범주에 속할)의 경우에서처럼, 일부 대립어들은 제안된 범주들에 적합하지 않기 때문에, 그리고 그 범주들은 때때로 중첩되기 때문에, 대립관계들의 완전한 논리적 분류관계는 존재하지 않는다. 반의적 관계들과 그들의 하위유형들이 어휘내적으로 표시된다는 점에서 그런 분류관계들은 심리적으로 실제적이라고 일부 학자들이 가정한 반면에, RC 접근방식은 반의어들의 유형은 어휘사전에서 쌍들의 다른 부호화를 반영하지 않고 다른 종류들의 낱말들에 대해 단일의 관계원리의 적용을 반영한다고 주장한다. 비록 완전한 분류관계가 개발되지 않았지만, 반대어와 관계대립어와 같은 반의어 하위유형들에 대한 명칭들은 낱말 의미들의 어떤 유형들을 대립시키는 것의 의미적 결과를 기술하는 데 매우 유용할 것이다.

5.4 자연언어에서의 어휘-의미적 대조

5.4.1 형태적으로 관련된/관련되지 않은 반의어

Lyons(1977)와 K. Miller(1998)는 가장 일반적인 규범적 대립어들이 형태적으로 별개의 낱말들인 반면에, 영어에서 대부분의 반의어들과 많은 다른 언어들은 공통적인 하나의 형태적인 근본원리를 갖고 있다고 주장했다. (얄궂게도, *형태적으로 관련된 반의어의 대립어는 비록 형태적으로 관련되지 않은 반의어도 충분하겠지만*, 불투명 반의어[opaque antonym: Gross 외 1989]이다.) 형태론과 RC-LC에 의한 반의어 연합의 생산성이 Lyons와 Miller의 주장을 증명하기 어렵게 만든다.

영어는 형태적 대립에 대해 많은 기회를 제공한다. *non-*은 명사와 형용사들(*blue/non-blue, happy/non-happy*)에 대해 상보적 반의어들(그 영역을 완벽하게 양분하는)을 만드는 반면에, *un-*과 *iN-*(대부분의 언어에서 대부분의 부정접사들처럼, Zimmer 1964)은 종종 형용사와 부사들 사이에서 반대어 대립을 초래한다(*happy/unhappy, responsible/irresponsible*, Zimmer 1964; 상세한 내용은 Horn 1989를 보라). *un-, dis-, de-*는 동사의 역동반의어를 만들 수 있다(*untie*<풀다>, *disengage*<해약하다>, *decriminalize*<해금하다>). 다른 덜 생산적인 형태소들은 *contra-*(*indicate*<어떤 치료의 필요를 암시하다>/*contraindicate*<···에 대해서 금기를 보이다>), *a(n)-*(*moral*<도덕적인>/*amoral*<도덕과 관계없는>) 등을 포함한다. 더욱이, *pro-union*(친노조)/*anti-union*(반노조)이나 *useful*(유용한)/*useless*(쓸모없는)에서처럼 때때로 긍정 형태소와 부정 형태소가 대조를 이룬다.

반의어를 만드는 이 커다란 형태적 능력은 언어들이 불투명 반의어들에 대해 왜 근심하는가라는 문제를 야기한다. 결국, 불투명 반의어들은 파생 반의어들과 동의적이고 언어들은 동의관계를 피하도록 되어 있다. Lyons(1977)가 언급하듯이, 만약 언어들이 형태적 파생을 통하여 대립어를 만드는 수단을 갖고 있다면, 그들이 불투명 반의어 쌍을 갖는 논리적 근거는 없다. 그러나 사람들은 규범적 반의어가 없는 낱말의 반의어를 찾을 때, 종종 형태적으로 파생이 가능한 반의어들을 무시한다. 예컨대, 내가 연구하는 가운데, 나는 다수의 사람들에게 *What is the opposite of cow?*(cow의 *대립어는 무엇인가?*)라는 질문을 했다. *Non-cow*(또는 *anticow* 또는 *uncow* 또는 *contracow*)라고 답한 사람은 한 명도 없었다. 그 대신에 그들은 *horse, bull,* 또는 *calf*와 같은 다른 단순 명사를 제시하거나, *cow*에는 대립어가 없다고 주장했다. 만약 그런 인위적 문맥에서 반의어를 찾는 것이 낱말-개념들을 포함하는 언어외적 과업이라면, 이 결과는 놀랄 만한 일이 아니다. 그 실험 대상자의 주의는 낱말-개념들에 기울어지고, *non-cow*나 *non-blue*와 같은 확립되지 않은 낱말들은 낱말-개념들로 표시되지 않을 것 같다. 그 이유는 그가 이전에 확립되지 않은 낱말들을 경험하지 않았을는지도 모르기 때문이다. 실험대상자들은 그 과업을 인습적으로 확립된 낱말에 대한 요구로 인식할 것 같기도 하다. *logical/illogical*과 같은 잘 확립된(규범적) 쌍들에 대하여, 형태적으로 관련된 낱말들은 현저한 선택들이지만, 다른 쌍들에 대하여 사람들은 새로운 낱말을 만들기를 거부한다.

실험들에서처럼, 자연언어 사용은 인습적인 낱말들을 선호하는 것 같고, *non-blue*나 *un-contrasting*과 같은 신조어의 사용을 피하는 많은 방식이 있는데, 자유형태소에 의한 부정(*not blue, not contrasting*)이나 긍정적 기술의 사용(*the red or green ones, the ones that are alike*)과 같은 것들이 있다. 이것은 신조어적 형태 부정이 희귀하다는 것을 말하는 것이 아니고, 대조를 기술하는 많은 다른 수단이 그 사용을 제한하고, 인습적 어휘소를 선호하는 것이 그 유용성을 제한한다는 것을 말한다.

물론, 언어는 화자들이 신조어를 꺼린다는 이유를 넘어선 이유들 때문에 불투명 반의어들을 뒷받침한다. *high/low, big/small, good/bad* 등과 같은 불투명 반의어 쌍들은 매우 빈번하고 의미적으로 기본적인 의미들에 대해서 특별히 일반적이다. Zipf의 최소노력원리(Principle of Least Effort 1949)에 의하면, 우리는 가장 빈번하게 사용되는 개념들이 더 짧고 더 간단한 낱말들에 의해 부호화될 것으로 기대한다. 그래서 비록 형태적으로 복잡한 반의어 (*unmarried*)를 이용할 수 있지만, *married*에 대해 간단한 반의어(*single*)를 가진 것이 귀중하다.[26] *high/low*와 같은 형태적으로 간단한 반의어들을 가진 몇몇 항목들은 영어에서 형태적으로 파생된 반의어들(*unhigh, *unlow)을 허용하지 않는데, 이것은 동의관계의 회피에 의해 설명될 것이다. 그러나 많은 낱말들은 불투명 반의어들과 (아마 여러 개의) 형태적으로 관련된 반의어들을 둘 다 가진 것으로 인지된다. 그래서 그 문제는 더 복잡할 것 같다 (Zimmer 1964를 보라).

다른 부정 형태소들은 반대성, 상보반의성, 역동대립성과 같은 다른 종류의 대립을 나타내므로, 단일 낱말은 하나 이상의 형태적으로 파생된 반의어 (예, *unfeminine* 대 *nonfeminine*)를 가질 것이다.[27] 형태적으로 관련되지 않은 반의어들도 그들의 형태적으로 관련된 대응어들과 다른 정보를 제공할 것이다. Lyons의 보기를 이용하면, *friendly*에는 반의어로 *unfriendly*와 *hostile*(적대적인)이 있다. 그러나 *unfriendly*는 더 넓은 범위의 다정하지 않은(냉담한) 방식을 기술하는 반면에, *hostile*은 상당히 구체적이므로, 그 두 반의어는 거의 동등하지 않다. 이 경우 FRIENDLY-UNFRIENDLY는 한 특성을 다소 보여주는 "참" 척도이고, FRIENDLY-HOSTILE은 Ogden의 *red/green* 유형인데, 양립할 수 없는 특성들을 위한 두 척도를 나타낸다. 심지어 형태적으로 파생된

---

26) Sabourin(1998)은 형태 복잡성이 다른 동의어 쌍과 반의어 쌍들에 대하여 점화시간과 인지시간을 비교했다. 그녀는 어간을 공유하지 않은 접미화된 반의어들(예, *safe/dangerous*, *fictitious/real*(가공의/실제의)을 조사했기 때문에, 그녀의 결과는 현재의 논의와 직접적인 관계는 없지만, 간단한 반의어 쌍들의 규범적 성격을 강조한다. *old/young*과 *strong/weak*과 같은 쌍들은 *raise/lower*(올리다/낮추다)과 *angelic/demonic* (천사의/악마의)보다 더 빠르게 반의적이라고 인지되었고, 서로에 대해 더 강한 점화효과를 미친다.

27) *non*-은 한 낱말의 "객관적" 또는 기술적 의미를 부정하는 경향이 있는 반면에, *un*-과 *iN*-은 한 낱말의 "감정적" 의의들과 관련이 더 있을 것 같다. Marchand(1960)과 Horn(1989)를 보라.

반의어들과 불투명 반의어들이 아주 동의적인 경우에도, 그들의 의미는 구분될 수 있다. *married*의 대립어들로 되돌아가서, 일부 문맥에서 과부들은 *unmarried*가 아니고 *single*로 간주될 것이다. 다른 근사-동의어들(4.4를 보라)에 대하여, 한 낱말의 "공-반의어(co-antonym)들"은 기술의 미세한 층위들도 구분할 수 있을 것이다.

5.4.2 반의관계의 담화 기능

반의어들 사이의 의미 차이 때문에 반의어들이 담화에서 대조적 기능을 수행할 수 있게 되며, 이들은 종종 그 반의어들이 공기하는 통사 틀과 결합된다. 여러 연구자들이 그런 통사 틀들과 그들의 몇몇 용법(예, Mettinger 1994; Fellbaum 1995)을 확인한 반면에, Jones(2002)는 큰 영국신문 말뭉치에서 56개의 규범적 반의어 쌍(명사, 동사, 형용사, 부사들)의 텍스트적 공기를 범주화함으로써 이들에 관한 깊고 체계적인 연구를 제시한다. 그는 8개의 그런 기능을 확인하는데, 이들 중 둘(등위화 기능<coordinated function>과 보조 기능<ancillary function>)이 탁월한데, 각각 반의어 공기의 ⅓이상을 차지한다.

등위화 기능(또는 Jones가 등위화된 반의관계라고 부르는)은 (29)에서처럼 "한 척도의 포섭성과 철저성"(Jones 2002: 61)을 나타낸다. (보기들은 Jones 2002에서 단축한 것이다.)

(29) a. He took **success** and **failure** in his stride.(그는 성공과 실패를 쉽게 뛰어 넘었다.)

　　 b. [T]he chief constable purged the lot – the **good** with the **bad.**(경찰본부장은 선인들과 악인들 모두를 숙청했다.)

　　 c. [T]he Albion manager would neither **confirm** nor **deny** Goodman's impending departure.(앨비언의 매니저는 Goodman의 임박한 이적을 확인도 부인도 하지 않으려고 했다.)

보조 기능은 등위화 기능만큼 많은 Jones의 데이터를 설명한다. 보조 기능은 다른 집합의 반의어들에 이어지는 또는 다른 집합의 반의어들이 군데군데 흩어져 있는 담화에서 더 큰 대조에 기여한다. 보조 쌍은 다른 쌍의 원소들의 차이를 부각하는 역할을 한다. (30)에서 알 수 있듯이, 만약 다른 쌍이 일반적으로 반의적이라고 인식되지 않으면, 보조 쌍(고딕체)은 다른 쌍(이탤릭체)의 대조를 강화하는 역할을 한다.

> (30) a. It is meeting **public** *need*, not **private** *greed*.(그것은 개인의 탐욕이
> 아니고, 대중의 필요를 충족시킨다.)
> b. *Kennedy* **dead** is more interesting than *Clinton* **alive**.(죽은 케네디가
> 살아 있는 클린턴보다 더 많은 관심을 불러일으킨다.)

만약 두 쌍이 본래부터 대조적이라면, (31)에서처럼 보조 쌍의 존재가 다른 쌍을 훨씬 더 이분적으로 만드는 것 같다.

> (31) [U]nemployment may rise more **quickly** *now*, but more **slowly** *later*.
> (지금은 실업률이 더 빨리 증가하겠지만, 나중에는 더 느리게 증가할
> 것이다.)

만약 두 쌍이 분명히 반의적이면, (32)에서처럼 보조 쌍의 확인은 논쟁의 여지가 있다. 그럼에도 불구하고 Jones는 그들을 보조적으로 분류한다.

> (32) **[E]xtroverts** are most motivated by **reward** while **introverts** respond more
> to **punishment**.(외향적인 사람은 보상에 의한 동기부여가 가장 큰 반
> 면에, 내향적인 사람은 벌에 더 민감하게 반응한다.)

Jones(2002)는 다른 여섯 기능을 "마이너 부류"라고 부르며, 어떤 다른 부류로의 범주화도 거부하는 말뭉치 안의 3.5% 공기에 대한 추가적인 잔여 (**residual**) 부류를 포함한다. Jones가 인정했듯이, 이 범주들 중 일부는 더

현저한 기능들의 하위범주들로 분류되는 것이 더 나을 것이다.28) 그럼에도 불구하고, 말뭉치에서 반복되고 인지할 수 있는 용법은 몇몇 더 큰 마이너 부류들의 확고함을 입증한다. 이것은 (33)에서 (36)까지 예시되어 있는데, 필요하면 그들의 전형적인 통사 틀의 정의와 표시가 붙어 있다.

(33) 상대적(COMPARATIVE): *more X than Y, X rather than Y*
Sometimes I feel more **masculine** than **feminine**.(때때로 나는 여성스러움보다 남성스러움을 느낀다.)

(34) 구분적(DISTINGUISHED): 반의어들의 본유적 상이성을 나타낸다.
This blurred the distinction between **fact** and **fiction**.(이 때문에 사실과 허구의 구분이 희미하게 되었다.)

(35) 전이적(TRANSITIONAL): 상태나 장소의 변화를 나타낸다.
Even **hard** currency has turned **soft**.(심지어 경화도 연화가 되었다.)

(36) 부정적(NEGATED): 한 반의어가 다른 반의어를 강조하기 위해 부정된다.
[T]he public has cause for **pessimism**, not **optimism**.(대중에게는 낙천주의가 아니고 염세주의를 받아들이는 정당한 이유가 있다.)

모든 기능적 부류들은 특정한 통사 틀과 연합되지만, 예를 들어 등위화 기능의 모든 경우가 다 인지된 틀들 중의 하나를 포함하는 것은 아니다. 이 틀들과 그 기능을 아는 것이 반의관계의 문맥의존적 경우를 인지하기 위한 수단을 우리에게 제공한다. 그래서 Jones는 이 기능들의 존재를 나타내는 데 규범적 반의어들을 사용한 반면에, 비규범적 대립어들과 중립적 조건에서 반의적이지 않은 낱말들을 포함하는 다른 쌍들은 이 틀들 안에 있을 때 반의어의 기능을 한다. 예컨대, *soup*과 *nuts*는 전이구 *from London to Newark*의 *London*과 *Newark*처럼 전이구 *from soup to nuts*(처음부터 끝까지)에서 반의어 역할을 한다. 즉, 한 특정 담화(또는 그것의 일부)에서 *London*과

---

28) 특히, 그의 극단적 범주(예, *neither too **large** nor too **small***<너무 크지도 않고 너무 작지도 않은>)는 등위화된 범주와 피상적으로만 다르고, 충돌하는 범주(*X* 대 *Y*)는 구분적 범주의 하위유형일 것이다.

*Newark*는 이분적 대조집합을 형성한다는 점에서 반의어이다. 화자는 그들을 대조시키는 틀 안에 그들을 제시함으로써 이분적 대조집합에서 그들의 원소성을 부각시킨다.

내가 어떤 두 낱말도 자연언어 문맥에서 반의적으로 대립될 수 있다고 주장했지만, 그것이 함의하는 것에 관해 지금까지 어떤 특별한 설명도 하지 않았기 때문에, Jones의 연구는 반의관계에 대한 현재의 화용적 접근방식에 큰 기여를 한다. 반의어 기능 및 부차적인 통사 틀에 관한 Jones의 분류관계는 상황적 반의어와 문맥-의존적 반의관계를 확인하는 수단을 제공한다. 그래서 어휘외적 접근방식의 다른 면들과 조화를 이룬다. 청자(또는 독자)로서 우리가 담화에서 반의적 대조의 증거를 발견할 때, 우리는 관련된 낱말들이 발화나 담화의 목적으로 RC-LC에 따라 (하나의 관련된 차이가 없으면, 유사한) 관련될 수 있음에 틀림없다고 이해할 것이다. 통사적 (또는 산만한) 틀은 그 낱말들이 현재의 목적상 반의적이라는 것을 나타내므로, 우리의 주의는 그들의 대조뿐만 아니라 유사성으로 기울어진다. 그 상호작용의 다른 면에서, RC-LC에 따라 그 두 낱말이 대조될 수 있다는 것을 화자(또는 필자)가 이미 확인했기 때문에, 그들은 낱말들을 반의적 틀 안에 집어넣는다. 예컨대, 위의 (30)(*public need, not private greed*)에서 *need/greed*의 대립을 살펴보자. 우리는 보통 이 낱말들을 반의어로 생각하지 않겠지만, 필자는 그들 간에 최소 차이를 가진 최대 유사성을 인정하여, 필자가 규범적 반의어인 *public/private*의 보조적 용법으로 사용하는 것이 독자들도 그것을 인정하게끔 고무한다. 그리고 우리는 한다 — 이 문맥에서 우리는 NEED와 GREED 둘 다 사람들이 사물들을 원하는 이유인 것을 알지만, 하나는 좋은(또는 합법적인) 이유이고, 다른 하나는 나쁜(또는 비합법적인) 이유이다. 대조되는 개념들을 나타내기 위하여 운이 맞는 낱말들을 사용하는 것이 둘 사이의 동일성 의의를 고양하고 따라서 그들의 대조를 더 뚜렷하게 한다. 운을 맞추는 것이 이 분석에 관련되어 있다는 사실은 이것이 개념-의미적 대립일

뿐만 아니라 낱말들의 대립이라는 것을 강조한다.

문맥의존적 반의관계를 인식하는 데 우리에게 도움을 주는 것에 덧붙여, 다양한 이런 틀과 기능 속에서 어떤 쌍의 경험도 그들의 규범적 지위를 확립하고 강화한다(5.2.1에서 논의되었듯이).

5.4.3 반의관계와 의미변화

이미 언급했듯이, 동의어들은 서로 반발한다. 그래서 동일한 의미를 가진 낱말들은 그들 자신의 의미나 용법의 특별 영역을 나타내는 경향이 있다. 따라서 언어들은 동의어들을 획득하게 됨에 따라 더 특수하게 어휘화된 의미 쪽으로 이동한다. 현재의 주제는 반의관계나 어휘적 대조가 똑같이 언어 공동체의 어휘목록에 어떤 영향을 미치는가하는 것이다. 이것은 여러 문제를 유발한다. 아래에서 차례로 살펴보자. 언어들은 어휘-의미적 동일성을 회피하는 거울효과로써 어휘-의미적 대조를 유발하는가? 언어들은 특별히 이분적 대조를 장려하는가? 대조관계를 이루는 것은 관련된 낱말들의 의미에 있어서 어떤 특별한 발전을 초래하는가?

Saussure의 구조주의는 물론 "언어에는 차이들만 존재한다(dans la langue, il n'y a que des differences)"라는 아이디어에 근거하고 있다. 의미론의 관점에서, 이것은 의미들이 유의미적이기 위해서는 서로 대조관계를 이루어야 한다는 것을 뜻한다고 종종 이해되며, 의미장 접근방식들과 그리고 다른 비-정의적 의미이론들(3.3과 3.4를 보라)은 이 개념을 어휘 층위에서 진지하게 받아들인다—낱말들은 유의미적이기 위해 다른 낱말들과 대조를 이루어야 한다. 성분이론들도 자질명세의 하위-어휘 층위에서 대조 개념, 더 구체적으로 말하면, 종종 이분적 대조에 의존하지만, 그런 대조들이 언어의 어휘적 발전에 영향을 미치는 방식에 대한 주장은 그만큼 자주 시도하지 않는다.

비록 구조주의자들의 가정들과는 다른 가정들에 의해 동기화되었지만, Clark의 대조원리와 같은 화용론적 접근방식은 "모든 두 형태는 의미에 있어서 대조를 이루기"를 요구한다. 그러나 우리가 반의관계에서 보듯이, 이 접근방식들이 예측하는 의미대조는 비-양립성을 초래하는 최소의미차이의 층위에 존재할 필요는 없다. 제4장에서 밝혔듯이, 동의어들의 구분은 종종 단지 조금의, 그리고 종종 비-외연적인 대조를 포함한다. 이것들은 지시적 중첩(*bugs* ≈*insects*에 대해서처럼)을 포함하므로 "좋은" 반의어들을 표시하는 그런 종류의 대조가 아니다. 바꿔 말하면, 동의관계에 대한 화용적 압력은 반의관계에 대한 압력과 동등하지 않다.

언어들은 전형적 반의관계의 대칭적 대조를 향하는 경향이 있다고 생각하기 쉽지만, 이것이 소수의 어휘-의미적 범주 밖에서 일어난다는 증거는 거의 없다. 어휘화된 대립어들에 대한 요구는 부정적 형태론과 구(句) 부정의 생산성에 의해 감소된다. 그래서 만약 새로운 낱말들이 어휘에 들어오면, 그들의 반의어들은 쉽게 파생된다. 형태적으로 불투명한 반의어들은 더 적은 수의 의미범주들에서 흔히 찾아볼 수 있다. 이분성에 관한 논의(5.2.1 참조)는 몇몇 이 유형들, 즉 등급매길 수 있는 술어들(*high/low, hot/cold*)과 사람들과 동물들을 나타내는 낱말들(*boy/girl, fox/vixen*< 수여우/암여우>, *aunt/uncle*)의 성 구분과 같은 자연적인 이분 대조를 포함했다. 대부분의 이 대조들은 이미 기본적 및 일반적 어휘에 의해 다루어졌으므로, 그들은 동의어를 뒷받침하는 힘이나 원리에 의해 동기가 주어지는 의미 변화를 고찰할 제한적 기회를 제공한다. 지시대상물의 성에 있어서만 다른 반의어들의 우세함 때문에, 우리는 한 성의 사람들을 나타내는 낱말들이 다른 성의 사람들을 나타내는 낱말들을 자극할 것이라고 예측할 것이다. 최근의 보기를 이용하면, 남아프리카 공화국 영어의 속어 *kugel*(전형적인 젊은 유대 여자를 가리키는 익살스럽거나 경멸적인 낱말)에는 남성 상당어 *bagel*(종종 'male kugel'로 정의되는; Silva 외 1996을 보라)이 따른다.

만약 그 대조가 문화적으로 중요하고, 형태 부정이나 구 부정이라기보다 새로운 낱말의 가치가 있을 정도로 빈번하게 언급되면, 새로운 반의어들은

어휘화될 가능성이 더 크다. 한 새로운 개념이 현존하는 비-어휘화된(또는,
'과소-어휘화된') 개념과 대조를 이루는 문화권에 추가될 때, 종종 그런 상황
이 나타난다. 예를 들면, *mail*은 *e-mail*의 상위어 역할을 하고 *e-mail*의 양립
할 수 없는 대조 용어의 역할을 중의성 없이 할 수 없었기 때문에, 전자메일
과 *e-mail*이란 용어의 도입은 *snail-mail*(보통우편)이란 낱말의 조어와 용인
을 조장하게 되었다. 이 경우도 형태적으로 관련된 긍정적 용어들에 대한
기회가 존재할 때 반의어들이 만들어지는 용이함을 보여 준다. *snail-mail*은
*e-mail*에 대한 꽤 투명한 대립어이므로, 유행하게 되었다.

마찬가지로, 역동적인 사회적 범주들은 많은 반의어 조어의 장소이다.
인지사회심리학의 범주화 가설들을 따라 나는 사회적 범주화가 반의어들을
유발한다(Murphy 1997)고 다른 곳에서 가설을 세웠는데, 이것이 최소한 인종
및 성 지향 어휘에는 적용되는 것 같다. *homosexual/heterosexual*(동성애자/이
성애자)의 경우에, 후자는 전자에 반응하여 만들어졌다. Dynes(1985)는
*homosexual*이 19세기 말에 제안된 다른 용어들보다 성공한 것은, *Uranian*
(Urania<비너스의 별명>에서 유래)이나 *die konträre Sexualempfindung*(독일어
의 '정반대되는 성적 감정'에서 유래)과는 다르게, 그것이 형태적으로 투명한
반의어를 만드는 것을 뒷받침했다는 사실에 기인한다고 말한다. 사회심리학
적 이유 때문에, 사회적 범주 명칭은 부정적 반의어들보다 특별히 긍정적
반의어들을 발생시킬 것 같다. 예를 들어, *person of color*(유색인)는 *non-white*
(바-백인)의 동의어이지만, 신분에 관한 긍정적인 진술은 사적으로 더 긍정적
이고 아마 틀림없이 더 공손하다. *person of color*가 널리 사용되는 것은
사회적 범주화에 있어서 이분적 대립에 대한 특별한 선호를 보여 주며, 이것은
"우리 대 그들"의 심리상태를 드러내는 것이다. *white*가 이미 *black, Latino,
Asian* 등과 대조를 이루는 반면에, 미국 문화에서 백색의 무표적 지위는
그것에 대한 단일의 반의어를 발생케 했다. 마찬가지로, 양성애자들 단체에서
도 양성애자들과 "단성애자들(monosexuals)"의 이분적 구분이 유지된다

(Murphy 1997).

그러나 이 의미장들에서 이분적 대립이 우세한 것이 현존하는 낱말들의 반의어 역할을 하는 낱말들을 새로이 만드는 보편적 경향을 가리키지는 않는다. 한 언어의 대부분의 어휘는 규범적이거나 근사-규범적인 대조를 이루지 않는다. 영어에서 *company*나 *promise*와 같은 낱말은 'non-company'나 'to unpromise'를 나타내는 낱말을 만드는 데 박차를 가하지 않고도 오랫동안 존재해 왔다.

확립된 대조나 반의관계를 이루는 것으로 인식되는 낱말들에 대하여, 이 관계들이 그들의 후속의 의미적 발전에 영향을 미치는가? 많은 학자들은 의미의 양극화 경향, 다시 말하면, "중간을 허용하는 어휘적 반대어에서 중간을 배제하는 행동[상보반의어]으로의 흐름"(Horn 1989: 271)을 언급했다. *big/little*이나 *heavy/light*과 같은 상보반의어들은 차원적 극단을 기술하는 반면에, 그 차원의 중간 범위는 특정한 방식으로 거의 어휘화되지 않는다 (Sapir 1944). 척도상의 대조집합을 완성하기 위하여, 우리는 *medium(중간의)*, *average(평균의)*, 또는 *moderate(보통의, 적당한)*과 같은 일반 용어에 의존해야 한다. 매일의 상황에서 화자들은 이 반대어들을 상보반의어들로 취급한다. 비록 더 큰 집합이 어휘화될 때에도, "중간" 범주들은 (37)에서처럼 종종 무시된다. 여기의 텍스트는 영적 피정(避靜) 광고에서 인용한 것이다. 분명히, 늙거나 젊어지라는 격려 또는 동성애자가 되라고 조장하거나 동성애자가 되지 말라는 장려는 중년의 사람들과 양성애자들에게 그들이 환영받지 못한다는 경고를 의미하지 않는다. 그 대신에, 필자는 이 범주들이 모두를 포함하는 것같이 행동한다.

(37) Be old - Be young - Be gay(동성애자가 되라) - Be straight(동성애자가
    되지 마라) - Be woman - Be man - Be black - Be white - Be anything
    you choose(너가 선택한 인물이 되라) - And love who you are(현재의
    너를 사랑하라). (Hamilton Hall, Bournemouth, UK)

그러나 완벽한 이분법을 선호하는 경향은 반대성보다 상보반의성을 선호하는 이분적 경향을 유발할 것 같지는 않다. 이분법을 선호하기 때문에 우리는 반대어와 상보반의어를 사용하지만, 상보반의어로 *old/young*을 사용하는 것은 반대대립관계에 있는 *old*와 *young*의 더 상대적인 의미를 대신하지 못했다. 비록 *old*와 *young*이 때때로 상보반의적인 방식으로(young and old alike가 '어린이와 어른들'을 의미하는 것으로 사용될 때처럼) 사용되지만, 그들은 계속하여 나이 척도의 양 극단으로 이해된다. 그러나 비-이분적 상보반의적 대조 집합들 속의 항목들은 이분적 구분을 만들기 위하여 때때로 의미를 변경한다. 예를 들면, 남아프리카공화국에서 영어의 인종 용어인 *black*은 'non-white(비-백인의)'(아시아계, 아랍계, 혼혈 인종을 포함하는)란 의의를 추가로 가지게 되었다(Silva 외 1996).

규범적 쌍이 어휘발전에 미칠 수 있는 영향은 이미 2.3.2에서 언급되었다. 요약하면, 만약 낱말 *x*와 *y*가 의미장 A에서의 최소차이에 근거하여 규범적 대립을 이루고, 낱말 *x*가 의미장 B에 적용될 수 있는 다른 한 의미를 가지면, *y*가 의미장 B에 도입될 경우, Lehrer(2002)가 *hot/cold*('도난당한'/'합법적으로 획득한') *car*에 대해서 증명하듯이, *y*는 *x*의 대립어로 이해될 것이다. 그러나 이것은 매우 엄격한 의미확장 규칙이 아니다. 규범적 반의어들은 의미장들 간의 은유적 전이가 두 낱말을 적절하게 만들 때 추가의 의미장에 가장 좋은 것을 보낸다. 예컨대, 만약 우리가 숨겨진 물체에 대해 네가 얼마나 가까이 있느냐에 따라 내가 당신에게 너는 *hot*이다 또는 너는 *cold*라고 말하는 게임을 한다면, 게임 참가자들이 숨겨진 물체는 은유적으로 열을 발산한다고 상상하기 때문에, *hot*과 *cold*는 좋은 대립어가 될 것이다. 그 전체의 장이 은유의 일부가 아닐 경우, 규범적 대립의 다른 의의들이 가끔 그 장이 추가된 장으로 확장되는 것을 방해한다. 그래서 *a hot night out on the town*(저 밖 도시의 더운 밤)의 대립어는 문자적 의미가 방해할 *a cold night out on the town*으로 풀이될 것 같지 않다. 마찬가지로, *short tale*이나 *a short order*와 같은 구들은 농담으로, 그리고 충분한 문맥이 있을 경우에만 관용어 *tall tale*('허풍')이나 *a tall order*('힘든 주문')의 대립어로 사용될 수 있다. 이 두 경우에, *short*의 다른 더 문자적인 의의들이 은유적 의의의 가능성을 방해한다.

그럼에도 불구하고 규범적 쌍들의 많은 항목들은 매우 다의적이고, 그들의 대립은 그들의 많은 의미에 대해서도 적용된다. Wirth(1983)는 이 많은 다의관계 패턴이 언어들 간에 흔하다고 말한다. 예를 들면, 'big'/'little'을 나타내는 낱말들은 빈번하게 'old'/'young'을 의미하는 데 사용되고, 'black'/'white'를 나타내는 낱말들은 종종 'dirty'/'clean'의 대립을 나타내는 데도 사용된다. 그런 일반적인 패턴들이 여전히 보편적이지는 않지만, 보편적인 것은 다의적 반의어들에서 유표성 패턴들에 대한 제약이다. 그래서 만약 두 낱말이 두 의미장에서 반의적으로 대립되면, 하나가 한 의미장에서 무표적일 경우, 그것은 다른 한 의미장에서도 역시 무표적이다.

규범적 관계들이 언어 사용자들의 연속적 생성에서 구체화되는 경향이 있지만, 여전히 RC-LC의 지배를 받는다. 만약 한 쌍의 한 원소의 의미가 변하여 나머지 한 원소와 더 이상 최소로 다르지 않으면, 그 반의어 쌍도 반드시 변한다. 예컨대, *man/wife(남편/아내)*의 대립이 규범적이지만, *husband/wife(남편/아내)*에 대한 최근의 선호로 인해 *man/wife*의 규범적 지위가 사라질 것 같다. Tagashira(1992)는 일본어의 한 보기를 이용하여 규범적 반의어들의 집요함뿐만 아니라 변덕스러움도 증명한다. 1300년 이전에 *mae* ('・ ・ ・ 앞에')와 *sirie*('・ ・ ・ ・ 뒤에')는 규범적으로 쌍을 이루었다. 그러나 *mae*는 더 자주 '어떤 것의 앞면'을 의미하는 데 사용하게 되었고, 그래서 그 대립어가 바뀌었다. 처음에 *mae*는 *sirie*나 *usiro*('어떤 것의 뒷면')와 쌍을 이루었지만, 나중에 *usiro*와의 결합이 더 강해지게 되었다. 이 뒤에 *usiro*는 *sirie*를 침해하여 두 의미에 있어서 *mae*의 대립어가 되었다.

반의어들과 의미변화에 관한 논의를 끝내기 전에, 어떤 것이 그 대립어로 바뀌는 과정인 **좌우대칭방랑(enantiodromia)**을 언급할 만한 가치가 있다. 의미변화에서 이것은 한 낱말의 의미가 대립적 의미로 대치되는 변화를 뜻한다(5.1.1에서 논의되었듯이, 두 의미를 동시에 지닌 낱말들과는 전혀 다르게). 그런 변화가 발생한다는 것은 대립적 의미들의 의미적 유사성에 대한 증거이다. 만약 우리가 속어에서 'good'을 의미하는 *bad*의 용법을 예로 들면, 그 낱말은 동일한 의미장 안에 머물며, 동일한 의미척도(MERIT) 상에서 한 방향으로 적용된다. 유일한 변화는 그것이 그 척도 상에서 다른 방향을 가리킨다는 것이다. 그런 변화들은 드문 것이 아니고(또한 많은 것도 아님), 의미에 있어서 그런 "작은" 변화는 전자의 의미와 양립할 수 없는 용법을 초래하기 때문에 주목할 만한 가치가 있다. 그 변화는 종종 나쁜 것에서 좋은 것으로의 또는 그 반대로의 평가적 변화를 수반하므로, 아이러니(풍자, 비꼬기)가 그런 변화의 그럴 듯한 동기유발자가 될 수 있다. 예를 들면, 영어의 *sycophant(아첨꾼)*는 'denouncer(비난자)'에서 시작되었지만, 그 이래로 'flatterer(아첨꾼)'를 의미하게 되었다.

5.4.4 반의어의 습득

어린이들이 반의관계에 관하여 언제 어떻게 배우는가하는 문제는 의견이 일치되지 않는 분야이다. 예를 들어, Kagan은 "대립어의 이해는 너무나 일찍 그리고 너무나 쉽게 습득되므로 힘든 교육의 산물이 아니다"(1984: 189)라고 믿고 있다. 다른 증거들의 지적에 의하면 어린이들이 낱말 대립에 관해 좀 더 나이가 들어서 배운다. 그리고 대부분의 접근방식은 반의관계는 습득되기보다 학습된다고 가정한다. 그런 연구들의 불일치는 부분적으로 "반의어 습득"이 어떻게 정의되느냐의 산물이다. 반의어 습득 연구에서는, RC 적용에 관한 지식과 능력, 관련된 낱말들에 관한 지식, 일반적인 규범적 쌍들에 관한 지식, *대립어*나 *반의어*의 의미에 관한 지식을 포함하는, 광범위한 지식이나 능력이 테스트될 것이다. 동일한 방향으로, 반의관계에 관한 어린이들의 지식을 결정하는 데, 자유 낱말연상에서 반의어들의 사용, *What is the opposite of X?*에 대한 올바른 대답, 그리고 적절한 담화 틀에서 반의어들의 사용을 포함하는 광범위한 행동들이 이용되었다. 따라서 반의어 관계의 연구들은 종종 그 목적이 엇갈린다.

초기 연구에서 Kreezer and Dallenbach(1929)는 대부분의 어린이들이 5세 이후에 메타언어학적 대립과업(규범적이거나 비규범적 대립어들을 사용하는)만 이해하는데, 그들의 실험대상자들의 90%가 7세 6개월까지 *What's the opposite of X* 게임을 성공적으로 배운다는 것을 보여 준다. 이 새로운 반의 능력은 어린이들이 낱말연상 실험(2.3.3을 보라)에서 계열적 반응을 선호하기 시작하는 계열적 전이와 일치하는 것 같다. 그러나 반의어 습득의 나이가 오늘 테스트받은 유사 그룹들에서도 그렇게 늦을 것이라는 점은 의심스럽다. 지난 세기를 통하여, 더 많은 언어외적 기술들이 점점 더 어린 나이에 직접 가르쳐져 왔기 때문에, 계열적 전이의 나이는 영어화자들에 있어서 낮아졌다(Woodrow and Lowell 1916 and Ervin 1961). 1929년의 연구에서 5세의 어린이들 중 한 명도 실험이 시작될 때 대립어가 무엇인지 몰랐다. 그러나 요즈음 산업화된 국가들에서는 가정, 보육원, 주간보호 탁아소에서 수없이 많은 책, 노래, TV 프로그램을 통하여 그 개념에 노출되어 있다. 그 유명한 아기보호 소책자인 *What to expect the first year(첫 돌까지 기대할 것들)* (Eisenberg 외 1989: 351-2)에는 11개월 때 가르쳐야 할 내용 중 "아기가 말하는 것을 돕는 것"이 들어 있는데, 부모가 "*hot/cold, up/down, in/out, empty/full, stand/sit, wet/dry, big/little*의 개념에 집중하도록" 장려한다. 언어학습에 있어서 이것이 어린이들에게 도움이 되는지는 아직 증명되지 않았지만, 반의어들에 대한 노출은 최근 몇 십년간 더 의도적인(그리고 아마 더 빈번한) 것이 되었다.

Kreezer and Dallenbach도 반의어 습득은 전부가 아니면 전무의 성취라는 것을 보여 주었다. 게임을 통해 대립어들에 관해 배운 어린이들은 대립이라는 개념을 점진적으로 습득하기보다는 번쩍이는 통찰력으로 그렇게 했다.

이것은 어린이들이 대립의 개념을 이해하고 적용하는 잠재 능력을 소유하고 있지만, 그 능력은 그들의 발달의 어느 시점에서 활성화될 필요가 있다는 것을 시사한다.

1970년대에 어린이들의 등급매길 수 있는 반대어들, 특히 차원 형용사들의 습득에 얼마의 주의가 기울어졌다. 그런 연구들은 일반적으로 의미습득에 대한 자질-근거 접근방식을 가정했다(Clark 1973). 이 경우 차원 형용사들은 의미복잡성의 순서대로 학습된다고 생각된다. 의미복잡성은 그 자질들의 수와 일반성에 근거하여 판단된다. 그래서 어린이들은 'big'에 대한 일반적인 낱말을 먼저 습득한 뒤에 'wide'나 'narrow'와 같은 더 특별한 의미들에 대하여 다른 더 특별하고 덜 현저한 자질들을 첨가한다(Clark and Clark 1977). 이 접근방식들도 부정 용어들(*little, narrow*)은 긍정 용어들(*big, wide*)이 습득된 후에만 습득된다고 가정한다(Donaldson and Balfour 1968). 따라서 어린이들은 먼저 그 낱말들의 차원적 특성들을 배우고, 구를 배운 뒤에 극성을 배우므로, 그 낱말들의 습득 과정에서 반의적 관계를 늦게 인지한다고 예측된다. 예컨대, Donaldson and Wales(1970)는 어린이들은 그들이 *more*와 *less* 둘 다 'more'를 의미한다고 이해하고 마찬가지로 공간형용사들에서 극성을 혼동하는 어떤 시기를 통과한다는 것을 발견했다. 그러나 Evans(1984)는 그런 연구들의 문제점들을 언급하는데, 그 문제점들은 비교급과 최상급 형태(반의관계보다 나중에 습득되고 그래서 아마도 이해과업에 간섭하는)의 사용을 포함한다. 게다가, 공간 형용사들에 대한 어린이들의 이해가 그 형용사들의 굴절된 형태없이 테스트될 때, 극성은 차원보다 먼저 습득되는 것 같다 (Brewer and Stone 1975).

더 최근의 화용-지향적 이론들에서, 반의관계는 등급매길 수 있는 서술적 의미의 습득에 중요한 역할을 할 수 있다. 그런 접근방식들(예, Clark 1993; 4.4.1도 보라)에 의해 어린이들은 어떤 새로운 낱말도 그들이 이미 알고 있는 낱말들과는 다른 의미를 가지고 있다고 가정한다. 그래서 만약 어린이들이 유사한 환경에서 *big*과 *little*과 같은 낱말을 들으면, 그 낱말들에 관해 그들이 알고 있는 가장 기초적인 것은 그들이 다른 것들을 의미한다는 점이다. 만약 그 두 낱말이 동일한 차원을 기술한다고 그 어린이가 믿을 만한 근거를 갖고 있으면, 그 어린이는 두 낱말의 존재를 설명할 수 있는 하나의 가능한 차이는 극성이라는 것을 인정할 것이다. *big-gigantic*에서처럼 다른 가능한 차이는 정도이다. 그러나 그런 쌍들은 의미와 지시에서 중첩되므로, 극성이 그 어린이에게는 더 분명한 선택이다. 비록 그 어린이가 어떤 한 쌍이 나타내는 차원을 아직 이해하지 못했을지라도, 그 어린이는 차원적 유사성을 가정하고 그 낱말들이 극성에서 다르다고 기대할 것이다. 만약 그 어린이가 반의적 틀의 존재와 반의적 기능의 수행(5.4.2를 보라)과 같은, 공기하는 반의어들과 동반하는, 담화 큐(신호)를 인지한다면, 그것은 아마 사실일 것이다. 특히, 운율적 패턴이 어린이들에게 반의어 쌍의 대조적 성격을 부각시킬 것이다. Richthoff(2000)는 공기하는 반의어들은 스웨덴어의 아동-지향 발화에서 초점 강세로 강조된다는 것을 발견했는데, 이 때문에 Willners(2001)는 반의어 쌍을 인지하는 데 빈도나 대치가능성보다 운율이 더 중요한 신호라고 가정한다. 만약 어린이들이 그런 패턴을 대조적이라고 인식하면, 그들은 의미를 찾을 때(두 낱말의 관련된 최소 차이를 가정할 경우), RC-LC의 영향을 받을 것이다. 일단 어린이가 문제의 낱말들이 대립어라고 생각하면, 그 쌍의 한 원소의 의미에 관해 저장된 어떤 정보도 그 쌍의 다른 한 원소의 의미를 결정하는 데 사용될 수 있다. 그런 접근방식은 어린이들이 이미 RC를 그들 마음대로 사용할 수 있다고 가정하며, RC와 Clark의 대조원리와 같은 습득원리들의 대조에 관한 유사한 초점이 그 가정을 어느 정도 뒷받침한다.

만약 어린이들이 어린 나이 때부터 RC를 그들 뜻대로 할 수 있다면, RC는 담화에서 대조되는 낱말들의 의미를 결정하는 도구로뿐만 아니라, 그들이 이미 알고 있는 낱말들 간의 반의관계를 결정하는 도구로도 사용된다.

반의어 학습에 관한 대부분의 이론들은 이 문제의 전자에 대해서만 접근했다. 무엇이 어린이들(이나 성인들)로 하여금 낱말들을 규범적 반의어들로 인지하도록 만드는가에 관한 여러 가설들이 상세하게 조사되었다. 그러나 그 가설들은 어린이들이 규범적이라고 배우지 않은 쌍들 사이의 반의어 관계들을 어떻게 결정할 수 있게 되는가는 보여 주지 않는다. Ervin(1963)은 만약 두 낱말이 동일한 의미적 및 통사적 문맥들에서 대치될 수 있으면, 그 낱말들 사이에서 계열적 연합(가장 흔히 반의관계)이 발생한다. 한편, Charles and Miller(1989)는 한 반의어 쌍의 두 원소는 우연한 비율보다 훨씬 더 큰 비율로 연속 문맥들에서 공기한다는 사실 때문에 반의적 쌍들은 학습된다고 주장한다. Justeson and Katz(1991, 1992)는 이전의 접근방식들을 결합한다. 그들은 항목들이 동일 문장의 유사한 환경에서, 예컨대 결합된 구문에서 공기할 때, 반의어 연합이 일어난다고 주장한다. 사람들은 신문과 소설을 읽기 시작하기 오래 전에 반의어 관계를 습득하기 때문에, 이 모든 연구는 성인-지향의 글에서 선택한 자료에 의존하여, 그 자료가 반의어 습득의 논의에 기여할 수 있는가라는 질문을 제기한다.

한편, Murphy 1998a는 CHILDES 데이터베이스(MacWhinney 1995)에서 어린이들의 세 일기 연구에 나타난 반의어 공기를 조사한다. 대략 2세에서 5세까지에 이르는 이 어린이들도 차례가 되면 우연한 것보다 더 높은 비율로 반의어 쌍들을 사용한다(그런데 그들의 부모가 높은 비율로 사용하는 반의어 쌍들과 반드시 동일한 것은 아니다). 심지어 이 어린 나이에도, 어린이들은 Abe란 이름의 한 어린이의 다음과 같은 보기에서 분명하듯이, 재미있고, 독창적이고, 생각이 깊은 방식으로 반의어들을 사용한다.

(38) Cookie Monster drinks it **up** and I drink it **down**.(2세 9.5개월)
(Cookie Monster는 그것을 drink **up**하고, 나는 drink **down**한다.)

(39) ABE(3세 3.1월): is it dry **down** or dry **up**?
(dry **down**이 맞아요, dry **up**이 맞아요?)

FATHER: dry up it'll dry up soon I'm not sure why but it's dry **up**
instead of dry **down**.(dry up이 맞다. 곧 dry up될<바싹 마를>것이다.
나는 그 이유는 모르지만, 그것은 dry **down**되지 않고, dry **up**된다.)

(39)의 대화가 보여 주듯이, 공기하는 반의어들의 용법은 때때로 어린이
에 의해 사용된다. 실제로, 그 말뭉치는 부모가 어린이에 의해 사용되는,
공기하는 반의어들을 더 흔하게 반복하여 사용한다는 것이다(그 반대라기
보다). 그런 증거는 어린이들이 반의어에 관해 분명히 배우기 전에도 반의어
쌍들을 알고 있다는 것을 보여 줄 것이다.29) 그러면 이것은 Kreezer and
Dallenbach의 발견 사실, 즉 어린이들은 번쩍이는 통찰력으로 대립어의 의
미를 배운다는 것을 설명할 수 있을 것이다.

요약하면, 만약 우리가 어린이들이 담화에서 반의어들을 성인과 같이 사
용하는 것에 의해 반의어 습득을 판단한다면, 습득은 아주 어린 나이에 일어
난다. 만약 우리가 낱말연상 테스트와 대립어 게임과 같은 메타언어학적
실험에서 어린이들이 반의어들을 사용하는 것에 의해 그것을 판단한다면,
습득은 나중에 일어난다. 실험들에서 반의어 사용은 과업에 관한 결합적
사고나 오해와 같은 외적인 요인에 대해 더 민감하기 때문에, 더 어린 나이
에 습득이 일어난다는 결론이 더 설득력이 있다. 그러나 그런 과업들은 성인
들처럼 어린이들은 이분적이고 비양립적인 대조로 치우친다는 것을 여전히
보여 준다. 낱말연상과업에서, 계열적으로 반응하는 어린이들은 동의어 반
응보다 반의어 반응을 선호한다.

그들이 그 테스트의 단일-낱말 반응 규칙에 숙달하기 전에도, 그들은 동

---

29) 일기 자료의 상대적 빈약함이 이 문제에 관한 명확한 결론 도출을 허용하지 않는
다. 왜냐하면 기록된 자료는 단지 짧은 기간의 구조화되지 않은 가족들 간의 일을
포함하고, 그 어린이에 대한 입력의 다른 유형들 또는 그 어린이의 언어 습득 이전
시기로부터의 입력을 포함하지 않기 때문이다. 그러나 아주 어린 아이들이 반의어
쌍들을 쉽게 이용하는 것과, 그 쌍들에 대한 분명한 성인 모형화의 결여는 암시하
는 바가 크다.

의어로 반응하기 전에 대조어로 반응한다. 예컨대, Heidenheimer(1978)의 보고에 의하면, 1학년(~6세)에서 일부 어린이들은 자극어 *sick*에 대해 *not sick*으로 반응하고, 5학년(~11세)까지 그 자극어에 대해 동의적 구(*not well*)로 반응하지 않는다.

5.4.5 문화 간의 반의관계

우리가 반의관계를 이해하고 사용할 수 있는 생득적 능력을 지니고 있을 것이라는 점은 관계의 보편성에 의해 강조된다. 반의관계는 모든 언어에서 찾아볼 수 있다고 종종 주장되며[30], 대부분의 언어들에는 차원(*big/little*), 물리적 특성(*hard/soft*, *ripe/unripe*), 연령(*young/old*), 가치(*good/bad*), 속도(*fast/slow*)와 같은 기본 특성 기술어들의 집합에 대해 어휘화된 반의어들(흔히 형용사)이 존재한다(Dixon 1982; Wirth 1983). 언어에는 낱말들의 유사한 집합들에 대해 반의어들이 없을 수도 있다. 예컨대, Weigand(1988b)에 의하면, 몇몇 감정들은 대조 쌍(HAPPINESS/UNHAPPINESS, FEAR/COURAGE, LOVE/HATRED)을 이루지만, ANGER와 SURPRISE는 (최소한) 서유럽어들에서는 분명한 반의어가 존재하지 않는다.

반의관계는 문화 상호간에도 유사하게 이해되며(Osgood 외 1975), 다른 문화권들의 구성원들도 다른 어떤 의미관계보다 어떤 유형의 관계가 대립 범주를 구성하는가에 관해 더 강력하게 동의한다(Raybeck and Herrmann 1990, 1996; 2.1.8을 보라). 반의관계의 이 보편적 이해의 매개변수들 속에서 문화특정적 요인들이 언어와 문화에서 특정한 반의어 짝짓기와 반의관계의 역할에 영향을 미친다.

단순한 특성 기술자들(descriptors)이 언어 간에 유사한 반의관계를 가지는

---

30) M. M. Hardman은 저자에게 보내온 전자우편에서 "Jaqi어 화자들은 'do' 반의어를 사용하지 않는다."라고 주장했다. 그러나 이것을 결정하는 그녀의 방법은 보고되지 않았다(Murphy 1996을 보라).

경향이 있지만, 우리가 5.1.1에서 미각 반의어들에 관하여 살펴보았듯이, 다른 짝짓기는 문화 간에 매우 다양할 수 있다. 예컨대, Hofmann(1993)에 의하면, 미국에서 *mountain*의 중립문맥 대립어는 *valley*일 것인 반면에, 일본에서는 대부분의 사람들이 산과 바다 사이에 살기 때문에, 'mountain'의 대립어는 'ocean'이다.

Willners(2001)는 언어들을 두 부류로 범주화한다: 반의관계를 명시적으로 의식하는 증거를 가진 부류와 암묵적으로 의식하는 증거를 가진 부류. 반의관계의 암묵적 의식은 말실수를 통해 입증되는데, 이 경우 반의어들은 둘 중 다른 하나에 대해 대치된다. Willners는 영어와 스웨덴어를 그런 언어로 간주한다. 명시적 증거는 의미적 또는 추론적 목적에 반의어들을 특별하게 사용하는 것을 포함하며, 맨더린어(Mandarin: 표준중국어)와 같은 언어들에서 찾을 수 있다. 암묵적 증거와 명시적 증거를 확고하게 구분할 수 있을지는 불분명하지만(결국, 5.4.2에서처럼 영어에는 반의관계를 위한 많은 추론적 용법이 존재한다), 가장 명시적인 경우들은 다른 계열적 의미관계와 비교하여 반의관계의 특별한 현저성을 강조한다. 맨더린어에서 반의적 상태술어들은 합성되어 (40)에서처럼 형용사들이 측정하는 척도를 나타내는 복합명사를 형성한다(Li and Thompson 1981: 81).

(40) *hǎo-huài*   'good-bad' = quality(성질, 자질)
 dà-xiǎo   'big-small' = size(사이즈)
 kuài-màn   'fast-slow' = speed(속도)

(41)에서와 같은 반의적 명사-명사 복합어가 맨더린어에서도 비교적 흔하다. (40)의 술어-술어 명사류 복합어처럼 이 명사 복합어는 두 대립어를 결합함으로써 더 일반적인(때때로 분류위계관계적으로 상위의) 범주를 만든다. 이들의 유사성은 (40)에서 반대어를 결합함보다 더 일반적인 유형의 대립적 복합을 보여 준다.

(41) *shŭi-tŭ* 'water-earth' = climate(기후)

　　 fŭ-mŭ 'father-mother' = parents(부모)

　반의관계의 다른 명시적 용법은 Walbiri 부족의 남자들이 의식 때 사용하는 *tjiliwiri*어에서 낱말들을 반의어로 대치하는 것이다(Hale 1971).[31] 이 "거꾸로의 Walbiri어"에서, 전달 내용은 모든 내용어들을 그 반의어들로 대치함으로써 부호화된다. 따라서 'Give water to me'를 의사소통하기 위하여 *Withhold fire from somebody else*(다른 어떤 사람에게 불을 주지 마라)의 동등어구를 말해야 한다.

　대조의 그리고 따라서 반의관계의 문화적 의미는 공동체들 간에 다를 수 있다. 예를 들어, 한 주요한 중국 철학은 이 세상이 이분 범주, 즉 음/양에 따라 조직화되어 있다고 보는데, 음/양은 많은 다른 이분적 대립을 포함한다: *female/male, earth/heaven, passive/active*(수동적/능동적) 등. 겉으로 보기에, 이것은 *black/white, hot/cold, in/out* 등에 의해 사물을 보는 서구 문화와 그렇게 달라 보이지 않는다. 그 차이는 서구의 이분적 범주의 더 고정되고 정반대적인 성격과는 대조적으로, 음/양의 순환적이고 통일적인 성격에서 찾아볼 수 있다. 우리가 *black and white*인 물질에 관해 얘기할 때, 그것이 의미하는 바는 차이가 안정적이고 분명하지만, 음과 양은 모든 시스템 속에 그리고 영원한 반전 회로(음이 양이 되고 다시 음이 될 것으로 기대됨) 속에 함께 존재한다는 것이다(Chan 1967을 보라).

　인간의 인지에서 반의관계의 특권적 위치와, 그리고 그것에 대한 접근에 있어서의 다양성이 몇몇 문화는 인지적 조직 원리로서 분류적 사고보다 이분적 대조를 사용한다는 증거에 의해서도 지적된다. Lancy and Strathern (1981)은 파푸아 뉴기니의 멜파가 그런 문화라고 주장한다. 식물, 동물, 씨족

---

31) Hale은 Walbiri 여자들에게 이 의식 언어의 비밀을 들려 주지 않는다고 Walbiri 부족의 남자들을 설득했기 때문에 이 연구를 출판할 수 있었다. 나는 독자들이 Hale의 약속이 유지되도록 협력해 주기를 바란다.

또는 색채를 부류포섭에 의해 조직하지 않고, 멜파는 그들이 쌍으로 된 원소성을 가진 것으로 분류한다. 예컨대, 범주들은 *kui-owa rakl*('주머니가 있는 개의 쌍')과 *kui-köi rakl*('주머니가 있는 새의 쌍')을 포함한다. 이 쌍들은 최소로 다른 것으로 고안된다. '주머니가 있는 개'는 사냥자와 피사냥자의 반대관계를 나타낸다. '주머니가 있는 새'는 숲에 사는 유사한 피조물들을 대조시킨다. 그들이 유사한 이유는 식량과 장식을 위해 사냥되기 때문이다. 따라서 "유사성의 한 차원이 항목들뿐만 아니라, 한 연속체 상의 양 끝에 있는 위치에 의해서 또는 가로 베는 차원에 의해 만들어지는 차이의 특성을 연결한다(Lancy and Strathern 1981: 784). 분류위계관계가 멜파에 존재하지만, 대상물들을 분류하는 주요 수단은 아니다. 그리고 예컨대, 그룹들이나 함께 있음에 대한 낱말들 모두가 'two'(*rakl*)이나 'partner'(*kup*)에 대한 낱말을 포함하고 있는 언어에서 쌍-대조에 대한 선호를 찾아볼 수 있다.

5.5 결론

반의관계의 보편성과 편재성은 인간의 인지가 이분적 대조로 편향된 것을 강조한다. 그 편향의 이유에 관해서는 여기서 연구되지 않았지만, 어휘행위에 있어서의 그 범위에 관해서는 연구되었다.

반의관계에 대한 언어학과 철학의 관심은 반의어 하위유형들의 논리적 특성을 강조하는 경향이 있었지만, 사람들이 반의어를 사용하는 방식이 그리고 반의어와 상호작용하는 방식이 보여 주는 것은, 대립은 심리적으로 매우 실재적이지만(과정과 범주로서), 반대성과 상보성과 같은 더 특별한 관계는 언어사용자들에 의해 잘 구분되지 않는다는 것이다. 이것은 반의어 하위유형들이 그들의 담화기능과 대체적으로 무관한, 심리언어학의 실험과 언어사용에서 분명하다.

RC-LC는 낱말들이 정확히 어떻게 대조되는지를 명시하지 않고 반의어들과 대조집합들을 확인하는 수단을 제공한다. 이것이 의미하는 바는 충분한 문맥이 제공되면 낱말들의 어떤 집합도 대조집합의 역할을 할 수 있다는 것이다. 낱말들은 그 의미적 (그리고 다른) 특성들에서 다르므로, 다른 의미적 낱말류들(예, 등급매길 수 있는 형용사, 성취동사, 성이 표시된 명사)은 다른 방식들로 대조를 이루어서 관찰된 다른 반의어 유형들을 발생시킨다.

6. 하위관계, 부분·전체관계 및 기타 관계들

나비라는 낱말은 실재의 나비가 아니다. 그 낱말이 있고 나비가 있다.
만약 너가 이 두 항목을 혼동하면, 사람들에게는 너를 비웃을 권리가
있다.

Leonard Cohen, "어떻게 시를 읊는가? "(1978)

　본 장에서 다루어지는 관계들은 *어휘관계*라는 명칭을 받을 만한 자격이 빈약하기 때문에 동의관계와 반의관계보다 더 적은 지면을 할당받았다. 특별히 포섭과 부분-전체관계들은 어휘의미론 주제에서 인정되지만, 좀처럼 낱말들 사이의 관계들이 아니고, 거의 항상 개념들이나 사물들 사이의 관계들이다. 의미와 의미관계들에 대한 접근방식은 어휘사전에 표시된 의미 내용의 양과 성격에 있어서 다르므로, 하위관계와 부분·전체관계와 같은 관계들은 다른 이론가들과 다양한 수준의 관련성을 맺고 있다. 그러나 여기서의 가정은 어휘사전이 어떤 계열적 관계정보도 포함하고 있지 않다는 것이다. 이것에도 불구하고 동의관계와 반의관계는 어휘외적 관계, 즉 낱말-개념들 사이의 관계로서 사서학(언어학의 한 분야로 어형·어의 및 그 역사를 다룸)적으로 흥미롭다. 그러나 하의관계, 부분·전체관계, 또는 다른 의미관계들이 그 낱말들이 나타내는 사물(또는 개념)들 사이의 관계들이라기보다는 낱말-개념들 사이의 관계라는 증거는 거의 존재하지 않는다. 따라서 본

장은 이 관계들이 때때로 어휘(내적) 관계로 취급되는 이유에 관심이 있고, 그 관계들은 보통 낱말들 사이의 관계가 아니라는 것을 증명한다. RC는 어휘 개념만 다루는 것이 아니라, 어떤 개념이라도 대조시킬 수 있으므로, 여전히 이 관계들과 관련이 있다. 그러나 이 책은 어휘-의미적 적용에 관심이 있고, 이 장에서 다루는 관계들은 덜 분명하게 어휘-의미적 관계들이다.

이 장은 하위관계/상위관계, 부분·전체관계/전체·부분관계(holonymy), 그리고 잡다한 관계들을 다루는 세 주요 부분으로 이루어지는데, 그 관계들의 특성과 하위유형을 고찰하고, 그리고 그들이 낱말들, 내포들, 또는 외연들을 관련시키는지를 살펴보며, 그리고 어휘외적 및 기타 접근방식에서 그들의 위치를 탐구한다. 6.4에서는 그 내용이 간략하게 요약된다.

6.1 하위관계(hyponymy)와 상위관계(hyperonymy)

하위관계, 유형(TYPE)<징표(TOKEN) 관계(그 관계대립 관계인, 징표>유형 관계, 즉 상위관계1)를 포함하는)는 어휘사전에서 가장 근본적인 구조 관계들 중의 하나로 간주되는데, 다만 비양립가능성과 경쟁하며(Lyons 1968; Cruse 2002), "전산 언어학계에서 단연코 가장 많이 연구되는 어휘관계이다"(Pustejovsky 1995:24).

하위관계는 추론을 유발하는 성격, 정의에 있어서, 그리고 그 중요성, 문법에 있어서 선택제약에 대한 그 관련성 때문에 어휘사전의 많은 모형들에서 중심적인 개념이다. 추론, 특히 함의는 하위관계와 강하게 연관되어 있는

---

1) 하위어(hyponym)/상위어(hyperonym)는 단위(**unit**)/대단위(**archiunit**)로도 일컬어졌다(Coseriu and Geckeler 1981). *hyperonym*은 그 대립어보다 덜 흔한 용어이다. 용어 상위어에 대하여, 비록 **superordinate**(상위어)(Lyons 1977)이 비-어휘관계도 나타내지만, 종종 선호된다. 그 대체어인 **hypernym**(예, Fellbaum 1998c)은 *hyponym*과의 음성적 유사성 때문에(Lyons 1977) 그리고 이름을 나타내는 그리스어 어간이 *nym*이 아니고 *onym*이기 때문에(Sampson 2000) 덜 선호된다.

데, 한 진술문은 그 낱말들의 상위어들 중의 하나를 포함하고 있는, 동등한 하나의 진술문을 함의한다. 예컨대, 문장 *A dog came in*은 *An animal came in*을 함의한다. 고전적(아리스토텔레스적) 정의도 하위관계에 의존한다. 표준사전들과 민간 정의(Casagrande and Hale 1967)의 전형을 보여 주는 그런 정의들은 **유개념(genus)**과 **변별적 특성(differentiae)**으로 구성되어 있다. 다시 말하면, 유개념은 작은 대문자로, 그리고 특성은 이탤릭체로 표시되어 있는 (1)에 예시된 것처럼, 상위어(유개념)와 그리고 정의된 하위어를 더 큰 부류로부터 구분하는 특성(변별적 특성)이다.

(1) **martagon** – a *Eurasian* **LILY** ... *usually having pinkish-purple, spotted flowers*(유라시아의 릴리 ... 보통 핑크 빛이 도는 자주색의 얼룩덜룩한 꽃이 맺힌다) (*American Heritage*)

따라서 하위관계는 한 낱말이 의미하는 것에 관한 우리의 (의식적인) 생각에서 어떤 역할을 한다. 문법적으로, (예컨대) 한 동사의 목적어에 관한 선택 제약은 상위어에 의해 풀이될 수 있고, 그 낱말의 모든 하위어들도 잠재적 목적어들로 선택된다(Resnik 1993). 예를 들면, *drink*는 *beverage*(음료)와 그것의 모든 하위어들(*water, beer, juice* 등)에 대해서 선택한다. Lyons(1977)와 Cruse(2000c)는 하위어들과 그들의 상위어들만이 (그 순서대로) *X and other Y*(*beer and other beverages*, 그러나 #*hot dogs and other beverages*는 안 된다) 구에 발생할 수 있다고 말한다.

언어행위에 대한 하위관계의 연결성과 어휘지식 모형에 대한 그 관련성 때문에, 이 장의 다른 관계들과 비교해 볼 때, 하위관계는 어휘사전이 의미적으로 조직화되어 있느냐는 문제와 가장 관련성이 있고, 어휘외적 접근방식에 언어외적으로 표시되어 있을 확률이 가장 높다. 하위관계와 그 하위유형들의 정의들은 각각 6.1.1과 6.1.2에서 고찰될 것이다. 6.1.3은 하위관계가 관련시키는 것들, 즉 낱말들, 의미들, 또는 사물들에 관해 연구할 것이다.

6.1.4에서는 어휘사전의 견해에 어떻게 영향을 미치는가에 관해 하위관계의 특성이 다루어질 것이다. 6.1.5는 하위관계, 상위관계, 그리고 분류관계에 대한 어휘외적 접근방식을 요약할 것이다.

6.1.1 하위관계의 정의

자연언어에서 하위관계는 대략적으로 '일종의(kind of)' 관계로 정의된다[2]. *oak(오크)*는 *tree*의 일종이기 때문에 *tree*의 하위어이다. 컴퓨터를 이용하는 모형에서는 종종 IS – A(예, Rumelhart 외 1972) 또는 IS – A – MEMBER – OF(Kintsch 1974) 함수로 표시된다. 이 관계에 대한 논리적 정의는 보통 집합 포섭에 의해 기술된다. 만약 하위관계가 외연들을 관련시키면, 그 하위어의 외연은 그 상위어의 외연에 포섭된다. 따라서 페이퍼백 책들의 집합은 책들의 집합의 하위집합이다. 만약 하위관계가 내포들을 관련시키면, 포섭은 역전된다: 한 하위어의 내포가 그 상위어의 내포를 포섭한다. 예컨대, *paperback*은 *book*의 하위어이다. 왜냐하면 전자의 의미는 후자(페이지가 있고 한 쪽으로 제본된, 기타 등등)의 의미를 구성하는 모든 자질(또는 의미의 다른 표시들)을 포섭하기 때문이다. (하위관계가 내포를 또는 외연을 관련시키는지에 관해서는 6.1.3을 보라.) 하위관계의 대부분의 정의는 포섭이 일방적이라는 점을 명시한다. 그 이유는 만약 포섭이 쌍방향적이라면, 그 관계는 동의관계가 될 것이기 때문이다.

포섭 정의들의 한 문제는, 다른 통사 범주들의 원소들이 이런 방식으로 내포적으로 관련되기 때문에, 그 정의들이 계열관계로서의 하위관계 개념을 비웃는다는 것이다. Lyons(1977)는 그런 관계들을 **유사–하위관계(quasi-hyponymy)**라고 부르며, 예컨대 *shape(형태) > round(둥근)/square(정사각형)/oval(타원형)*, 그리고 *taste>sweet/bitter/sour/salty*와 같은 형용사들

---

2) 하위관계들을 정의하기 위한 방식들에 대한 철저한 조사는 Cruse(2002)를 보라. 특별히, Cruse는 그 방식들 중 어떤 것도 만족스럽지 못하다는 것을 발견했다.

은 종종 명사적 상위어들을 가진다고 말한다. 그러나 하위관계와 유사-하위 관계의 경계선은 분명하지 않다. taste와 salty는 분명히 다른 범주에 속하는 반면에, furniture와 chair는 어디에 속하는가? 둘 다 명사이지만, 이 경우에 상위어는 불가산명사(*furnitures)인 반면에, 하위어는 가산명사이다. 그런 보기들은 예를 들면, cutlery(식탁용 칼붙이)>knife, clothing>shirt, 그리고 equipment(장비) > net(네트)에서처럼 영어의 명사에는 흔하다. 이 모든 경우 에서 우리는 패턴들을 찾을 수 있다: 기본층위 형용사들은 명사 상위어를 가질 것 같고, 본질적으로 다른 가산범주들은 불가산 상위어를 가질 것 같다 (2.1.5를 보라). 이 보기들의 존재와 이 보기들에서의 패턴들은 다시 계열관 계가 통사범주의 동일성에 의해 정의될 수 있는가라는 문제를 일으킨다. (6.1.1의 끝부분은 통사범주와 하위관계로 되돌아간다.)

   Cruse(1986, 2000c, 2002)는 하위관계의 집합-포섭 정의들의 또 다른 문제 를 언급한다: 그 정의들은 X is a kind/type/sort of Y라는 하위관계에 관한 자연언어의 정의에 의해 매끄럽게 관련되는 것보다 더 많은 포섭관계를 허 용한다. Cruse(2000c: 152)는 (2)의 보기로 이것을 보여 준다.

   (2) a. A horse is a type of animal.(말은 동물의 한 유형이다.)
       b. ?A kitten is a sort of cat.(?새끼고양이는 일종의 고양이이다.)
       c. ?A queen is a kind of woman.(?여왕은 일종의 여성이다.)

horse<animal과는 다르게, kitten<cat, 그리고 queen<woman에 대한 'kind of'의 주장은 이상하다. Cruse는 horse<animal 관계와 그리고 다른 "kind-of" 관계를 분류어(taxonym)라고 부르며, 그의 1986년 책에서 분류어는 하위어 의 아종(subspecies)이라고 제안한다. (바꿔 말하면, 분류어는 하위어의 하위 어이다.) 그러나 그는 이 제안의 문제점들을 언급한다. 예컨대, shoot은 논리 적으로 볼 때 kill의 하위어가 아니고(shooting이 반드시 killing은 아니므로), (3)에서 kill의 분류어인 것 같이 행동한다((3)에서 way는 동사에 대하여 kind

에 상당하는 역할을 한다).

(3) Strangling and shooting are ways of killing someone.
   (교살과 총살은 사람을 죽이는 방법들이다.)

Wierzbicka(1984)도 모든 경찰관은 범주 SOMEONE'S SON의 원소이지만, 이것이 경찰관은 'a kind of son'이라는 것을 의미하지 않는다는 점을 지적하면서, 내포적-포섭 정의들은 만족스럽지 않다고 주장한다. 그러나 그녀가 포섭 정의들을 반대하는 이유는, 하위어들에 대한 의의들이 그들의 상위어들의 의의들보다 반드시 정보가 더 무겁지는 않은, 어휘적 의미에 대한 그녀 자신의 접근방식에 특별한 것이기 때문이다. 예컨대, 그녀(1980, 1984)는 *parent*의 의미는 *mother*과 *father*(그 반대이기보다는)의 의미를 포섭한다고 주장한다. 그러면 *parent*에 대한 그녀의 의미표시는 MOTHER OR FATHER로 바꾸어 쓸 수 있다. 그리고 *mother*의 정의는 원소 PARENT를 포섭하지 않을 것이다. 전통적인 구성성분 접근방식들(예, Katz and Fodor 1963)은 *mother* 을 FEMALE PARENT로 정의할 것이다. 따라서 그들의 하위관계는 정보에 있어서 밑이 무거운 분류위계에 분명히 반영되어 있다. 의미에 대한 Wierzbicka의 견해 때문에 그녀는 여타 학자들과는 다른 유형의 하위관계를 설정하게 된다(6.1.2를 보라).

포섭 정의들에서 벗어나기 위해, Cruse(1994, 2000c, 2002)는 하위관계는 원형범주로 취급되어져야 하며, 분류어가 하위어 범주의 중심원소라고 제안했다. 하위어들의 원형자질들을 열거하려는 그의 더 최신의 시도(2002)에서, 그는 아래의 여섯 가지를 포함시켰는데, 첫 두 가지가 가장 중요한 것이다.

*X는 Y의 하위어이다*에 대한 좋은 보기 평가를 결정하는 자질들:
• X와 Y 사이에는 "범주적 불일치"가 존재하지 않는다.
• *A is X*의 참은 *A is Y*가 참이라는 것을 기대케 하는데, 이것은 그 반대의

기대보다 더 크다.

- *An X is a kind/sort/type/variety of Y* 형태의 표현들은 정상적이다.
- 어떤 어휘항목 Z도 Y의 하위어가 아니고 X의 상위어도 아니다.
- X와 Y를 구분하는 특별한 명시성이 X의 의미에 중심적이다.
- X와 Y는 그들의 비명제적 자질(언어사용역, 표현성 등)에 있어서 조화를 이룬다.

(Cruse 2002를 적절하게 수정한 것임)

Cruse는 하위관계의 이 정의가 좋은 보기 판단을 예측하기 때문에 논리적 포섭 정의보다 우수하다고 말한다. 고려해야 할 마지막 정의는 RC 접근방식이지만, 나는 6.1의 끝부분에서 다루겠다. 그 동안 중간의 소절에서는 우리가 어휘적 하위관계를 설명할 필요가 있는가라는 문제를 다루게 될 것이다.

6.1.2 하위관계의 유형과 상위어들의 유형

다른 관계들처럼, 하위관계는 하위유형들로 나눠질 수 있지만, 그 하위유형이 몇 개인지, 그리고 그것들이 하위관계의 타당하고 완전한 분류관계를 제공하는가라는 것은 논의해야 할 문제이다. 바꿔 말하면 하위어에는 경쟁하는 많은 하위어들이 존재한다. 가장 흔하게 언급되는 구분은 **분류위계적(taxonomic)** 하위관계와 **기능적(functional)** 하위관계이다(Miller 1998b).[3] 분류위계적 관계는 IS-A-KIND-OF 관계인 반면에, 기능적 관계는 IS-USED-AS-A-KIND-OF 관계이다. 예컨대 *cow*는 *animal* (a cow is an animal)과 분류위계적 관계를 이루지만, *livestock(가축)* (a cow *functions* as livestock<소는 가축의 *기능을 한다*>)과는 기능적 관계를 이룬다. 기능적 관계는 논리적으로 필요관계가 아니므로 더 약하다. 모든 소가 다 가축은 아니다; 모든 개가 다 애완동물은 아니다; 모든 야구 방망이가 다 무기는 아니다(그러나 모든 방망이가 잠재적인

---

3) 분류위계적/기능적이란 용어들은 Wierzbicka(1984)에서 유래한 것이다. Pustejovsky (1991)는 그 용어들을 각각 형식적(**formal**)/목적적(**telic**)으로 부른다.

무기이므로, 상위어 *weapon*에 의해 표현되는 법의 지배를 받을 것이다).
한편, 분류위계적 관계는 분석적이다: 동물이 아닌 것들은 소일 수 없다.

　*분류위계관계(taxonomy)*와 *분류관계(taxonymy)*를 구분하는 모음은 그 관
계들이 다르다는 것을 보여주는가? 이것은 분류위계적 관계가 정의되는 방
식과, 그리고 하위관계의 다른 하위유형들과 구분되는 방식에 달려있다. 만
약 분류위계적 관계가 부류나 의미포섭에 의해 정의되면, *horse>Arabian(아
라비아 말)*, *horse>mare(암말)*, *horse>foal(새끼 말)*은 모두 분류적 관계이다
(그러나 모든 분류어가 다 그런 것은 아니다). 그러나 대부분의 저자들이
*taxonomic*이란 용어를 사용할 때, 그들은 TYPE>BREED(종, 종류) 관계(즉, 분류
어들)를 지칭하려고 의도한다. 이것은 하위관계의 대부분의 분류위계관계에
서 TYPE >AGE-SUBGROUP OR TYPE>SEX-SUBGROUP 관계 유형들을 삭제할
것이다. 그러나 대부분의 저자들은 분류어를 분류위계관계 하위유형의 모범
적인 보기로 사용하는 반면에, 그 하위유형에 대한 그들의 정의는 다른 포섭
관계들을 제외시키지 않는다.

　Wierzbicka(1984)는 분류위계적 및 기능적 관계에 첨가하여 상위어들의
세 범주를 (다소 정교하게) 명명한다. 이 범주들은 그들의 특별한 형태-의미적
지위, 즉 가산성과 수에 의해 표시된다. **절대집합단수류(collectiva-singularia
tatum class)** (예, *furniture>chair*)는 가산 하위어들을 가진 불가산 단수 상위
어들을 포함한다. Wierzbicka는 이 상위어들은 "어떤 목적으로 그리고 어디
서"(1984: 324)에 의해 정의된다고 주장한다. **절대집합복수(collectiva-
pluralia tatum)** 상위어들은 "어디서 그리고 왜"(1984: 325)에 의해 정의되는
불가산 복수 상위어들이다. 이것을 하위관계의 한 유형으로 정당화하기는
약간 어렵다. 왜냐하면 그녀의 보기들(*leftovers*< 나머지>, *odds-and-ends*< 잡
동사니>, *remains*< 나머지>)은 집합적이지만 분명한 하위어가 없기 때문이다.
마지막 범주, 즉 **유사-가산명사(pseudo-countables)**는 *vegetables(채소)*와
*narcotics(마약)*와 같은 보기들을 포함하며, "어떤 목적으로 그리고 어디서부

터"(1984: 325)에 의해 정의된다. Wierzbicka는 carrot(당근)은 'a kind of vegetable'로 정의될 수 없다고 주장한다:

> *carrots*는 분류위계관계적 개념이고 일종의 사물을 나타낸다. 그러나 *vegetable*은 일종의 사물을 나타내지 않는다; 개념 *vegetable*은 유사성에 근거하지 않고 영속적인 성분을 포함하지 않으므로, 어떤 명시되지 않은 유형의 야채를 그리는 것은 불가능하다 . . . 일종의 채소로 *carrots*를(또는 일종의 시리얼로 *oats*를) 정의하는 것은 *eggs*를 일종의 식료품으로 또는 *buttons*를 일종의 잡동사니로 정의하는 것과 비슷하다.(Wierzbicka 1984: 323)

여기서 우리는 Wierzbicka는 분류위계적 관계를 일종의 지각적 관계로 간주하는 반면에, 다른 학자들(예, Rosch 1973)은 *vegetable>carrot, furniture >chair*, 그리고 *animal>bear*는 모두 동일한 관계, 즉 분류위계적 하위관계의 보기들이라고 서슴없이 취급한다. Wierzbicka는 유일 개시자(분류위계의 최고 층위)들에 대해 예외를 인정해야 하지만, 그녀는 "모든 분류위계적 개념은 다른 분류위계적 개념에 의해 정의되어야 한다"라고 주장한다. 따라서 그녀는 세 범주의 더 정도 높은 관계가 필요하다고 주장한다.[4]

Wierzbicka의 분류위계적 하위관계의 개념화는 분류위계적 개념들이라는 개념(과 그 개념들을 나타내는 낱말들)에 의존한다. 그리고 유사하게 상위어들의 그녀의 다른 하위유형들도 관계 그 자체의 성질이라기보다는 하위관계 안에 있는 낱말들의 성질에 의존하다. Wierzbicka처럼, Chaffin and Hermann(1984)은 관련된 낱말들의 유형에 따라 그들의 하위어 유형을 정의한

---

4) Dwight Bolinger(1992)는 (Wierzbicka 1990에 반응하여) *furniture*와, 그리고 *bird*와 같은 분류위계적 가산명사는 별개 유형의 상위관계 범주로 간주되어서는 안 된다는 주장을 제시한다. 예컨대, "*furniture*의 문제는 가구가 여러 점의 가구를 개념적으로 포함할 수 없다는 것이 아니고, *furniture*는 그 여러 점의 가구 이름을 습득한 뒤에 습득된다는 것이다"(1992: 113) 따라서 우리는 이 상위어를 그 하위어들에 의해(그 반대로라기보다는) 고려하는 경향이 있다.

다(3.5.1을 보라). 그리고 그들은 또한 지각적 단서에 의해 정의된 항목들은 그들이 지각적(perceptual) 하위화(subordination)라고 부르고, *animal>horse*를 그 예로 든, 하위어 관계의 한 특별 유형을 가진다고 주장한다. 그들은 그 기능에 의해 정의된 항목들을 관련시키는, 기능적(functional) 하위화(*vehicle>car*)도 포함시킨다. 그들의 네 다른 하위화 유형도 그 관계 안에서 항목들이 어떻게 개별적으로 정의되느냐에 의해 정의된다: 지리적(geographical: 예, *country>Russia*), 활동(activity: 예, *game>chess*), 상태(state 예, *emotion>fear*). 여기서 하위화 "유형들"은 가장 높은 상위어 층위들(예, *activity>game>chess*)을 명명하는 것 같다. 이 하위유형들이 낱말들이 관련되는 다른 방식들을 반영하는지는 덜 분명하다.

Wierzbicka와는 다르게 Chaffin and Herrmann의 분류위계적관계는 하위관계의 하위유형들(명사 이외의 품사와 대응하는)을 포함하는데, 특히 동사에 의해 나타나는 행동유형과, 형용사에 의해 기술된 특성들을 포함할 상태유형을 포함한다. 하위관계에 대한 대부분의 논의는 명사(즉, 사물)들 사이의 관계에 집중하지만, 그 관계는 다른 주요 범주에서도 찾아볼 수 있다. 예컨대, *crimson(진홍색)* (명사)과 *red*(명사) 사이에는 하위어 관계가 존재하므로, *crimson(진홍색의)* (형용사)은 *red*(형용사)의 하위어라는 결론이 도출된다. 그러나 이미 언급했듯이, 형용사와 동사는 동일 품사로부터 상위어를 가질 확률이 명사보다 낮다. 그래서 형용사와 동사는 하위관계의 덜 원형적 경우인 것 같다. 'kind of' 또는 '유형-징표' 관계로 하위관계를 기술하는 것은 명사 방향으로의 편향을 보여준다. 우리가 *X is a kind of Y*라는 진술문(이나 이것의 변이형5))을 통하여 하위어(또는 적어도 분류어)들을 인식하는 반면에, 동사나 형용사에 대한 하위관계적 진술문은, (4)의 *waltz<dance*에 대해서처럼,

---

5) *kind, sort*, 그리고 *type*은 이런 목적들을 위하여 대체로 동의적이다. 다음 보기에서처럼 *kind*의 몇몇 하위어들은 적절하다: *Lime is a shade of green(연초록색은 초록색의 한 색조이다)*의 *shade*; *Chimpanzees are a species of apes(침팬치는 원숭이의 한 종이다)*의 *species*.

보통 그들을 명사화하는 것을 포함한다.

    (4) a. Waltzing is a kind/way of dancing.
         (왈츠를 추는 것은 춤추는 것의 한 종류/방식이다.)
       b. A waltz is a kind of dance.(왈츠는 춤의 일종이다.)

   명사형으로의 변역이 두 형용사나 두 동사 사이의 하위관계를 항상 만족스럽게 반영하지는 않는다. 예를 들어, *excellent*는 논리적으로 *good*의 하위어이다(후자는 더 넓은 의미를 지니므로, 그리고 전자의 외연은 후자의 외연의 하위집합이므로 - Lehrer and Lehrer 1982). 그러나 *Excellence is a kind of goodness*라고 주장하는 것은 이상하게 들린다.

   명사화되지 않은 동사나 형용사 형태를 사용하여 하위관계적 진술문을 만들기 위하여, Lyons(1977)가 제안했듯이, 우리는 *To (be) X is to (be) Y in a certain way*와 같은 것에 찬성하여 *a kind/type/way of* 라는 표현을 포기해야 할 것이다.

    (5) a. To waltz is to dance, in a certain way.
       b. To be friendly is to be nice, in a certain way.

   이것은 여전히, 우리가 *To be excellent is to be good to a certain degree*(우수한 것은 어떤 정도로 좋은 것이다)와 같은 것을 말해야 할, 등급형용사의 논리적 하위관계에는 매우 잘 작용하지 않는다. 이것은 등급형용사들 사이의 하위관계가 하위관계의 다른 하위유형으로 간주되어야 하는지, 만약 그렇다면, 그 유형의 경계선은 어디에 있느냐라는 문제를 일으킨다. 예컨대, *crimson*은 *red*의 한 방식인가 또는 한 등급인가?

   하위관계의 논의를 동사와 형용사에 적용시켰으나, 명사 분류관계는 여전히 매우 명사적인 관계이다. 그 이유는 명사의 분류위계관계가 잘 확립되고 전개되었기 때문이다. 우리는 *stealing*이 *getting*의 한 방식이라고 말할 수 있을 것이지만, *getting*은 무엇의 일종인가? *Doing*의 일종인가? 분류위계 관계에서 위로 올라가면 갈수록, 결정은 그만큼 덜 분명해진다. 그러나 어떤 두 모형도 명사 위계에서 유일 개시자(**unique beginner**)의 수나 성질과 일 치하지 않기 때문에, 이것도 역시 명사에 대한 문제이다(논의에 대해서는 Lyons 1977: 297 쪽과 그 뒷부분을 보라).

결론적으로, 다른 관계들에 대하여, 하위관계의 분류위계관계는 일반적 용어에 포함될 수 있는 완전한 범위의 관계들을 남김없이 다룰 수 없다. 이 분류위계관계들에서 하위어들로 간주되는 것들의 범위는 하위관계의 개념은 논리적 포섭 정의들이 허용하는 것보다 더 넓다는 점을 보여준다. 왜냐 하면 기능적 하위어들이 항상 그 상위어 집합의 원소들은 아니기 때문이다 (예, *baseball<weapon*). 논리적 정의들도 결정된 다른 범주들보다 더 넓다: *Policeman<son*이 타당한 포섭관계이지만, 분류관계, 즉 진정한 KIND-OF 관계는 구성하지 않는다. Wierzbicka는 관련된 하위어들의 형태-의미적 특성들에 근거한 하위어적 관계들을 특별히 구분한다. 그리고 하위관계는 한 단일 문법범주, 즉 명사에 대해 특별히 잘 어울리는 것 같다. 이 주제들은 하위관계 가 낱말-개념들 사이의 관계이냐 또는 관련된 의미들 사이의 관계이냐라는 문제를 제시한다. 이 문제는 6.1.4에서 다루어진다.

6.1.3 하위관계의 특성과 분류위계관계

여기서는 먼저 논리적 특성들과 하위관계(재귀성, 대칭성, 그리고 이행 성)를 다루고, 그 다음에 하위관계적 분류위계관계가 무엇을 포함해야 하고 또 포함하지 않아야 하는가(또는 포함할 수 있고 또 포함할 수 없는가)라는 문제를 다룰 것이다.

만약 하위관계가 의미들 간의 관계로 간주되면, 하위관계는 재귀적이 아 니다. 그러나 만약 하위관계가 어휘항목들 간의 관계로 간주되면, 자기하위어(autohyponym)들은 그들 자신의 하위어들인 항목들로 간주될 것이다. 자기하위관계는 한 낱말이 일반적 의의와 구체적 의의를 지닌 다의관계의 한 유형이다(Cruse 1986; Fellbaum 1998b; Becker 2000에서 논의됨). 이것의 보기로는 아래의 (6)과 (7)이 있는데, (a)의 고딕체 낱말의 의의는 (b)의 의의의 상위어이다.

(6) a. A square is a **rectangle** with equilateral sides.(정사각형은 등변의 면들을 가진 직사각형이다.)

   b. A square has four equal sides, but a **rectangle** has only two.(정사각형은 동등한 네 면을 가지고 있지만, 직사각형은 동등한 두 면만 가지고 있다.)

(7) a. Trees, shrubs, and herbs are **plants**.(나무, 관목, 그리고 허브는 식물이다.)

   b. The garden has enough trees, now we need some **plants**.(정원에는 충분할 정도로 나무가 있는데, 지금 우리가 필요한 것은 얼마의 식물이다.)

그러나 하위관계에 관한 대부분의 정의에서, 낱말의 두 용법은 별개의 의미로 취급되며, 따라서 그 관계는 재귀적이 아니다.

하위관계와 상위관계는 반대칭적인("p는 q의 하위어이다"는 "q는 p의 하위어가 아니다"를 함의한다) 반면에, 하위관계와 상위관계는 (8)에서처럼 서로에 대해 대칭적이다.

(8) a. *p* is a hyperonym of *q*. ↔ *q* is hyponym of *p*.
   (*p*는 *q*의 상위어다. ↔ *q*는 *p*의 하위어다.)

   b. *Digit* is a hyperonym of *finger*. ↔ *Finger* is a hyponym of *digit*.(손가락이나 발가락은 손가락의 상위어다 ↔ 손가락은 손가락이나 발가락의 하위어다.)

하위관계 또는 적어도 분류위계적 하위관계는 이행적이고, 그 "연역력

(deductive power)"은 그 이행성 때문이다(Evans 외 1980: 128). 이행성과 연역 사이의 관계는, 포섭관계에 근거한 함의를 포함하는, 고전적인 삼단논법에 반영되어 있다. 예를 들면, (9)의 케케묵은 이야기의 연역은 *Socrates* <*man*<*mortal*의 이행관계이다.

> (9) Socrates is a man.(소크라테스는 사람이다.)　　　　*Socrates*<*man*
> Men are mortals.(사람은 죽기 마련이다.)　　　　　*man*<*mortal*
> ∴Socrates is a mortal.(소크라테스는 죽기 마련이다.)　*Socrates*<*mortal*

그런 삼단논법은 서구문화와 비서구문화의 논리에 근본적인 것이라고 주장되었다(Evans 외 1980; Hamill 1990 — 그러나 5.4.5의 Lancy and Strathern의 논의를 보라). 그러나 Cruse(2000c)는 (10)에서 이행성 주장에 대한 반례를 들고 있다.

> (10) A hang-glider is a type of glider.(행글라이더는 글라이더의 한 유형이다.)
> A glider is a type of airplane.(글라이더는 비행기의 한 유형이다.)
> *∴A hang-glider is a type of airplane.(행글라이더는 비행기의 한 유형이다.)

Cruse는 (10)의 전제들에서 표현된 관계들이 논리적으로 정의된 분류위계관계를 구성하지 않는다는 결론을 내린다. 행글라이더와 글라이더에 관하여 그런 총칭적 주장을 할 때, 우리는 그 진술문들을 각각 다음과 같이 해석한다: 'A *prototypical* hang-glider is a type of glider'; 'A *prototypical* glider is a type of airplane'. 따라서 행글라이더는 원형적인 글라이더가 아니므로 그 삼단논법은 성립되지 않는다.

(분류위계적) 하위어 관계들은 반대칭적이고 이행적이므로, 많은 층위로 이루어진 분류위계적 수형도에 종종 나타난다. 우리는 3.4.2의 낱말망(그림 3.6을 보라)에 관한 논의에서 그런 그림을 이미 보았다. 그 그림은 하위어

관계와 부분·전체어 관계를 포함하고 있다. 그 그림은 하위관계들만 제시하며, 분류구조에 고유한 부분들과 논쟁거리를 보여 준다. 각 층위의 대조적인 항목들의 견본만이 제공되고, *cow*와 관련된 하위관계들만이 전개될 것이다.

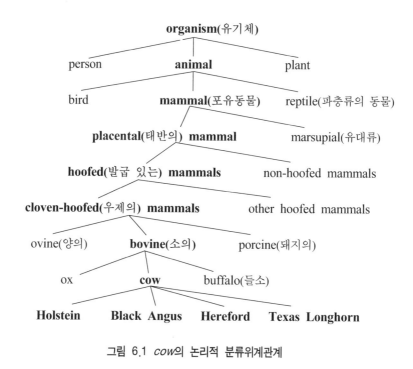

그림 6.1 *cow*의 논리적 분류위계관계

그림 6.1은 내가 아는 한 *cow*에 관한 분류위계관계의 타당한 표시이지만, 여러 방식으로 불만족스럽다. 한편, 그림 6.1은 그 포함이 충분하지 않다. *cow*는 우제(偶蹄: 발굽이 두 부분으로 나누어진) 동물일뿐 아니라, 반추류이고 가축류이다(다른 무엇보다). 그리고 *cow*의 유형은 *bull/cow/calf* 또는 *cow/beef cow* 등으로 나눠질 수 있다. *cow*에 대한 연결고리를 완전하게 표시하기 위하여 우리에게는 다차원의 교차분류 도표가 필요하며, 그것을 가지지 않을 이유가 없다(페이지의 제약이 없으면). Cruse(1995, 2002; Cruse 2000b도

보라)는 많은 낱말들이 그들 의미의 어떤 **면(facet)**이 문맥과 관련이 있다고 생각되는가에 따라 다른 하위관계를 가진다는 것을 지적한다. 그의 보기를 이용하면, 책(book)에는 TOME(형태)과 TEXT(내용) 면이 있는데, 각각 *paperback*과 *novel*과 같은 하위어를 가진다. Cruse의 면 접근방식은 *book*과 같은 항목들이 그 낱말이 가진 의의들의 수(따라서 그 위계 안에 있는 교점의 수)를 늘리지 않고 이 다른 유형들의 관계를 이루도록 허용한다. 그러나 완전한 분류위계관계에 대한 시도에는 의의들, Cruse가 심지어 소의의 **(microsense)**라고 부른 것들의 증식이 필요하다. 예를 들어, Cruse(2000a)의 주장에 의하면, *knife*는 많은 상위어들(*cutlery, weapon, surgical instrument*<수술 도구>, *tool*)을 가지는데, 이것들은 *knife* 의미의 면들에 있어서의 차이들을 나타내지 않고, 다른 종류의 칼들을 반영한다. 따라서 *knife*의 다른 의미들을 반영한다고 주장할 수 있다.

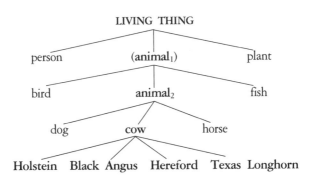

그림 6.2 *cow*의 민속분류위계관계

한편, 이 분류위계관계는 너무 적은 세부사항을 포함하지만, 다른 한편으로는 너무 많은 세부사항을 포함한다. (과학적인) 생물학적 분류위계관계와 성분의미론의 기준에 따라 우리는 분류위계관계적 층위들이 단일-자질 차이들을 나타내는 것으로 간주한다. 범주화의 그런 미세한 차이들이 항상 어휘적으로 반영되는 것은 아니며, 그 결과로 분류위계관계에 숨은 교점 **(covert node)**이 발생한다(Berlin 외 1968). 그림 6.1에서 우리는 그런 숨은 범주들을, 만약 우리가 CLOVEN-HOOFED MAMMALS(우제 포유동물)로 표시 하기를 원하면 필요한, OTHER HOOFED MAMMALS로(발굽 있는 다른 포유동 물)로 간주한다. 그러나 그것이 *equine*(*말과의 동물*: 6.1에서 OTHER HOOFED MAMMALS의 딸일 것이다)과 동일한 분류 층위에 있어야 한다고 느끼지 않 는다. 다른 숨은 교점들은 한 공통의 상위어 항이 없는 대조 집합들에 의해 강요된다(Lyons 1977; Handke 1995). Lyons(1977: 302)는 다음 보기들을 제 시한다: *go/come, teacher/pupil, buy/sell*. Werner(Evans 외 1980에서)는, 특히 만약 한 분류위계관계 안에 있는 층위들의 수가 각 층위에 존재하는 의미자 질의 수를 직접 반영한다고 가정하면, 그런 무명의 교점이 무한히 증식할 것이라고 경고한다. 한 분류위계관계 안에서 숨은 범주의 수가 많으면 많을 수록, 낱말들 간의 대조(이 경우 위계적 대조)가 그들의 의미에 대한 책임이 있다고 가정하는, 동의어·반의어 스타일의 어휘사전 모형에 대한, 논거는 그 만큼 더 약해진다. 그 분류위계관계 안의 중대한 점들에 낱말이 존재하지 않는 것이 그 가정을 훼손시킨다.

그림 6.1에 있는 것과 같은 "과학적" 분류위계관계들은 많은 이유로 "머 릿속과 같지 않다." 그것들은 너무 많은 층위를 가지고, 화자들이 그 분류위 계관계의 어떤 층위들에 부여하는 더 큰 중요성에 대해 민감하지 않으므로, "머릿속 크기"가 아니다(Ungerer and Schmid 1997:63). 그림 6.2에 있는 것과 같은 **민속분류위계관계(folk taxonomy)**[6]가 더 "머릿속 같다"라고 주장할 수 있을 것이다.

그림 6.2는 보통 사람이 하위관계 문맥에서 *cow*를 사용하는 방식을 반영하 고 있다. 만약 *What is a cow?*라는 질문을 받으면, 영어 화자는 *A cow is a kind of ruminant(소는 일종의 반추동물이다)* 또는 *A cow is a kind of mammal*

---

6) 또한 자연적 분류위계관계라고도 불린다(Cruse 1986).

이라기보다 *A cow is a kind of animal*이라고 응답할 것이다. 만약 동물 이름을 말하라고 요청을 받으면, 사람들은 *carnivore(육식동물)*, *herbivore(초식동물)*, *omnivore(잡식동물)*와 같은 더 포섭적인 용어라기보다 *cow, horse, giraffe(기린)*, *elephant*와 같은 기본층위 용어로 응답한다. 그 중간 범주인 *mammal*과 *bovine*(소속<屬>의 동물)은, 비록 화자가 알지라도, 보통 *cow*의 가장 자연스러운 상위어로 취급되지 않는다. *What kind of animal is a cow?*라는 질문을 받을 때, 사람들은 *mammal*이나 *ruminant(반추동물)*로 생각하지 않고, *farm animal* 또는 어떤 다른 서술적 구(phrase) 상위어를 내놓을 것이다.

민속분류위계관계는 "그 특징이 공백, 불일치, 그리고 대안적 경로" (Ungerer and Schmid 1997: 83)이다. 전형적으로 민속분류위계관계는, 속 (屬) 또는 기본층위 용어가 발견되는 층위(6.2의 *cow* 층위)를 포함하여, 5개 이하의 층위를 가진다. 민속분류위계관계는 특히 상위 층위들(6.2의 LIVING THING처럼)에서 숨은 범주들을 포함하며, 모든 층위에서 항상 분지되는 것은 아니다(Berlin 외 1973). 그러나 민속분류위계관계가 비전문가 문맥에서 논의될 것이지만, 민속분류위계관계가 과학적 분류위계관계보다 조금도 더 '언어적'(예, 어휘내적으로 표시된)이라는 것을 의미하지 않는다. 민속분류위계관계는 관련된 어휘항목들과 아주 분리된 인지적 구성개념이다. 범주화의 이 층위들에 어휘항목들이 존재한다는 것은 관련된 개념들이 중요하고 현저하다/중요하거나 현저하다는 것만 보여줄 뿐이다. 그런 분류위계관계에 어휘적 간극이 존재한다는 것은 그 관계들이 개념적이지, 어휘내적이 아니라는 증거이다.

6.1.4 낱말인가, 내포인가, 외연인가? 하위관계는 무엇과 관계가 있는가?

이미 언급했듯이, 하위관계가 낱말들 간의, 의미들 간의, 또는 사물들 간의 관계로 간주되는가에 관해 학자들의 견해는 다르다. '의의관계'를 빈번하게 언급하는 대부분의 어휘의미론 학자들에게, 하위관계는 내포들 간의 관계이다(예, Kempson 1977; Cruse 1986; Persson 1990). 이 경우 상위어들의 의미는 그 하위어들의 의미 안에 포함된다(또는 하위어들의 의미에 의해 상속된다). Lyons(1977:293)는 다음과 같이 말한다: "적어도 많은 경우에, 한 하위어는 어떤 . . . 수식어의 의의를 피포(被包)하고, 그 의의를 상위 어휘소의 의의와 결합시킨다." 형식의미론(과 형식의미론이 유래한 철학)에서 하위관계는, 두 낱말의 외연들 간의 포섭관계를 나타내는, 예를 들면, 하위어의 외연이 상위어의 외연의 하위집합임을 나타내는, 의미공준으로 취급된다(예, Cann 1993). 언어인류학의 분류관계적 전통에 따라 연구하는 많은 사람들에게, 분류관계적 구조는 대상물들의 집합들을 관련시킨다(예, Kay 1971). 종종 컴퓨터 관련 학문에 종사하는 다른 사람들은 외연적 관계와 내포적 관계를 구분하지 않는다(예는 Evans 외 1980을 보라). 내포가 외연 집합을 결정하므로, 내포적 입장과 외연적 입장은 일반적으로 동전의 양면으로 간주된다. 예컨대, 형식적 접근방식에서 의미공준은 한 낱말의 내포를 포함한다. 그래서 의미공준에 의해 관련된 외연은 내포적으로 결정된다. 하위관계(보통의 의미로)가 단순히 외연들 간의 집합원소가 아니라는 것은 Wierzbicka(1984)의 보기가 증명해준다. 그 보기는 *policeman*의 외연의 모든 원소들이 *someone's son*의 외연의 원소들이지만, 후자의 내포가 반드시 전자의 내포의 부분이지는 않다.

하위관계를, 한 항목의 의미성분들이 그 하위어의 의미성분들의 하위집합인 의미포섭으로 간주함으로써 다른 문제들이 발생한다. Magnusson and Persson(1986)에게, 하위관계를 의미포섭관계로 다루는 것은, *employee(피고용인, 직원)*의 의미가 아마도 *employ(고용하다)*의 의미를 포섭하므로, *employ>employee*가 하위관계라는 것을 의미한다. 그런 접근방식은 하위관계의 개념을 계열관계로 혼동케 만든다. 따라서 의미포섭은 부류포섭만큼 정의할 수 없다는 것을 보여준다. 이 때문에 우리는 내포와 외연 사이의 중간 관점을 취하지 않으면 안 된다. 한 낱말이 정의하는 범주가 정의할 수 있는 하위범주를 포함하는 것처럼, 그 낱말이 내포를 가진 경우에 하위관계가 존재한다.

그 다음 문제는 하위관계가 낱말들이 명명하는 범주들 사이의 관계일 뿐 아니라 낱말들 사이의 관계인가하는 것이다. 제3장에서 논의했듯이, 하위관계는 연상론 어휘사전 모형들에 있어서 주요 관계들 중의 하나이고, 때때로 이 모형들에서 낱말들 간의 관계로 취급된다. 그런 접근방식들의 문제점들 중 한 가지는 낱말들이 어떻게 그런 방식들로 연상되는가라는 것이다. 과거의 연구는 아동들의 어휘사전은 조직되지 않은 상태로 시작되어 나중에 점차적으로 위계적 조직을 띄게 된다고 주장했다. 그런 주장들은 (성인들과는 다르게) 유치원 아동들이 분류과업에서 다른 유형들의 범주화보다 분류관계적 범주화를 선호하지 않고(예, Inhelder and Piaget 1964), 또한 명사를 정의하는 데 있어서 *유개념(genus)/변별적 특성(differentiae)* 전략도 선호하지 않는다(예, Watson and Olson 1987)는 증거에 의존한다. 성인과 같은 행위로의 변화는 낱말연상과업에서 계열적 관계로의 이동과 거의 동시에 시작된다. 그러나 낱말연상에서 반의어 행위의 늦은 습득이 유치원 아동이 반의어를 모른다는 것을 의미하지 않듯이(5.4.4를 보라), 아동들이 사물들(그리고 그 사물들을 표현하는 낱말들) 간의 위계적 관계들을 어떤 실험적 상황에서 그 지식을 나타내는 것보다 더 이른 나이에 이해하고 또 알고 있다는 많은 증거가 있다(폭넓은 논의에 대해서는 Blewitt 1993을 보라). 예컨대, 유치원 아동들은 항목들을 분류할 통을 주면, 그 항목들을 분류위계관계적으로 분류할 확률이 더 높다(Markman 외 1981). 이것은 아동들이 분류관계적 지식을 반드시 우선시 하는 것은 아니지만, 그 지식을 소유하고 있다는 것을 보여 준다. 그러나 이것이 항상 *어휘적* 지식은 아니다. 따라서 취학연령기의 계열적 이동은 개념들 간의 잠재적 분류위계관계들이 어휘사전에서도 하위관계로 표현되어서 정의나 낱말연상과 같은 더 추상적 과업에서 아동들이 하위어나 상위어들을 사용하도록 이끈다는 것을 나타낸다. 그러나 이 추상적 과업들은 순수하게 언어적인 것이 아니고, 언어 체계에서 낱말들이 상호 작용할 수 있는 방식들이라기보다는 낱말들에 관한 아동들의 새로운 사고방식과 낱말들에 대한 용법을 보여 주는 메타언어학적 과업들이다. 예를 들어, 아동들은 계열적 이동을 겪은 후에 낱말의 선택제약(예, *drink*는 직접목적어로 *beverage*의 하위어들을 취하지 않는다)을 갑자기 발견하지 않는다. 그래서 아동들은, 비록 그들이 성인들이 하는 것과 동일한 과업에서 이 범주들을 이용하지 않지만, 상위범주와 하위범주를 관련시키는 개념적 분류위계를 드러내지 않는다. 아동들이 하위관계에 대한 분류관계적 분류와 용법으로 이동하는 것은 인지적 및 메타언어학적 능력(계열적 어휘관계들에 대한 의식을 포함하는)의 성장을 보여 주지만, 언어체계 그 자체에 있어서의 변화를 보여 주지는 않는다.

　만약 낱말들(낱말들이 나타내는 개념들이라기보다는) 간의 의미관계들이 낱말-개념들 간의 어휘외적 관계들로 나타난다면(여기서 주장되듯이), 우리는 관련되는 것은 단지 의미뿐만 아니라 낱말이라는 증거가 필요하다. 바꿔 말하면, 만약 그 관계가 의미관계일 뿐 아니라 어휘관계이면, 어휘형태와 의미 둘 다 그 관계에 관련된다. 그러나 형태는 반의관계와 동의관계보다 하위관계에 덜 관련된다. 만약 우리가 *What is a kind of animal?*이라고 물으면, *cat*이 *kitty(새끼고양이)*보다 더 좋은 답인 것 같다. 그래서 우리는 언어사용역의 유사성이 하위어 결정에 중요하다는 결론을 내릴 것이다. 그러나 만약 우리가 그 질문에서 유표적 언어사용역에서 나온 낱말을 사용하면, 우리가 언어사용역들을 조화시킬지라도 그 답이 항상 더 좋은 것은 아니다. 따라서 만약 우리가 *What is a kitty a kind of?*(새끼고양이는 무엇의 일종인가?)라고 물으면, *animal(동물)*이 완벽하게 좋은 답일 것이다. 그리고 (대부분의 문맥에서[7]) *critter*나 어떤 그런 격식을 갖추지 않은 낱말로

─────────

7) 내가 상상할 수 있는 유일한 반례는 언어 다양성이 순전하게 당장의 문제가 아닌

대답할 필요가 거의 없을 것이다. 분류관계를 논의할 때, 당장의 문제는 낱말연상이 아니고, 범주 원소성이므로, 이용 가능한 최소의 유표형으로 되돌아가는 것이 자연스러운 것 같다. 이것은 형태가 더 흔히 관련되는 반의관계와 대조된다. *awake*의 대립어에 관해 생각할 때, *awake/asleep*이 규범적으로 관련되거나, 또는 *awake*가 *sleeping*보다 *asleep*의 형태-음운적 형태와 더 잘 조화를 이루기 때문에, 사람들은 *sleeping*보다 *asleep*을 선호할 것이다.

반의관계의 경우, 규범적 반의어의 존재는 어휘대립의 분명한 증거를 제공한다. 그러나 규범적 하위어는 있다고 해도 드물다. 만약 우리가 KIND-OF의 관계의 보기를 사람들에게 요청하면, 아마 그들은 우리에게 제한된 범위의 의미장들(예, 생물학적)에서 유래한 보기들을 제공할 것이다. 그러나 이것은 그들이 다른 하위어-상위어 쌍들보다 더 자주 그 낱말들을 같이 경험하기 때문이라기보다는 그런 장들이 깊게 분류되어 있기 때문에 더 그럴 것이다.

요약하면, 하위관계는 명명된 범주들이 하위범주들을 명명했을 경우에 존재한다. (명명되지 않은, 즉 은밀한 범주들 사이의 관계는 하위적이 아니고 분류적이다.) 낱말-개념들 간의 하위관계들이 파생될 수 없다고 가정할 만한 이유가 없지만, 그들이 일반적으로 파생된다고 가정할 만한 이유는 거의 없다. 왜냐하면 낱말형태는 하위어 선택과 거의 관련이 없기 때문이다. 그 대신에 하위관계들은 비-어휘적 개념들 간의 분류관계를 단순히 반영하는 것 같다.

문맥일 것이다. 예컨대, 생물학 수업 시간에 라틴어 동물명에 대한 나의 지식을 드러내야 하는데, *What's a type of* Mammalia?(*무엇이 포유류의 한 유형인가?*)라는 질문을 받으면, 나는 *Felis catus(고양이의 학명)*로 대답하기를 선호할 것이다. 그 반대로, *What is* Microperus salmoides *a type of?*(*민물 배스는 무엇의 한 유형인가?*) 라는 질문이 있는 퀴즈 쇼를 상상하면, 바람직한 답은 *Pisces(어류)* (또는 *Microperus*)라기보다는 *fish*(또는 *bass*)일 것으로 생각된다.

6.1.5 하위관계에 대한 어휘외적 접근 방식

6.1.4가 보여 주었듯이, 하위관계는 거의 낱말들 간의 관계가 아니다. 그래서 우리는 하위관계를 낱말-개념들 간의 어휘외적 관계로 다룰 동기가 거의 없다(따라서 그것을 계속하여 *hyponymy*로 지칭하는 것은 잘못된 것이다.) 따라서 하위관계는 유형에 대하여 낱말들을, 그리고 하위유형(즉, 징표)에 대하여 낱말들을 특별히 관련시키는 RC의 한 버전이 될 만한 자격이 없다. 그 대신에 하위 낱말 집합들의 관련성은 그 낱말들이 나타내는 비-어휘적 개념들 간의 최소차이에서 유래한다(그 차이는 분류관계적 층위이다). 분류관계적 연상에 대한 언어사용역의 제약은 하위어와 상위어 간의 관계보다 의사소통적 문제들과 개별 낱말의미와 더 많은 관계가 있는 것 같다. '기본' 낱말들과 분류관계적 용어(식물과 동물에 대한 라틴명처럼)는 중의성 없이 개념적 유형들을 나타내는 반면에, 덜 중립적인 설명은 감정적이거나 내포적인 정보를 가진 문제를 혼란스럽게 만든다. 만약 우리가 *cats*라고 알려진 사물 부류에 관하여 어떤 것(특히, 다른 사물 부류와의 관계)을 말하고 싶으면, (CUTE-CATS<귀여운-고양이들> 또는 PET-CATS처럼) 일부분이 아니고 전체 부류에 관해 우리가 말하고 있다는 것이 덜 분명한 *kitty*와 *moggy(집고양이)*처럼 더 '감정적인' 낱말보다 중립적 설명을 사용하는 게 더 좋을 것이다.

어휘형태가 하위어관계에서 대응되어야 하는 드문 경우에, 앞 장에서 초안된 RC의 버전, 즉 RC-LC(Relation by Contrast-Lexical Contrast)로 족하다. 그 버전은 어휘적 대조관계는 단 하나의 관련 특성에 있어서 다른 낱말-개념들의 집합들에서도 적용된다고 주장한다. 어떤 문맥들에서 그 관련된 대조는 분류위계적 기술의 층위이다. RC-LC는 {BOTTLE, CONTAINER(용기)}, {TABBY(얼룩 고양이), CAT, MAMMAL, ANIMAL}와 같은 집합들이 그 원소들(다른 분류위계 층위들에서 대상물들을 기술하는)의 최소차이에 근거하여 관련될 수 있다는 것을 예측한다. RC-LC가 할 수 없는 것은 한 상위어와 그것의 여러 공-하위어들 사이의 비대칭적 관계를 표시하는 것이다. 즉, RC-LC는 분류와 관계된 수형 구조를 포착할 수 없다. 또 한편, 낱말들의 형태적 특성이 분류위계 수형도를 논의하는 데 있어서 특별히 관계가 있는 것 같지 않다. 그러나 만약 낱말-개념들(그 낱말들이 표시하는 비-어휘적 개념들이라기보다) 사이의 그런 관계들을 옹호하는 증거를 찾을 수 있다면, (11)과 같은 RC-LC의 비대칭적 버전을 제안할지도 모르겠다.

(11) 대조에 의한 관계-비대칭적 어휘대조
(Relation by Contrast-Asymmetrical Lexical Contrast: RC-ALC)
한 비대칭적 어휘대조집합은 어휘대조집합들 그 자체인 하나 이상의 하위집합들과 하나의 낱말-개념을 포함한 단 하나의 하위집합을 포함한다. 그리고 이 하위집합들은 한 특성을 제외하고, 아주 동일한, 문맥적으로 관련된 특성들을 소유하고 있다.

RC-ALC는 그 관계 속에 관계들이 있다는 점에서 비대칭적일 뿐만 아니라 복합적인 *book>{hardback/paperback}*과 같은 관계들을 정의한다. 그러나 그런 관계를 옹호하는 논거는 설득력이 없다. 왜냐하면 그런 관계들이 (부분적으로) 낱말 형태에 의존한다는 증거가 거의 없고, RC-ALC를 통해 파생된 관계는 RC-LC-파생가능한 관계들(*book>hardback*과 *book>paperback*)을 단지 요약하기 때문이다.

앞에서 나는 RC는 단순히 낱말-개념들을 관련시키기 위한 수단이 아니고, 일반적 인지관계라고 제안했다. 나는 RC가 분류위계관계를 설명해 준다는 주장까지는 하고 싶지 않다. RC는 많은 종류의 대조관계를 쉽게 기술하는 반면에, 분류위계관계의 다층적인 그리고 비대칭적 성격은 RC뿐만 아니라 범주화의 다른 원리들에 의해 결정될 것 같다. 그럼에도 불구하고 낱말 형태가 분류위계관계에서 대응되어야 한다는 증거의 결여 때문에 우리는 어휘적 하위관계를 설명하기 위해 RC 그 이상을 내다보지 않게 된다. RC-LC 그 자체가 *building>house>mansion*과 같은 분류 수형도를 통하여 단일의 수지선(branch-line)을 따르는 관계들을 설명할 수 있다. 그 이유는 그런 관계에 있는 항목들은 분류 층위의 특성들에 있어서 다르지만, 그들 모두는 그 수형도의 맨 아래에 있는 지시 대상물(*mansion*)을 가리킬 수 있다는 점에서 유사하기 때문이다.

6.2 부분·전체관계(meronymy)와 전체·부분관계 (holonymy)

하위관계가 어휘관계라는 것을 나타내는 증거는 거의 없지만, 부분·전체관계와 전체·부분관계가 어휘관계라는 것을 나타내는 증거는 더욱 더 없다. 그들이 여기서 그들 자신의 선택을 할 만한 유일한 이유는 그들이 어휘의미론 문맥에서 빈번하게 언급되기 때문이다. 하위관계처럼, 부분·전체관계는 정의와 관련이 있기 때문에 어휘의미론 학자들의 관심을 사로잡을 것이다. *부분(part)*은 영어의 명사들의 사전 정의에서 두 번째로 흔한 명사이다(Smith 1985). 그럼에도 불구하고, 부분·전체관계 그 자체는 Casagrande and Hale(1967)의 Papago의 민속 정의들에 관한 연구에서 확인된 관계들 중의 하나가 아니었다. 그래서 그들은 관계들의 분류위계관계에 보충 부분으로 부분·전체관계를 추가했을 뿐이다(3.1.3을 보라).

부분·전체관계가 그 자체로의 한 관계유형인가 하는 것은 어느 정도 논의해 볼 문제이다. Werner and Topper(1976)는 부분·전체관계를 분류관계에서 도출하여 *an engine is part of a car*를 *an engine is a kind of car-part*로 해석하며, Winston, Chaffin, and Herrman(1987: 419)은 부류-포섭 관계들의 보기들로 부분-전체관계들을 포함한 의미모형들과 심리학의 여러 연구를 언급한다. 다른 한편으로, Iris, Litowitz, and Evens(1988)는 부류–포섭관계들(하위관계)을 PART<WHOLE 관계들의 한 하위유형으로 간주한다. 그리고 또 다른 한편으로, 부분·전체관계는 "반의관계, 동의관계, 그리고 하위관계에 의해" 완전히 설명될 수 없기 때문에, Handke(1995: 90)는 부분·전체관계를 기본적 의의관계로 간주한다.

6.2.1 부분·전체관계의 정의, 유형, 그리고 특성

부분·전체관계는 IS-A-PART-OF(or HAS-A)관계이고, (하위관계처럼) 전체로부터 부분으로의 방향관계를 가리키거나, 또는 집합적으로 그 관계와 그 역(逆)인 전체·부분관계를 가리킨다. 그래서 예컨대, *cockpit*(비행기 등의 조종실)은 *airplane*의 부분·전체어이며, *airplane*은 *cockpit*의 전체·부분어이고, 이 두 항목들 간의 관계는 부분·전체관계이다. 부분·전체관계에 대한 Cruse(1986)의 정의는 두 테스트 문장을 포함한다:

> 명사구 X와 Y가 총칭적으로 해석될 때, 만약 *a Y has Xs/an X*와 *An X is a part of a Y*라는 형태의 문장들이 정문이면 그리고 반드시 그래야만, X는 Y의 부분·전체어이다(Cruse 1986: 160).

Winston 외(1987)는 이 정의가 너무 제약적이라고 생각하고, 부분·전체어 관계들은 아래의 테스트 틀들 중 어떤 것도 포함하여, 낱말 *part*나 그 낱말의 파생어들을 사용함으로써 표현될 수 있는 관계라고 제안한다: *X is a part of Y, Y is partly X, Xs are part of Ys*, 기타 등등. 따라서 그들의 정의는 *dating<adolescence(Dating is a part of adolescence*< 데이트하는 것은 청춘기의 일부이다>)와 *aluminum<bicycle (Bicycles are partly aluminium)*과 같은 관계들을 나타내는 반면에, Cruse의 정의는 그렇지 않다(?*An adolescence has [a] dating*; ?*[An] aluminium is a part of a bicycle.*). 제안된

부분·전체어 유형들에 관한 아래의 논의가 보여주듯이, 더 포섭적인 정의
는 더 일반적인 접근방식이다.

부분·전체관계에 대한 Cruse의 정의는 부분·전체관계를 명사들 간의
관계로 명시한다. Winston 외는 부분·전체관계를 명사들에만 한정하지 않
지만, 부분·전체관계에 대해 그들이 테스트하는 어떤 동사들도 명사화(예,
동명사 *dating*) 되고, 다른 명사 *adolescence*와 관련된다. 더욱이 그들은 한정
관계(예, *yellow<canary*)는 부분·전체관계로 오(誤)범주화되어, (범주 간의)
부분·전체적 관계들에서 형용사의 가능성을 상당히 감소시킨다. 일반적으
로 부분·전체관계는 사물들의 이름들 사이의 관계로 간주된다. 그래서 활동
이나 특성에 대한 명사화된 기술은 부분·전체 관계들에서 용인될 수 있지만
(*swallowing<삼키기> < eating<먹기>, nausea<멀미> < disgust<구역질>*), 비-
명사적 항목들은 부분·전체적 관계에서 용인될 수 없다(**swallow<eat*,
**nauseous<disgusted*). 잠재적 부분·전체어(와 전체·부분어)들의 명사화는
PART(와 WHOLE)를 THING으로 개념화 할 필요성을 나타낸다. 이것은 여기서
그 관계는 낱말들 사이라기보다는 어떤 종류의 개념(THING 개념)들 사이의
관계라는 주요한 단서의 역할을 한다.

부분과 전체 간의 물리적 관계는 다양하다. *slice(조각)*는 *lieutenant(중위)*
가 *army(육군)*의 일부분인 것과는 아주 다른 방식으로 *pie*의 일부분이다.
그러나 부분과 전체는 다른 방식들로 관련되어 있지만, 이것이 다른 종류의
어휘관계들(부분을 나타내는 낱말들과 전체를 나타내는 낱말들 사이의)이
구분되어야 한다는 것을 함의하지 않는다.

부분·전체어 관계나 PART<WHOLE 관계의 확인된 하위유형의 수는 2개
(Cruse 1986)에서 최소 8개(Nagel 1961)까지 다양하다. 논리적 근거에서
Lyons(1977)와 Cruse(1986)는 *ear<body*와 같은 **필수적(necessary)** 부분·
전체어와 *handle<door*와 같은 **수의적(optional)** 부분·전체어를 구분한
다.[8] 비록 *ear*가 신체에서 제거된다 하더라도 *ear*는 신체 부분이지만,

*handle*은 반드시 *door*의 일부는 아니라는 것에 유의하라. 부분·전체관계에 대해 제한적 정의를 내리는 Cruse는 한층 더 나아갈 필요가 없지만, 다른 학자들은 다중 유형의 부분·전체관계를 옹호하는 많은 유형의 증거를 발견했다.

아래의 보기들에서처럼, 필요하고 수의적인 부분·전체관계에 대한 증거로 다양한 이행성이 제안되었다(Lyons 1977).

(12) The house has a roof.*(집에는 지붕이 있다.)* *house >roof*
    The roof has a chimney.(지붕에는 굴뚝이 있다.) *roof >chimney*
    ∴The house has a chimney.(집에는 굴뚝이 있다.) *house >chimney*

(13) The house has a door.(집에는 문이 있다.) *house >door*
    The door has a handle.(문에는 손잡이가 있다.) *door >handle*
    ?∴The house has a handle.(집에는 손잡이가 있다.) *?house >handle*

Iris 외(1998)는 그들의 부분·전체어 하위유형들을 구분하는 데 이행성의 차이를 이용한다; 전체**(whole)>**단편**(segment)** 관계(*month>day, bread>slice*)는 이행적인 반면에, 전체**(whole)>**기능적 성분**(functional component)**(예, *car>engine, door>handle*)과 집합**(collection)>**요소**(member)**(예, *pride>lion, crew<승무원> > captain<선장, 기장>*)는 항상 이행적이지는 않다. 그러나 이것은 둘 다 전체>기능적 성분 관계를 포함하는 (12)와 (13)의 차이를 설명하지 못한다[9]. WordNet(Miller 1998b)은 세 개의 부분·전체어 관계도 구분하는 데, 이것은 전체**(whole)>**물질**(substance)**에 대한 별도의 유형을 구분하지만,

---

8) Cruse(1986)는 필수적 유형의 부분·전체관계를 규범적**(canonical)**이라고 부르고, 수의적 유형의 부분·전체관계를 임의적**(facultive)**이라고 부른다. 이 책에서 *canonical*은 다르게 사용되므로, 그 용어들은 여기서 채택되지 않는다.

9) Winston 외(1987, Cruse 1986을 이어서)는 *handle*의 기능 영역은 *door*에 한정된다고 언급함으로써 (13)의 비-이행성을 설명한다(*handle*은 문을 움직이지만, 집을 움직이지는 않는다). 따라서 그들은 *The handle is part of the door(손잡이는 문의 일부다)*를 "The door handle is part of the door(문 손잡이는 문의 일부다)"로 해석한다.

단편을 부분-유형으로 인식하지 않는 점에 있어서 Iris 외의 구분과 다르다. 그러나 WordNet 이론가 그 자신들(Miller 1998b; Priss 1998)은 WordNet의 부분·전체관계 유형에 결함이 있다고 간주한다.

Winston 외(1987)는 모든 부분·전체어 관계는 이행적이고, 겉으로 보이는 비-이행성은 한 유형 이상의 부분·전체관계를 포함한다고 주장한다. 그들은 부분·전체 유형의 수를 결정할 때 '공통의 주장' 기준을 인용한다: 만약 관계맺음의 두 보기가 다 동일한 낱말에 적용될 수 있지만, "그 낱말에 대한 다른 질문들에 답할 수 있다"(1987: 420)면, 그들은 다른 관계들을 구성한다. 그래서 예컨대, *fabric(직물)*과 *sleeve(소매)*는 *shirt*에 대해 다른 유형의 관계를 가진다. 왜냐하면 *shirt*는 *fabric*과 *sleeve* 둘 다를 부분으로 가질 수 있지만 그들을 다른 방식으로 "가지기" 때문이다. Winston 외(1987)는 부분·전체관계에 대해 다음의 세 다른 원소(3.5.1을 보라)를 설정한다: 기능적인(**functional**), 동종의(**homeomerous**)(부분이 전체와 동일한 종류의 사물이다, 예, *slice<pie* 대 *crust<pie*), 그리고 분리할 수 있는(**separable**). 이들을 부분·전체관계의 유형이라기보다 자질로 다룰 때, 그 세 자질은 '+' 또는 '-' 로 명시될 수 있기 때문에 그들은 추가 유형들을 확인할 수 있다. 이 원소들을 사용하여, 그들은 표 6.1의 여섯 관계를 확인한다.

Winston 외는 그 여섯 개의 부분·전체 유형이 그들의 관계-원소 구조에 있어서 다른 방식을 보여 주지만, 그들은 이 자질 명세의 다른 세 가능한 형상이 불가능한지 또는 자연언어에서 그들을 찾아볼 수 없는 것에 대한 어떤 다른 설명이 존재하는지를 설명하지 않는다. Chaffin, Herrmann, and Winston(1988)에서 그들은 이 유형들의 부분·전체어 관계들이 동일 유형의 다른 보기들에 대해서 실험대상자들에게 점화효과를 유발하지만, 다른 한 유형의 보기들에 대해서는 덜 그렇다는 것을 발견했다. 그러나 PLACE<AREA 관계가 FEATURE<ACTIVITY 관계보다 더 잘 서로에게 점화효과를 일으킨다는 것은 놀랄 만한 일이 아니다. 그 이유는 무엇보다 그런

관계들의 가능한 요소들이 의미적으로 유사하기 때문이다. 하위어 관계들
(3.5.1을 보라)에서도 그랬던 것처럼, 관계원소 이론가들은 개별적으로 관련
된 항목들의 의미 내용을 기술하는 관계 유형들을 도입했다. 그래서 그들은
이론상의 관계들을 그 관계들의 실례가 될 수 있는 특정한 유형들의 낱말들
과 혼동했다.

표 6.1 Winston 외(1987)의 부분·전체관계 유형

관계	보기	기능적인	동종의	분리할 수 있는
구성성분<통합적 대상물 (COMPONENT<INTEGRAL OBJECT)	pedal<bicycle punchline([농담, 유모어 등 의]급소가 되는 문구)<joke	+	−	+
원소<집합 (MEMBER<COLLECTION)	member<committee card<deck(카드의 한 벌)	−	−	+
부분<덩어리 (PORTION<MASS)	slice<pie grain<rice	−	+	+
재료<대상물 (STUFF<OBJECT)	flour<cake glass<bottle	−	−	
자질<활동 (FEATURE<ACTIVITY)	swallowing<eating dating<adolescence (청년기, 청춘기)	+	−	−
장소<지역 (PLACE<AREA)	oasis<desert London<England	−	+	−

마찬가지로, Chaffin(1992)은 다른 종류들의 부분들을 어휘화하는 것을
부분·전체적 하위유형들을 가설화하는 기초로 사용한다. 그래서 예컨대,
*member of*와 *material of*는 Chaffin의 견해로는 다른 종류들의 PART-OF 관계를
어휘화한다. 우리가 살펴보았듯이, 하위어 관계는 다양한 영어의 명사들(*kind
of, shade of, brand of, way of*)을 이용하여 기술할 수 있지만, 그들이 다른
유형들의 관계를 가리킨다고 믿을 만한 근거는 거의 없다. 그 대신에 그들은
그 관계에 있는 다른 항목들을 반영한다. 예를 들면, *toothpaste>Crest(치약*

이름)는 *car>Mercedes(벤츠)*의 관계와 다른 종류의 관계를 거의 예시하지 못한다(비록 하나는 *brand of*로, 그리고 다른 하나는 *make of*로 기술될 수 있지만). PART-OF 관계의 유형들을 조사할 때, 우리는 그런 구조들에서 그들의 특이한 연어(collocation) 패턴들과 그들을 구별하는 다른 근거들을 확인하고 싶을 것이다.

Casagrande and Hale(1967)의 관계유형에 대한 최초의 범주화처럼, 의미-텍스트 이론(Mel'čuk 1996, 3.3.3을 보라)은 어떤 공통의 PART<WHOLE 관계도 인정하지 않는다. 그 대신에, 그 이론에는 어떤 것의 주된 요소(예, *Pope<Roman Catholic Church[교황<로마 카톨릭 교회]*)를 가리키는 Cap과, 그리고 개체를 나타내는 용어와 집합을 나타내는 용어(예, *bird<flock*)를 관련시키는 Mult와 같은 다른 관계들이 존재한다.

연구자들은 소유(**possession**: 예, *millionaire>money*)와 속성(**attribution**: 예, *mansion>large*)과 같은 관계들이 PART-WHOLE 주제(예, Collins and Quillian 1969)에 근거한 변이형들인지, 또는 그들이 부분·전체관계와 비교가 되지 않는지(Winston 외 1987)에 관해 다르다. 부분·전체관계처럼 소유는 영어에서 동사 *have(A millionaire has money)*로 기술되며, 소유와 부분-소유를 구분하는 선은 기껏해야 모호하다. 속성에 관해서 연구할 때, 사람들이 대상물의 특성을 열거하라는 요청을 받을 경우, 그들은 속성과 부분을 구분하지 않는다(Tversky and Hemenway 1984). Priss(1998)는 부분·전체관계는 속성관계로 공식화될 수 있을 것이라고 제안한다. 예를 들면, HAS-A-HANDLE-FOR-A-PART는 *hammer*와 *cup*의 한 속성일 것이라고 제안한다. 따라서 속성과 소유를 부분·전체관계와 분리하는 주장의 근거는 강하지 않다.

요약하면, 부분·전체관계에 대한 광의의 정의에서 다른 부분·전체관계들은 분명하다. 그럼에도 불구하고, 그 관계들에 관한 유형론을 발전시키는 데 사용되는 기준들은 만족스러울 정도로 그 유형들을 구별하지 않는다.

관계원소 이론가들은 이 문제를 가장 철저하게 고려한 반면에, 그들의 연구는 실제로 발생하는 것보다 더 많은 유형의 부분·전체관계들을 예측하는 것 같이 보이기 때문에 기껏해야 기술적이다.

6.2.2 부분·전체관계는 무엇을 관련시키는가?

사물들과 그들의 부분들은 확실히 개념적으로 관련이 있지만, 사물들의 이름과 그들의 부분들의 이름이 어휘적(어휘외적)으로 관련이 있는가? 어휘지식에 대한 몇몇 접근방식(예, MTT)은 PART<WHOLE 관계를 낱말들 간의 관계로 다룬다. 그러나 부분·전체관계를 어휘관계로 간주하는 근본적인 이유는 거의 제공하지 못하고 있다. 예컨대, WordNet에서 부분·전체관계의 정의를 공식화하면서, Priss(1998: 187)는 "만약 두 낱말의 외연적 낱말 개념이 R^m(Q4: Q2) 관계(이 경우 m은 외연적 지시대상물 간의 부분·전체관계이다)를 이루면, 중의성이 해체된 그 두 낱말은 부분·전체관계를 이룬다."라고 말한다. 바꿔 말하면, 만약 한 낱말이 부분을 지시하면, 그 낱말은 부분·전체어이다. Winston 외(1987: 418)가 부분·전체관계는 "우리가 어휘사전의 구조를 이해하는 데 특별히 중요하고, 부분전체관계가 의미공간을 구조화한다."라고 주장하면서, 그 관계가 낱말들 간에도 총칭적으로 적용되는 것으로 간주하지 않으려고 한다(1987; 각주 2). 그 대신에 그들은 그것을 문맥 안에 있는 어휘단위들 간의 관계로 간주한다(필수적이고 수의적인 부분들이 다른 유형들로 구분되어야 하는가라는 문제를 회피하기 위해). 이것은 케이크를 구우면서 먹으려고 하는 시도인 것 같다; 그 관계들이 어휘구조(즉, 아마 어휘적으로 표시된)에 중요하지만, 특정 문맥(즉, 아마 문맥에 의해 추진되지만 어휘적으로 표시되지 않는)에서만 고려될 수 있다고 주장하는 것 같다.

대부분의 경우에, 부분·전체관계들은 그 관계의 몇몇 보기들이 단지 의미적 관계만이 아니고 어휘적 관계라는 보여 줄 그런 종류의 특이성을 나타내지 않는다. 언어적 형태의 문제들은 부분·전체관계적 결정을 내리는 데 거의 역할을 하지 않는다. 예를 들어, *stalk(보리나 벼 등의 줄기)*나 *stem(장미나 진달래와 같은 관목의 줄기)* 중 어느 것이 *daisy(데이지)*의 더 좋은 부분·전체어인가를 결정할 때, 의미적 문제들(*Is the daisy-part more stem-like or stalk-like?<데이지의 부분은 더 stem 같은가 또는 stalk 같은가?>*)만이 고려된다. 그러나 몇몇 부분·전체어들과 전체·부분어들은 서로에 대해 너무나 특별해서 그 낱말들이 연결된 것 같이 보인다. 예를 들면, *admiral(해군 장성)*은 *navy(해군)*의 부분·전체어인 반면에, *general(육군 장성)*은 *army(육군)*의 부분·전체어이다. 그러나 그 항목들은 어휘적 근거에서라기보다 의미적 근거에서 관련된다. 왜냐하면 *admiral*의 의미는 해군의 고위 장교인 반면에 *general*은 다른 유형의 군대 조직과 관련이 있기 때문이다. *admiral*과 *navy*가 부분·전체관계를 이루는 것은 *admiral-navy*라는 어휘적 연결이 다른 낱말 *general*이 *navy*의 부분·전체어가 되는 것을 막기 때문이 아니고, 단순히 *navy*에는 *general*이 없고 *admiral*이 있기 때문이다. *admiral* 및 *general*과 관련된 개념들이 그들이 부적절한 부분·전체어들과 관련되는 것을 막아 준다.

내가 발견한 어휘적으로 민감한 부분·전체관계의 한 보기는, *An exaltation of larks(종다리 떼; Lipton 1968)*라는 책에 의해 대중화되었듯이, 그룹을 나타내는 집합명사를 고안하는 즐거움이다. 동물 떼를 나타내는 특정한 그룹 이름의 보기(*pride of lions: 사자 떼, gaggle of geese: 거위 떼*)의 바로 뒤를 이어서, 저자는 오래된 집합명사들을 발견하고 몇몇 새 표현을 만들고, 다른 사람들로 하여금 *an agenda of tasks(사업일정)*나 *an aarmory of aardvarks(한 떼의 개미핥기들)*와 같은 더 많은 새 표현을 만들도록 장려했다. 후자의 보기는 어휘적 형태와 부분·전체적 결정의 잠재적 관련성을 강조하고, 어휘관계의 어휘외적 표시를 옹호하는 주장을 할 것이다. 그런 보기들은 재치 있는 말의 주고받기(word play)의 영역에서 너무나 분명하므로 그들은 언어적 연합이라기보다 언어외적 연합을 명백히 포함한다. 아마 틀림없이, *lion<pride*와 같은 그런 다른 특정한(그러나 현재 통용되고 있는) 보기들도 어휘외적으로 표시될 것이다. 왜냐하면 그것과 *pride*와의 관계는 낱말 *lion*에 관해 우리가 알고 있는 것이라고 말할 수 있기 때문이다. 그러나 낱말 *lion*에 관해 우리가 알고 있는 것이라기보다, *pride*에 속하는 것은 *lion*에 관해 우리가 알고 있는 것이기 때문일 것이다. 이 경우 그 관계는 의미적(LION<PRIDE)이거나 반(半)-어휘적인데, 이 경우에 비-언어적 개념 LION은 낱말-개념 *PRIDE*와 관련된다. 즉, 우리가 *lion*에 관해 알고 있는 것들 중의 하나는 그 그룹의 이름이 *pride*라는 것이다.

6.2.3 RC와 부분 · 전체관계

부분 · 전체관계들에 의한 어휘내적 조직화를 옹호하는 주장은 그 근거가 아주 미미하다. 왜냐하면 부분 · 전체관계는 의미적으로 규칙적(즉, 비-어휘적 개념정보로부터 예측할 수 있는)이고 어휘형태에 의존하지 않기 때문이다. 따라서 어휘외적 접근방식에서 부분 · 전체관계는 하위관계와 동일한 방식으로 처리된다. 보통 부분 · 전체관계들은 그들이 기술하는 개념적 PART<WHOLE 관계들의 반영에 불과하다. 실제의 낱말들이 관계 결정에 영향을 미치는 경우에, 일반원리인 RC-LC(대조에 의한 관계-어휘대조)로 충분하다. 예를 들어, 익살스러운 부분 · 전체어들(*aarmory of aardvarks*)을 만드는 문맥에서, 두 낱말의 관련된 차이는 그들이 부분-이름인가 전체-이름인가하는 것이고, 그들이 다른 점들(관련된 의미 및 형태적 특성들)에서 더 유사하면 할수록, 그 게임은 더 재미있다.

6.3 다른 관계들

제안된 다른 어휘-의미관계들은 너무 광범위하고, 몇몇 경우에는 너무 특이해서 여기서 분류하여 논의할 수 없다. 앞의 세 장에서 다루어진 관계들은 관련 분야의 수집된 문헌에서 가장 자주 어휘관계들로 간주되어온 것들이다. 6.2의 속성과 소유와 같은 일부 덜-용인된 관계들이 내친김에 언급되었다.

전산도구로서 WordNet의 인기 때문에 동사들 간의 함의관계가 어휘적 주의를 끌게 되었다. WordNet은 그런 네 관계들을 표시한다(Fellbaum 1990, 1998b). 사역(**cause**: *show-see, kill-die*), 후방전제(**backward presupposition**: *forget-know, untie-tie*)는 우리가 잘 알고 있는 술어들 사이의 의미관계들이다. WordNet 이론가들은 동사들 간의 하위적 관계를 인식하는 데 관련된 문제들을 헤쳐나가기 위해 다른 두 관계 범주를 고안했다(6.1을 보라). **행동양태하위관계(troponymy)**는 본질적으로 동사에 대한 양태하위관계인데, 덜 포섭적인 지시를 가진 동사가 더 포섭적인 지시를 가진 동사를 함의한다. 예를 들면, *amble(느리게 걷다)*은 *walk*의 행동양태하위어이다. 왜냐하면 *ambling*은 *walk*에 어떤 양태 기술을 더한 것이기 때문이다(*walk in an ambling manner*).[10] 행동양태하위관계가 하위관계를 많이 닮은 반면에, 나머지 관계(그 자체의 이름이 없다. 그래서 나는 비-행동양태하위관계적 포섭이라고 부르겠다.)는 부분·전체관계와 더 비슷하다. 이 경우, *step<walk*에서처럼 한 동사에 의해 기술되는 행동은 다른 동사에 의해 기술되는 행동의 하위행동이다. 행동양태하위관계와 **비-행동양태하위관계적 포섭**의 하위관계 및 부분·전체관계와 실제로 다른 유형들인가하는 것은 논쟁의 여지가 있다. 다른 품사들에 대해 다른 관계 유형들을 유지하면 WordNet은 명사, 동사 그리고 수식어에 대한 별개의 어휘사전을 정당화할 수 있게 된다. 아무도, 그리고 심지어 WordNet 이론가들도 이 동사적 관계들이 본질에 있어서 의미적이라기보다 어휘적이라고 주장하지 않을 것이다. 따라서 그들은 여기서 더 이상의

---

10) 흥미롭게도, 행동양태하위관계는 WordNet에서 가장 빈번하게 부호화되는 관계이다(Fellbaum 1998b).

주의를 받을 만한 가치가 없다.

Miller(1998b)는 WordNet에 표시되지 않은 관계들에 관해 논의하면서 우리가 겉으로 보기에 적절한 범주를 다른 범주의 하위어로 포함시키지 않도록 명시적으로 기억하는 경우에 대해 IS-NOT-A-KIND-OF 관계를 제안한다. 예컨대, WHALE은 FISH의 한 종류가 아니고 BAT은 BIRD의 한 종류가 아니다. 이것은 확실히 개념적 기억 속에 명시적인 표시를 필요로 하는 정보이다. 그러나 또 한편 우리에게는 그것을 어휘적 관계로 간주할 만한 근거가 없다.

6.4 요약: 어휘외적 접근방식에서의 비대칭적 관계들

본 장에서 논의된 관계들은 의미적으로 예측할 수 있는 관계들이라는 사실에도 불구하고, 몇몇 이론가들에 의해 어휘지식의 일부로 표시되어져 왔다. 이 관계들은 비-언어적 개념들이라기보다 낱말들을 거의 관련시키지 아니하므로 어휘외적 견해에서 볼 때 특별히 흥미로운 것은 아니다. 낱말들이 하위관계, 부분·전체관계, 또는 다른 그런 관계에서 관련될 때, 그 관계들은 RC-어휘대조를 통해 파생될 수 있다.

7. 어휘사전과 어휘외적사전: 예상 결과와 탐구

낱말들을 고발해도 소용없다. 그들은 그들이 판매하는 물건보다 조금
도 더 조악하지 않다.

Samuel Beckett, *말론 사망하다*(1958)

앞의 장들에서는 계열적 의미관계에 관한 현대의 생각들을 검토하고 그런 관계들은 본질상 언어학적이라기보다는 메타언어학적이라고 제안했다. 많은 이론가들이 어휘사전은 동의관계와 반의관계와 같은 관계들에 따라 조직화되어 있다고 가정해온 반면에, 의미 그 자체는 머릿속 언어능력 안에 전적으로 존재하지는 않으므로, 증거는 어휘사전의 의미적 조직화에 반대되는 것이다. 제7장은 제1장에서 제안된 가정으로 되돌아간다. 다음의 세 질문이 제기되고 간략히 논의될 것이다. 어휘사전의 의미적 조직화가 필요한가? 어휘사전의 그럴 듯한 모형은 무엇인가? 그리고 마지막으로 만약 계열적 관계들이 본질상 언어외적이라면, 언어학자들이 그 관계들을 연구할 때 어떤 일을 하는가?

7.1 어휘사전의 의미적 조직화가 필요한가?

이 책의 전체에 걸쳐서 나는 계열적 의미관계들은 어휘내적이라기보다 어휘외적으로 파생되어 저장된다고 주장했다. 이 주장은 언어지식과 과정은 일반적 인지와는 별개인 정신적 기능에 속한다는 가정과, 어휘사전은 한 특정 언어에서 적형(well-formedness) 표현들을 구성하는 데 도움이 되는 모든 특이한 정보만 포함해야 한다는 가정에 근거해왔다. 이런 가정들이 주어졌을 때, 계열적 관계들의 어휘외적 표시와 파생을 옹호하는 주장은 다음 세 가지 점에 근거해왔다; (a) 그런 관계들은 적형 문장들을 만드는 데 필요하지 않다. (b) 그런 관계들의 파생은 언어적 및 비-언어적(문맥의존적) 요인들에 의존할 수 있다. (c) 개념들 사이의 관계들(또는 그런 관계들을 파행시키는 수단들)은 어휘사전 밖에도 존재함에 틀림없으므로, 의미관계들의 어휘내적 표시들은 잉여적이다. 언어외적 활동들(낱말연상과업, 동의어·반의어사전 만들기, 자의식이 강한 문체적 선택)에서 유래한 계열적 관계들에 관한 증거는 어휘내적 의미 조직에 대한 어떤 강력한 증거도 제공하지 않지만, 그런 증거는 계열적 관계들이 언어외적 층위에서 낱말-개념들을 관련시킨다는 주장과 일치한다. 그러나 어휘내적 의미조직을 가리킬 한 유형의 증거가 있는데, 그것은 발화처리 오류 증거이다.

2.3.4에서 논의했듯이, 대치와 혼성오류는 의미상 계열적 방식으로 관련된 낱말들을 자주 포함한다. 이로 인하여 많은 학자들은 여기서 관련된 사상 오류들은 의미적으로 조직화된 어휘사전에서 계열적으로 관련된 낱말들의 "근접성(proximity)"에서 유래한다는 결론을 내린다. 대치와 혼성(언어내적이 아니고 언어외적 조직을 포함하는)에 관한 대안적 설명이 2.3.4에서 제안되었지만, 이 대안들은 경험적으로 테스트되지 않았다는 점에서 의심스럽다. 그래서 발화오류 증거가 의미관계들이 어휘내적으로 명시된다는 것을 증명하지 않는다는 점을 내가 제안했지만, 발화오류가 신조(新造) 어휘사전

의 의미적 조직화를 나타낸다는 견해에 반대되는 직접 증거는 없었다.

어휘사전이 의미적으로 조직화되어 있기 때문에 대치와 혼성오류가 발생한다는 것이 결국 밝혀지겠지만, 이것은 계열적 관계들에 대한 어휘외적 설명의 필요성을 부정하는 것은 아니다. 첫째, 규범적 관계들의 어휘외적 표시와 비-규범적 관계들의 언어외적 파생, 즉 이 관계들의 파생가능성과 그 파생들에 대한 비-언어적 요인들의 관련성을 옹호하는 다른 주장들은 여전히 유효하다. 의미관계들은 개념적 층위들과 언어외적 층위들에서 확립되어야 한다. 왜냐하면 이 관계들의 확립을 허용하는 정보는 엄격하게 어휘외적 정보이기 때문이다. 둘째, 앞의 장들에서 논의된 특정한 관계들이 그 자체로 어휘사전에 표시된다고 믿을 만한 이유는 없다. 발화오류 증거는 어휘항목들이 그들 간의 연결 강도 때문에 혼동될 수 있다는 것을 보여준다. 그러나 예컨대, 반의관계와 같은 연결이 동의관계 연결과 다르다는 것을 보여 주지 않는다. 또한 의미관계 연결이 음운관계 연결과는 다른 유형이라는 것도 보여 주지 않는다. 어휘내항들은 함께 사용되는 경향이 있는 낱말들 간의 오래 사용된 경로들 때문에, 또는 항목들 간의 공유 정보(음운적, 통사적) 때문에 어휘사전에서 강하게 연결될 것이다. 낱말들이 반의어이거나 동의어라는 것을 아는 것은 단순한 근접성에-의한-관계와는 질적으로 다른 종류의 지식이다. 언어외적 층위에서 우리는 관련된 낱말들의 의미나 음 때문에 그 관련된 낱말들을 구분한다. 그리고 더 나아가서 우리는 의미나 음 관계의 유형들을 구분한다. 어떤 관계들은 발화오류 데이터에 과도하게 나타나는 것 같지만, 이 때문에 특별히 그 관계들이 어휘사전에 표시된다는 결론이 도출되는 것은 아니다. 2.3.4에서 논의했듯이, 예컨대 대치오류에서 반의관계가 과도하게 나타나는 것은 오류 인식과 데이터 수집의 한계에 기인한다. 따라서 이것은 반의관계가 동의관계나 음운적 유사성과는 다른 방식으로 어휘사전에 표시된다는 분명한 증거를 제공하지 않는다. 더욱이, 덜 직접적이거나 더 불분명한 방식으로 관련된 낱말들은 발화오류에서 흔히

혼동을 일으킨다. 어휘내적으로 특정한 계열관계들을 명시하는 어휘사전
모형들(예, WordNet 또는 의미-텍스트 이론)은 *dachshund*(닥스훈트: 독일
산 개)에 대한 *Volkswagen*(독일산 자동차) (Fromkin and Rodman 1998에서
인용)과 같은 대치를 또는 한 가지 이상의 방식으로(예, *comma*에 대해 *colon*
을 대치하는 것과 같은 의미적 및 음운적) 관련된 낱말들을 포함하는 오류를
설명하는 데 도움이 되지 않는다.

결론적으로, 언어에서 특정한 용법들을 가진 특정한 관계들은 구성단위
적 어휘사전에서 찾을 수 없다. 이것은 어휘내항들이 어떤 방식들에 있어
서 "인접한", 그리고 이 인접성이 결국 발화오류를 유발할 가능성을 배제하
지 않는다. 어휘사전에서의 관계들과 언어외적 층위들에서의 관계들은 동
일한 낱말들이 관련되어 있다는 점에서 다소 잉여적인 반면에, 그 관계들
의 정보내용은 다르다. 어휘사전에서 *hot*과 *cold*가 연결될 수 있지만, 개념
적 층위에서 HOT과 COLD는 반의어로 인식된다. 7.2에서는 이 문제에 대한
몇몇 다른 비-구성단위적 해결책에 관해 생각해 볼 것이다.

7.2 어휘사전의 그럴 듯한 모형은 무엇인가?

이 책에서 제시된 주장들과 분석은 어휘사전의 본질에 관한 매우 보수적
인 가정들에 근거하고 있다. 제1장에서 논의되었듯이, 이 가정들은 "어휘사
전"을 매우 엄격하게 정의함으로써 고찰 중에 있는 접근방식들에 관한 더
도전적인 분석을 강요했다. 그러나 여기서 제시된 의미관계들에 대한 화용
적 접근방식은 그런 엄격하게 정의된 어휘사전을 함의하지 않는다. 그 다음
과업은 낱말들 사이의 이 의미관계 모형이 현재의 다양한 어휘사전 모형들
과 양립할 수 있는가를 조사하는 것이다.

어휘내적 표시에서 계열적 관계들을 제거한 뒤에, 어휘외적 접근방식은,
사실, 어휘사전 그 자체의 본질에 관해 거의 언급하지 않는다. 이 때문에

어휘내적 계열 관계들이 어휘적 의미의 근원이라고 주장하는 자들(3.3.4에서 논의된)을 제외하면, 어휘외적 접근방식은 가장 많이 제안된 어휘사전의 구조들과 양립할 수 있다. 어휘외적 견해는 의미 관계들을 결정할 때 의미에 의존하므로, 의미는 반드시 어휘망과 별도로 존재해야 한다.

전통적으로 어휘사전은 "머릿속 사전"으로 상상되어온 반면에, 더 현대적인 접근방식들은 어휘사전의 경계선을 무너뜨리거나 재배열한다. 예컨대, 우리가 Jackendoff(1997과 다른 곳)에서 옹호된 표시적 구성단위성 (**representational modularity**)을 선택하면, 낱말들의 지식은, 그 낱말을 성공적으로 사용하기 위해, 교차하여 우리가 적용하는 지식의 하나의 완전한 표시를 주는, 다른 세 유형의 지식(통사구조, 음성구조, 개념구조)으로 표시된다. 낱말들은 구분된 전체들로 저장되지 않기 때문에, 3부로 나누어진 이 구조는 어휘사전 안에서 낱말들의 관계를 방지한다. 그 모형은 기껏해야 의미들, 통사구조들, 또는 음운형태들 사이의 저장된 계열적 조직을 표시할 수 있을 뿐이고 언어표현들 사이의 그것은 표시할 수 없다. 왜냐하면 언어표현은 그 자체로 어떤 특정한 "언어적" 영역에 위치하지 않고 영역들 간에 걸쳐서 표시되기 때문이다. 그래서 어휘화된 개념들 간의 *의미*관계들은 개념 영역에 존재할 것이지만, 의미정보 그 이상을 관련시키는 어휘관계들은 낱말-개념들 간의 관계들로 개념영역에서 설명되어야 한다. Jackendoff의 접근방식은 여전히 일부 지식을 특별히 언어적(구성단위)적으로 취급한다.

인지언어학으로 알려진 일련의 이론들(예, Langacker 1990)에서는 훨씬 더 적은 구성단위성이 발견된다. 어휘외적 견해는 대부분의 이 접근방식들과도 양립할 수 있다. 계열적 관계들의 언어외적 본질을 옹호하는 주장들은 구성단위성의 가정들에 의존하는 반면에, 이것은 계열적 관계들은 구성단위적 어휘사전에 표시될 수 없다는 것을 보여 주기 위함이었다. 제1장에서 언급했다시피, 어휘사전에 대한 비-구성단위적 접근방식을 옹호하는 주장에 착수하는 한 방법은 구성단위적 어휘사전의 주장된 내용이 그 방식으로 표시될 필요가 있는가(또는 실제로 표시될 수 있는가)를 조사하는 것이다. 앞의 장들은 의미관계들이 구성단위적 어휘사전에 표시될 수 없다는 것을 보여 준다. 따라서 이 접근방식은 인지언어학 이론들의 비-구성단위적 가정과 양립할 수 있다. 언어학 이론에서 한 다른 경향은 어휘사전과 문법은 근본적으로 다른 종류의 언어적 대상물이라기보다 한 연속체 상에 존재한다는 견해이다. 연속체 견해는 구성문법(Fillmore and Kay 1995), 인지문법(Langcker 1990), 그리고 기능문법(Halliday 1994)을 포함하는 많은 언어학 이론에서 옹호되지만, Chomsky의 문법 틀에서는 여전히 낯설다. 그 연속체의 어휘적 끝부분에는 한 간단한 자유 형태소의 형태, 그것의 문법범주, 그리고 어떤 인습화된 구상적 의미 사이에 하나의 완전한 사상(mapping)이 존재한다. 다른 끝부분에는 음운적 내용과 매우 추상적인 의미 내용이 없는 문법구조들이 존재한다. 그래서 언어지식의 연속체 모형에서 낱말들, 다중-낱말 표현들, 그리고 어휘화되지 않은 언어구조들 간의 구분은 절대적 구분이라기보다 등급매겨진 구분이다. 이것은 어휘관계들과 다른 유형의 표현들 사이의 관계들 간에는 어떤 예리한 구분도 없을 것이라는 점을 예측할 수 있게 한다. 낱말 이외의 언어적 대상물들(예, 구 그리고 어휘적으로 채워지지 않은 통사구조) 사이의 관계들이 어휘관계들에 필적할 만한지는 앞으로 계속 연구해야 할 것이다. 예를 들어, 그런 관련된 항목들은 대화에서 특정한 공기(共起) 패턴들을 나타내는가? 또는 의미적으로 관련된 어휘항목들처럼 발화오류가 일어날 때에 서로 간섭하는가? 이런 방향의 질문은 그 답이 연속체 가설에 도움을 줄 수 있으므로 연구할 만한 가치가 있다.

어휘적인 것과 문법적인 것들이 구분되지 않으므로 언어항목들 사이의 관계들의 표시에 있어서 통사적인 것과 계열적인 것들의 구분을 좁힐 가능성이 커진다. 사고의 구성문법(Construction Grammar: Fillmore and Kay 1995; Goldberg 1995) 방식을 따라서, 언어사용자들은 완전히 명시된 형태를 제공하기 위해 서로를 덧쒸움으로써 적형 발화에 기여하는 복합적인(그러나 종종 덜 명시된) 구조들의 '어휘'를 소유하고 있다. (마찬가지로, 이것은 HPSG[Head-driven Phrase Structure Grammar: Pollard and Sag 1994]처럼 통일문법에서 작용할 것이지만, 구성문법은 여기서 어휘원소들을 명시하는 구성들에 대해 주의를 끌기 위해 부각된다.) 이 경우, 한 쌍의 규범적 반의어들(예, *hot-cold*)은 어떤 본유적인 순서나 구절 구조 없이 두 낱말로 이루어진 한 구성으로 간주할 수 있다. 바꿔 말하면, 이것은 함께 사용될 낱말들을 가리키지만, 하나의 완전한 통사적 구성이 아니기 때문에, 통사적이라고 기술될 수 있을 한 계열적 구성일 것이다. 구성문법에서 구성들이 서로를 덧씌울 수 있는 방식 때문에, 계열적 구성들은 Fellbaum(1995)과 Jones(2002)가 기술했고 제2장과 제5장에서 논의된 것과 같은 두 개의 관련된 낱말들을 위한 틀(예, *from X to Y, X and Y*)을 가진 통사적 구성들의 종류들에 투입될 수 있다.

이 접근방식은 규범적 관계들의 개념을 이용하지만, 그런 관계들이 관련된 낱말들에 관한 우리 지식의 일부라는 것도, 그리고 의미는 그 관계들에서 파생된다는 것도 말해주지 않는다. 이 접근방식은 *hot*과 *cold*가 어휘사전 안에서 연결되어 있다(연상론자들이 주장하듯이)고 주장하는 대신에, 어휘 항목 *hot*과 *cold*에 추가하여 계열적 구조 *hot/cold*가 있다고 말한다. *hot/cold*는 *hot*의 의미의 일부가 아니고, 또한 *hot*의 어휘적 표시의 일부일 필요도 없다(그러나 역으로 *hot*은 *hot/cold*의 어휘적 표시의 일부이다. 따라서 *hot*은 문맥 속에서 다른 낱말들과 자유롭게 연결될 수 있으며, 한 낱말은 *hot*의 반의관계를 단언하는 목적으로 사용되며, 다른 어떤 낱말(예, *uncool*)은 대조와 연관된 구성에서 사용될 수 있다(예, *By putting on that hat, Jim went from hot to uncool in seconds*<모자를 착용함으로써, *Jim*은 매력적인 모습에서 볼품없는 모습으로 *바뀌었다*>). 구성에 근거한 접근방식은 비-규범적 관계들이 사용되고 인식되도록 허용하면서 규범적 관계들에 어떤 역할을 제공한다는 점에서, 어휘외적 접근방식과 많이 닮았다. 그 접근방식은 그런

구성들의 의미 해석을 허용하고 새로운 계열적 구조들을 만들 때 어떤 역할
을 하는 관계적 장치(RC 원리)를 여전히 필요로 한다. 구성접근방식은 규범
적 계열관계들의 문제를 언어학의 영역에 되돌림으로써 어휘외적 접근방식
과 다르다.

요약하면, 계열적 관계들에 대한 어휘외적 접근방식은 어휘사전의 모양
에 관해 어떤 특별한 주장도 하지 않지만, 그 접근방식은 구성단위적인,
초기 생성적 전통(이 책에서 시종일관 입증된)의 사전스타일의 어휘사전뿐
만 아니라, 어휘적 지식, 문법적 지식, 그리고 개념적 지식 간의 경계선이
다르게 그어진(또는 전혀 그렇지 않은) 더 현대적인 견해들과 양립할 수
있다. 어휘외적 견해는 낱말들이 관련된(그리고 의미가 이 관계들에서 유래
하는) 구조주의 견해와만 일치하지 않는다. 비록 그런 견해들이 현대 언어학
이론에서도 다른 도전들을 받지만, 그런 견해들은 어휘의미적 계열들에 대
한 표준적인 접근방식이었고 지금도 그렇다.

7.3 메타언어학자들은 어디로 가야 하는가?

마지막 2절이 보여 주듯이, 어휘표시와 언어적 처리 간의 관계, 그리고
관계들이 인지언어학 이론 및 다른 최근의 언어학 이론에서 어떻게 표시될
것인가를 포함한 계열적 관계에 관하여 앞으로 연구할 것이 많다. 관심을
끄는 다른 항목은 계열적 관계라는 주제가 상당히 확고한 낱말범주를 가진
언어들(예, 영어, 불어, 중국어)에 관해 연구되어져 왔다는 것이다. 언어사
용과 어휘외적 사고에서 계열적 의미관계의 역할은 덜 확립된 낱말범주를
가진 언어들에서 아주 다를 수 있다. 예를 들면, 형태적 변이형이 낱말의
음성형태에 크게 영향을 미치는 접환(circumfixing: 접사가 한 낱말을 양끝
에서 둘러쌈; 역자의 예, 영어의 고어체 낱말 aworking) 언어들(히브루어,
아랍어)이나, 또는 무엇보다 낱말이란 개념에 문제가 있는 복통합적(複統

合的: polysynthetic) 언어들(New York주에 살던 북아메리카 원주민어인 모호크어, 그린랜드 에스키모어)이 있다.

분명한 것은 어휘의미 계열들이라는 주제는 철저하게 연구되지 않았고, 이 책에서 논의된 메타언어학적 접근방식은 어의(語義)학적 연구를 위한 많은 새로운 방향을 태동시켰다는 점이다. 이것은 언어가 이용하는 특정한 관계들, 즉 언어와 문맥 사이의 관계, 언어와 개념화 사이의 관계, 그리고 언어와 언어행위 사이의 관계를 이해하기 위하여 언어 연구의 일반적 추세에 부합되고 또 그 추세를 이용한다. 의미는 진정하게 "언어학적"이지 않기 때문에, 언어학자는 의미를 무시해야 한다고 Bloomfield(1985[1936])가 주장했지만, 현재의 학문적 문맥에서 그런 견해의 주장은 유지될 수 없다. 왜냐하면 대부분의(모든) 언어 현상은 아니지만 많은 언어 현상은 언어 현상, 개념 현상, 그리고 의사소통 현상 사이의 경계를 넘어가기 때문이다. 어휘관계의 경우, 이것이 뜻하는 바는 의미를 연구하는 자들은 언어학자일뿐 아니라, 메타언어학자이기도 하다는 것이다.

부록: 관계원소들

Stasio, Herrman, and Chaffin(1985)에서 따온 것임.

관계 원소	정의	보기
부착(**Attach**ment)	X의 지시대상물이 Y의 지시대상물에 부착된다	기능적 위치 *car — engine*
속성적(**Attrib**utive)	X는 Y'이다' (유사함에 틀림없는/유사할 수 있는)	필수 속성(유사성) *tower — high*
좌우대칭위치 (**Bilateral Position**)	X와 Y는 차원적 중간점의 대립 면들 상에 있다	양립불가능한 *happy — morbid*(병적인)
성분적 (**Comp**onential)	X는 Y의 성분(부분적 성분)이다	구성성분 *cheese — pizza*
내포적(**Con**notative)	X는 Y를 내포한다(정서적 의의)	야기된 속성(유사성) *food — tasty*(맛있는)
지속적(**Cont**inuous)	X와 Y는 한정될 수 있다 (등급매길 수 있는)	반대 *old — young*
2분적(**Dich**otomous)	만일 X이면, Y가 아니다 (상호배타적)	모순대당 *alive — dead*
차원(**Dim**ension)	X와 Y는 단일의 차원을 공유한다	차원적 유사성 *warm — hot*
분리된(**Discrete**)	X와 Y는 한정될 수 없다 (등급매길 수 없는)	속성의 유사성 *rake*(갈퀴) *— fork*
동질적 (**Hom**ogeneous)	X의 지시대상물은 Y의 지시대상물과 구분될 수 없다	척도 *mile — yard*
포섭(**Inc**lusion)	X는 Y에 포섭된다(일반 포섭)	부류 포섭(모든 유형)
교차(**Inter**section)	X는 Y에 의미적으로 포섭된다	모든 외연적 유사성 관계

처소적 포섭 (Locative inclusion)	X의 지시대상물은 Y의 지시대상물에 의존한다(처소적)	장소 *China — Asia*
중첩(Overlap)	X는 Y에 부분적으로 포섭된다	필수 속성 *tower — high*
부분적 포섭 (Partitive inclusion)	X는 문자적으로 Y의 부분이다	장소 *China — Asia*
소유(Possession)	X는 Y에 속한다	필수 속성 *tower — high*
특성(Property)	X는 Y(의 특성)를 가지고 있다	집단 *forest — tree*
사회적(Social)	X는 사회적으로 Y에 수용된다	그룹 *singer — choir(합창단)*
공간적(Spatial)	X는 Y와 공간적으로 대립된다	방향적 *front — back*
대칭위치 (Symmetrical Position)	X는 Y와 크기가 동등하다	반대 *old — young*
일방적 위치 (Unilateral Position)	X와 Y는 차원적 중간점의 동일한 면에 있다	차원적 유사성 *warm — hot*
벡터(Vector)	X는 Y와 방향적으로 대립된다	역동 *buy — sell*

참고문헌

Aitchison, J. (1987) *Words in the mind* (1st ed.). Oxford: Blackwell.

(1994) *Words in the mind* (2nd ed.). Oxford: Blackwell.

Al-Halimi, R., and R. Kazman (1998) Temporal indexing through lexical chaining. In C. Fellbaum (ed.), *WordNet: an electronic lexical database*. Cambridge, MA: MIT Press, 333-51.

Allan, K. (1986) *Linguistic meaning* (2 vols.). London: Routledge.

(2001) *Natural language semantics*. Oxford: Blackwell.

American Heritage dictionary of the English language, The (2000) (4th ed.) Boston: Houghton-Mifflin.

Amsler, R. A. (1980) The structure of the Merriam-Webster pocket dictionary. Doctoral thesis, University of Texas at Austin.

Anderson, J. R., and G. H. Bower (1973) *Human associative memory*. Washington, DC: Winston.

Apresjan, J. D. (1973) Synonymy and synonyms. In F. Kiefer (ed.). *Trends in Soviet theoretical linguistics*. Dordrecht: Reidel. 173-200.

Apresyan, Y. D., I. A. Mel'čuk. and A. K. Žolkovsky (1970) Semantics and lexicography: toward a new type of uni lingual dictionary. In F. Kiefer (ed.). *Studies in syntax and semantics*. Dordrecht: Reidel. 1-33.

Armstrong, S. L.. L. R. Gleitman. and H. Gleitman (1983) What some concepts might not be. *Cognition* 13, 263-308.

Augarde, T. (1998) *0xford word challenge*. Oxford: Oxford University Press.

Bach, E. (1989) *Informal lectures on formal semantics*. Albany: SUNY Press.

Backhouse, A. E. (1994) *The lexical field of taste: a semantic study of*

Japanese taste terms. Cambridge: Cambridge University Press.

Bally, C. (1940) L'arbitraire du signe. *Le Français Morderne* 8, 193-206.

Baranov, A., and D. Dobrovol'skij (1996) Lexical semantics in Russian Linguistics. *Lexicology* 2, 256-68.

Baron, D. (1989) A literal paradox. In *Declining grammar and other essays on the English vocabulary*. Urbana, IL: NCTE. 73-80.

Barsalou, L. W. (1983) *Ad hoc* categories. *Memory and Cognition* 11, 211-27.

Bartsch, R., and T. Vennemann (1972) *Semantic structures*. Frankfurt: Athenäum.

Basilius, H. (1952) Neo-Humboldtian ethnolinguistics. *Word* 8, 95-105.

Battistella, E. L. (1996) *The Logic of markedness*. New York: Oxford University Press.

Becker, C. A. (1980) Semantic context effects in visual word recognition: an analysis of semantic strategies. *Memory and Cognition* 8, 493-512.

Becker, T. (2000) Autohyponyms: implicature and lexical semantics. Presented at the Linguistic Society of America Meeting. Chicago, 6-8 Jan.

Beckett, S. (1958) *Malone dies*. New York: Grove.

Beckwith, R., C. Fellbaum, D. Gross, and G. A. Miller (1991) WordNet: a lexical database organized on psycholinguistic principles. *In U. Zernik (ed.)*, *Lexical acquisition*. Hillsdale, NJ: Eribaum, 211-32.

Beckwith, R., and G. A Miller (1990) Implementing a lexical network. In G. A. Miller (ed.) *WordNet: an on-line lexical database. Special issue of International Journal of lexicography* 3(4). 302-12.

Berlin, B., D. Breedlove, and P. Raven (1968) Covert categories and folk taxonomies. *American Anthropologist* 70, 290-9.

　　(1973) General principles of classification and nomenclature in folk biology. *American Anthropologist* 75, 214-42.

Berlin, B., and P. Kay (1969) *Basic color terms*. Berkeley: University of

California Press.

Bierwisch, M. (1967) Some semantic universals of German adjectivals. *Foundations of Language* 3, 1-36.

(1982) Linguistics and language error. *Linguistics* 19, 583-626.

(1989) The semantics of gradation. In M. Bierwisch and E. Lang (eds.), *Dimemsional adjectives*. Berlin: Springer, 71-261.

Bierwisch, M., and R. Schreuder (1991) From concepts to lexical items. In W. J. M. Levelt (ed.), *Lexical access in speech production*. Cambridge, MA: Blackwell, 23-60.

Blewitt, P. (1993) Taxonomic structure in lexical memory: the nature of developmental change. *Annals of Child Development* 9, 103-32.

Block, N. (1998) Holism: mental and Semantic. In E. Craig (ed.), *Routledge encyclopedia of philosophy*, vol. 4. London: Routledge, 488-93.

Bloomfield, L. (1933) *Language*. New York: Holt.

(1985) Language or ideas? In J. J. Katz (ed.). *The philosophy of linguistics*. Oxford: Oxford University Press, 19-25. [Originally published in *Language* 12, 1936.]

Bolinger, D. (1967) Adjective comparison: a semantic scale. *Journal of English Linguistics* 1. 2-10.

(1972) *Degree words*. The Hague: Mouton.

(1976) The in-group: one and its compounds. In P. A. Reich (ed.). *The second LACUS forum*, 1975. London: Longman.

(1977) *Meaning and form*. London: Longman.

(1992) About furniture and birds. *Cognitive Linguistics* 3. 111-7.

Boucher, J., and C. E. Osgood (1969) The Pollyanna hypothesis. *Journal of Verbal Learning and Verbal Behavior* 8, 1-8.

Bréal, M. (1900) *Semantics: Studies in the science of meaning*. (Trans. by Mrs. H. Cust) New York: Dover.

Brennen, T., D. David. I. Fluchaire. and J. Pellat (1996) Naming faces and objects without comprehension. *Cognitive Neuropsychology* 13, 93-110.

Brewer, W. F., and J. B. Stone (1975) Acquisition of spatial antonym pairs. *Journal of Experimental Psychology* 19, 299-307.

Briscoe, T., V. de Paiva, and A. Copestake (eds.) (1993) *Inheritance. defaults, and the lexicon.* Cambridge: Cambridge University Press.

Brown, R., and J. Berko (1960) Word association and the acquisition of grammar. *Child Development* 31, 1-14.

Brugman, C. (1989) *The story of* over. New York: Garland.

Bruner, J., J. Goodnow, and G. Austin (1956) *A study of thinking.* New York: Wiley.

Butter, R., P. de Boeck, and J. Baele (1992) A combined cognitive componental and psychosemantic analysis of synonym tasks. Unpublished MS, University of Leuven.

Butterworth, B. (1982) Speech errors: old data in search of new theories. *Linguistics* 19, 627-62.

(1989) Lexical access in speech production. In W. Marslen-Wilson (ed.), *Lexical representation and process.* Cambridge, MA: MIT Press, 108-35.

Bybee, J. L. (1985) *Morphology.* Amsterdam: Benjamins.

(1998) The emergent lexicon. In *CLS* 34: *The Panels.* Chicago: Chicago Linguistic Society, 421-35.

Calzolari, N., and E. Picchi (1994) A lexical workstation: from textual data to structured database. In B. T. S. Atkins and A. Zampolli (eds.), *Computational approaches to the lexicon.* Oxford: Oxford University Press, 439-67.

Cann, R. (1993) *Formal semantics.* Cambridge: Cambridge University Press.

Caramazza, A., and A. E. Hillis (1991) Lexical organization of nouns and verbs in the brain. *Nature* 349, 788-90.

Carnap, Rudolph (1947) *Meaning and necessity.* Chicago: University of Chicago Press.

Carpenter, P. A., and M. A. Just (1975) Sentence comprehension: a psycholinguistic processing model. *Psychological Review* 82, 45-73.

Caroll, J. B., P. Davis, and B. Richman (1971) *American Heritage word frequency book*. Boston: Houghton-Mifflin.

Casagrande, J. B., and K. L. Hale (1967) Semantic relations in Papago *folk-definitions*. In D. Hymes and W. E. Bittle (eds.), *Studies in southwestern ethnolinguistics*. The Hague: Mouton, 165-96.

Chafe, W. L. (1971) Directionality and paraphrase. *Language* 47, 1-25.

Chaffin, R. (1992) The concept of a semantic relation. In A. Lehrer and E. F. Kittay (eds.), *Frames Fields, and contrasts*: *new essays in semantic and lexical organization*. Hillsdale, NJ: Eribaum, 253-88.

Chaffin, R., C. Fellbaum, and J. Jenei (1994) The paradigmatic organization of verbs in the mental lexicon. Unpublished MS, Trenton State College.

Chaffin, R., and D. J. Herrmann (1984) The similarity and diversity of semantic relations. *Memory and Cognition* 12, 134-41.

(1987) Relation element theory. In D. S. Gorfein and R. R. Hoffman (eds.), *Memory and learning: the Ebbinghaus centennial conference*. Hillsdale, NJ: Eribaum, 221-45.

Chaffin, R., and D. J. Herrmann, and M. Winston (1988) A taxonomy of part-whole relations. *Cognition and Language* 3, 1-32.

Chan, W. (1967) The story of Chinese philosophy. In C. A. Moore (ed.), *The Chinese mind*. Honolulu: East-West Center Press, 31-76.

Chao, Y. R. (1953) Popular Chinese plant words: a descriptive lexico-grammatical study. *Language* 29, 379-414.

Charles, W. G., and G. A. Miller (1989) Contexts of antonymous adjectives. *Applied Psycholinguistics* 10, 357-75.

Charles, W. G., M. A. Reed, and D. Derryberry (1994) Conceptual and associative processing in antonymy and synonymy. *Applied Psycholinguistics* 15, 329-54.

Chierchia, G., and S. McConnell-Ginet (1990) *Meaning and grammar: an introduction to semantics*. Cambridge, MA: MIT Press.

Chomsky, N. (1965) *Aspects of the theory of syntax*. Cambridge, MA: MIT

Press.

Chomsky, N., and M. Halle (1968) *The sound pattern of English*. New York: Harper and Row.

Church, K. W., W. Gate, P. Hanks, D. Hindle, and R. Moon (1994) Lexical substitutability. In B. T. S. Atkins and A. Zampolli (eds.), *Computational approaches to the lexicon*. Oxford: Oxford University Press, 153-77.

Clark, E. V. (1973) What's in a word? On the child's acquisition of semantics in his first language. In T. E. Moore (ed.), *Cognitive development and the acquisition of language*. New York: Academic, 65-110.

(1987) The principle of contrast. In B. MacWhinney (ed.), *Mechanisms of language acquisition*. New York: Academic, 1-33.

(1988) On the logic of contrast. *Journal of Child Language* 15, 317-35.

(1990) On the pragmatics of contrast. *Journal of Child Language* 17, 417-31.

(1992) Conventionality and contrast. In A. Lehrer and E. F. Kittay (eds.), *Frames, fields, and contrasts: new essays in semantic and lexical organization*. Hillsdale, NJ: Eribaum, 171-88.

(1993) *The lexicon in acquisition*. Cambridge: Cambridge University Press.

Clark, H. H. (1970) Word associations and linguistic theory. In J. Lyons (ed.), *New horizons in linguistics*. Baltimore: Penguin, 271-86.

(1974) Semantics and comprehension. In T. A. Sebeok (ed.), *Current trends in linguistics*, 12. The Hague: Mouton, 1291-428.

Clark, H. H., and E. V. Clark (1977) *Psychology and language*. New York: Harcourt.

(1979) When nouns surface as verbs. *Language* 55, 767-811.

Cohen, L. (1978) *Death of a lady's man*. Toronto: McClelland & Stuart.

Collins, A. M., and E. F. Loftus (1975) A spreading-activation theory of semantic processing. *Psychological Review* 82, 407-28.

Collins, A. M., and M. R. Quillian (1969) Retrieval time from semantic memory. *Journal of Verbal Learning and Verbal Behavior* 8, 240-8.

(1970) Does category size affect categorization time? *Journal of Verbal Learning and Verbal Behavior* 9, 432-8.

(1972) How to make a language user. In E. Tulving and W. Donaldson (eds.), *Organization of memory.* New York: Academic, 309-51.

Collinson, W. E. (1939) Comparative synonymics: some principles and illustrations. *Transactions of the Philological Society* 37, 54-77.

Conklin, H. C. (1962) Lexicographical treatment of folk taxonomies. In F. W. Householder and S. Saporta (eds.), *Problems in lexicography.* Bloomington: Indiana University Press, 119-41.

Copestake, A. (1992) The representation of lexical semantic information. Doctoral thesis, University of Sussex.

Copestake, A., and T. Briscoe (1995) Semi-productive polysemy and sense extension. *Journal of Semantics* 12, 15-67.

Copestake, A., A. Sanfilippo, T. Briscoe, and V. de Paiva (1993) The AQUILEX LKB. In T. Briscoe, V. de Paiva, and A. Copestake (eds.), *Inheritance, defaults, and the lexicon.* Cambridge: Cambridge University Press, 148-63.

Coseriu, E. (1964) Pour une sémantique diachronique structurale. *Travaux de Linguistique et de Littérature* 2, 139-86.

(1967) Lexikalische Solidaritäten. *Poetica* 1, 293-303.

(1977) *Principles de semántica estructural.* Madrid: Gredos.

Coseriu, E., and H. Geckeler (1981) *Trends in structural semantics.* Tübingen: Narr.

Coye, D. (1994) A linguistic survey of college freshmen: keeping up with Standard American English. *American Speech* 69, 260-84.

Cruse, D.A. (1976) Three classes of antonym in English. *Lingua* 38, 281-92.

(1980) Antonyms and gradable complementaries. In D. Kastovsky (ed.), *Perspektiven der lexicalischen Semantik.* Bonn: Bouvier, 14-25.

(1986) *Lexical semantics.* Cambridge: Cambridge University Press.

(1992) Antonymy revisited: some thoughts on the relationship between words and concepts. In A. Lehrer and E. F. Kittay (eds.), *Frames, fields, and contrasts: new essays in semantic and lexical organization.* Hillsdale. NJ: Erlbaum. 289-306.

(1992-93) On polylexy. *Dictionaries* 14, 88-96.

(1994) Protype theory and lexical relations. *Rivista di linguistica* 6, 167-88.

(1995) Polysemy and related phenomena from a cognitive linguistic viewpoint. In P. Saint-Dizier and E. Viegas(eds), *Computational lexical Semantics.* Cambridge: Cambridge University Press, 33-49.

(2000a) Aspects of the microstructure of word meanings. In Y. Ravin and C. Leacock (eds.), *Polysemy.* Oxford: Oxford University Press, 30-51.

(2000b) Lexical "facets": between monosemy and polysemy. *Sprachspiel und Bedeutung* 65, 25-36.

(2000c) *Meaning in Language.* Oxford: Oxford University Press.

(2002) Hyponymy and its varieties. In R. Green. C. A. Bean, and S. H. Myaeng (eds.), *The semantics of relationships.* Dordrecht: Kluwer, 3-22.

Cruse, D.A., and P. Togia (1995) Towards a cognitive model of antonymy. *Lexicology* 1, 113-41.

Deese, J. (1962) On the structure of associative meaning. *Psychological Review* 69, 161-75.

(1964) The associative structure of some common English adjectives. *Journal of Verbal Learning and Verbal Behavior* 3, 347-57.

(1965) *The structure of associations in language and thought.* Baltimore: Johns Hopkins University Press.

Dell, G. (1986) A spreading activation theory of retrieval in language production. *Psychological Review* 93, 283-321.

Dell, G. S., and P. A. Reich (1981) Stages in sentence production. *Journal of Verbal Learning and Verbal Behavior* 20, 611-29.

DiMarco, C., and G. Hirst (1995) Usage notes as the basis for a representation of near-synonymy for lexical choice (or, Making words of senses). *Proceedings, 9th annual conference of the University of Waterloo Centre for the New Oxford English Dictionary and Text Research, Oxford, Sept. 1993*, 33-43.

DiMarco, C., G. Hirst, and M. Stede (1993) The semantic and stylistic differentiation of synonyms and near-synonyms. *Proceedings, AAAI Spring Symposium on Building Lexicons for Machine Translation, Stanford, Mar. 1993*, 114-21.

Dirven, R. (1995) The construal of cause: the case of cause prepositions. In J. R. Taylor and R. E. MacLaury (eds.), *Language and the cognitive construal of the world*. Berlin: Mouton de Gruyter, 95-118.

Dirven, R., and J. R. Taylor (1988) The conceptualization of vertical space in English: the case of tall. In B. Rudzka-Ostyn (ed.), *Topics in cognitive linguistics*. Amsterdam: Benjamins, 379-402.

di Sciullo, A. M., and E. Williams (1987) *On the definition of word*. Cambridge, MA: MIT Press.

Dixon, R. M. W. (1982) *Where have all the adjectives gone? and other essays in semantics and syntax*. The Hague: Mouton.

Donaldson, M., and G. Balfour (1968) Less is more: a study of language comprehension in children. *British Journal of Psychology* 27, 165-72.

Donaldson, M., and R. J. Wales (1970) On the acquisition of some relational terms. In J. R. Hayes (ed.), *Cognition and the development of language*. New York: Wiley, 235-68.

Dowty, D. R. (1979) *Word meaning and Montague grammar*. Dordrecht: Reidel.

Dynes, W. (1985) *Homolexis*. New York: Gay Academic Union.

Edmonds, P. (1999) Semantic representation of near-synonyms for automatic lexical choice. Doctoral thesis, University of Toronto.

Edmundson, H. P., and M. N. Epstein (1972) *Research on synonymy and antonymy: a model and its representation.* (Research report TR-185) College Park: University of Maryland Computer Science Center.

Egan, R. (1968) A survey of the history of English synonymy. In *Webster's new dictionary of synonyms*. Springfield. MA: Merriam, 5a-31a.

Eisenberg, A., H. Murkoff, and S. E. Hathaway (1989) *What to expect the first year.* New York: Workman.

Emmorey, K. D., and V. A. Fromkin (1988) The mental lexicon. In F. J. Newmeyer (ed.), *Linguistics: the Cambridge survey III: Language: psychological and biological aspects.* Cambridge: Cambridge University Press, 124-49.

Entwisle, D. R. (1966) *Word associations of young children.* Baltimore: Johns Hopkins University Press.

Ervin, S. M. (1961) Changes with age in the verbal determinants of word-association. *American Journal of Psychology* 74, 361-72.

(1963) Correlates of associative frequency. *Journal of Verbal Learning and Verbal Behavior* 1 (6), 422-31.

Estes, W. K. (1987) One hundred years of memory theory. In D. S. Gorfein and R. R. Hoffman (eds.), *Memory and learning: the Ebbinghaus centennial conference. Hillsdale.* NJ: Eribaum, 11-33.

Evans, M. J. (1984) Complementarity, antonymy, and semantic development: a method and some data. In C. L. Thew and C. E. Johnson (eds.), *Proceedings of the Second International Congress for the Study of Child Language.* Lanham, MD: University Presses of America, 142-62.

Evans, M. W., B. E. Litowitz, J. A. Markowitz, R. N. Smith, and O. Werner (1980) *Lexical-semantic relations.* Edmonton: Linguistic Research.

Fay, D. A., and A. Cutler (1977) Malapropisms and the structure of the mental lexicon. *Linguistic Inquiry* 8, 505-20.

Fellbaum, C. (1990) English verbs as a semantic net. In G. A. Miller (ed.), *Wordnet: an on-line lexical database.* Special issue of *International Journal of Lexicography* 3(4), 278-301.

(1995) Co-occurrence and antonymy. *International Journal of Lexicography* 8, 281-303.

(1998a) Introduction. In C. Fellbaum (ed.), *WordNet: an electronic lexical database*. Cambridge, MA: MIT Press, 1-19.

(1998b) A semantic network of English verbs. In C. Fellbaum (ed.), *WordNet: an electronic lexical database*. Cambridge, MA: MIT Press, 69-104.

(ed.) (1988c) *WordNet: an electronic lexical database*. Cambridge, MA: MIT Press.

Fellbaum, C., D. Gross, and K. Miller (1993) Adjectives in WordNet. Unpublished paper, Princeton University.

Fillmore, C. J. (1975) An alternative to checklist theories of meaning. *Proceedings of the Berkeley Linguistic Society* 1, 123-31.

(1976) Frame semantics and the nature of language. *Annals of the New York Academy of Sciences* 280, 20-32.

(1977) Topics in lexical semantics. In R. W. Cole (ed.), *Current issues in linguistic theory*. Bloomington: Indiana University Press, 76-138.

(1985) Frames and the semantics of understanding. *Quaderni di Semantica* 6, 222-54.

(1987) A private history of the concept "frame." In R. Dirven and G. Radden (eds.), *Concepts of case*. Tübingen: Narr, 28-36.

Fillmore, C. J., and B. T. Atkins (1992) Toward a frame-based lexicon: the semantics of risk and its neighbors. In A. Lehrer and E. F. Kittay (eds.), *Frames, fields, and contrasts: new essays in semantic and lexical organization*. Hillsdale, NJ: Eribaum, 75-102.

Fillmore, C. J., and P. Kay (1995) Construction grammar. Unpublished MS, University of California at Berkeley.

Firth, J. R. (1957) Modes of meaning. In *Papers in linguistics 1934-1951*, London: Oxford University Press, 190-215.

Fodor, J., and E. Lepore (1992) *Holism: a shopper's guide*. Oxford: Blackwell.

(1998) The emptiness of the lexicon: reflections on James Pustejovsky's *The generative lexicon. Linguistic Inquiry* 29, 269-88.

Fodor, J. A. (1975) *The language of thought.* Hassocks, Sussex: Harvester.

Fodor, J. A., M. F. Garrett, E. C. T. Walker, and C. H. Parkes (1980) Against definitions. *Cognition* 8, 263-367.

Fodor, J. D. (1977) *Semantics.* Cambridge, MA: Havard University Press.

Fodor, J. D., J. A. Fodor, and M. F. Garrett (1975) The psychological unreality of semantic representations. *Linguistic Inquiry* 6, 515-31.

Frake, C. O. (1961) The diagnosis of disease among the Subanum of Mindanao. *American Anthropologist* 63(1), 113-32.

(1964) Notes on *Queries in Ethnography. American Anthropologist* 66 (3, part 2), 132-45.

Frege, G. (1985) On sense and meaning. (Trans. by P. Geach and M. Black) In A. P. Martinich (ed.), *The philosophy of language.* New York: Oxford University Press, 200-12. [Originally published as *Über Sinn und Bedeutung,* 1982.]

Fromkin, V. A. (1971) The non-anomalous nature of anomalous utterances. *Language* 47, 27-52.

(ed.) (1973) *Speech errors as linguistic evidence.* The Hague: Mouton.

Fromkin, V., and R. Rodman (1998) *An introduction to language* (6th ed.). Fort Worth, TX: Harcourt Brace.

Garrett, M. F. (1980) Levels of processing in sentence production. In B. Butterworth (ed.), *Language production,* vol. 1: *Speech and talk.* London: Academic, 177-210.

(1991) Disorders of lexical selection. In W. J. M. Levelt (ed.), *Lexical access in speech production,* Cambridge, MA: Blackwell, 143-80.

(1992) Lexical retrieval processes. In A. Lehrer and E. F. Kittay (eds.), *Frames, fields, and contrasts: new essays in semantic and lexical organization.* Hillsdale, NJ: Erlbaum, 377-95.

Geckeler, H. (1971) *Structurelle Semantik und Wortfeldtheorie.* Munich: Fink.

Geeraerts, D. (1988) Where does prototypicality come from? In B. Rudzka-Ostyn(ed.), *Topics in cognitive linguistics*. Amsterdam: Benjamins, 207-29.

Gentner, D. (1981) Verb semantic structures in memory for sentences: evidence for componential representation. *Cognitive Psychology* 13, 56-83.

Gentner, D., and A. B. Markman (1994) Structural alignment in comparison: no difference without similarity. *Psychological Science* 5, 152-8.

Givón, T. (1970) Notes on the semantic structure of English adjectives. *Language* 46, 816-37.

(1984) *Syntax*, vol. 1. Amsterdam: Benjamins.

Glass, A. L., and K. J. Holyoak (1974-75) Alternative conceptions of semantic memory. *Cognition* 3, 313-39.

Glucksberg, S. (1987) Beyond associationism. In D. S. Gorfein and R. R. Hoffman (eds.), *Memory and learning: the Ebbinghaus centennial conference*. Hillsdale, NJ: Erlbaum, 247-51.

Goddard, C., and A. Wierzbicka (1994) Introducing lexical primitives. In C. Goddard and A. Wierzbicka (eds.), *semantic and lexical universals*. Amsterdam: Benjamins, 31-54.

Goldberg, A. E. (1995) *Constructions*. Chicago: University of Chicago Press.

Golinkoff, R. M., K. Hirsh-Pasek, L. Bailey, and N. Wenger (1992) Young children and adults use lexical principles to learn new nouns. *Developemental Psychology* 28, 99-108.

Goodenough, W. H. (1956) Componential analysis and the study of meaning. *Language* 32, 195-216.

(1965) Yankee kinship terminology: a problem in componential analysis. *American Antropologist* 67(5, part 2), 259-87.

Goodglass, H., and A. Wingfield (1997) Word-finding deficits in aphasia. In H. Goodglass and A. Wingfield(eds.), *Anomia*. San Diego: Academic, 5-30.

Goodman, N. (1952) On likeness of meaning. In L. Linsky(ed.), *Semantics and the philosophy of language*. Urbana: University of Illinois Press. 67-76.

Grandy, R. E. (1987) In defense of semantic fields. In E. Lepore(ed.), *New directions in semantics*. London: Academic, 259-80.

(1992) Semantic fields, prototypes, and the lexicon. In A. Lehrer and E. F. Kittay (eds.), *Frames, fields, and contrasts: new essays in semantic and lexical organization*. Hillsdale, NJ: Erlbaum, 103-22

Green, G. M. (1996) *Pragmatics and natural language understanding* (2nd ed.) Mahwah, Nj: Erlbaum.

Greenberg, J. H. (1957) The nature and uses of lingistic typologies. *International Journal of American Linguistics* 23(2), 68-77.

Greimas, A. J. (1983) *Structural semantics*.(Trans. by D. McDowell, R. Schleifer, and A. Velie) Lincoln: University of Nebraska Press. [Originally published as *Sémantique structurale: recherche de méthode*, 1966.]

Grice, H. P (1975) Logic and conversation. In P. Cole and J. L. Morgan (eds.), *Syntax and semantics 3: speech acts*. New York: Academic, 41-58.

Gross, D., U. Fiscner, and G. A. Miller (1989) The organization of adjectival meanings. *Journal of Memory and Language* 28, 92-106.

Gross, D., and K. J. Miller (1990) Adjectives in WordNet. In G. A. Miller (ed.), *WordNet: an on-line lexical database. Special issue of International Journal of Lexicography* 3(4), 265-77.

Gruaz, C. (1998) Composition principles within the word and within ways of use of words. In E. Weigand (ed.), *Contrastive lexical semantics*. Amsterdam: Benjamins, 163-71.

Gruber, J. S. (1983) Lexical and conceptual semantic categories. In S. Hattori and K. Inoue (eds.), *Proceedings of the XIIIth International Congress of Linguists (Tokyo 1982)*. Tokyo: CIPL, 528-33.

Gundel, J., K. Houlihan, and G. Sanders (1989) Category restrictions in markedness relations. In R. Corrigan, F. Eckman, and M. Noonan (eds.), *Linguistic categorization*. Amsterdam: Benjamins, 131-47.

Haagen, C. H. (1949) Synonymity, vividness, familiarity, and association value ratings of 400 pairs of common adjectives. *The Journal of Psychology* 27, 453-63.

Hale, K. (1971) A note on a Walbiri tradition of antonymy. In D. D. Steinberg and L. A. Jakobovits (eds.), *Semantics: an interdisciplinary reader in philosophy, linguistics and psychology*. Cambridge: Cambridge University Press, 472-84.

Halliday, M. A. K. (1994) *An introduction to functioal grammar* (2nd ed.). London: Arnold.

Halliday, M. A. K., and R. Hasan (1976) *Cohesion in English*. London: Longman.

Hamill, J. F. (1990) *Ethno-logic*. Champaign: University of Illinois Press.

Hampton, J. (1991) The combination of prototype concepts. In P. J. Schwanenflugel (ed.), *The psychology of word meanings*. Hillsdale, NJ: Erlbaum, 91-116.

Handke, J. (1995) *The structure of the lexicon: human versus machine*. New York: Mouton de Gruyter.

Harley, T. A. (1984) A critique of top-down independent levels models of speech production. *Cognitive Science* 8, 191-219.

Harris, R. (1973) *Synonymy and linguistic analysis*. Oxford: Blackwell.

Harvey, K., and D. Yuill (1994) The COBUILD testing initiative. Unpublished report, *COBUILD*/University of Birmingham.

Heidenheimer, P. (1978) Logical relations in the semantic processing of children between six and ten. *Child Development* 49, 1243-6.

Herrmann, D. J. (1978) An old problem for the new psychosemantics: synonymity. *Psychological Bulletin* 85, 490-512.

Herrmann, D. J., R. Chaffin (1986) Comprehension of semantic relations as a function of the definitions of relations. In F. Klix and H. Hagendorf (eds.), *Human memory and cognitive capabilities*. Amsterdam: Elsevier, 311-19.

Herrmann, D. J., R. J. S. Chaffin, G. Conti, D. Peters, and P. H. Robbins (1979) Comprehension of antonomy and the generality of categorization models. *Journal of Experimental Psychology: Human Learning and Memory* 5, 585-97.

.Herrmann, D. J., R. Chaffin, M. P. Daniel, and R. S. Wool (1986) The role of elements of relation definition in antonym and synonym comprehension. *Zeitschrift für Psychologie* 194, 133-53.

Hirshman, E., and S. Master (1997) Examining the role of word identification in synonymy judgment. *Psychological Research* 59, 213-18.

Hirst, G. (1995) Near-synonymy and the structure of lexical knowledge. In *Working notes. AAAI Symposium on Representation and Acquisition of Lexical Knowledge, Stanford University, Mar. 1995*, 51-6.

Hjelmslev, L. (1961) *Prolegomena to a theory of language.* (Trans. by F. J. Whitfield) Madison: University of Wisconsin Press. [Originally published as *Omkring sprogteoriens grundaggelse*, 1943]

Hofmann, T. R. (1993) *Realms of meaning.* London: Longman.

Honvault, R. (1993) Le dictionnaire morphosémantique des familles synchroniques de mots francais DISFA. In G. Hilty (ed.), *Actes du XX Congrès International de Linguistique et Philologie Romanes, Zurich 1992*, vol. 4. Tübingen: Francke, 127-60

Hopper, P. J., and S. A. Thompson (1985) The iconicity of the universal categeries "noun" and "verb." In J. Haiman (ed.), *Iconicity in syntax.* Amsterdam: Benjamins, 151-83

Horn, L. R. (1984) Toward a new taxonomy for pragmatic inference: Q-based and R-based implicature. In D. Schiffrin (ed.). *Meaning, form, and use in context: linguistic applications.* Washington. DC: Georgetown University Press. 11-42.

(1989) *A natural history of negation.* Chicago: University of Chicago Press.

(1991) Economy and redundancy in a dualistic model of natural language. In S. Shore and M. Vilkuna (eds.). SKY 1993: *Yearbook of the*

Linguistic Association of Finland. 33-72.

Hotopf, W. H. N. (1950) Semantic similarity as a factor in whole-word slips of the tongue. In V. A. Fromkin (ed.), *Errors in linguistic performance: slips of the tongue, ear, pen, and hand.* New York: Academic, 97-109.

Hudson, R. (1995) *Word meaning.* London: Routledge.

Hurford, J. R., and B. Heasley (1983) *Semantics.* Cambridge: Cambridge University Press.

Inhelder, B., and J. Piaget (1964) *The early growth of logic in the child.* New York: Norton.

Iordanskaja, L., M. Kim. and A. Polguère (1996) Some procedural problems in the implementation of lexical functions for text generation. In L. Wanner (ed.), *Lexical functions in lexicography and natural language processing.* Amsterdam: Benjamins, 279-97.

Iris, M. A., B. Litowitz. and M. Evens (1988) Problems of the part-whole relation. In M. W. Evens (ed.), *Relational models of the lexicon.* Cambridge: Cambridge University Press.261-88.

Jackendoff, R. (1976) Toward an explanatory semantic representation. *Linguistic Inquiry* 7. 89-150.

(1983) *Semantics and cognition.* Cambridge, MA: MIT Press.

(1989) What is a concept, that a person may grasp it? *Mind and Language* 4, 68-102

(1990) *Semantic structures.* Cambridge, MA: MIT Press.

(1992) *Languages of the mind.* Cambridge, MA: MIT Press.

(1997) *The architecture of the language faculty.* Cambridge, MA: MIT Press.

Jackson, Howard (1988) *Words and their meaning.* London: Longman.

Jakobson, Roman (1936) Beitrag zur allgemeinen Kasuslehre. *Travaux du Cercle Linguistique de Pargue* 6. 240-88.

(1962) Retrospect. *Selected writings,* vol. 1: *Phonological studies.* The Hague: Mouton, 629-58.

(1984) The structure of the Russian verb [1932]. in L. Waugh and M. Halle (eds.), *Russian and Slavic grammar studies 1931-1981*. Berlin: Mouton, 1-14.

Janssen, R., and P. de Boeck (1997) Psychometric modeling of componentially designed synonym tasks. *Applied Psychological Measurement* 21, 37-50.

Janssen, R., P. de Boeck, and G. vander Steene (1996) Verbal fluency and verbal comprehension abilities in synonym tasks. *Intelligence* 22, 291-310.

Jenkins, J. J. (1970) The 1952 Minnesota word association norms. In L, Postman and G. Keppel (eds.), *Norms of word association*. New York: Academic, 1-38.

Jespersen, O. (1914) *A Modern English grammar on historical principles.* Heidelberg: Winter

(1924) *The philosophy of grammar.* London: Allen and Unwin.

(1934) *Language: its nature, development. and origin.* London: Allen and Unwin.

Johnson-Laird, P. N. (1983) *Mental models.* Cambridge, MA : Harvard University Press.

Johnson-Laird, P. N., D. J. Herrmann, and R. Chaffin (1984) Only connections: a critique of semantic networks. *Psychological Bulletin* 96, 292-315.

Jones, S (2002) *Antonymy: a corpus-based approach.* London: Routledge.

Jordaan, W. J. (1993) Cognitive science: from information-processing to acts of meaning. *South African Journal of Philosophy* 12, 91-102.

Justeson, J. S., and S. M. Katz (1991) Co-occurrences of antonymous adjectives and their contexts. *Computational Linguistics* 17, 1-19.

(1992) Redefining antonymy. *Literary and Linguistic Computing* 7, 176-84.

Kagan, J. (1984) *The nature of the child,* New York: Basic Books.

Katz, J. J. (1972) S*emantic theory.* New York: Harper and Row.

Katz, J. J., and J. A. Fodor (1963) The structure of a semantic theory. *Language* 39, 170-210.

Kay, P. (1971) Taxonomy and semantic contrast. *Language* 47, 866-88.

Kempson, R. M.(1977) *Semantic theory*. Cambridge: Cambridge University Press.

Kennedy, C. (1999) *Projecting the adjective: the syntax and semantics of gradability and comparison*. New York: Garland.

Kintsch, W. (1974) *The representation of meaning in memory*. Hillsdale, NJ: Erlbaum.

Kittay, E.F., and A. Lehrer (1992) Introduction. In A. Lehrer and E. F. Kittay (eds.), *Frames, fields, and contrasts: new essays in semantic and lexical organization*. Hillsdale, NJ: Erlbaum, 1-18.

Kreezer, G., and K. M. Dallenbach (1929) Learning the relation of opposition. *American Journal of Philosophy* 41, 432-41.

Kreidler, C. W. (1998) *Introducing English semantics*. London: Rotuledge.

Kroeber, A. L. (1909) Classificatory system of relationsips. *Journal of the Royal Anthropolgical Institute* 39, 77-84

Labov, W. (1973) The boundaries of words and their meanings. In C. J. Bailey and R. W. Shuy (eds.), *New ways of analyzing variation in English*. Washington, DC: Georgetown University Press, 340-71.

(1975) *What is a linguistic fact?* Lisse: Peter de Rider.

Lakoff, G. (1972) Linguistics and natural logic. In D. Davidson and G. Harman (eds.), *Semantics for natural langage*. Dordrecht: Reidel, 545-665.

(1987) *Women, fire and dangerous things*. Chicago: University of Chicago Press.

(1990) The invariance hypothesis. *Cognitive Linguistics* 1, 39-74.

Lakoff, G. and M. Johnson (1980) *Metaphors we live by*. Chicago: University of Chicago Press.

Lancy, D. F., and A. J. Strathern (1981) "Makeing twos": pairing as an alternative to the taxonomic mode of representation. *American*

Anthropologist 83, 773-95.

Langacker, R. W. (1987) *Foundations of cognitive grammar*, vol. 1: *Theoretical prerequisites*. Stanford, CA: Stanford University Press.

(1990) *Concept, image, and symbol*. Berlin: Mouton de Gruyter.

Larson, R. and G. Segal (1995) *Knowledge of meaning: an introduction to semantic theory*, Cambridge, MA: MIT Press.

Laurence, S., and E. Margolis (1999) Concepts and cognitive science. In E. Margolis and S. Laurence (eds.), *Concepts: core readings*. Cambridge, MA: MIT Press, 3-81.

Lee, W., and M. Evens (1996) Generating cohesive text using lexical functions. In L. Wanner (ed.), *Lexical function in lexicography and natural language processing*. Amsterdam: Benjamins, 299-306.

Leech, G. (1974) *Semantics*. Harmondsworth: Penguin.

(1981) *Semantics* (2nd ed.). Harmondsworth: Penguin.

Lehrer, A. (1974) *Semantic fields and lexical culture*. Amsterdam: North Holland.

(1985) Markedness and antonymy. *Journal of linguistics* 21, 387-429.

(1992) A theory of vocabulary structure: retrospectives. In M. Pütz (ed.), *Thirty years of linguistic evolution*. Amsterdam: Benjamins, 243-56.

(2002) Gradable antonymy and complementarity. In D. A. Cruse, F Hundsnurscher, M. Job, and P. Lutzeier (eds.), *Handbook of lexicology*. Berlin: de Gruyter.

Lehrer, A., and K. Lehrer (1982) Antonymy. *Linguistics and Philosophy* 5, 483-501.

(1995) Fields, networks and vectors. In F. R. Palmer (ed.), *Grammar and meaning*. Cambridge: Cambridge University Press, 26-47.

Lepschy, G. C. (1981) Enantiosemy and irony in Italian lexis, *The Italianist* 1, 82-8.

Levelt, W. J. M. (1989) *Speaking. Cambridge*, MA: MIT Press.

Lewandowska-Tonaszczyk, B. (1990) Meaning, synonymy, and dictionary. In J. Tomaszczyk and B. Lewandowska-Tonaszczyk (eds.) *Meaning and lexicography.* Amsterdam: Benjamins, 181-208.

Li, C. N., and S. A. Thompson (1981) *Mandarin Chinese: a functional reference grammar.* Berkeley: University of California Press.

Lipton, J. (1968) *An exaltation of larks.* New York : Grossman.

Ljung, M. (1974) Some remarks on antonymy. *Language* 50, 74-88.

Lounsbury, F. G. (1964) The structural analysis of kinship semantics. *Proceedings of the Ninth International Congress of Linguists.* The Hague: Mouton, 1073-90.

Lyons, J. (1963) *Structural semantics.* Oxford: Blackwell

(1968) *Introduction to theoretical linguistics.* Cambridge: Cambridge University press.

(1977) *Semantics* (2 vols.). Cambridge: Cambridge University Press.

(1981) *Language and linguistics.* Cambridge: Cambridge University Press.

(1995a) Grammar and meaning. In F. R. Palmer (ed.), *Grammar and meaning.* Cambridge: Cambridge University Press. 221-49.

(1995b) *Linguistic semantics.* Cambridge: Cambridge University Press.

MacWhinney, B. (1995) *The CHILDES Project: tools for analyzing talk* (2nd ed.). Hillsdale, NJ: Erlbaum.

Magnusson, U., and G. Persson (1986) *Facets, Phases and foci: studies in lexical relation in English.* Stockholm: Amlqvist and Wiksell.

Malkiel, Y. (1959) Studies in irreversible binomials. *Lingua* 8. 113-60.

Marchand, H. (1960) *The categories and types of present-day English word formation.* Wiesbaden: Harrassowitz.

Marconi, D. (1997) *Lexical competence.* Cambridge, MA: MIT Press.

Markman, E. M., B. Cox. and S. Machida (1981) The standard object sorting task as a measure of conceptual organization. *Developmental Psychology* 17, 115-7.

Martin, L. (1986) "Eskimo words for snow": a case study in the genesis and decay of an anthropological example. *American Anthropologist* 88 (2), 418-23.

Mates, B (1952) Synonymity. In L. Linsky (ed.), *Semantics and the philosophy of language.* Urbana: University of Illinois Press, 111-38.

McCarthy, R. A., and E. K. Warrington (1988) Evidence for modality -specific meaning systems in the brain. *Nature* 334, 428-30.

McCloskey, M., and S. Glucksberg (1979) Decision processes in verifying category membership statements. *Cognitive Psychology* 11, 1-37.

McLeod, W. T. (ed.) (1984) *The new Collins thesaurus.* London: Collins.

McNeill, D. (1966) A study of word association. *Journal of Verbal Learning and Verbal Behavior* 5. 548-57.

(1997) Growth points cross-linguistically. In J. Nuyts and E. Pederson (eds.), *Language and conceptualization.* New York: Cambridge University Press. 190-212

Meara, P. (1978) Learners' word association in French. *Interlanguage Studies Bulletin* 3, 192-211.

Medin, D. L., R. L. Goldstone, and D. Gentner (1993) Respects for similarity. *Psychological Review* 100, 254-78.

Mel'čuk, I. A.(1988) *Dependency syntax.* Albany: SUNY Press.

(1996) Lexical functions. In L. Wanner (ed.), *Lexical functions in lexicography and natural language processing.* Amsterdam: Benjamins, 37-102.

Mel'čuk, I A., and A. Polguère (1987) a formal lexicon in the Meaning-Text Theory (or how to do lexica with words). *Computational Linguistics* 13, 261-75.

Mel'čuk, I. A., and L. Wanner (1994) Lexical co-occurrence and lexical inheritance: emotion lexemes in German. *Lexikos* 4, 84-161.

(1996) Lexical functions and inheritance for emotion lexemes in German. In L. Wanner (ed.), *Lexical functions in lexicography and natural language processing.* Amsterdam: Beniamins, 209-78.

Merriman, W. E. (1991) The mutual exclusivity bias in children's word learning. *Developmental Review* 11, 164-91.

Mettinger, A. (1994) *Aspects of semantic opposition in English.* Oxford: Clarendon.

Miller, G. A. (1969) The organization of lexical memory: are word associations sufficient? In G. A. Talland N. C. Waugh (eds.), *The pathology of memory*. New York: Academic, 223-36.

(1990) Nouns in WordNet. In G. A. Miller (ed.). *WordNet: an on- line lexical database. Special issue of International Journal of Lexicography* 3(4), 245-64.

(1998a) Foreword, In C. Fellbaum (ed.), *WordNet: an electronic lexical database*. Cambridge, MA: MIT Press, xv-xxii.

(1998b) Nouns in WordNet. In C. Fellbaum (ed.), *WordNet: an electronic lexical database*. Cambridge, MA: MIT Press, 23-46.

Miller, G. A., R. Beckwith, C. Fellbaum, D. Gross, and K. J Miller (1990) Introduction. In G. A. Miller (ed.), *WordNet: an on-line lexical database*. Special issue of *International Journal of Lexicography* 3(4), 235-4 4.

Miller, G. A., and C. Fellbaum (1991) Semantic networks of English. In B. Levin and S. Pinker (eds.), *Lexical and conceptual semantics*. Oxford: Blackwell, 197-229.

Miller, G. A., and P. N. Johnson-Laird (1976) *Language and perception*. Cambridge, MA: Belknap/Havard.

Miller, K. J. (1998) Modifiers in WordNet. In C. Fellbaum (ed.), *WordNet: an electronic lexical database*. Cambridge, MA: MIT Press, 47-67.

Minsky, M. (1975) A framework for representing knowledge. In P. H. Winston (ed.), *The psychology of computer vision*. New York: McGraw-Hill, 211-77.

Montague, R. (1973) The proper treatment of quantification in ordinary English. In J. Hintikka, J. M. E. Moravcsik, and P. Suppes (eds.), *Approaches to natural languages*. Dordrecht: Reidel, 221-42.

Morris, J., and G. Hirst (1991) Lexical cohesion computed by thesaural relations as an indicator of the structure of text. *Computational Linguistics* 17, 21-48.

Moulton, J. (1981) The debate over "he" and "man." In M.

Vetterling-Braggin (ed.), *Sexist language*. Totowa, NJ: Littlefield Adams, 100-15.

Muehleisen, V. L. (1997) Antonymy and semantic range in English. Doctoral thesis, Northwestern University, Evanston, IL.

Murphy, G. L. (1991) Meanings and concepts. In P. J. Schwanenflugel (ed.), *The psychology of word meanings*. Hillsdale, NJ: Erlbaum, 11-35.

Murphy, G. L., and J. M. Andrew (1993) The conceptual basis of antonymy and synonymy in adjectives. *Journal of Memory and Language* 32, 301-19.

Murphy, G. L., and D. L. Medin (1985) The role of theories in conceptual coherence. *Psychological Review* 92, 289-316.

Murphy, M. L. (1994) A note on pragmatic makedness. In *Pragmatics and Language Learning Monographs* 5. Urbana: University of Illionois, 277-88.

(1995) In opposition to an organized lexicon: pragmatic and principles and lexical semantic relations. Doctoral thesis, University of Illinois at Urbana.

(1996) Sum: word association tests. *The Linguist* List 7. 1126 (11 Aug.). Available at http://linguistlist.org/issues/7/7-1126.html#1 (Sept. 2002).

(1997) The elusive bisexual: social categorization and lexico-semantic change. In A. Livia and K. Hall (eds.), *Queerly phrased*. New York: Oxford University Press, 35-57.

(1998a) Acquisition of antonymy. Presented at the Linguistic Society of America meeting, New York, 8-11 Jan.

(1998b) What size adjectives tell us about lexical organization. Presented at the Linguistic Association of the Southwest conference, Tempe, 9-11 Oct.

(2000) Knowledge of words versus knowledge about words: the conceptual basis of lexical relations. In B. Peeters (ed.), *The lexicon −encyclopedia interface*. Amsterdam: Elsevier, 317-48.

Nagel, E. (1961) *The structure of science: problems in the logic of scientific explanation.* New York: Harcourt, Brace, and Jovanovich.

Neff, K. J. E. (1991) Neural net models of word representation. Doctoral thesis, Ball State University.

Newmeyer, F. J. (1986) *Linguistic theory in America* (2nd ed.). San Diego: Academic.

Nida, E. A. (1949) *Morphology.* Ann Arbor: University of Michigan Press.

Nunberg, G. D. (1978) The pragmatics of reference. Doctoral thesis, University of California at Berkeley.

(1993) The places of books in the age of electronic reproduction. *Representations* 42, 13-37.

Nuyts, J., and E. Pederson (eds.) (1997) *Language and conceptualization.* New York: Cambridge University Press.

Ogden, C. K. (1967) *Opposition: a linguistic and psychological analysis.* Bloomington: Indiana University Press. [Originally published in 1932 by the Orthological Institute.]

Öhman, S. (1953) Theories of the "linguistic field." *Word* 9, 123-34.

Osgood, C. E., and R. Hoosain (1983) Pollyanna II: two types of negativity. *Journal of Psychology* 113, 151-60.

Osgood, C. E., W. H. May, and M. S. Miron (1975) *Cross-cultural universals of affective meaning.* Urbana: University of Illinois Press.

Osherson, D. N., and E. E. Smith (1982) Gradedness and conceptual conjunction. *Cognition* 12, 299-318.

Oxford English Dictionary, The (1989) (2nd ed.). Oxford: Oxford University Press.

Palermo, D. S., and J. J. Jenkins. (1964) *Word association norms: grade school through college.* Minneapolis: University of Minnesota Press.

Palmer, F. R. (1981) *Semantics* (2nd ed.). Cambridge: Cambridge University Press.

Palmer, G. B. (1996) *Toward a theory of cultural linguistics.* Austin: University of Texas Press.

Paradis, C. (1997) *Degree modifiers on adjectives in spoken British English.*

Lund: Lund University Press.

Partington, A. (1998) *Patterns and meanings*. Amsterdam: Benjamins.

Pederson, E, and J. Nuyts (1997) Overview. In J. Nuyts and E. Pederson (eds.), *Language and conceptualization*. New York: Cambridge University Press, 1-12.

Presson, G. (1990) *Meanings, models, and metaphors: a study in lexical semantics in English*. Stockholm: Almqvist & Wiksell.

Pinker, S. (1989) *Learnability and cognition*. Cambridge, MA: MIT Press.

Polguère, A. (1997) Meaning-text semantic networks as a formal language. In L. Wanner (ed.), *Recent trends in Meaning-Text Theory*. Amsterdam: Benjamins, 1-24.

Pollard, C., and I. A. Sag (1994) *Head-driven phrase structure grammar*. Chicago: University of Chicago Press.

Postman, L., and G. Keppel (eds.) (1970) *Norms of word association*. New York: Academic.

Pottier, B. (1962) *Systématique des éléments de relation*. Paris: Klincksiech.

Prator, C. H. (1963) Adjectives of temperature. *English Language Teaching* 17, 158-63.

Priss, U. E. (1998) The formaliztion of WordNet by methods of relational concept analysis. In C. Felldaum (ed.), *WordNet: an electronic lexical database*. Cambridge, MA: MIT Press, 179-96.

Pustejovsky, J. (1991) The generative lexicon. *Computational Linguistics* 17, 409-41.

(1995) *The generative lexicon*. Cambridge, MA: MIT Press.

(1998) Generativity and explanation in semantics: a reply to Fodor and Lepore. *Linguistic Inquiry* 29, 289-311.

Quillian, M. R. (1962) A revised design for an understanding machine. *Mechanical Translation* 7, 17-29.

(1966) Semantic memory. Doctoral thesis, Carnegie Institute of Technology. [Abridged version published as Quillian 1968.]

(1967) Word concepts. *Behavioral Science* 12, 410-30.

(1968) Semantic memory. In M. L. Minsky (ed.), *Semantic information processing*. Cambridge, MA: MIT Press, 227-70.

Quine, W. V. (1960) *Word and object*. Cambridge, MA: MIT Press.

(1961) Two dogmas of empiricism. In *From a logical point of view* (2nd ed.). Cambridge, MA: Harvard University Press, 20-46.

Raybeck, D., and D. Herrmann (1990) A cross-cultural examination of semantic relation. *Journal of Cross-Cultural Psychology* 21, 452-73.

(1996) Antonymy and semantic relations: the case for a linguistic universal. *Cross-Cultural Research* 30, 154-83.

Resnik, P. S. (1993) Selection and information: a class-based approach to lexical. relationships. Doctoral thesis, University of Pennsylvania.

Richthoff, U. (2000) *En svensk barnspråkskorpus: uppbyggnad och analyzer*. Licentiateavhandling i allmän språkvetenskap. Göteborg: Göteborgs Universitet.

Riddoch, M. J., and G. W. Humphreys (1987) Visual object processing in optic aphasia. *Cognitive Neuropsychology* 4, 131-85.

Rips, L. J., E. J. Shoben. and E. E. Smith (1973) Semantic distance and the verification of semantic relations. *Journal of Verbal Learning and Verbal Behavior* 12, 1-20.

Room, A (1988) *A dictionary of contrasting pairs*. London: Routledge.

Rosch, E. (1973) On the internal structure of perceptual and semantic categories. In T. E. Moore (ed.), *Cognitive development and the acquisition of language*. New York: Academic, 111-44.

(1975) Cognitive representations of semantic categories. *Journal of Experimental Psychology* 104, 192-233.

(1978) Principles of categorization. In E. categories and B. B. Lloyd (eds.), *Cognition and categorization*. Hillsdale, NJ: Erlbaum, 27-47.

Rosch, E., and C. B. Mervis (1975) Family resemblances: studies in the internal structure of categories. *Cognitive Psychology* 7, 573-605.

Rosch, E., C. B. Mervis, W. Gray, D. Johnson, and P. Boyes-Braem (1976) Basic objects in natural categories. *Cognitive Psychology* 8, 382-439.

Rosenzweig, M. R. (1961) Comparisons of word association responses in English, French, German, and Italian. *American Journal of Psychology* 74, 347-60.

(1970) International Kent Rosanoff word association norms, emphasizing those of French male and female students and French workmen. In L. Postman and G. Keppel (eds.), *Norms of word association.* New York: Academic, 95-176.

Ross, J. (1992) Semantic contagion. In A. Lehrer and E. F. Kittay (eds.), *Frames, fields, and contrasts: new essays in semantic and lexical organization.* Hillsdale, NJ: Erlbaum, 143-69.

Ross, J., D. J. Herrmann, J. Vaughan, and R. Chaffin (1987) Semantic relation comprehension: components and correlates. ERIC document no. 2774683.

Ruhl, C. (1989) *On monosemy.* Albany: SUNY Press.

Rumelhart, D. E., P. H. Lindsay, and D. A. Norman (1972) A process model for long-term memory. In E. Tulving and W. Donaldson (eds.). *Organization of memory.* New York: Academic, 198-246.

Rumelhart, D. E., J. L. McClelland, and the PDP Research Group (eds.) (1986) *Parallel distributed processing.* Cambridge, MA: MIT Press.

Rusiecki, J. (1985) *Adjectives and comparison in English.* London: Longman.

Sabourin, L. L. (1998) The interaction of suffixation with synonymy and antonymy. MA thesis, University of Alberta, Edmonton.

Saeed, J. I. (1997) *Semantics.* Oxford: Blackwell.

Sampson, G. (2000) Review of C. Fellbaum (ed.), *WordNet: an electronic lexical database. International Journal of Lexicography* 13, 54-9.

Sapir, E. (1944) Grading. *Philosophy of science* 11, 83-116.

Saussure, F. de (1959) *Course in general linguistics.* (Ed. by C. Bally and A. Sechehaye. Trans. by W. Baskin.) New York: Philosophical Society. [Originally published as *Cours de linguistique générale.* 1915]

Schank, R., and R. Abelson (1977) *Scripts, plans, and understanding.* Hillsdale, NJ: Erlbaum.

Schreuder, R. (1978) Studies in psycholexicology with special reference to verbs of motion. Doctoral thesis, University of Nijmegen.

Shallice, T. (1988) *From neuropsychology to mental structure.* Cambridge: Cambridge University Press.

Shastri, L. (1988) A connectionist approach to knowledge representation and limited inference. *Cognitive Science* 12. 331-92.

(1991) Why semantic networks? In J. F. Sowa (ed.), *Principles of semantic networks.* San Mateo, CA: Morgan Kaufmann, 109-36.

Sikogukira, M. (1994) Measuring synonymy as an intra-linguistic and cross-linguistic sense relation. *Edinburgh Working Papers in Applied Linguistics* 5, 109-18.

Silva, P., W. Dore. D. Mantzel. C. Muller, and M. Wright (eds.) (1996) *A dictionary of South African English on historical principles.* Oxford: Oxford University Press.

Sinclair, J. (1998) The lexical item. In E. Weigand (ed.), *Contrastive lexical semantics.* Amsterdam: Benjamins, 1-24.

Singleton, D. (2000) *Language and the lexicon.* London: Arnold.

Smith, E. E., and D. Medin (1981) *Categories and concepts.* Cambridge, MA: Harvard University Press.

Smith, E. E., E. J Shoben. and L. J. Rips (1974) Structure and process in semantic Memory. *Psychological Review* 81, 214-41.

Smith, R. (1985) Conceptual primitives in the English lexicon. *Papers in Linguistics* 18, 99-137.

Sowa, J. F. (ed.) (1991) *Principles of semantic networks.* San Mareo, CA: Morgan Kaufmann.

Stasio, T., D. J. Herrmann, and R. Chaffin (1985) Relation similarity as a function of agreement between relation elements. *Bulletin of the Psychonomic Society* 23 (1), 5-8.

Stein, G. (1926) *Composition as explanation.* Richmond, Surrey: Hogarth.

Szalay, L. B., and C. Windle (1968) Relative influence of linguistic versus cultural factors on free verbal associations. *Psychological Reports* 22, 43-51.

Taeschner, T. (1983) *The sun in feminine: a study on language acquisition in bilingual children*. Berlin: Springer.

Tagashira, Y. (1992) Survival of the positive: history of Japanese antonyms. In D. Brentari, G. N. Larson, and L. A. MacLeod (eds.). *The joy of grammar*. Amsterdam: Benjamins, 329-36.

Taylor, J. R. (1992a) Old problems: adjectives in cognitive grammar. *Cognitive Linguistics* 3, 1-35.

  (1992b) A problem with synonyms (and a way to a solution). *South African Journal of Linguistics* 10, 99-104.

  (1995) *Linguistic categorization* (2nd ed.). Oxford: Clarendon.

  (forthcoming) Near synonyms as coextensive categories: "tall" and "high" revisited.

Teller, P (1969) Some discussion and extension of Manfred Bierwisch's work on German adjectivals. *Foundations of Language* 5, 185-217.

Tobin, Y. (1999) One size does not fit all: a semantic analysis of "*small/large*" vs. "*little/big*." In C. Beedham (ed.). Langue and parole in *synchronic and diachronic perspective*. Amsterdam: Pergamon, 160-80.

Tranel, D., H. Damasio, and A. R. Damasio (1997) On the neurology of naming. In H. Goodglass and A. Wingfield (eds.), *Anomia*. San Diego: Academic, 65-90.

Trier, J. (1931) *Der deutsche Wortschatz im Sinnbezirk des Verstandes*. Heidelberg: Winter.

  (1934) Das sprachliche Feld. *Jahrbuch für Deutsche Wissenschaft* 10. 428-49.

Trubutzkoy, N. (1939) *Grundzüge der Phonologie*. Prague: Cercle Linguistique de Prague.

Tulving, E. (1972) Episodic and semantic memory. In E. Tulving and W.

Donaldson (eds.), *Organization of memory*. New York: Academic, 382-403.

Tversky, A. (1977) Features of similarity. *Psychological Review* 84, 327-52.

Tversky, B., and K. Hemenway (1984) Objects. parts and categories. *Journal of Experimental Psychology General* 113, 169-93.

Tyler, S. A. (ed.) (1969) *Cognitive anthropology*. New York: Holt, Rinehart and Winston.

Ullmann, S. (1957) *The principles of semantics* (2nd ed.). Glasgow: Jackson.
(1962) *Semantics*. Oxford: Blackwell.

Ungerer, F., and H. J. Schmid (1997) *An introduction to cognitive linguistics*. London: Longman.

United Christian Ministry Pastoral Training Institute (n.d.) Assurance of salvation. *Studies in Christian faith*. http://www.ucmi.org/ucmi/chap6/htm. (July 2000).

Varley, R. (1991) Reference, sense and antonymy in the assessment of lexical semantic abilities in aphasia. *Aphasiology* 5, 149-70

Vendler, Z. (1963) *The transformational grammar of English adjectives*. Philadelphia: Department of Linguistics. University of Pennsylvania.

Véronis, J., and N. Ide (1991) An assessment of semantic information automatically extracted from machine readable dictionaries. *Proceedings of the Fifth Conference of the European Chapter of the Association for Computational Linguistics,* 227-32

Verschueren, J. (1999) *Understanding pragmatics*. London: Arnold.

Vossen, P. (1996) Right or Wrong: combining lexical resources in the EuroWordNet Porject. In M. Gellerstam. J. Järborg, S. G. Malmgren, K. Noren, L. Rogstrom, and C. R. Papmehl (eds.), *Euralex '96 Proceedings*. Gothenburg: University of Gothenburg, 715-28.

Wanner, L. (ed.) (1996) *Lexical functions in lexicography and natural language processing*. Amsterdam: Benjamins.
(ed.) (1997) *Recent trends in Meaning-Text Theory*. Amsterdam: Benjamins.

Wanner, L. and J. A. Bateman (1990) A collocation based approach to salience-sensitive lexical selection. *Proceedings of the 5th International Workshop on Natural Language Generation.* Dawson, PA, www.acl.ldc. upenn.edu/ w/w90/w90 0100. pdf. 31-8.

Warren, B. (1987) Semantics: word meaning. In N. L. Johannesson (ed.), *The dress of thought: Aspects of the study of language.* Lund: Studentlitteratur.

Warrington, E. K. (1985) Agnosia: the impairment of object recognition. In J. A. M. Frederiks (ed.), *Clinical neuropsychology.* Amsterdam: Elsevier, 333-49.

Warrington, E., and T. Shallice (1984) Category specific semantic impairments. *Brain* 107, 829-54.

Watson, R. P. M., and D. R. Olson (1987) From meaning to definition. In R. Horowitz and S. J. Samuels (eds.), *Comprehending oral and written language.* San Diego: Academic, 329-53.

Weigand, E. (ed.) (1998a) *Contrastive lexical semantics,* In E. Weigand (ed.), Contrastive lexical semantics. Amsterdam: John Benjamins, 25-44.

(1998b) The vocabulary of emotion. In E. Weigand (ed.), *Contrastive lexical semantics.* Amsterdam: John Benjamins, 45-66.

Weinreich, U. (1953) *Languages in contact.* The Hague: Mouton.

(1963) On the semantic structure of language. In J. H. Greenberg (ed.), *Universals of language* (2nd ed.). Cambridge, MA: MIT Press.

Weisgerber, L. (1963) *Die vier Stufen in der Erforschung der Sprachen.* Düsseldorf: Pädagogischer Verlag Swann.

Werner, O. (1972) On the structure of ethnoscience. Presented at the Conference on the Methods of Structural Analysis, Chapel Hill, NC.

(1974) Intermediate memory. *Communication and Cognition* 7, 218-314.

(1978) The synthetic informant model on the simulation of large lexical/semantic fields. In M. D. Loflin and J. Silverberg (eds.), *Discourse and inference in cognitive anthropology.* The Hague:

Mouton, 45-82.

Werner, O., and J. Fenton (1973) Method and theory in ethnoscience or ethnoepistemology. In R. Naroll and R. Conhen (eds.), *Handbook of anthropology*. New York: Columbia University Press, 537-78

Werner, O., with W. Hagedorn, G. Roth, E. Schepers, and L. Uriarte (1974) Some new developments in ethnosemantics and the theory and practice of lexical fields. In T.A Sebeok (ed.), *Current trends in linguistics*, 12. The Hague: Mouton, 1477-543.

Werner, O., and M. Topper (1976) On the theoretical unity of ethnoscience lexicography and ethnoscience ethnographics. In C. Rameh (ed.), *Semantics, theory and applications*. Washington, DC: Georgetown University Press, 111-43.

Wierzbicka, A. (1972) *Semantic primitives.* (Trans, by A. Wierzbicka and J. Besemeres) Frankfurt: Athenäum.

(1977) Cups and mugs. *Australian Journal of Linguistics* 4, 205-55

(1980) *Lingua mentalis*. Sydney: Academic.

(1984) Apples are not a "kind of fruit." *American Ethnologist* 11, 313-28.

(1990) "Prototypes save": on the uses and abuses of the notion "prototype" in linguistics and related fields. In S. L. Tsohatzidis (ed.), *Meanings and prototypes*. London: Routledge, 347-67.

(1996) Semantics: primes and universals. Oxford: Oxford University Press.

(1997) *Understanding cultures through their key words*. Oxford: Oxford University Press.

Wilbur, R. (1973) *Opposites*. New York: Harcourt Brace Jovanovich.

Wilks, Y. A., B. M. Slator, and L. M. Guthrie (1996) *Electric words: dictionaries, computers, and meanings*. Cambridge, MA: MIT Press.

Williams, T. T. (1994) The village watchman. In M. Pearlman (ed.), *Between friends*. Boston: Houghton-Mifflin.

Willners, C. (2001) *Antonyms in context*. Lund: Lund University.

Winston, M. E., R. Chaffin, and D. Herrmann(1987) A taxonomy of part-whole relations. *Cognitive Science* 11, 417-44.

Winterson, J. (1998) *Gut symmetries*. New York: Vintage.

Wirth, J. R. (1983) Toward universal principles of word formation: a look at antonyms. In S. Hattori and K. Inoue (eds.), *Proceedings of the XIIIth International Congress of Linguists (Tokyo 1982)*, Tokyo: CIPL, 967-71.

Wittgenstein, L. (1958) *Philosophical investigations* (3rd ed.). (Trans. by G. E. M. Anscombe) New York: Macmillan.

Woodrow, H., and F. Lowell (1916) Children's association frequency tables. *Psychological Monographs* 22 (97).

Zimmer, K.(1964) Affixal negation in English and other language: an investigation of restricted productivity. Supplement to *Word* 20 (2).

Zipf, G. K.(1949) *Human behavior and the principle of least effort*. Cambridge: Addison-Wesley.

Zwicky, A. (1999) The grammar and the user's manual. Sapir Lecture, LSA Institute, Urbana, IL, 22 June.

찾아보기

주제 찾기

인명 찾기

┃ 지은이 ┃

M. Lynne Murphy(린 머피)는 영국의 브라이턴(Brighton) 소재 서섹스 대학교(the University of Sussex)의 언어학 및 영어학과 부교수이다. 1995년 미국의 일리노이 대학교(the University of Illinois)에서 언어학 박사학위를 받은 이래로 미국, 남아프리카 공화국, 그리고 영국에서 언어학을 가르쳐왔다. 그녀의 주된 연구 관심사는 어휘사전과 어휘의미론이다. 특히, 그녀는 어휘습득, 머릿속 어휘사전, 담화기능, 그리고 문법구조를 포함하는 다양한 각도에서 어휘대조를 연구해 왔다.

┃ 옮긴이 ┃

임지룡은 경북대학교 사범대학 국어교육과를 졸업하고 동대학원에서 문학박사 학위를 받았으며, 맨체스터 대학교 언어학과 객원교수를 역임했다. 현재 경북대학교 국어교육과 교수이다.

윤희수는 경북대학교 사범대학 영어교육과를 졸업하고 계명대학교 대학원에서 문학박사 학위를 받았으며, 랭카스터 대학교 언어학과 객원교수를 역임했다. 현재 금오공과대학교 영어과 교수이다.

임지룡과 윤희수는 『어휘의미론』(1989), 『심리언어학』(1993), 『몸의 철학』(2002) 등을 공역한 바 있다.